미학 강의 2

Georg Wilhelm Fridrich Hegel
Vorlesungen über die Ästhetik I-III
Volumes 13, 14 and 15 from: Werke in 20 Bänden mit Registerband
Redaktion Eva Moldenhauer und Karl Markus Michel
ⓒ Suhrkamp Verlag Frankfurt am Main 1970.
All rights reserved by and controlled through Suhrkamp Verlag Berlin.

Korean Translation Copyright ⓒ 2022 by Sechang Publishing Co.
Korean edition is published by arrangement with Suhrkamp Verlag, Berlin through BC Agency, Seoul.

세창클래식 002

미학 강의 2 —고전적·낭만적 예술형식, 건축·조각

초판 1쇄 인쇄 2022년 2월 23일
초판 1쇄 발행 2022년 3월 2일

—

지은이 게오르크 빌헬름 프리드리히 헤겔
옮긴이 이창환
펴낸이 이방원
편 집 송원빈·김명희·안효희·정조연·정우경·곽병완
디자인 양혜진·손경화·박혜옥   **마케팅** 최성수·김 준

—

펴낸곳 세창출판사
　　　　신고번호 제1990-000013호 **주소** 03736 서울시 서대문구 경기대로 58 경기빌딩 602호
　　　　전화 02-723-8660 **팩스** 02-720-4579 **이메일** edit@sechangpub.co.kr **홈페이지** http://www.sechangpub.co.kr
　　　　블로그 blog.naver.com/scpc1992 **페이스북** fb.me/Sechangofficial **인스타그램** @sechang_official

—

ISBN 979-11-6684-016-6 94100
　　　　979-11-6684-014-2 (세트)

ⓒ 이창환, 2022

미학 강의 2

– 고전적·낭만적 예술형식, 건축·조각

게오르크 빌헬름 프리드리히 헤겔 지음

이창환 옮김

세창클래식 002

세창출판사

제3부

개별 예술들의 체계

1권 차례

3권 차례

일러두기

- 본문 중 대괄호 [　] 속에 표시된 숫자는 원서(*Vorlesungen über die Ästhetik I-III*, Volumes 13-15: *Werke in 20 Bänden* mit Registerband, Frankfurt am Main: Suhrkamp Verlag, 1970)의 쪽수를 가리킨다.
- 본문 중 대괄호 [　] 속에 서술된 부분은 역자가 원문의 원활한 이해를 위해 임의로 추가한 것이다. 단, 원서의 편집자가 추가한 대괄호도 이와 구분 없이 표기하였다.
- 본문의 각주는 주어캄프판 편집자의 주이며, 그 외에 추가한 것은 역자의 주이다.
- 이 책의 목차 구성은 다음과 같다. 부-편-장- I , II, III ··· -1, 2, 3 ··· -a, b, c ··· -α, β, γ ··· -αα, ββ, γγ ···

제2편

고전적 예술형식

서론
고전성 일반에 관하여

　예술의 중심점을 형성하는 것은 내용과 내용에 꼭 적합한 형상의 합일인
바, 이것은 내적으로 완결된 것이며 또한 자유로운 총체성으로 존재한다.
상징적 예술형식은 미의 개념에 부합하는 이 실제를 얻기 위해 노력했으나
허사였으며, 고전적 예술이 비로소 이것을 현상시킨다. 그런 연유로 우리
는 앞서 미의 이념과 예술에 대해 고찰하면서 고전성의 일반적 본성을 미
리 앞당겨 다음과 같이 예단했었다. 고전적 예술에 내용과 형식을 제공하
는 것은 이상理想이며, 또한 고전적 예술은 이 적합한 형상화 양식 속에서
그 개념에 걸맞은 참된 예술을 제작한다.

　그러나 이러한 완성이 있기까지는 온갖 특수한 계기들이 필요했으며, 우
리는 그 전개를 앞 절의 내용으로 삼았다. 왜냐하면 고전적 미의 내면을 이
루는 것은 자유롭고 독자적인 의미, 즉 어떤 무엇의 의미가 아니라, 자기 자
신을 의미하는 것이며, 이로써 또한 자기 자신을 지시하는 것이기 때문이
다. 이것은 정신적인 것, 무릇 자기 자신을 자신의 대상으로서 갖는 것이다.
그럴진대 이것은 이 자기 자신의 대상성에서 외면성의 형식을 취하는바,
이 형식은 자신의 내면과 동일한 까닭에 그 나름으로도 직접 자신의 의미
로서 존재하며, 또한 자신을 인식하는 까닭에 자신을 지시한다. 상징적 예
술도 의미와, 그리고 예술을 통해 야기된 그 감각적 현상방식과의 통일에
서 출발했으나, 이 통일은 직접적일 뿐인 것이며 또한 이로써 부적합한 것
이었다. 왜냐하면 본격적 내용의 실체와 추상적 보편성이 자연적인 것 자
체에 머물러서 [14] 비록 개체화된 자연존재가 그 보편성의 현실적 현존재
로 간주되었다고는 해도 그것은 내용을 적절하게 표현할 수 없었기 때문이
거나, 내용이 순전히 내적인 것, 오로지 정신에 의해 파악 가능한 것임에 반

해 현상은 그에 이질적인 것, 직접 개별적, 감각적으로 존재하는 것에서 취해졌기 —이 현상도 내용에 부적절한 것이었다— 때문이다. 의미와 형상은 무릇 단순한 친근성과 암시의 관계 속에 있었으며, 또한 아무리 몇몇 관점에서는 서로 연관될 수 있었다고 해도 다른 관점에서는 못지않게 서로 엇갈리기도 하였다. 그러므로 이 최초의 통일성은 분열하니, 인도의 세계관에서는 한편에는 추상적인 단순한 내면성과 관념성이, 다른 한편에는 자연과 유한한 인간 현존재의 다양한 현실이 자리하였으며, 또한 충동의 동요에 빠진 판타지는 이쪽저쪽으로 오락가락하여 추상관념적인 것 그 자체를 순수 절대적인 독립성으로 만들 수도 없었고, 그렇다고 그것을 현전하거나 가공된 소재의 현상으로 참되게 채우고, 또 안정된 통일 속에서 묘사할 수도 없었다. 서로 반목하는 요소들의 혼재에서 기인하는 황당함과 기괴함은 다시 사라지기도 하였으나, 그것은 그 역시 만족스럽지 않은, 해결해 주지는 않고 해결할 과제만을 던지는 수수께끼에 공간을 내주기 위함일 뿐이었다. 내용의 자유와 독자성은 여기서도 결여되어 있었던바, 이것은 내적인 것이 오로지 자체로서 총체적인 것으로 의식되고, 이로써 처음에는 자신에게 낯선 타자의 외면성을 장악하는 것으로 의식됨으로써 출현한다. 자유롭고 절대적인 의미로서의 이러한 즉자대자적 독자성이 바로 절대자를 내용으로 삼고 정신적 주관성을 형식으로 삼는 자의식이다. 스스로를 규정하고 사유하며, 스스로 의지를 세우는 이 힘과는 대조적으로 그 밖의 모든 것은 겨우 상대적, 잠정적으로만 독자적이다. 태양, 하늘, 별자리, [15] 동식물들, 바위, 시내, 바다와 같은 자연의 감각적 현상들은 추상적 자기연관성을 가질 뿐이며 또한 다른 존재들과 어우러진 끊임없는 과정 속으로 끌려들어가는바, 그것들은 유한한 표상에만 독자적인 것으로 간주될 뿐이다. 그것들에서는 아직 절대자의 참된 의미가 발현하지 않는다. 자연은 물론 발현하는 것이지만, 오직 자기-외적-존재로서만 발현한다. 자연의 내면은 내면 자체로서 존재하는 것이 아니라, 현상의 갖가지 다양성으로 주조되며, 또 이로써 비독자적으로 존재한다. 참된 절대적 의미는 자유롭고 무한한 구체적 자기연관성으로서의 정신에서 비로소 진정 발현하며 그 현존재 속에서 독자적으로 존재한다.

절대적 의미가 이렇듯 직접적 감각성에서 벗어나 내적 독자성으로 나아가는 이러한 도상에서 우리는 판타지가 낳는 숭고성과 신성화를 조우한다. 즉 절대적 의미를 갖는 대상은 처음에는 사유적, 절대적, 비감성적 일자로서 존재하는바, 이 일자는 절대자로서 자기연관적이며, 또한 이 면에서 자신에 의해 창조된 타자인 자연과 유한성 일반을 부정적이고 내적으로 불안한 것으로 정립한다. 일자는 피조물에 대한 분명한 부정적 방향 속에서 의식, 표현되기도 하고 혹은 피조물이 갖는 긍정적, 범신론적 내재성으로서 의식, 표현되기도 하지만, 어떻든 그것은 절대적 보편자로 존재하며 또한 전체 현존재 위에 군림하는 객관적 권능으로 표상된다. 그런데 예술의 입장에서 보면 이러한 직관에는 이중의 결함이 내재하니, 그것은 첫째, 근본 의미를 형성하는 이 일자 내지 보편자가 아직 즉자 그 자체로서 좀 더 상세하게 규정, 구분되지 않음은 물론 제대로 된 개별성과 인격성에도 이르지 못하고 있다는 사실에서 성립한다. 하지만 일자가 정신으로서 파악되고 또 정신적 의미내용의 고유 개념에 적합한 형상으로 가시화되려면, 일자는 인격성을 지녀야 할 것이다. 정신의 구체적 이념은 인격성을 얻지 못한 일자와는 반대로 정신이 스스로를 내면에서 규정, 구분할 것을, 그리고 스스로를 대상화하는 이 [16] 이중화 속에서 하나의 외적 현상을 얻을 것을 요구하는바, 이 현상은 비록 육체적, 현재적이긴 하지만 모름지기 정신이 삼투된 것이며 따라서 그 자체로서는 아무것도 표현하지 않고 다만 정신을 그 내면으로서 발현시키는 것이니, 그것은 정신의 표출이자 실제이다. 대상 세계의 면에서 보면 내적으로 구분되지 않은 절대자라는 예의 추상에는 둘째, 또 하나의 결함, 즉 이제는 실제적 현상 역시 내적으로 비실체적인 것으로서 절대자를 구체적 형상으로 참되게 드러낼 수 없다는 결함이 결부되어 있다.

우리는 한층 높은 예술형식으로 이행함에 있어 예의 추상적, 보편적인 신적 위대함의 찬송, 찬양, 승리들과 대조적으로 부정성, 변화, 고통, 생사의 통과라는 계기를 상기해야 하는데, 우리는 이것을 동방에서도 마찬가지로 발견했었다. 동방에서는 구분이 즉자적으로 존재했으나, 이것이 주관성의 통일성 및 독자성으로 집약되어 등장하지는 않았다. 그러나 이 양 측면, 즉 내적으로 독자적인 통일성과 내적으로 특정하게 충족된 구분은, 양자의 매개를 통한 구체적 총체성 안에서 비로소 진정 자유로운 독자성을 제공한다.

이 면에서 우리는 숭고성 이외에도 그 역시 동방에서 발전되기 시작한 또 다른 견해를 부수적으로 언급할 수 있다. 유일신의 실체성과 대비되는 개별적 인격 자체의 내적 자유, 독자성, 독립성의 파악이 그것이니, 동방에서는 이 방향의 발전이 어느 정도 허용되었다. 우리는 그 주요 관점을 아랍인들에게서 찾아야 할 것인바, 그들은 그들의 사막, 끝없는 모래 바다, 구름 한 점 없는 하늘 아래, 그러한 자연 속에서 특유의 기개와 용맹한 힘, 그리고 자기보존의 수단인 낙타, 말, 창, 칼에 의지하였다. 인도인의 연약함과 몰아沒我 및 후일 이슬람교의 시적 [17] 범신론과는 달리 여기서는 완고하기 짝이 없는 개인적 성격의 독자성이 개진되며 또한 대상들에서도 제한되고 확정된 그들의 직접적 현실이 그대로 드러난다. 이 경우 개성의 이러한 초창기적 독자성에는 신실한 우정, 호의, 넓은 아량이 결부되어 있으나 동시에 무한한 복수의 쾌감, 지워지지 않는 증오의 기억도 ―이 증오는 무자비한 격노와 감정이 완전히 배제된 잔인함에 의해 자신의 입지와 만족을 구한다― 마찬가지로 결부되어 있다. 그런데 이러한 토양에서 진행되는 것은 인간사 가운데 인간적인 것으로서, 즉 복수의 행동들, 사랑의 관계들, 희생적 관후함의 특징들로서 현상하는데, 이것들에서는 환상적, 경이적 요소가 사라져 있으며, 그리하여 모든 것은 사물의 필연적 관계에 따라 단호하고 확고하게 진행된다. ― 현실적 대상들에 대한 이와 비슷한 이해를 ―여기서는 대상들이 확고한 척도로 환원되며 또한 단지 유용성에 그치지 않는 그들의 자유로운 힘의 본성이 가시화 된다― 우리는 앞에서 이미 히브리인들에게서 보았다. 본래의 유대 민족성에는 비교적 굳건한 성격의 독자성, 복수와 증오의 광포함도 들어 있다. 하지만 즉시 차이가 하나 드러나는데, 여기서는 지극히 강력한 자연의 형상물들조차 그 자체 때문에 묘사되기보다는 신의 위력 때문에 ―이 위력과 관계해서 그들은 자신들의 독자성을 즉각 다시 상실한다― 묘사되며 또한 증오와 박해도 역시 개인적으로 단순히 개인들에 적대하는 방향을 취하는 것이 아니라 신에 대한 봉사 속에서 전체 민족들에 적대하여 민족적 복수심으로서의 방향을 취한다. 예컨대 시편詩篇의 후반부에 수록된 시들이, 그리고 특히 구약의 예언자들이 할 수 있는 것은 종종 다른 민족들의 불행과 몰락을 위한 기원과 기도뿐이라는 사실이나 그들이 자신들의 주 무기를 드물지 않게 저주와 혐오에서 발견한다는 사실이 그 일례이다.

방금 언급한 이러한 입장들에 참된 미와 예술의 요소들이 현전하지만 그것들은 일단 서로 엇갈리고, 분산되고, 또한 참된 동일성 대신 단지 잘못된 관계 속에서 정립되어 있다. [18] 그런 까닭에 추상관념적, 추상적인 것에 그치는 신적인 것의 통일성은 모름지기 현실적 개별성의 형식 속에서 적합하게 나타나는 예술현상이 될 수 없는 반면, 자연과 인간적 개별성은 내면에서든 외면에서든 전혀 절대자를 내용으로 삼지 않거나 삼더라도 절대자가 긍정적으로 삼투된 것으로는 나타나지 않는다. 본질적 내용이 되는 의미와 그 의미를 표현하는 특정 현상의 이러한 외면성은, 마지막으로 셋째, 비유적 예술행위 속에서 부각되었다. 여기서는 양 측면이 완전히 독자화되었으며, 이것들을 규합하는 통일성은 비유를 행하는 보이지 않는 주관성에 그칠 뿐이다. 그러나 이를 통해 정작 그러한 외면적 관계의 결함은 변함없이 강렬하게 노출되었으니, 그것은 순정한 예술표현에 비하여 부정적인 것이자 이로써 지양되어야 할 것으로 증명되었다. 이러한 지양이 실제로 완수된다면, 의미는 더 이상 내적으로 추상적인 관념체로 있을 수 없으며 오히려 자신 안에서, 그리고 자신을 통해 규정된 내면으로 있는바, 자신의 구체적 총체성 속에 있는 이 내면성은 못지않게 즉자 그 자체로서도 상대측면을, 즉 내적으로 완결되고 규정된 현상의 형식을 소유하며, 그리하여 자신의 것으로서의 외적 현존재 속에서 오로지 자기 자신만을 표현, 의미한다.

1. 정신적인 것과 그 자연형상의 삼투로서의 고전적 예술의 독자성

내적으로 자유로운 이러한 총체성은 자신을 자신의 타자로 규정하면서도 이 타자 속에서 자신과 동일하게 머무는 내면성이다. 자신의 객관성 속에서 자신을 자신과 연관시키는 이 내면성은 즉자대자적으로 참되고 자유롭고 독자적인 것, 즉 자신의 현존재 속에 자기 자신 이외에는 그 무엇도 표현하지 않는 것이다. 그런데 예술의 영역에서는 이러한 의미내용이 자신의 무한한 형식 속에서 표현되지 않으며, 자기 자신의 사유로 —이것은 본질적, 절대적인 것이며 또한 추상관념적 보편성의 형식 속에서 [19] 자신을 객관화, 대자화한다— 있지 않으며, 아직은 직접적, 자연적, 감각적인 실존으로 있다. 그러나 의미가 독자적으로 존재하는 한, 의미는 예술에서 자신의 형상을 자기 자신으로부터 취하고 또한 자신의 외면성의 원칙을 자신에 즉해 가져야 한다. 그러므로 의미는 자연적인 것으로 되돌아가되 외적인 것에 대한 지배자로서 되돌아가야 하니, 외적인 것이 내적인 것 자체의 총체성에 속하는 한 측면인 이상, 그것은 더 이상 단순 자연적 객체성으로 존재하지 않으며, 오히려 고유의 독자성이 없이 오직 정신의 표현만을 보여 준다. 이를 통해 이러한 삼투에서는 정신을 통해 변형된 자연형상과 외면성 일반이 나름대로도 그 의미를 직접 자신에 즉해 간직하며 또한 신체적 현상에서 분리된 어떤 상이한 것으로서의 의미를 더 이상 지시하지 않는다. 이것이 정신적인 것과 자연적인 것의 정신에 합당한 동일화, 즉 단순히 대립된 두 측면의 중화에 그치지 않고 정신적인 것을 한층 높은 총체성으로 끌어올리는 동일화이니, 이 총체성은 정신적인 것을 그 타자 속에서 보존하고 자연적인 것을 추상관념적으로 정립하며, 자연적인 것 속에서, 그리고 그에 즉해서 정신적인 것을 표현한다. 고전적 예술형식의 개념은 이러한 종류의 통일성 속에서 정초된다.

a) 여기에서 이제 의미와 신체성의 이러한 동일성을 더욱 자세히 파악해 보자면, 그들의 완성된 합일 내부에서는 측면들의 분리가 발생하지 않으며 그런 까닭에 내면은 단지 내재적일 뿐인 정신성이 아니며, 또한 육체적인 것과 구체적 현실성에서 벗어나 자신 안으로 움츠러드는 것이 ―이러한 움츠러듦을 통해서는 서로 대립하는 양 측면의 차별성이 다시 드러날 수도 있을 것이다― 아니다. 그런데 정신이 객관적, 외적인 것 속에서 가시화되며 또한 외적인 것은 개념상 철저히 규정된 동시에 특수화된 것인 이상, 예술이 자유로운 정신을 그에 적합한 실제로 다듬어 낼 경우, 그 정신은 규정적일 뿐만 아니라 내적으로 독립적인 정신적 개별성의 자연적 형상으로 존재할 수밖에 없다. 그러므로 인간적인 것은 참된 미와 예술의 중심점과 내용을 형성한다. 그러나 이것이 예술의 내용이려면, [20] 이상理想의 개념을 다루는 장에서 이미 전개되었듯, 인간적인 것은 구체적 개별성 속에서 본질적으로 규정되어야 하며, 또한 그에 적합한 외적 현상은 그 객관성 속에서 유한성의 결함을 정화해야 한다.

b) 이 점에서 고전적 표현양식은, 비록 때때로 몇몇 상징적 구성요소가 여전히 보조역할을 하지만, 좀 더 엄격한 의미에서 보면 본질적으로 더 이상 상징적 종류일 수 없다는 사실이 즉각 밝혀진다. 예를 들어 그리스 신화는 예술에 채용됨으로써 고전적 이상에 속하며, 또한 앞으로 살펴볼 바와 같이, 비록 상징적인 것의 잔해가 일부 거기에 들어 있긴 해도, 핵심적인 면에서는 상징적 아름다움을 갖는 것이 아니라 예술이상의 순수한 특정 속에서 형상화된 것이다. — 그런데 우리가 내용의 단순한 암시가 아닌, 정신과 이런 식으로 통일되는 특정한 형상이 어떤 것인지를 묻는다면, 고전적 예술에서는 내용과 형식이 서로 적합해야 하므로, 이 규정을 빌미로 형상의 측면에 대해서도 내적 총체성과 독자성이 요구된다는 점이 밝혀진다. 왜냐하면 고전적 예술의 기본 규정이 담긴 전체의 자유로운 독자성에는 정신적 의미내용과 그 외적 현상의 양 측면이 모두 내적으로 총체성이라는 점, 그리고 이 총체성이 전체의 개념을 형성한다는 점이 속하기 때문이다. 오로지 이로써 각 측면은 즉자적으로 상대 측면과 동일하며 따라서 그들의 차별성은 하나의 동일한 것의 단순한 형식차별성으로 격하된다. 이를 통해이제, 전체가 각각의 측면들에서 표현되고 또한 그것들 속에서 하나로 있어 그것들은 서로 적합한 것으로 증명되는 까닭에, 전체도 자유로운 것으로 현상한다. 전체가 동일한 통일성 내부에 있으면서도 이렇듯 자유롭게 이중화되는 과정이 상징적 예술에는 없으며, 이로 인해 상징적 예술은 바로 내용의 부자유를, 그리고 이와 더불어 형식의 부자유를 야기했었다. 정신은 스스로에게 분명하지 않았으며, 그리하여 그 외적 실제는 정신 고유의 것으로서, 정신을 통해, 그리고 정신 속에서 즉자대자적으로 정립된 것으로서 나타나지 않았다. 역으로 말해,[21] 형상은 물론 의미를 지녀야 하겠으나, 그 의미는 오직 부분적으로만, 오직 어떤 한 측면에서만 형상 속에 포함되었다. 그러므로 외적 실존은 그 순수 내면에서든 외적으로든 우선은

표현되어야 할 의미 대신 오직 자기 자신만을 보여 주었으며, 또한 그것이 그 이상의 무언가를 암시하고 있음을 보여 주어야 할 경우, 거기에는 폭력이 가해져야만 했다. 이러한 왜곡 속에서 외적 실존은 자신으로 머물지도, 타자로, 즉 의미로 변하지도 않았으며, 이질적인 것의 수수께끼 같은 결합 및 혼융으로만 제시되거나 단순히 봉사적인 장식과 외적인 치장으로서 만물의 유일 절대적 의미의 단순한 찬양에 빠졌으며, 종국에는 그에게서 멀리 떨어진 무차별적 의미를 비유하는 순수 주관적 자의에 자신을 위탁하게 되었다. 이러한 부자유스러운 관계가 해체되려면, 형상은 이미 즉자 그 자체에서 자신의 의미를, 그것도 좀 더 자세히 말해 정신의 의미를 가져야만 한다. 이 형상은 본질적으로 인간의 형상이다. 왜냐하면 인간의 외면성만이 정신적인 것을 감각적으로 드러낼 수 있기 때문이다. 얼굴, 눈, 자세, 용모에서 나타나는 인간의 표현은 질료적이며, 또한 그 안에 정신의 본질이 없는 것이 사실이다. 그러나 인간의 외형은 이러한 육체성의 면에서조차 동물의 살아 있는 자연적 외형의 그것과는 달리 자신 속에 정신을 반영하는 신체성이다. 대저 인간의 정신적 특성이 그의 모든 교양을 통해 표현되듯이, 우리는 눈을 통해 그의 영혼을 들여다본다. 그러므로 신체성이 정신의 현존재로서 정신에 속한다면, 정신도 신체에 속하는 내적 요소이다. 정신은 외적 형상에 이질적인 내면성이 아니며, 그리하여 질료성은 어떤 제3의 의미를 내포하지도, 그것을 지시하지도 않는다. 인간의 형상이 즉자적으로는 일반적인 동물적 전형을 많이 지니지만, 동물의 몸과 인간의 몸 사이의 전적인 차이는 인간의 몸이 그 전체적 형성의 면에서 정신의 거주지로서, 그것도 유일하게 가능한 그 자연 현존재로서 밝혀진다는 점에서 오로지 성립한다. [22] 그러므로 정신 역시 신체 속에 있는 경우에만 다른 사람들에 대해 직접적으로 현전한다. ─ 하지만 이 자리는 영혼과 육체 사이의 이러한 관계의 필연성 및 그 특수한 상응을 언급하는 곳이 아니므로, 여기서는 이 필연성을 전제하도록 하자. 그런데 인간의 형상에는 물론 죽은 것과 추한 것이, 즉 제3의 영향과 의존성에 의해 규정된 것이 있다. 이 경우라면 단순 자연적인 것과 정신적인 것의 차이를 소멸시켜 외적 신체성을 아름다운, 빈틈없이 형성된, 영혼이 깃든, 그리고 정신적, 생동적인 형상으로 만드는 것이 정녕 예술의 임무이다.

그런데 이러한 표현방식에서는 외형의 면에서 그 어떤 상징성도 더 이상 현전하지 않으며, 또한 일체의 단순한 탐색, 핍박, 왜곡 그리고 전도도 제거되어 있다. 왜냐하면 정신이 자신을 정신으로서 파악했다면, 그것은 대자적으로 완성된 명료한 것이며, 마찬가지로 그 자신에게 적합한 형상과의 연관 또한 그 나름으로 무언가 즉자대자적으로 완성되고 주어져 있는 것이요, 현전하는 것에 맞선 판타지가 산출하여 결부해야만 성립하는 것은 아니기 때문이다. 이에 못지않게 고전적 예술형식은 단순한 신체성을 통해 제시되는 피상적 인격화로도 존재하지 않으니, 까닭인즉 정신이 예술작품의 내용을 형성해야 하는 한 전체 정신은 신체성 속으로 들어가 그와 완전히 동일화될 수 있어야 하기 때문이다. 예술이 인간의 형상을 모방하였다는 생각도 이러한 시각에서 고찰될 수 있다. 하지만 일상적 견해에 의거하면 이러한 수용과 모방이 하나의 우연으로 보이는 반면, 정신은 오직 인간의 외형적 현상에서만 자신에게 적합한 감각적, 자연적 현존재를 얻는 까닭에, 성숙기에 접어든 예술은 필히 인간의 외적 현상형식 속에서 표현을 행해야 한다는 점이 주장될 수 있다.

그러한 현존재는 이제 인간의 육체 및 그 표현뿐만 아니라 인간의 감응, [23] 충동, 행동, 사건, 행위들과도 관계한다. 고전적 예술에서는 이러한 것들의 외면성 역시 단지 자연 생명적으로 특성화되지 않고 정신적으로 특성화되며 또한 내적인 면과 외적인 면이 적합한 동일성을 이루고 있다.

c) 이제 고전적 예술이 자유로운 정신성을 특정한 개성으로서 파악하고

또한 신체적 현상에서 그것을 직접 직시하는 까닭에, 고전적 예술에는 종종 신인동형론神人同形論 비난이 가해졌다. 예컨대 그리스인들의 경우 이미 크세노파네스는 만일 사자들이 조각가였더라면 그들은 신들에게 사자형상을 부여했을 것이라고 말함으로써 신들을 표상하는 방식에 대해 반대의 의견을 말하였다. 비슷한 종류로는 신은 인간을 자신의 이미지에 따라 창조했는데 인간은 그것을 신에게 돌려주어 신을 인간에 따라 이미지화하였다는 프랑스의 재담이 있다. 이 점을 고려하면 후일의 예술형식인 낭만적 예술형식과 연관해 볼 때 고전적 예술미의 의미내용은 예술종교 자체와 마찬가지로 여전히 결함이 있음은 분명하다는 점이 언급될 수 있다. 그러나 그 결함은 신인동형론 자체에 있는 것이 아니며, 따라서 고전적 예술의 신인동형론이 예술에게는 충분하되 더욱 고차적인 종교에게는 너무 빈약하다는 주장이 역으로 가능하다. 기독교는 신인동형론을 훨씬 더 밀고 나갔다. 왜냐하면 기독교의 교리에서 신은 형상만 인간적인 개인이 아니라 현실적, 개별적인 개인이며, 온전히 신이자 온전히 현실적인 인간이며, 단순히 인간적으로 형성된 미·예술의 이상일 따름인 것이 아니라 현존재의 모든 조건들 속에 발을 들인 존재이기 때문이다. 우리가 절대자에 관해 추상적인, 내적으로 구분되지 않는 본질이라는 표상만을 갖는다면, 이 경우에는 그 어떤 종류의 형상화도 있을 수 없다. 그러나 신이 정신으로 존재하려면, 신은 인간으로서, 개체적 주관으로서 현상해야 한다. 그러니까 신은 이상적 인간존재로서 현상하는 대신 직접적, 자연적이기도 한 실존의 모든 시간적 외면성을 향해 현실적으로 나아가야 하는 것이다. 즉 기독교적 직관에는 [24] 자신을 대립의 극단으로까지 내모는, 그리고 이러한 내적 분리의 지양으로서 비로소 절대적 통일성으로 회귀하는 무한한 운동이 포함되어 있다. 신의 인간화는 이러한 분리를 계기로 삼는바, 까닭인즉 신은 현실적, 개체적 주관성으로서 통일성과 실체 그 자체에 대비되는 차별성 속으로 발을 들이며, 이러한 범속한 시, 공간성 속에서 이분화의 감응, 의식, 고통을 겪으며, 마찬가지로 다시 해소된 이 대립을 통해 무한한 화해에 이르고자 하기 때문이다. 기독교적 표상에 따르면 이러한 통과 지점은 신 자체의 본성에 들어 있다. 실로 이를 통해 신은 절대적이며 자유로운 정신성으로서 파악될 수 있으니, 이러한 정신성에는 자연성과 직접적 개체성의 계기가 현전하면서도 마찬가지로 지양되어야 한다. 이에 반해 고전적 예술에서는 감각성이 사멸되지 않았으며, 그렇다고 절대적 정신성으로 부활하지도 않았다. 그러므로 또한 고전적 예술과 그 아름다운 종교는 정신의 깊이를 만족시키지 못한다. 고전적 예술은 아무리 내적으로 구체적일지라도 정신에 대해 아직 추상적으로 머무니, 까닭인즉 그것은 [기독교적 표상에서의] 저 무한한 주관성의 운동 대신에, 대립으로부터 얻은 그 주관성의 화해 대신에, 이 주관성에 적합한 현존재를 갖는 특정한 자유로운 개성의 무구無垢한 조화만을, 그 개성의 실제에 깃든 이 고요만을, 행복만을 내면 자체의 이 만족과 위대함만을, 불행과 고통 속에서조차 안정된 자기기인성自己基因性을 상실하지 않는 이 영원한 명랑함과 지복만을 그 요소로 갖기 때문이다. 고전적 예술은 절대자 속에 정초되어 있는 대립을 그 심연까지 파고들지도, 그것을 화해시키지도 않았다. 그런데 이를 통해 고전적 예술은 이러한 대립과 연관된 측면, 즉 인륜적, 절대적인 것과 반대되는 추상적 인격으로서의 주체의 내적 완고함, 죄와 악, 자신 안에 움츠린 주관적 내면성, 분열과 무기력을 ―한마디로 이분화의 각종 권역을― 알지 못한다. [25] 이런 이분화들은 감각적인 면에서든 정신적인 면에서든 비미非美, 추, 역겨움을 그 내부에 들여오지만, 고전적 예술은 순정한 이상의 순수한 토대를 넘어가지 않는다.

2. 고전적 이상의 현실적 현존재로서의 그리스 예술

우리가 고전적 예술의 역사적 실현을 그리스인들에게서 찾아야 함은 불문가지不問可知이다. 무한정한 범위의 의미내용, 소재 그리고 형식을 갖는 고전적 미는 그리스 민족에게 내려진 선물이었으며 또한 이 민족은 예술 최고의 생명성을 산출했다는 점에서 존중받아야만 한다. 그리스인들은 직접적 현실의 면에서 자의식적, 주관적 자유와 인륜적 실체 사이의 행복한 중심에서 살았다. 그들은 주관이 유일, 보편의 실체나 그 실체의 한 특수 측면에 몰자아적으로 잠김으로써 종교적, 정치적 전제주의를 결과로서 낳는 부자유한 동방의 통일성에 집착하지 않았으며, 그렇다고 개별적 주관이 그 고유의 내면성에 따라 대자적으로 존재하기 위해 자신을 전체 및 보편과 분리하고 또한 순수 정신적인 세계의 내적 총체성을 향한 더 높은 회귀를 거쳐야만 실체적, 본질적인 것과 재통일되는, 그러한 주관적 심화 과정을 기하지도 않았으니, 그리스의 인륜적 삶에서 개인은 독자적이며 내적으로 자유로웠으되, 현실의 국가에서 현전하는 일반적 관심 및 시간적 현재 속에 있는 정신적 자유의 긍정적 내재성으로부터 자신을 분리시키지 않았다. 인륜의 보편성과 내적, 외적으로 추상적인 개인의 자유는 그리스적 삶의 원칙에 적합하게 [26] 평온한 조화를 이루었으니, 이러한 원칙의 본모습이 순수하게 표명된 그 시대에는 현실적 현존재에서도 주관적 도덕성과 구분, 대립되는 정치적 요소의 독자성이 등장하지 않았다. 국가적 삶의 실체는 개인들과 융화했으며, 그와 마찬가지로 개인들은 그들의 고유한 자유를 오로지 전체의 보편적 목적들 속에서 추구했다. ― 이러한 행복한 조화의 아름다운 감응, 그 의의와 정신은 그리스의 자유가 의식되고 그 본질이 표상되었던 모든 산물들을 관류하고 있다. 그러므로 그들의 세계관은 미가 참된 삶을 시작하고 그 명랑한 왕국을 건립하는 바로 그 중심에 있다. 즉 그것은 단지 직접적, 자연적으로 현존하는 것이 아니라 정신적 직관에서 생산되고 예술을 통해 명료화된 자유로운 생명성의 중심이다. 그것은 반성의 문화가 반성의 부재와 공존하는 중심이자, 개인을 고립시키지 않지만, 그렇다고 그의 부정성, 고통, 불행을 긍정적 통일과 화해로 되돌릴 수도 없는 중심이다. 하지만 동시에 이 중심은 삶 일반이 그렇듯 하나의 통과 지점에 불과하다. 비록 그것이 그 도상에서 미의 정점에 오르기는 하지만, 비록 그 조형적 개별성의 형식이 대단히 풍부하고 정신적, 구체적이어서 예술의 모든 음들이 그 속에서 유희하지만, 또한 그 입장에 대해 과거지사인 것도 비록 더 이상 절대적, 무조건적이지는 않아도 그나마 여전히 부수적 측면 내지 배경으로서 나타나지만 말이다. ― 이러한 의미에서 그리스 민족은 자신의 정신을 신들 속에서도 감각적, 직관적, 표상적으로 의식하였으며 또한 예술을 통해 참된 내용에 완벽하게 어울리는 현존재를 그 신들에 부여하였다. 그리스 예술과 그리스 신화의 개념에 공히 들어 있는 이러한 상응으로 인하여 그리스에서는 예술이 절대자를 위한 최고의 표현이었다. 그리스 종교는 예술 자신의 종교인 반면, 후일의 낭만적 [27] 예술은 비록 예술임에도 불구하고 이미 예술이 제공할 수 있는 것보다 한층 높은 형식의 의식을 지시한다.

3. 고전적 예술형식에서 생산적 예술가가 갖는 지위

우리는 앞에서 일면 내적으로 자유로운 개성을 고전적 예술의 의미내용으로서 확정했으며 또 일면 동일한 자유를 형상에 대해서도 요구했던바, 이미 이 점으로 인해 [첫째,] 양자의 완전한 융합이 아무리 직접성으로 표현된다손 쳐도, 그럼에도 그것은 최초의, 이로써 자연적인 통일일 수 없으며 오히려 필히 하나의 제작된, 주관적 정신에 의해 성립된 결합인 것으로서 밝혀진다. [둘째,] 고전적 예술의 내용과 형식이 자유로운 이상, 그것은 오직 스스로에게 명료한 정신의 자유로부터 생성된다. 이를 통해 이제 셋째, 예술가도 이전의 예술가와는 다른 지위를 얻는다. 즉 그의 생산은 그가 원하는 것이 무엇인지를 알 뿐만 아니라 그가 원하는 것을 할 수 있는, 그러니까 그가 가시화, 형상화하고자 숙고하는 의미 및 실체적 내용과 관련하여 스스로 불명료하지도 않거니와 또한 어떤 기술적 무능으로 인해 그 어떤 제작상의 방해도 받지 않는 분별 있는 인간의 자유로운 행동으로서 나타난다.

이렇듯 변화된 예술가의 지위를 좀 더 자세히 살펴보자면,

a) 그는 내용을 불안정한 상징적 발효와 더불어 찾을 필요가 없으며, 또한 이로써 그의 자유는 내용적으로 분명해진다. 상징적 예술은 그 의미내용을 최초로 생산하고 분명히 하려는 작업에 갇혀 있다. 그리고 이 의미내용은 자체가 최초의 것, 즉 한편으로는 자연성의 직접적 형식을 갖는 본질에 불과하며, 또한 다른 한편으로는 보편자, 일자, 변화, 변이, 형성, 생성과 재소멸의 내적 추상에 불과하다. [28] 그러나 한술에 배부른 것은 없다. 그런즉 내용을 제시해야 할 상징적 예술의 표현들은 자체가 여전히 수수께끼와 과제들로 머물며, 또한 명료함을 향한 씨름, 휴식과 안녕을 찾지 못한 채 끊임없이 고안하는 정신의 노력으로 밝혀질 뿐이다. 이러한 기약 없는 탐색과 대조적으로 고전적 예술가에게는 내용이 이미 완결된 것으로 현전하며, 주어져 있는 것이니, 그 본질적 의미내용은 내적으로 이미 확실한 것으로서, 신앙 내지 민족 신앙으로서, 혹은 신화와 전통에 의해 전승된 사건으로서 판타지에 대해 규정되어 있다. 이제 예술가는 객관적으로 확립된 이러한 소재에 대해 한층 자유롭게 관계하니, 그는 그 생산과 분만의 과정에 스스로 간여하지 않으며, 예술의 순정한 의미를 찾는 충동에 머물지 않으며, 또한 그의 앞에는 그가 채택하여 자유로이 자발적으로 재생산하는 즉

자대자적 내용이 놓여 있다. 그리스 예술가들은 그들의 소재를 민족종교에서 구했는데, 거기서는 동방에서 기원하여 그들에게 전수되었던 내용이 이미 변형을 겪기 시작했다. 피디아스는 그의 제우스를 호메로스에게서 취했으며, 비극작가들도 그들이 서술했던 기본 내용을 스스로 고안하지 않았다. 단테나 라파엘로 등의 기독교 예술가들도 마찬가지로 이미 신앙교리와 종교적 표상에 현전했던 것만을 형상화하였다. 어떤 면에서는 숭고성의 예술에도 비슷한 경우가 있지만, 여기서는 유일의 실체로서의 내용에 대한 관계가 주관성의 권리를 봉쇄하며, 또한 거기에 독자적 결정권을 허용하지 않았다는 점에서 차이가 있다. 비유적 예술형식은 역으로 의미들 및 사용된 이미지들의 선택에서 출현하지만, 이 선택은 주관적일 뿐인 자의에 위임된 채 머물며 또한 고전적 예술의 개념을 형성하는, 따라서 생산적 주관에도 포함되어 있어야 할 실체적 개별성을 나름대로 또다시 결여하고 있다. [29]

b) 그러나 민족 신앙, 전설 그리고 기타 현실에 현존하는 즉자대자적이며 자유로운 내용이 예술가에게 많이 현전할수록, 그만큼 더 그는 그러한 내용에 합치하는 외적 예술현상을 형상화하는 활동에 집중한다. 상징적 예술은 이 면에서 진정으로 적합한 형식을 찾지 못하고 천千의 형식으로 흩어지며, 또한 늘 이질적인 것으로 머무는 형상들을 찾고자 하는 의미에 맞추려고 마구잡이의 상상력과 더불어 아무 절도와 규정이 없이 나대는 반면, 고전적 예술가는 이 점에서도 내적으로 확실하며, 또 일정한 경계 내에 있다. 즉 여기서는 내용과 더불어 자유로운 형상 역시 내용 자체를 통해 규정되며, 내용에 즉자대자적으로 속하며, 또한 그런 관계로 예술가는 개념적인 면에서 이미 그 자체로 완결되어 있는 것을 그저 제작만 하는 듯 보일 수 있는 것이다. 그러므로 상징적 예술가가 의미에 형상을 그려 내거나 또는 형상을 의미로 그려 내고자 노력한다면, 고전적 예술가는 기존의 외적 현상

들에서 단지 부적절한 부속물을 제거하는 등속의 일을 함으로써 의미를 형상으로 바꾸고 또 이미지화한다. 그러나 비록 그의 단순한 자의가 배제되어 있다고 해도, 이러한 행동 속에서 그는 단지 이미지를 따라 만들거나 경직된 전형에 정체해 있지 않고, 동시에 시종일관 이미지를 앞서서 만든다. 자신의 참된 의미내용을 최초로 찾고 또 고안해야 하는 [상징적] 예술은 아직 형식의 측면을 등한시한다. 그러나 형식의 계발이 본질적 관심이자 본격적 과제로 된 곳에서는 표현의 발전과 더불어 내용 역시 부지불식간에 발전하니, 무릇 형식과 내용은 지금까지 그들의 완성을 기함에 있어 항상 동행해 왔음을 우리는 보아 온 터이다. 이 점을 참작하면, 종교의 기존 소재와 신화적 표상들을 예술의 자유로운 유희 속에서 명랑하게 전개하는 고전적 예술가는 현전하는 종교계를 위해 작업하는 것이기도 하다.

c) 기술적 측면도 마찬가지이다. 고전적 예술가에게는 이 측면도 이미 완성되어 있어야 하며, 또한 내용이 고전적 예술의 개념에 맞도록 외적 신체성을 통해서도 자유롭고 거침없이 내비칠 수 있으려면, 예술가가 작업하는 감각적 [30] 질료의 푸석함이나 단단함 따위는 이미 애로가 아니며 또한 예술적 의도들에 직접 순종해야 한다. 벌써 그런 이유로 고전적 예술은 감각적 소재를 충복으로 만드는 높은 단계의 기술적 솜씨를 요한다. 그러한 기술적 완성이 정신과 그 구상에 의해 요구되는 일체의 것을 직접 실행해야 한다면, 그것은 예술에서 갖가지 장인匠人적 솜씨의 완벽한 발전을 전제하며, 이러한 솜씨는 대개 정체된 종교의 내부에서 성립한다. 그런즉슨 예컨대 이집트의 종교관은 특정한 외적 형상, 우상, 거대한 건축물들을 고안하며, 또한 그 전형은 굳어진 것이자 형식과 형태의 전통적 균일성을 기하는 것이지만, 그럼에도 여전히 끊임없는 숙련성의 성장을 위해 광범위한 발전의 유희공간을 제공한다. 고전적 미의 천재가 기계적 솜씨를 기술적 완성으로 개조하려면 [상징적 예술의] 열등하고 괴이한 산물에 저 장인적 솜씨가

이미 현존해 있어야 하는 것이다. 왜냐하면 기계적인 면이 그 자체로 더 이상 하등 어려움을 주지 않을 때 비로소 예술은 자유롭게 형식의 육성으로 나아갈 수 있으며, 또한 이때서야 현실적 제작은 동시에 '앞서 가는 이미지 만들기'가 ―여기서는 내용과 형식이 밀접한 관계 속에서 전진한다― 되기 때문이다.

분류

이제 고전적 예술의 분류에 관해 보자. 우리는 개개의 완벽한 예술작품들을, 그것이 자체로서 상징적 특성을 지니든 혹은 낭만적 특성을 지니든 상관없이, 보다 일반적인 의미에서 보통 고전적이라고 칭하곤 한다. 그러나 우리는 또한 이 용어를 예술의 완성이라는 의미에서도 사용했던바, 이 [31] 완성은 자유로운 내적 개성과 외적 현존재가 서로 완벽하게 삼투하여 자유로운 개성이 현존재 속에서, 그리고 현존재로서 현상한다는 점에 그 근거를 두며, 그런 까닭에 고전적 예술형식과 그 완성은 상징적 혹은 낭만적 예술형식과 ―내용과 형식에 나타난 이들의 미는 철저히 다른 종류의 것이다― 명확히 구분된다. 여기서는 고전성이 일상적인 모호한 의미에서 취급되는 것은 아니지만, 그렇다고 벌써 고전적 이상이 표현되는 특수한 장르의 예술들이 ―예컨대 조각, 서사시, 특정 종류의 서정시 그리고 특수 형식을 갖는 비극과 희극 같은 것이― 다루어지는 것도 아니다. 이러한 특수한 장르의 예술들에 고전적 예술이 각인되어 있기는 하지만 이에 대해서는 개별 예술들 및 그들의 유적類的 발전을 다루는 제3부에서 비로소 언급될 것이다. 그러므로 여기서 보다 상세하게 고찰해야 할 것은 우리가 확정한 의미에서의 고전적 예술이며, 그런 까닭에 우리가 분류의 근거들로서 거론할 수 있는 것은 이러한 고전적 이상 자체의 개념에서 출현하는 발전 단계들뿐이다. 이 발전의 본질적 계기들은 다음과 같은 것들이다.

우리가 주목해야 할 첫 번째 점은 고전적 예술형식이 상징적 예술형식과 달리 예술 최초의 것, 그 출발로서 있는 것이 아니라 반대로 결과로서 이해될 수 있다는 점이다. 그러므로 우리는 고전적 예술형식을 우선 그 전제를 형성하는 상징적 표현방식들의 과정으로부터 전개하였다. 그러한 발전에서는 내적, 자의식적 개성의 명료성을 향한 내용의 구체화가 주안점이었는데, 이 개성은 기초물질적인 것이든 동물적인 것이든 간에 단순한 자연형상을 사용하거나 그것과 단지 저열하게 혼합된 인격화 및 인간형상을 사용하여 표현될 수 없으며 오히려 정신이 완벽하게 스민 신체의 생명성에서 표출된다. 이제 자유의 본질은 자신 스스로를 통해 [32] 존재한다는 자유의 본성에서 성립하며, 그런 까닭에 참된 내용과 순정한 형상이 현실적으로 발현하려면, 이상에 부적절하고 부정적인 것이 극복되어야 하며, 처음에는 고전적 영역의 외부에서 자유의 발생을 위한 단순한 전제이자 조건들로서 나타났던 것이 고전적 영역 특유의 권역 속으로 흡수되어야 한다. 따라서 우리는 제1장에서 형식과 내용의 면에서 본연의 고전적 미를 스스로 산출하는 이러한 형상화 과정을 출발점으로 다루어야 한다.

이에 반해 제2장에서는 이러한 진행을 통해 고전적 예술형식의 참된 이상이 달성된다. 여기서 중심점이 되는 것은 그리스인들의 아름답고 새로운 예술신계藝術神界인바, 우리는 이 세계를 정신적 개별성의 측면 및 그와 직접적으로 결부된 신체적 형식의 측면에서 전개하고 또 내적으로 완결 지어야 할 것이다.

그러나 셋째, 고전적 예술의 개념에는 그 자신을 통한 미의 생성뿐만 아니라 반대로 그 미의 해체 역시 포함되어 있는바, 이것은 우리를 낭만적 예술형식이라는 또 다른 영역으로 인도한다. 생성된 고전적 미의 신들과 인간적 개인들이 이제 예술의식에서 사라진다. 그리스 예술에는 자연적 측면이 남아 있으며, 또한 이 측면의 내부에서 그것은 정녕 완성된 미로 발돋움했지만, [이제] 그 의식은 이러한 자연적 측면으로부터 등을 돌리거나 저열하고 범속하고 탈신화脫神化된 현실의 오류와 부정성을 조명하기 위해 그 현실로 다가간다. 우리는 이러한 해체의 예술 활동을 제3장의 연구 주제로 삼을 것이며, 또한 이 해체 속에서 참된 고전적 예술을 형성했던 계기들, 미의 직접성으로 녹아들어 조화를 이루었던 계기들은 분리된다. 내면이 독자적으로 한편에 있고 그와 분리된 외적 현존재가 다른 한편에 있으니, 자신 안으로 물러간 주관성은 종래의 형상들에서 자신에게 적합한 현실성을 더 이상 찾을 수 없으며, 그런 까닭에 [33] 절대적 자유와 무한성이라는 새로운 정신적 세계의 내용으로써 자신을 채워야 하며 그리하여 좀 더 깊어진 이 의미 내용을 위해 새로운 표현형식들을 모색해야만 한다.

제1장
고전적 예술형식의 형성 과정

　자유로운 정신의 개념에는 내면으로 들어감, 자신에게로 다가감, 대자적으로 존재하고 현존함 등의 계기가 직접 내재한다. 앞서 이미 암시되었듯이, 비록 내면성의 왕국으로의 이러한 침잠이 자연 속에 엄존하며 정신 속에 실체로 존재하는 일체의 것을 부정하여 주관 내면의 독자화로 발전하거나 진정 무한한 주관성의 자유를 형성하는 절대적 화해로 발전할 필요는 없지만 말이다. 그러나 정신의 자유가 어떠한 형식으로 등장하든 간에, 거기에는 대개 정신의 타자인 단순 자연성의 지양이 결부된다. 정신이 자연을 무저항적인 것으로서 마음껏 지배하고, 또 그것을 자신에게 고유한 자유의 실증적 현존재로 변형시킬 수 있으려면, 그 전에 정신은 우선 자연으로부터 벗어나 내면으로 돌아오고, 자연 너머로 고양됨으로써 이를 극복해야 한다. 그런데 정신이 그 독자성의 획득을 위해 고전적 예술에서 어떤 객체를 지양하는가를 우리가 좀 더 특정하게 묻는다면, 그것은 자연 자체가 아니라 이미 정신의 의미가 관류하는 자연, 즉 절대자의 표현을 위해 직접적 자연형상들을 사용했던 상징적 예술형식이다. 왜냐하면 그러한 예술의식은 동물들 따위에서 현재하는 신을 보았거나 정신성과 자연성의 참된 통일을 얻기 위해 헛되이 잘못 씨름했기 때문이다. 바로 이러한 잘못된 결합의 지양과 변형을 통해 [34] 이상은 비로소 이상으로서 발현하며, 또한 그런 즉슨 극복되어야 할 것을 자신의 내부에서 자신에게 속하는 계기로서 발전시켜야 한다. — 이로부터 그리스인들이 그들의 종교를 타민족들에게서 받았는가 하는 문제가 부수적으로 즉시 해결된다. 개념적으로 보면, 하위의 입장들이 고전적 예술의 전제로서 필수적임을 우리는 이미 보았다. 이것들은, 현실적으로 현상하며 또한 시대적으로 선후 관계에 있는 한, 발아하고자 애쓰는 한층 높은 형식에 비해 현전하는 것이자 새로이 발전하는 예술의 출발 지점이다. 비록 이 사실이 그리스 신화와 관계하여 역사적 증거들을 통해 철저히 증명되지는 않았더라도 말이다. 그런데 그리스 정신은 이 전제들에 대해 본질적으로 형성의 관계, 무엇보다 부정적 변형의 관계를 갖는다. 만일 그렇지 않았다면 표상과 형상들은 동일하게 머물 수밖에 없었을 것이다. 헤로도토스는 이미 앞서 인용한 곳에서[II, 53] 호메로스와 헤시오도스가 그리스인들을 위해 그들의 신들을 만들었다고 말하지만, 그는 또한 개별적 신들에 관해 이러저러한 신은 이집트의 신이라고 분명히 말한다. 그러므로 그들의 시적 제작은 다른 곳으로부터의 수용을 배제하지 않으며, 다만 본질적인 변형을 가리킬 뿐이다. 왜냐하면 그리스인들은 헤로도토스가 지정한 호메로스와 헤시오도스의 시대 이전에 이미 신화적 표상들을 갖고 있었기 때문이다.

이제 나아가 분명 이상에 속하는, 그러나 처음에는 속하지 않았던 것의 이러한 필연적 변형을 좀 더 자세히 구명하자면, 우리는 그것이 소박하게 여겼던 신화 자체의 내용이었음을 발견한다. 그리스 신들의 주된 활동은 그들 족속族屬이 기원하고 발전해 온 지난 시대의 유산으로부터 스스로를 산출하고 또 구성하는 점에 있다. 신들이 정신적 개인들로서, 그리고 신체적 형상 속에서 현존해야 하는 이상, 여기에는 정신은 단순한 생명체 [35] 및 동물체 속에서 그의 본질을 가시화하는 대신 차라리 생명체를 그릴 만한 가치가 없는 것으로서, 그의 불행과 죽음으로서 간주한다는 사실, 또한 정신은 자연의 원소와 그 속에 있는 혼돈의 표현에 대해 승리를 구가한다는 사실이 속한다. 그러나 역으로 고전적 신들의 이상에서는 그들이 개별적 정신의 유한한 추상적 폐쇄성과 달리 자연과 그 기본적 힘들에 단순히 대립하지 않는다는 점, 오히려 보편적인 자연적 삶의 원소들을 개념상 정신의 삶을 형성하는 계기로서 내포한다는 점도 못지않게 필연적이다. 신들이 내면에서 본질적으로 보편적이며 또한 이러한 보편성 속에서 모름지기 특정 개인들로서 존재한다면, 그들의 신체성의 측면 또한 광범위한 본질적 자연력을 지닌, 정신성과 얽혀 활동하는 그런 자연성을 지녀야만 하는 것이다.

이 점에서 우리는 고전적 예술형식의 형상화 과정을 다음과 같이 나눠 볼 수 있다.

첫 번째 주안점은 동물적인 것의 격하 및 자유롭고 순수한 미로부터의 제거에 관한 것이다.

좀 더 중요한 두 번째 측면은 처음에는 그 자체가 여전히 신들로서 설정되었던 기본적 자연력들에 관한 것으로서, 진정한 신족神族은 그 정복을 통해 비로소 의문의 여지가 없는 지배권을 얻을 수 있다. 즉 그것은 신구新舊 신들의 싸움과 전쟁에 관한 것이다.

그러나 이러한 부정적 방향은 셋째, 정신이 자신의 자유로운 권리를 획득한 이후에는 못지않게 다시 긍정적이 되며 또한 기본적인 자연은 개별적 정신성이 삼투된 신들의 긍정적 측면을 형성하니, 신들은 이제 동물적인 것조차도, 단지 속성이자 외적인 기호에 불과하긴 해도, 주위에 둘러 둔다.

우리는 이 관점들에 따라 여기서 고찰되는 좀 더 규정적인 특징들을 이제 간략하게 부각하고자 시도할 것이다. [36]

1. 동물적인 것의 격하

인도인이나 이집트인들에게서, 아니 아시아인들 전반에 걸쳐 우리는 동물적인 것, 혹은 적어도 특정 종류의 동물들이, 그들에게서 신적인 것 자체가 가시적으로 현재한다는 이유로 신성시되고 존중됨을 본다. 그러므로 인간적인 것이, 그리고 오로지 인간적인 것만이 유일하게 참된 것으로 의식되기 이전에 동물의 형상은 —비록 줄곧 다만 상징으로서, 그리고 인간적 형식들과 결합되어 사용되기는 하지만— 그들의 예술표현의 주요 인자를 이루기도 한다. 동물적 삶의 어둡고 무딘 내면성에 대한 존경은 정신적인 것의 자의식을 통해 비로소 사라진다. 이미 고대 히브리인들의 경우가 그러했으니, 위에서 기왕 언급했듯이 그들은 전체 자연을 신의 상징이나 그 현재로 간주하지 않으며 또한 외적 대상들에게 그들에게 실제로 내재하는 힘과 생명성만을 부여한다. 그럼에도 불구하고 예컨대 모세가 피에는 생명이 들어 있다는 이유로 동물의 피를 즐기는 것을 금지시키는 경우처럼, 그들에게서도 생명성 자체에 대한 경외의 잔재는 우연적으로나마 여전히 발견된다. 그러나 본래 인간은 그가 얻은 것을 먹을 수 있어야만 한다. 고전적 예술로의 이행에서 우리가 이제 언급해야 할 첫걸음은 동물적인 것의 높은 존엄과 지위가 격하된다는 점, 그리고 이러한 낮은 지위 자체를 종교적 표상과 예술적 생산들의 내용으로 삼는다는 점에서 성립한다. 여기에는 다양한 대상들이 속하는데, 나는 그중에서 다음의 것들만을 사례로 선택할 것이다.

a. 동물 제물

그리스인들에게서 몇몇 동물들이 다른 동물들보다 선호되는 것으로 —예컨대 호메로스의 제물들 중에는 뱀이 각별히 애호되는 수호신으로 나오고(일리아드, II권, 308과 XII권, 208)[1] 또 어떤 신에게는 [37] 가급적 이 종류의 동물이, 다른 신에게는 다른 종류의 동물이 제물로 오른다— 보인다면, 나아가 길을 건너는 토끼나 날아가는 새들의 방향이 주목되고 또 예언적 해석을 위해 내장이 검사된다면, 그것은 신들이 이런 것들에서 자신을 알려주고 또 그 전조前兆, Omina를 통해 인간에게 말을 건넨다고 생각되었기 때문이니, 여기에도 여전히 동물적인 것에 대한 일정한 존경이 들어 있다. 그러나 그것은 본질적으로 극히 개별적인 계시들일 뿐이며, 물론 얼마간 미신적인 것이며, 신적인 것의 매우 순간적인 징조들일 뿐이다. 이에 반해 동물을 제물로 올리고, 또 그 제물을 먹는다는 것은 중요하다. 이와 정반대로 인도인들에게서는 신성한 동물들이 보호되고 사랑받으며 또한 이집트인들에게서는 심지어 죽은 이후에도 부패를 면한다. 제물은 그리스인들에게 신성한 것으로 간주된다. 인간은 제물을 바침으로써 그가 신들에게 헌납된 대상을 포기하고 스스로 그 사용을 단념할 의지가 있다는 점을 보여 준다. 그런데 이때 그리스인들의 고유한 특징 하나가 부각되는데, 그들은 신들에게 동물들의 한 부위, 그것도 즐겨 먹지 않는 것을 바치고 대신 살코기는 자신들을 위해 떼어 놓고 먹었던 관계로 그들에게는 "제물로 바친다는 것"이 동시에 잔치를 벌이는 것을(『오디세이아』 XIV권, 414; XXIV권, 215) 의미했다. 그리스 자체에서는 이로부터 신화가 성립했다. 고대 그리스인들은 매우 경건한 마음으로 신들에게 제물을 올리고, 또한 동물들을 통째로 제단의 불에 소각했다. 하지만 가난한 사람들은 이러한 큰 낭비를 견딜 수 없었다. 그리하여 프로메테우스는 제우스에게 청하여 그들이 한 부분은 반드시 제물로 바치되 다른 부분들은 그들 자신의 용도를 위해 사용해도 좋다는 허락을 얻

---

1   역주: 여기에서 뱀은 제우스의 뜻을 알리는 전조로서 묘사된다.

고자 한다. 그는 황소 두 마리를 잡아 간肝을 모두 태우되, 뼈들은 모아서 하나의 우피牛皮에 싸고 살코기는 또 다른 우피에 싸서 제우스가 선택하게 한다. 뼈들이 좀 더 컸기에 깜빡 속은 제우스는 그것을 선택했고 그리하여 고기는 사람들에게 남겨졌다. 그래서 제물로 올린 동물들의 고기는 먹고 신들의 몫인 그 나머지는 같은 불에 소각되었다. [38] — 그러나 제우스는 인간들에게 불이 없으면 그들의 몫인 고기가 아무 소용이 없는 까닭에 그들에게서 불을 앗아 갔다. 하지만 이것은 제우스에게 별 도움이 되지 못한다. 프로메테우스는 불을 절취했으며 또한 기쁨에 겨워 날아가다시피 했다. 즐거운 전언을 나르는 사람들은 지금도 여전히 빨리 달린다는 속담이 그래서 있는 것이다. — 이렇듯 그리스인들은 인간 문화의 매 진보에 주의를 기울였으며 또한 그것을 신화 속에 의식적으로 보존하고 다듬었다.

b. 사냥

여기에 잇대어 동물적인 것이 더욱 격하되는 비슷한 사례로는 영웅들이 행했던, 그리고 축제를 통해 기리는 유명한 사냥들에 대한 기억이 있다. 여기서 해로운 적으로 보이는 동물들의 살해는, 예컨대 헤라클레스가 네메아의 사자를 교살한 일, 레르네아의 뱀(히드라)을 죽인 일, 칼레도니아의 멧돼지를 사냥한 일 등은 영웅들이 신적 지위를 쟁취하는 고귀한 행동으로서 간주되는데, 반면 인도인들은 특정 동물들의 살해를 범죄로 여겨 사형을 내렸다. 물론 그러한 행동들에는 기타의 상징들이 —헤라클레스의 경우에는 태양과 황도黃道가— 함께 작용하거나 적어도 그 근거에 있는 관계로 그러한 영웅적 행위들은 상징적 해석을 위한 본질적 측면도 제공하지만, 그럼에도 불구하고 이러한 신화들은 유익한 사냥이라는 분명한 의미에서 받아들여지는 동시에 그리스인들에게 그렇게 의식되었다. — 비슷한 관계에서 여기서는 또다시 몇몇의 이솝 우화들, 특히 이미 앞에서 다루었던 쇠똥

구리의 우화를 환기할 수 있다. 이집트적 상징인 쇠똥구리는 —이집트인들이나 그들의 종교적 표상의 해석자들은 쇠똥구리의 똥 구슬에서 지구를 보았다— 이솝 우화에서 제우스와 연관되어, 더욱이 독수리가 제우스의 토끼 보호를 존중하지 않는다는 중요한 의미와 더불어 나타난다. 이에 반해 아리스토파네스는 쇠똥구리를 완전히 웃음거리로 깎아내렸다. [39]

c. 변신

셋째, 많은 변신의 이야기들에서는 동물적인 것의 격하가 직접적으로 표현되는바, 오비디우스는 이것들을 감응과 정감의 미묘한 특징들을 동원하여 세세하게, 그리고 고상하고 참신하게 그리기도 하지만, 또한 내면을 지배하는 위대한 정신이 빠진 단순한 신화적 잡사雜事들과 표면적 사건들을 주워 모아 그 속에서 깊은 의미를 인식함 없이 수다스럽게 그리기도 한다. 그런데 그 변신 이야기들에 그러한 깊은 의미가 전무한 것은 아니니, 이 자리에서는 그에 관해 한 번 더 언급하고자 한다. 하나하나의 이야기들은 대부분 소재의 면에서 —문화의 비행卑行 탓이 아니라, 니벨룽엔의 노래에서 그렇듯 아직은 거친 자연의 비행 탓에— 괴이하고 야만적이다. 13권²까지는 내용의 면에서 호메로스의 이야기들보다 오래되었으며, 어쨌든 신화적 천지창조론 및 페니키아, 프리기아, 이집트의 상징들이라는 이국적 요소들과 혼합되어 있으며, 실로 인간적으로 다루어지며, 그러하되 투박한 바탕은 온존하는 반면, 트로이 전쟁 이후 시대의 이야기들을 서술하는 변신담들은 —비록 그 소재들도 전설시대에서 유래했지만— 아이아스와 아이네이아스³라는 이름에 걸맞지 않는다.

---

2   역주: 오비디우스의 『변신담(Metamorphose)』 13권을 뜻한다.
3   역주: 아이아스는 트로이 목마 속에 들어간 40인의 그리스 장수들 중 1인이며, 아이네이아스는 트로

α) 정신의 인륜적 측면에서 보면, 변신담들은 본질적으로 자연에 대해 부정적인 방향을 취하는 까닭에, 보통 이집트적 동물관 및 동물숭배와는 반대되는 것으로 간주된다. 즉 변신담들은 동물적인 것 및 기타 비유기적 형식들을 인간적인 것에 비해 저열한 것으로 형상화하며, 그리하여 이집트인들의 경우에는 지수화풍地水火風과 같은 자연 요소의 신들이 동물들로 고양되어 생명을 얻었다면 여기서는 반대로, 기왕에 언급했듯, 자연형상들이 경중의 잘못 및 끔찍한 범죄에 대한 처벌로서, 무신론적이며 불행한 것의 실존으로서, [40] 인간적인 것이 더 이상 자신을 지탱할 수 없는 고통의 형상화로서 등장한다. 그러므로 변신담들은 이집트적 의미에서의 영혼의 윤회로서도 해석될 수 없는바, 까닭인즉 이 윤회는 무구無垢한 전이轉移이자 또한 인간이 짐승이 되는 것을 오히려 격상으로 간주하기 때문이다.

그러나 정신적인 것이 제아무리 다양하게 자연 대상들로 유배될지라도, 이것은 전반적으로 신화들의 폐쇄적 순환이 아니다. 몇 가지 사례들이 이 말뜻을 설명해 줄 것이다.

그의 아들 호루스[4]와 티폰이 싸울 때 오시리스[5]가 도움을 주는 보호자로서 나타나는 사례나 일련의 이집트 동전들에서 그가 호루스 옆에 서 있는 사례에서 보듯이 이집트인들에게 늑대는 큰 역할을 한다. 대체로 늑대와 태양신의 결합은 아주 오랜 것이었다. 반면 오비디우스의 『변신담』에서는 신에 대한 불경의 죗값으로 리카온[6]이 늑대로 변했다고 묘사된다. 『변신담』에 이르기를(1권, 150~243), 주피터[제우스]가 거인들[7]을 정복하고 그 신체

이의 용사로 아프로디테의 아들이며 서사시 『아이네이스』의 주인공이다.
4 역주: 호루스는 매의 얼굴을 하고 있는 이집트의 태양신이다.
5 역주: 오시리스는 늑대의 모습을 한 이집트의 신이다.
6 역주: 아르카디아의 왕.
7 역주: 기간테스(Gigantes), 즉 기가스(Gigas)들. 하늘의 통치권을 얻고자 신들과 싸우다 주피터에게 죽

를 도륙한 후, 사방에 뿌려진 자기 아들들의 피로 데워진 대지[8]는 따듯한 피에 영혼이 깃들게 하였고 또한 야만적 혈통의 흔적을 남기지 않으려고 인간 종족을 출현시켰다고 한다. 그런데 폭력적이며 살육에 굶주린 이 후예들 또한 신들을 경멸했다. 그리하여 주피터는 이 필사必死의 종족을 없애기 위해 신들을 소집한다. 주피터는 번갯불과 신들을 관장하는 자신에게 리카온이 어떻게 간교한 덫을 놓았는지 보고한다. 즉 그의 보고에 따르면 세태의 고약함이 그의 귀에 들릴 때, 그는 올림포스에서 내려와 아카디아로 향하고 있었다. 그는 말하기를, "내가 신이 가까이 왔다는 신호를 보내니 백성들은 기도하기 시작했다. 그러나 리카온은 처음에는 경건한 기도자들을 비웃다가 나중에는 '나는 이 자가 신인지 아니면 필사의 존재인지를 가릴 것이니 진실은 백일하에 드러날 것이다'라고 외쳤다." 주피터는 계속하기를, "그는 깊은 수면에 든 나를 살해하려고 준비하며 또한 이러한 진리 탐구의 방식을 즐긴다. 그리고 [41] 아직 여기에 만족하지 못한 그는 몰로시족 인질의 식도를 칼로 가르고 반쯤 죽은 사지를 일부는 삶고 일부는 불에 구워 둘 다 나에게 음식으로 내밀었다. 나는 복수의 불꽃으로 그의 집을 잿더미로 만들었다. 그는 겁에 질려 그로부터 달아나 침묵하는 들판에 당도하며, 말을 하려는 부질없는 시도에서 사방으로 울부짖는다. 그는 주둥이에 담긴 분노와 일상적 살육의 갈망 속에서 가축들을 적대시하며 지금도 여전히 피를 기꺼워한다. 의복은 털들이, 팔은 허벅지가 되어 늑대로 변하니 그는 옛모습의 특징들을 유지하는 셈이다."

비슷한 비중의 잔인함을 범한 것으로는 제비로 변한 프로크네의 이야기가 있다. 즉 프로크네는 남편 테레우스와 사이가 좋을 때 그녀를 여동생에

임을 당한다.
8   역주: 기가스들의 어머니인 대지의 여신(가이아 혹은 테라).

게 보내어 만나도록 해 주든가 아니면 여동생이 그녀에게 오게 해 달라고 부탁하는데(『변신담』 6권, 440~676), 테레우스는 배를 서둘러 바다에 띄우고 돛과 노를 사용하여 빠르게 피레우스 해안에 도착한다. 그러나 그는 필로멜라[9]를 보는 즉시 그녀를 향한 부정한 사랑에 불탄다. 출범에 임해 그녀의 아버지 판디온은 그가 필로멜라를 아버지의 사랑으로 보호할 것과 노령의 달콤한 위안인 그녀를 가능한 한 빨리 돌려보낼 것을 그에게 다짐받는다. 하지만 여행이 끝나기도 전에 그 금수 같은 자는 두려움에 질려 창백하게 떨면서 눈물을 흘리며 언니가 어디에 있는지 묻는 그녀를 가두어 범하니, 그녀는 그의 첩이 되어 언니와 남편을 공유한다. 분노에 찬 필로멜라는 그 망나니짓을 폭로하겠다고 위협한다. 그러자 테레우스는 그녀를 잡아 묶고 칼을 뽑아 혀를 잘라 낸 뒤, 부인에게는 여동생이 죽었다고 거짓으로 알린다. 울부짖는 프로크네는 의복을 어깨에서 찢어 내고 상복을 걸치며 가묘(假墓)를 세우고 이렇게 애도해서는 안 될 여동생의 운명을 애도한다. 필로멜라는 무엇을 했을까? 갇힌 채 말과 소리를 앗긴 그녀는 계략을 짜기에 골몰한다. [42] 그녀는 흰 천에 자줏빛 실로 범죄의 전말을 수놓으며 그 옷을 비밀리에 프로크네에게 보낸다. 프로크네는 여동생의 가련한 소식을 전달받고서는, 자신은 눈물을 흘리는 대신 오직 응징한다는 일념만을 품고 살아가겠노라 말한다. 바쿠스 축제 때였다. 고통의 분노에 휩싸인 그녀는 여동생에게로 달려가 그녀를 옥에서 꺼내어 함께 간다. 자신의 집에서 어떤 끔찍한 복수를 해야 할지 아직 작심하지 못하고 있을 때 이튀스[10]가 어머니에게 온다. 그녀는 흉흉한 눈으로 그를 응시한다. "그 녀석 애비와 몹시도 닮았군!" 그녀는 아무런 말없이 비극적인 행동을 저지른다. 자매는 소년을 살해하여

---

9   역주: 필로멜라는 프로크네의 여동생이다.
10   역주: 이튀스는 프로크네의 아들이다.

테레우스의 식탁에 올리니, 그는 자신의 피를 들이마신다. 이제 그가 아들에 관해 묻자 프로크네는 너는 네가 원하는 것을 네 속에 지니고 있다고 말한다. 다시 한번 그가 아들이 어디 있는지 둘러보고 찾고 또다시 묻고 소리칠 때 필로멜라는 그에게 피가 떨어지는 머리를 면전에 내민다. 그러자 그는 끝없는 공포의 외침과 함께 식탁을 밀치고 울며 자신을 아들의 무덤이라고 부른다. 그런 다음 칼을 뽑아 판디온의 딸들을 추격한다. 그러나 깃털이 생긴 그녀들은 그로부터 피해, 하나는 숲으로 다른 하나는 지붕으로 날아가는데 슬픔과 복수의 일념에서 민첩해진 테레우스도 벼슬 위에 빗 모양의 깃털이 위로 뻗쳐 있고 부리가 가당찮게 비죽 나온 새가 되니, 그 이름은 후투티이다.

이에 반해 다른 변신들은 비교적 경미한 과오에서 출현한다. 시그누스는 백조로 변신하고, 아폴로의 첫사랑 다프네는(『변신담』 1권, 451~567) 월계수로, 클리티에는 헬리오트로프[11]로 변신하며, 자신에게 빠져 소녀들을 신경도 쓰지 않는 나르시스는 자신의 모습이 못에 비치는 것을 보며, 오빠 카우누스를 사랑했던 비블리스는(『변신담』 9권, 454~664) 오빠가 자신을 경멸하자 샘으로 변했으니, 그 샘은 지금도 여전히 그녀의 이름을 지닌 채 시커먼 떡갈나무 밑을 흐르고 있다.

하지만 우리는 개개의 이야기들을 더 이상 자세히 살펴볼 시간이 없으므로 [43] 나는 다른 장으로 넘어갈 목적으로 피에로스의 딸로서 뮤즈들에게 도전하였던(『변신담』 5권, 302) 아홉 피에리데스의 변신만을 언급하겠다. 우리에게 오로지 중요한 것은 피에리데스들의 노래와 뮤즈들의 노래의 차이이다. 피에리데스들은(5권, 319~331) 신들을 살육하는 행위를 찬양하고 거인

---

11 역주: 지칫과에 속하는 연보라빛 다년생 풀.

들에게 잘못된 명예를 부여하며, 또한 위대한 신들의 행동을 비웃는다. 대지의 깊숙한 곳에서 튀어 오른 티포에우스[12]는 천상의 세계를 공포로 사로잡으며 기진맥진한 신들은 모두 이집트 땅을 밟을 때까지 그로부터 피신한다. 그러나 피에리데스들이 이야기하기를, 티포에우스가 여기도 들이치니 고결한 신들은 변장한 모습으로 숨었다고 한다. 그녀들이 노래하기를, 목동은 주피터였으니 그런 까닭에 리비아의 암몬신은 지금도 굽은 뿔을 단 모습으로 있으며, 델리에[13]는 까마귀로, 세멜레의 자식[바쿠스]은 염소로, 포이부스[아폴로]의 누이[디아나]는 고양이로, 주노[헤라]는 눈처럼 흰 암소로 되었으며, 비너스는 물고기 속에, 머큐리[헤르메스]는 따오기의 깃털 속에 숨었다는 것이다.

그러니까 여기서는 동물형상으로 인한 불명예가 신들에게 가해지며, 또한 그들이 비록 잘못이나 범죄에 대한 처벌로서 변신한 것은 아니라고 해도 어쨌든 비굴함이 그들의 자발적 변신의 근거로서 거론되고 있다. 이에 반해 칼리오페[14]는 케레스[15]의 덕행과 일화들을 노래한다. 그녀는 말하기를 "케레스는 최초로 굽은 쟁기날로 농지를 일구었으며, 최초로 농경지에 과실과 풍성한 식량을 주었으며, 최초로 법칙을 주었으니, 한마디로 우리는 케레스의 선물이다. 나는 그녀를 찬양해야 할지나, 여신의 격에 맞게 노래들을 조율해 내기나 할는지! 여신은 실로 찬미될 자격이 있는데." ― 그녀가 노래를 마쳤을 때, 피에리데스들은 시합의 승리를 자신들에게로

---

12 역주: 손에 100마리 독사의 머리를 갖고 있는 괴물. 그리스 신화에서는 타이탄, 거인 그리고 괴물들이 종종 혼용된다.
13 역주: 델로스(Delos) 섬에서 태어난 자, 즉 아폴로를 가리킨다.
14 역주: 그리스 신화에 나오는 아홉 뮤즈의 우두머리로서, 아름다운 목소리를 가진 여자를 비유적으로 칼리오페라고 부르기도 한다.
15 역주: 그리스 신화에 나오는 곡물과 농업의 여신.

돌린다. 하지만 오비디우스는 말하기를(670) 그녀들이 그 말을 하려 하고, 또한 크게 소리를 지르며 뻔뻔한 손들을 내두르려 할 때, 보매 손톱이 깃털로 되고 팔이 솜털로 덮이며 각자의 입에서 딱딱한 부리가 자라나니, [44] 그녀들은 신세 한탄을 하려 하나 숲에서 깍깍거리는 까치가 되어 퍼덕이는 날개로 허공에 높이 떠오른다. 오비디우스는 덧붙이기를, 게다가 지금도 여전히 그녀들에게는 옛날의 수다스러움과 깍깍대는 재잘거림과 무한한 쾌감의 나불댐이 남아 있다는 것이다.

그럴진대 여기서도 또한 변신은 재차 처벌로서, 그것도 많은 이런 종류의 이야기들이 그렇듯이 신들에 대한 불경의 처벌로서 묘사되고 있다.

β) 나아가 기타 유명한 또 다른 인간과 신들의 동물 변신에 관하여 보자면, 변신하는 존재들 편에서는 그들의 근거에 직접적 비행傘行이 있는 것은 아니지만, 예컨대 키르케[16]가 인간을 동물로 바꾸는 힘을 부리듯이, 이 경우 동물적 상태는 적어도 불행이며 격하로서 나타나니, 심지어 그것은 자신의 목적을 위해 변신을 감행하는 존재에게도 명예롭지 못한 일이다. 키르케는 지위가 낮은 어둠의 여신일 뿐이며 그녀의 힘은 단순한 마법으로 나타날 뿐이고, 또한 머큐리는 율리시스[오디세우스]가 마법에 걸려 위험에 처한 자들을 해방시키고자 일을 꾸밀 때 그의 편을 든다. ─ 제우스가 취하는 여러 가지의 모습들 역시 비슷한 종류이니, 그는 에우로페[17]를 위해 황소로 변신

---

16 역주: 태양의 신 헬리오스의 아름다운 딸로서 인간을 동물로 바꾸는 마녀이다. 트로이 함락 후 영웅 오디세우스는 부하들과 함께 귀국하던 중 그녀가 사는 섬에 배를 대었다. 섬을 탐험하던 그의 부하들은 키르케의 저택에 당도한다. 그녀는 일행에게 약을 탄 술을 마시게 한 다음, 모두 돼지로 만들었다. 급보에 접한 오디세우스는 단신으로 부하의 구조에 나서는데, 도중에 제우스의 아들 헤르메스에게서 모리라는 약을 얻었기 때문에 마법의 술을 마시고도 동물이 되지 않고 오히려 부하들을 원래의 모습으로 환원시킨다. 키르케는 이 과정에서 오디세우스를 사랑하게 되어, 이후 오디세우스가 고향으로 돌아갈 때 바다 요정 사이렌으로 부터 안전하게 피해 가는 방법을 일러 준다.

17 역주: 페니키아의 왕녀로 제우스의 사랑을 받았다.

하고, 레다[18]에게 백조가 되어 접근하며, 황금비가 되어 다나에[19]를 수태시킨다. 그의 목적들은 언제나 기만이며, 또한 그의 의도들은 정신적이기보다는 본능적이고 상스러우니, 주노의 이유 있는 질투를 부른다. 비교적 오래된 많은 신화들에서 주요 규정을 이루었던 일반적이며 생식력 있는 자연적 삶이라는 생각은 여기에서 판타지에 의해 신과 인간들의 아버지의 방탕함을 내용으로 삼는 개별적 이야기들로 변형되었으나, 그는 이러한 방탕을 그 자신의 고유한 형상으로 행하는 것이 아니라 특히 동물적인, 혹은 그 밖의 다른 자연형상으로 변형하여 행한다.

γ) 마지막으로 인간적인 것과 동물적인 것의 중간 형상들이 여기에 접맥하니, 그리스 예술은 이것들도 [45] 배제하지는 않지만 동물적인 것을 다만 무언가 하급의 비정신적인 것으로 수용할 뿐이다. 예컨대 이집트인들의 경우 숫염소 멘데스는 야블론스키의 의견에 따르면[20] 생산적 자연력이라는 의미에서, 특히 태양이라는 의미에서 신으로 추앙받았다고 하며(헤로도토스 II, 46), 또한 핀다로스의 암시에 따르면 여인들이 스스로 숫염소들에게 몸을 바치는 망측함 속에서 추앙받았다고도 한다. 반면 그리스인들의 경우 판[21]은 해괴한 모습으로 나타난 신적 현재이며, 후일에는 염소형상이 파운,

---

18 역주: 그리스 신화에 나오는 아이톨리아의 왕녀. 스파르타의 왕 틴다레오스의 아내이나, 그녀를 사랑하는 주신(主神) 제우스는 백조의 모습으로 그녀에게 접근한다.

19 역주: 아크리시오스는 그의 딸 다나에가 낳은 아들(외손자)에 의해 죽는다는 신탁(神託)을 받는다. 그는 딸을 지하의 청동 방에 가두고 어떤 남자도 접근할 수 없도록 하였으나, 제우스는 황금비로 변신하여 그녀와 교접하니 페르세우스가 태어난다. 왕은 다나에와 페르세우스 모자를 상자에 넣어 바다에 띄워 보내는데, 이들은 세리포스섬의 디크티스에게 구조되어 페르세우스가 성인이 될 때까지 그곳에 머무른다. 후일 아크리시오스는 한 경기에서 페르세우스가 던진 원반에 맞아 죽는다. 많은 그림의 소재가 된 이 이야기는 R. 슈트라우스에 의해 가극 〈다나에의 사랑〉으로 만들어지기도 한다.

20 Friedrich Creuzer, 「고대 민족들의, 특히 그리스인들의 상징과 신화(Symbolik und Mythologie der alten Völker, besonders der Griechen)」, 전 4권(1810~1812) 중 제1권 477쪽.

21 역주: 헤르메스의 아들이라고도 하고, 목동과 암염소 사이에서 태어났다고도 한다. 상반신은 염소의 뿔이 달린 사람의 모습이고 다리는 염소의 다리이며, 산과 들에서 가축을 지킨다. 음탕한 기질의 그가

사티로스,[22] 판의 발 모습에서 단지 부수적으로 보일 뿐이며, 또한 가장 아름다운 모습들로 표현될 때조차 기껏 뾰족한 귀나 조그만 뿔들 따위로 드러날 뿐이다. 형상의 다른 부분들은 인간적 모습으로 이루어지며, 동물적인 것은 미미한 잔재로 축소된다. 또한 그럼에도 불구하고 파운들은 그리스인들에게 상위의 신이나 정신적인 위력으로 간주되지 않았으며, 그들의 성격은 감각적이며 방종한 명랑성에 머물렀다. 그들 역시 예컨대 뮌헨에 소재한 아름다운 파운과 같이 —이것은 어린 바쿠스를 팔에 안고 지고한 사랑과 애정으로 가득 찬 미소를 띠며 그를 바라본다— 깊이 있는 표현으로 묘사되기도 한다. 그는 바쿠스의 아버지가 아니라 다만 보호자에 지나지 않을 뿐이나, 그에게는 어린아이의 순진무구함에서 얻는 화평의 아름다운 감정이 —이것은 로마 예술에서 보이는 그리스도에 대한 마리아의 모성과도 같이 정신적 대상으로 고양된 대단히 높은 감정이다— 곁들여 있다. 그러나 그리스인들에게 이러한 지고의 고결한 사랑은 파운들의 부차적 권역에 속하는 것이니, 이는 그리스인들이 파운의 근원은 동물적, 자연적인 것에서 유래하며 따라서 이 권역도 파운들에게 지정될 수 있음을 드러내고자 했기 때문이다.

켄타우로스들도[23] 비슷한 중간 형상들이니, 그들에게서도 마찬가지로 감성과 욕망이라는 자연 측면이 우세하게 드러나며 정신적 측면은 후퇴한다.

사랑한 님프 에코는 그를 피해 '메아리'로 변했으며, 시링크스도 갈대로 변신하여 위기를 모면했다. 이 갈대로 목신의 피리가 만들어졌다고 한다.

22 역주: Faun은 로마 신화에 나오는 숲의 정령(파우누스)로서 염소의 발과 뿔을 가진 호색한이며 Satyr는 그리스 신화에 나오는 반인반수인 목축의 신(사티로스)이다.

23 역주: 그리스 신화에 나오는 반인반마의 괴물로서, 익시온과 여신 헤라의 모습을 한 구름과의 사이에서 출생했다고도 하고, 그들의 아들과 페리온산의 암말 사이에서 출생했다고도 한다. 말의 네 다리와 사람의 양손을 갖추고 있는 그들은 인간적이라기보다는 동물적인 야만성을 갖고 있으나, 일족 가운데는 키론이나 폴로스처럼 온화한 성격의 존재도 있다.

[46] 그런데 키론은 유능한 의사이자 아킬레우스의 교육자라는 비교적 고상한 속성을 갖고 있지만, 어린이의 교육자로서의 이러한 훈육은 신적인 것 그 자체의 권역에 속하는 것이 아니라 인간적 숙련 및 영리함과 연관하는 것이다.

동물형상은 보통 긍정적, 절대적인 것의 표현이었지만, 고전적 예술에서는 나쁘고 사악하고 저열하고 자연적이고 비정신적인 것을 지칭하기 위하여 사용되었으며, 이로써 이 형상에 대한 관계가 모든 면에서 변화하였다.

2. 옛 신들과 새로운 신들의 투쟁

고전적 예술의 진정한 신들은 정신적 개별성의 자유로운 자의식을, 즉 자기기인적 힘을 내용으로 삼으며, 그런 까닭에 또한 인식과 의지의 존재들로서, 즉 정신적 힘들로서 가시화될 뿐이니, 이 점에서 앞서 말한 동물적인 것의 격하와 대비되는 제2의 상위 단계가 성립한다. 이로써 신들이 인간적 형상으로 표현된다고 할 때, 그 인간적인 것은 의미, 내용, 내면 그 자체에 들어 있는 것이지, 가령 이러한 내용을 상상력에 의해 외적으로 두를 뿐인 단순한 형식 따위가 아니다. 그러나 무릇 신적인 것은 본질적인 면에서 자연적인 것과 정신적인 것의 통일로 이해될 수 있다. 절대자에게는 양 측면이 모두 속하며, 또한 이 면에서 보면 여러 예술형식들과 종교들의 단계를 이루는 것은 이러한 조화를 표상하는 다양한 방식들에 지나지 않는다. 우리의 기독교적 생각에 의거하면 신은 자연과 정신적 세계의 창조자이자 주인이며 이로써 무엇보다 자연의 직접적 현존재에서 벗어나 있으니, 까닭인즉 신은 내면으로의 자기철수로서, 정신적인 절대적 대자존재로서 비로소 참된 신이기 때문이다. 그러나 유독 유한한 인간정신에만은 자연이 경계이자 차단으로서 대립하고 있으니, 정신은 [47] 자연을 사상 속에서 이론적으로 파악하고 또한 정신적 이념, 이성, 선과 자연 사이의 조화를 실천적으로 성사시킴으로써만 자신의 현존재 속에서 자연을 극복하여 내면의 무한성으로 고양된다. 그런데 신은 이러한 무한한 활동이다. 왜냐하면 신에게는 자연에 대한 지배가 속하며, 또한 신은 대자적으로 이러한 무한한 활동으로서, 그 활동의 인식이자 의지로서 존재하기 때문이다. ― 반대로, 앞서 보았듯이, 본격적인 상징적 예술의 종교들에서는 내면적, 추상관념적인 것과 자연의 통일이 직접적 결합이었으며, 따라서 그것은 자연적인 것의 의미내용과 형식을 자신의 주요 규정으로 만들었다. 그리하여 태양, 나일강, 바다, 대지, 생성과 소멸, 탄생과 재탄생 등의 자연 과정, 일반적 자연 생명성의 교차 순환이 신적 현존재이자 삶으로서 추앙받았다. 그런데 이러한 자연력들은 이미 상징적 예술에서 인격화되었으며, 이를 통해 정신적인 것과의 대립으로 치달았다. 이제 신들이 고전적 예술형식이 요청하듯 자연과의 조화 속에서 정신적 개인들로 존재하려면, 단순한 인격화는 이를 위해 충분한 것이 못 된다. 왜냐하면 인격화의 내용이 단순 일반적인 힘이자 자연작용이라면, 인격화는 의미내용으로 진입하지 못한 채 극히 형식적으로 남으며 또한 그 의미내용 속에서 정신적인 것과 개별성에 실존을 부여할 수 없기 때문이다. 그러므로 고전적 예술에는 필히 반전이 속하니, 우리는 방금 동물적인 것의 격하를 고찰했지만, 이제 한편으로는 일반적 자연력 또한 격하되어야 하며, 정신적인 것이 자연력보다 상위를 점해야 한다. 그런데 이 경우 주된 규정을 이루는 것은 인격화가 아니라 주관성이다. 하지만 다른 한편 고전적 예술의 신들은 여기서 아직 절대적으로 자유로운 내적 정신성으로 표현되어서는 안 되며, 그런 까닭에 자연력들로 존재함을 그칠 수 없다. 그러나 자연이 그와 분리된 주와 창조자에 대해 창조되고 봉사할 뿐인 피조물로서 관계하려면, 신은 숭고성의 예술에서와 같이 자체로 [48] 추상관념적일 뿐인 유일한 실체의 지배로서 표상되거나 아니면 기독교에서와 같이 완전한 자유를 향하는 구체적 정신으로서 정신적 현존재와 인격적 대자존재의 순수한 요소 속으로 고양되어야 한다. 두 가지 경우는 모두 고전적 예술의 관점에 맞지 않는다. 고전적 예술의 신은 아직 절대적 정신성을 내용과 형식으로 갖지 않는 까닭에 아직 자연의 주인이 아니다. 또한 탈신화된 자연물들과 인간적 개별성 사이의 관계가 숭고한 관계이기를 그치고 미로 격하되며, 미에서는 보편자와 개별자, 정신적인 것과 자연적인 것이라는 양 측면 모두에 예술표현을 위한 온전한 권리가 무제약적으로 주어지는 까닭에, 그는 더 이상 자연의 주인이 아니다. 그런즉 고전적 예술의 신에게는 자연력이 그대로 유지되지만, 그것은 보편적, 포괄적 자연이란 의미에서의 자연력이 아니라 태양, 바다 등의 특정하고 제한적인 작용으로서의 자연력, 한마디로 특수한 자연력인바, 이것이 정신적 개인으로서 현상하며 또한 이 정신적 개별성을 그 본연의 본질성으로서 갖는다. 이미 앞에서 보았듯이, 고전적 이상은 직접 현전하는 것이 아니라 정신의 형상에서 부정적인 것이 지양되는 과정을 통해 비로소 출현하는 만큼, 그리스 신화의 주된 관심은 조야하고 아름답지 않고 거칠고 기괴한 것, 이전의 종교적 표상과 예술관에서 기원하는 단순 자연적 내지 환상적인 것의 이러한 변형과 계발에 있음이 틀림없으며, 또한 그런고로 그것은 특정 권역의 특수한 의미들을 표현할 수밖에 없다.

이제 이 주안점을 좀 더 자세히 고찰함에 있어, 여기서 우리의 직분은 다채롭고 다양한 그리스 신화의 표상들에 대한 역사적 연구가 아님을 미리 말해야겠다. 이 면에서는 이러한 변형의 본질적 계기들만이 ―이것들이 예술형상화와 그 내용의 [49] 보편적 계기들로서 증명되는 한도에서― 우리의 관심을 끌 뿐이다. 반면 특수한 신화들, 이야기들, 역사들, 지방색 및 상징과의 연관성들, 한마디로 새로운 신들에게서도 여전히 그 권리를 유지하며 또한 예술형상들에서 잠정적으로 나타나기는 하되 우리의 도상에서는 본연의 중심점에 속하지 않는 것들, ― 이러한 범위의 소재들을 우리는 여기서 도외시할 것이며, 다만 사례를 들기 위해 개별적인 경우를 환기할 수 있을 뿐이다. 우리가 전향적으로 밟아 가는 이 길은 전체적으로 조각사의 과정과 비교될 수 있다. 왜냐하면 조각은 신들의 순정한 형상을 감각적으로 가시화하며, 또 그런 만큼 고전적 예술 특유의 중심을 형성하기 때문이다. 비록 시문학이 완성을 기하고자 조각의 자기기인적 객관성과는 달리 신과 인간들에 관해 언명하거나, 신계와 인간계 자체의 행위와 운동을 제시하지만 말이다. 이제 조각에서는 하늘로부터 떨어진$\delta\iota o\pi\epsilon\tau\eta\varsigma$[24] 무형태의 돌이나 나무등치를 ―로마인들이 축하 사절단을 통해 로마로 반입할 당시의 소아시아 페시누스의 위대한 여신은 여전히 그런 것이었다― 인간적 형상과 입상立像으로 변형하는 일이 출발의 주요 계기를 이루듯이, 우리도 또한 여기서 아직 형태 없는 거친 자연의 위력들에서 출발해야 하며, 또한 그것들이 개별적 정신성으로 고양되고 확고한 형상들로 집약되는 여러 단계들을 표시해야 할 것이다.

이 면에서 우리는 가장 비중 있는 것으로서 세 가지의 상이한 측면들을 구분할 수 있다.

우리의 주의를 요하는 첫 번째는 신탁인데, 여기서는 신들의 인식과 의지가 자연존재들을 통해 감지되지만 아직 비형상적이다.

두 번째 주안점은 보편적 자연력들, 법칙의 추상들 등과 관계하는 것인데, 이것들은 참되고 정신적인 개별적 신들의 탄생지이며 그들의 근거를 이루고 [50] 또한 그들의 생성과 작용의 필연적 전제를 제공하는바, 새로운 신들과 구분되는 옛 신들이 그 경우이다.

---

24 역주: 즉 제우스로부터 떨어진, 참조 에우리피데스의 『타우리스의 이피게니아』, 977.

셋째, 이상理想을 향한 즉자대자적이며 필연적인 발전은 자연 활동들과 극히 추상적인 정신적 관계들의 (일단 피상적인) 인격화가 즉자 그 자체로서 하급한 부정적인 것으로서 퇴치, 억압되고 또 이러한 격하를 통해 독자적이고 정신적인 개별성 및 그 인간적 형상과 행위가 확고한 지배권을 획득하는 점에서 궁극적으로 드러난다. 이러한 변천은 고전적 신들의 생성사의 요체를 이루는 것으로서, 그리스 신화에서는 옛 신들과 새로운 신들의 투쟁, 거인들의 몰락, 그리고 제우스의 신적 계보가 쟁취한 승리에서 소박하면서도 분명하게 그려진다.

a. 신탁

첫째, 신탁에 관해서는 이 자리에서 길게 말할 필요가 없다. 여기서 본질적으로 중요시해야 할 점은 —예컨대 페르시아인들이 유전油田 지역이나 불을 숭배한다거나, 이집트인들의 경우 신들이 불가사의하고 신비로운 무언의 수수께끼로 남아 있는 것과는 달리— 고전적 예술에서는 자연현상들이 더 이상 그 자체로서 숭앙받지 않는다는 사실, 오히려 신들은 스스로 자기인식과 자기의지를 갖는 존재로서 인간에게 자연현상들을 통해 그들의 현명함을 고지한다는 사실에서 기인할 뿐이다. 그래서 옛 그리스인들은[25] 도도나[26]에서 야만인들[즉 이집트인]로부터 유래한 신의 이름들을 그대로 쓸지 여부에 관해 신탁을 청하는데, 신탁은 그 이름들을 그대로 쓰라고 말한다 (헤로도토스 II, 52).

α) 신들이 자신을 계시하는 표지標識들은 대개 아주 단순하였다. 도도나에서는 성스러운 떡갈나무의 바스락대는 속삭임, 샘의 웅얼거림, 바람에 우

---

[25] 역주: 태고에 그리스·소아시아 부근에서 살던 펠라스기(Pelasgi)족을 가리킨다.
[26] 역주: 고대 그리스 신화의 주신 제우스의 신탁소가 있던 성역(聖域).

는 놋그릇 소리 등이 그것이었다. [51] 마찬가지로 델로스에서는 월계수가 바스락거렸고, 델피에서도 청동 세발제단에 부는 바람이 결정적 계기였다. 하지만 자연의 그러한 직접적 울림 말고도 인간은, 오성의 깨인 사고에서 벗어나 열광의 자연상태로 흥분, 도취되는 한에서, 그 스스로도 신탁을 발설한다. 예컨대 델피 신전의 그 무녀가 연무煙霧에 취해 신탁의 말씀들을 내뱉거나 트로포니오스의 동굴에서 신탁에 휩싸인 자가 환영들을 보았을 때, 그 해석으로부터 그에게 답이 주어졌듯이 말이다.

β) 그런데 외적인 표지들에는 또 하나의 측면이 추가된다. 왜냐하면 신탁들에서는 신이 지자知者로 간주되며, 따라서 가장 탁월한 신탁은 지혜의 신 아폴로에게 헌정되기 때문이다. 하지만 그가 자신의 의지를 알리는 형식은 극히 비규정적인 것이자 자연적인 것, 즉 자연의 소리나 맥락 없는 단어들의 울림에 그친다. 형상이 이렇듯 불명료하므로 정신적 내용 자체도 모호한 것이 되며 따라서 해석과 해명을 필요로 한다.

γ) 신의 고지告知는 처음에는 단지 자연적인 것의 형식으로 나타난다. 비록 해명을 통해 이 고지의 정신적 진의가 의식되긴 하지만, 그럼에도 그것은 모호하고 중의적인 것으로 머문다. 왜냐하면 신의 인식과 의지는 구체적 보편성이며, 신탁이 계시하는 신의 충고나 명령도 같은 종류여야 하기 때문이다. 그러나 보편적인 것은 일면적, 추상적이지 않으며, 모든 측면들을 구체적인 것으로 포함한다. 그런데 인식하는 신과 대비하여 인간은 무지하게 존재하며, 그런 까닭에 그는 신탁 말씀 자체를 무지한 상태에서 수용한다. 즉 그에게는 신탁의 구체적 보편성이 계시되지 않으며, 또한 신탁에 따라 행할 것을 결심할 때 그는 신의 중의적 말씀에서 하나의 측면을 선택할 수밖에 없다. 왜냐하면 특수한 환경들 아래서는 매 행위가 특정해야 하고, 오직 하나의 측면에 준해 결정되어야 하고, 또한 다른 측면을 배척해야 하기 때문이다. 그러나 [52] 그가 행위를 하는 즉시, 그리고 이를 통해 자

신이 행한 것으로서 책임져야 할 행동이 현실로 실현되는 즉시, 그는 [다른 측면과] 충돌한다. 그는 신탁 말씀에 놓인 또 다른 측면이 돌연 적대적으로 다가옴을 마찬가지로 목격하며, 또한 신은 아마도 알겠지만 그로서는 모를 그의 행동의 운명이 그의 인식과 의지를 거슬러 그를 엄습한다. 그 반대도 다시 마찬가지이니, 신들은 규정된 위력들이며 또한, 그들의 말씀 자체의 성격상 이러한 규정성을 지니는 경우 —예컨대 오레스테스를 복수로 몰고 가는 아폴로의 명령과 같은 경우, 이 규정성으로 인해 그 말씀 또한 충돌에 빠진다. — 한편으로 이제 신탁에서 신의 내적 인식이 취하는 형식은 극히 비규정적 외면성이거나 말씀의 추상적 내면성이며 또한 의미내용 자체는 말씀의 중의성으로 인하여 분열의 가능성을 포괄하는 까닭에, 고전적 예술에서 신탁이 내용의 한 측면을 이룰 만큼 중시되는 곳은 조각이 아니라 시문학, 그것도 특히 극시이다. 그러나 신탁은 본질적으로 고전적 예술이 제자리인바, 까닭인즉 여기서는 인간의 개별성이 아직 내면성의 정점으로까지 —이 정점에서는 주체가 순수하게 자신에 기반을 두고 자신의 행위를 결정한다— 치닫지 못했기 때문이다. 오늘날의 의미에서 양심이라고 불리는 것은 아직 여기에서 찾아볼 수 없다. 그리스인은 좋은 열정이든 나쁜 열정이든 간에 종종 자신의 열정에서 비롯하여 행동하는 것이 사실이지만, 그에게 영혼을 부여해야 하며, 또 부여하는 순정한 파토스는 신들로부터 —신들의 내용과 위력이 그러한 파토스의 보편성이다— 온다. 또한 영웅들은 직접 파토스로 충만해 있거나, 신들이 행동을 명령할 목적으로 그들에게 현신하지 않는다면, 신탁에서 조언을 청한다.

b. 새로운 신들과 구분되는 옛 신들

그런데 한편으로 신탁에서는 내용이 인식적, 의지적인 신들 안에 있으며, 외적 현상의 형식은 [53] 추상적, 외면적이며 자연적인 것으로 있지만, 다른 한편으로는 자연적인 것의 보편적 위력들과 그 작용이 내용으로 되니, 독자적 개별성은 이 내용을 벗어나야만 비로소 솟아오르며 또한 그 일차적 형식으로서 형식적, 피상적 인격화를 얻을 뿐이다. 이러한 단순 자연위력들의 배격, 그것들이 제거되는 대립과 투쟁이야말로 본격적인 고전적 예술이 감사해야만 할 주요 지점이며 따라서 우리는 그것을 좀 더 엄밀하게 살피고자 한다.

α) 이 면에서 우리가 언급할 수 있는 첫 번째 점은 다음의 정황과 관계한다. 숭고성의 세계관은, 부분적으로는 심지어 인도의 세계관마저도, 그 자체로 완결된, 비감성적 신을 만물의 시초로서 보지만, 우리는 그러한 신과 관계하는 것이 아니며, 태초를 제공하는 것은 자연신들, 그것도 일단은 자연의 비교적 보편적인 위력들, 태고의 혼돈, 지옥Tartaros, 이승과 저승 사이의 암흑계Erebos, 극히 황량한 이 지하의 존재이며, 나아가 우라노스,[27] 가이아,[28] 티탄의 에로스, 크로노스 등이다. 그리고 나서 이들로부터 비로소 헬리오스, 오케아노스 등의 좀 더 특정한 힘들이 발생하니, 이 힘들이 정신적으로 개별화된 후일의 신들을 위한 자연근거가 된다. 그러니까 여기서는 판타지에 의해 고안되고 예술을 통해 형상화된 신통기와 우주발생론이 재등장하는데, 그 최초의 신들은 외견상 한편으로는 여전히 비규정적인 종류로 머물거나 무지막지하게 확대되며, 또한 다른 한편으로는 자체 내에 다분히 상징적인 요소를 지닌다.

β) 이러한 티탄의 위력들 자체를 좀 더 규정적으로 구분하자면, 그것들은

---

27 역주: 우라노스(그리스어: Οὐρανός)는 그리스 신화의 하늘의 신으로서 대지의 여신 가이아의 아들이자 남편이며 크로노스의 아버지이자 제우스의 할아버지이다.

28 역주: 가이아(그리스어: Γαῖα)는 그리스 신화에 등장하는 대지의 여신이다. 우라노스와 폰토스의 어머니이며, 우라노스를 남편으로 맞이하여 크로노스를 포함한 티탄족과 키클롭스, 피톤 등의 괴물을 낳았다. 우라노스가 크로노스에게 거세를 당한 후에는 폰토스를 남편으로 맞이했다고 한다.

αα) 첫째, 정신적, 인륜적 내용이 결여된 천지운행의 힘들이며, 그리하여 제멋대로이며, 거칠고 야만적인 종자이며, 인도와 이집트적 판타지의 산물들처럼 흉측하며, 거대하고 몰형식적이다. 그 위력들은 예컨대 브론테스, 스테로페스,²⁹ 헤카톤케이레스 삼형제(코토스, 브리아레오스, 기게스),³⁰ 거인들 등등의 특이한 자연특수성들과 더불어 처음에는 우라노스의, [54] 다음에는 크로노스의 지배를 받는다. 티탄족의 수장은 분명 시간을 따르며 또한 마치 시간이 자신이 낳았던 산물들을 다시 없애듯 그는 자신의 모든 아이들을 먹어 치운다. 자연적 삶은 기실 시간에 예속되어 덧없는 것만을 존재케 하니, 같은 이치로 종족이나 부족으로 존재할 뿐 국가를 이루거나 내적으로 확고한 목적을 추구하지 못하는 무리의 선사시대들도 시간의 비역사적 위력에 맡겨지는 까닭에, 이 신화에 상징적 의미가 없는 것은 아니다. 마치 뮤즈가 자연적 삶과 현실적 행위로서 단지 시간성 속에서 지나 버릴 덧없는 모든 것을 지속, 고정시키듯이, 여러 세대가 흘러도 변치 않는 확고한 것은 법, 인륜, 국가 속에서 비로소 현전한다.

ββ) 그러나 나아가 이 권역의 옛 신들에게는 단지 자연력들 자체뿐만 아니라 기본적 자연력들을 지배하는 최초의 힘들도 속한다. 공기, 물, 불과 같이 그 자체가 아직 가공되지 않은 자연의 기본적 힘을 사용하는 금속의 최초의 가공은 중요한 의미를 갖는다. 여기서는 코리반트³¹들, 선의와 악의를

---

29 역주: 헤시오도스에 따르면 브론테스(천둥장이), 스테로페스(번개장이), 아르게스(번쩍이는 자)는 모두 외눈박이 거인들(키클롭스)로서 우라노스와 가이아의 세 아들이다. 제우스 등이 티탄족과 싸울 때 그들은 제우스에게는 번개와 벼락을, 하데스에게는 몸을 투명하게 만드는 투구를, 포세이돈에게는 삼지창을 만들어 주어 티탄족을 이기도록 돕는다. 헤시오도스의 『신통기』 140 참조

30 역주: 헤카톤케이레스는 백 개의 팔을 가진 자들이라는 뜻으로, 이들은 백 개의 팔과 쉰 개의 머리를 가진 거인들로서 우라노스와 가이아의 아들들이다. 이들은 티탄족과의 전쟁에서 올림포스신들을 돕는다. 헤시오도스의 『신통기』 148 참조.

31 역주: 그리스 신화에서 어린 제우스를 보호한 반신반인(半神半人)의 존재들. 쿠레테스라고도 불린다.

겸비한 다이몬인 텔키네스[32]들, 광산 일에 능하며 배가 불뚝한 난쟁이 소인족 페타켄[33]이 거론될 수 있다.

그런데 특히 주목을 끄는 이행 지점으로 언급될 만한 존재는 프로메테우스이다. 프로메테우스는 유별난 티탄이어서 그의 이야기는 특별히 주의를 기울일 가치가 있다. 그는 그의 형제 에피메테우스와 함께 처음에는 새로운 신들과 친교를 맺는 듯 보이지만, 뒤에는 인간의 수호자로서 등장하며 새로운 신들과 티탄들의 관계에 대해서는 무심해진다. 그는 인간들에게 불을 가져다주며 또한 이를 통해 그들이 욕구의 만족과 제반 기술의 발전 등을 위해 마음을 쓸 수 있도록 해 주는데, 이 기술들은 더 이상 자연적인 것이 아니어서 티탄의 속성과 별 관계가 없는 듯 [55] 보인다. 제우스는 이 행동 때문에 프로메테우스를 벌하며, 이 처벌은 헤라클레스가 드디어 그를 고통에서 풀어 줄 때까지 지속된다. 처음 보면 이 모든 주요 특징들에는 티탄족의 고유 속성이 전혀 없는 듯하다. 아니, 심지어 프로메테우스가 케레스처럼 인간들의 수호자임에도 옛 티탄족의 세력에 산정되기도 하는 불합리가 거기에서 발견될지도 모른다. 하지만 좀 더 자세히 보면 이러한 불합리는 지체 없이 불식된다. 이와 관련해서는 예컨대 플라톤의 몇몇 구절들이 이미 충분한 해명을 제공하고 있다. 즉 어떤 손님이 젊은 소크라테스에게 말해 주는 신화에서 보면, 인간은 크로노스의 시대에 대지에서 생성되었으며, 또한 신 자신이 인간과 대지를 모두 돌보았다. 그 후 반대되는 움직임이 나타나 대지는 스스로를 책임졌고, 동물들은 광포해졌으며, 지금까지 양식과 같은 생필품들을 직접 얻었던 인간들은 고립무원의 상태가 되었고, 또

---

32 역주: 텔키네스는 뛰어난 장인(匠人)으로도 유명하다. 이들은 철과 놋쇠를 처음 사용하였으며, 신들의 형상을 처음 빚었다고 전한다.

33 역주: 페타켄은 헤로도토스에 의하면(『역사』, iii. 37) 파타이코이라고 불리는 페니키아의 난쟁이 신들로서, 대장장이 신인 헤파이스토스와 닮은 모습을 하고 있다.

한 이 어름에 이야기되기를(*Politicus*, 274), 불은 프로메테우스에 의해 인간에게 전해졌지만 기술적 숙련τέχναι은 헤파이스토스와 그의 보조인 아테네에 의해 전해졌다고 한다. ― 여기서는 원광석들을 다루는 솜씨의 출처와 불 사이에 분명한 차이가 있으니, 프로메테우스에게 속하는 것은 불의 선사에 그친다. 플라톤은 프로메테우스의 신화를 『프로타고라스』에서 비교적 길게 설명한다.[34] 거기서 이야기되기를(『프로타고라스』, 320~323), 한때 신들은 있었지만 필사의 종족들(즉 인간)은 없었던 시대가 있었다. 이제 그들에게도 정해진 생성의 시간이 다가오매, 신들은 땅속에서 흙, 불 그리고 그것들이 한데 어우러진 것을 섞어 그들을 빚었다. 그런 다음 신들이 그들을 세상에 내놓으려 했을 때, 신들은 각각의 인간들에게 분수에 맞게 능력들을 나누어 주고 장착하는 임무를 프로메테우스와 에피메테우스에게 부과하였다. 그런데 에피메테우스가 프로메테우스에게 그 분배를 자신에게 맡겨 달라고 청한다. 그는 "분배는 내가 했으니, 네가 검토해 달라"고 말한다. [56] 그러나 에피메테우스는 서툴게도 모든 능력들을 동물들에게 사용하여 인간을 위해서는 더 이상 아무것도 남기지 않았으니, 프로메테우스가 검토를 위해 왔을 때, 그는 기타 생명체들은 온갖 것으로 슬기롭게 무장되었음을 보지만 인간은 발가벗고 맨발인 채 보호물이나 무기가 없음을 발견한다. 그러나 인간이 흙에서 나와 세상에 나가기로 정해진 날은 벌써 밝았다. 인간을 위해 어떤 도움을 찾을까 당혹해하는 프로메테우스는 헤파이스토스와 아테네 둘에게서 현명함과 불을 훔치고 ―왜냐하면 불이 없이는 현명함의 소유와 이용이 불가능했기에― 그것을 인간에게 선사한다. 이를 통해 인간은 이제 삶에 필요한 현명함을 가졌으나, 그러나 정치는 갖지 못했다. 왜냐하

---

34 역주: 플라톤, 『프로타고라스』, 320c 이하 참조.

면 정치는 여전히 제우스에게 있었기 때문이다. 그런데 프로메테우스에게는 제우스의 성으로 들어가는 것이 더 이상 허락되지 않았으며, 또한 그 주위에는 제우스의 무시무시한 경호원들이 있었다. 하지만 그는 헤파이스토스와 아테네가 기술을 연마했던 그들의 공동 거처에 잠입하여 헤파이스토스의 불(火)기술과 아테네의 직조기술을 훔쳐 인간에게 선사한다. 그리고 이로부터 인간에게는 삶의 만족을 기하는 능력εύπορία τοῦ βίου이 생겼으나 프로메테우스는 에피메테우스로 인해 후일 절도로 처벌받았다고 전해진다. 플라톤은 바로 다음 구절에서 이야기하기를, 하지만 인간들에게는 동물들에 맞서는 전쟁의 기술도 ―이것은 정치의 일부일 뿐이다― 마찬가지로 결여되어 자신을 보존할 수 없었으므로 그들은 여러 도시들로 집결하였으나 그들에게는 국가제도가 없었던 까닭에 그곳에서 서로를 헐뜯고 또다시 흩어졌으므로 제우스는 어쩔 수 없이 헤르메스를 통해 염치와 정의를 전했다고 한다. ― 이 구절에서는 육체적 안락을 기하며 일차원적 욕구의 만족을 위해 걱정하는 삶의 직접적 목적과 정신적인 것, 도덕, 법, 재산권, 자유, 공동체를 목적으로 삼는 국가제도의 [57] 차이가 뚜렷하게 부각된다. 프로메테우스는 이러한 인륜적, 합법적 요소를 인간에게 주지 않았으며, 다만 자연물들을 정복하여 인간의 만족을 위한 수단으로서 이용하는 요령을 가르쳤을 뿐이다. 불과 불을 이용하는 솜씨는 직조기술과 마찬가지로 그 자체가 인륜적인 것이 아니며 우선은 다만 이기심과 사적인 효용에 봉사하는 것으로서, 그것은 인간 현존재의 공동체성 및 삶의 공공성과 무관한 것이다. 프로메테우스는 인간에게 좀 더 정신적, 인륜적인 것을 부여하는 사례가 아닌 까닭에, 그는 또한 새로운 신들의 종족보다는 티탄 종족에 속한다. 헤파이스토스도 마찬가지로 불과 불에 관련된 기술들을 자신의 영향력을 이루는 요소로 삼지만, 그럼에도 그는 새로운 신들에 속한다. 그러나 제우스는 그를 올림포스에서 추방하였으며, 그는 절름발이 신으로 남았다. 그러한즉 프로메테우스처럼 인간의 수호자로 증명된 케레스가 새로운 신들에 속하게 된 것도 불일치가 아니다. 왜냐하면 케레스가 가르친 것은 재산과 직결되는, 나아가 혼인, 도덕 그리고 법과 직결되는 경작이었기 때문이다.

YY) 이제 세 번째 권역의 옛 신들은 야만성이나 간지에 머무는 인격화된 자연력들 그 자체나 개별적 자연요소들을 지배하는, 그리고 저급한 인간적 욕구들을 위해 소용되는 최초의 힘을 포함하기보다 이미 내면 그 자체로서 관념적, 보편적, 그리고 정신적인 것에 가까이 접경하는 것이 사실이다. 하지만 그럼에도 불구하고 여기에 속하는 위력들에는 정신적 개별성 및 그에 적합한 형상과 현상이 결여되어 있으니, 그들 역시 그 역할의 면에서 다소간 자연적인 것의 필연적, 본질적 요소에 더욱 가까이 관계한다. 그 사례로서 우리는 네메시스, 디케, 에리니스, 에우메니데스, 모이렌[35]에 관한 표상을 상기할 수 있다. 물론 [58] 여기서는 이미 법과 정의의 규정들이 대두한다. 그러나 이 필연적 법은 인륜성의 내적 정신성 및 실체성으로 파악되고 형상화되는 대신, 극히 보편적 추상에 머물거나 정신적 관계들 내에 있는 자연성의 모호한 법에 해당하니, 가령 혈족애와 그 법이 그런 것으로서, 이것은 명료하고 자유롭게 자신을 의식하는 정신에 속하지 않으며, 따라서 제정법도 아니고 오히려 그와 반대로 화해 불가능한 복수의 법으로서 나타난다.

나는 좀 더 자세한 것과 관련해서는 다만 다음의 표상들만을 언급하고자 한다. 예컨대 네메시스는 높이 솟은 것을 낮추고 지나친 행운을 정점에서 끝어내리고, 이를 통해 평등을 산출하는 힘이다. 그러나 평등의 법은 매우 추상적이며 외적인 법인바, 이것은 정신적 상태와 관계들의 영역에서 작용

---

35 역주: 네메시스와 디케는 정의의 여신이며, 에리니스(Alecto, Megaera, Tisiphone의 세 자매를 뜻함)와 에우메니데스는 복수의 여신들이며, 모이렌(Clotho, Lachesis 및 Atropos를 뜻함)은 운명의 여신들이다.

하는 것으로 증명되었지만, 평등의 인륜적 구성을 정의의 내용으로 삼는 것은 아니다.

또 다른 주요 측면은 옛 신들에게는 가족의 상태들에 관한 권리가 ―이 상태들이 자연성에서 기인하며, 이로써 공동체의 공권과 법에 대립하는 한― 할당되는 점에서 기인한다. 아이스킬로스[36]의 에우메니데스가 이 점에 대한 가장 분명한 예로서 인용된다.

오레스테스의 어머니는 그녀의 남편이자 군주인 아가멤논을 살해하는데, 새로운 신 아폴로는 아가멤논의 복수가 유야무야되지 않도록 오레스테스에게 어머니의 살해를 사주한다. 그리고 오레스테스가 어머니를 살해하자, [복수의 여신인] 살기등등한 처녀들이 그를 추격한다. 이를 통해 전체의 극은 몸소 서로 적대적으로 등장하는 이러한 신적 위력들의 투쟁으로 꾸며진다. 에우메니데스들은 한편으로 복수의 여신들이지만 자비로운 자들을 뜻하기도 함으로, 분노의 여신들이라는 ―우리는 그녀들을 이렇게 바꿔 부른다― 일상적 표상은 거칠고도 야만스러운 것이다.[37] 왜냐하면 그녀들은 추격을 위한 일정한 본질적 권리를 소유하며, 그런 관계로 그녀들이 가하는 고문들이 가증스럽고 광포하고 끔찍한 것만은 아니기 때문이다. [59] 하지만 그녀들이 오레스테스에 대해 행사했던 권리는 혈연에 근거를 두는 한도에서 가족의 법일 뿐이다. 오레스테스가 파열시킨 모자의 극히 내밀한 관계는 바로 그녀들이 대변하는 실체이다. 아폴로는 자연적인, 이미 혈연 속에 감성적으로 정초하고 감응되는 인륜성에 대해 한층 깊은 권리를 침해당한 남편이자 군주인 자의 법을 대응시킨다. 양편이 모두 가족이라는 하

36 역주: 『오레스테이아』는 「아가멤논」, 「코에포로이」, 「에우메니데스」의 3부로 이루어진 아이스킬로스 (B.C. 525?~456)의 최대 걸작이다.
37 역주: 그리스어 εύ-μενής(eumenēs)는 '자비로운' 이라는 뜻이며, 이에 반해 Furien은 분노라는 뜻을 담고 있다.

나의 동일한 영역 내에서 인류를 옹호하는 관계로, 일단은 이 차이가 외적인 것으로 보인다. 그럼에도 불구하고 아이스킬로스의 내실 있는 판타지는 —그 때문에 우리는 또한 이 면에서 그것을 더욱 평가해야 할 터인데— 말하자면 피상적이 아닌, 철저히 본질적인 성격을 갖는 대립을 여기서 밝혀냈다. 즉 자식과 부모의 관계는 자연적인 것 속에 있는 통일성에서 기인하는 반면, 남편과 아내의 유대는 혼인으로 간주되어야 하며, 또한 혼인은 애오라지 자연적인 사랑, 혈연, 자연인척관계에서 유래하는 것이 아니라 의식적인 경향성에서 발생하며 또한 이를 통해 자의식적 의지의 자유로운 인륜성에 속하는 것이다. 그러므로 혼인이 제아무리 사랑이나 감정과 결부된다고 해도, 혼인은 사랑의 자연감정과 구분되니, 까닭인즉 혼인은 그러한 것과 별개로, 심지어 사랑이 말라서 사라진 경우에도, 일정하게 의식된 의무들을 인정하기 때문이다. 부부생활의 실체에 관한 개념과 인식은 모자母子라는 자연적 결합에 비해 다소간 후일의 것이자 한층 깊은 것이며, 또한 자유롭고 이성적인 의지의 실현으로서의 국가의 시작을 이루는 것이다. 이와 유사하게 군주들과 시민들의 관계에도 동등한 권리와 법률, 자의식적 자유와 정신적 목적들이라는 정치적 연관성이 포함되어 있다. 이것이 바로 옛 여신들인 에우메니데스들이 오레스테스를 벌하려고 기도하는 이유인데, 반면 아폴로는 다음과 같은 말로 정당하게 에우메니데스들에게 맞섬으로써 [60] 인식적이자 자기인식적인 명료한 인류성과 남편 및 군주의 권리를 옹호한다(『에우메니데스』, 206~209). "클리타임네스트라의 죄악을 앙갚음하지 않았더라면, 정말이지 나는 불명예스러웠을 것이며 또한 결혼의 신 헤라와 제우스의 결합에서 아무것도 존중하지 않았을 것이다." 더욱 흥미로운 것은, 비록 무대가 인간적 감정과 행동으로 완전히 옮겨 가긴 했지만, 동서고금에 걸쳐 가장 숭고하고 탁월한 예술작품의 하나인 『안티고네』에서 동일한 대립이 부각된다는 사실이다. 이 비극에서는 모든 것이 수미일관하다.

국가의 공법과 오라버니에 대한 내면의 가족애 및 의무가 서로 투쟁적으로 맞서며, 여성인 안티고네는 가족의 이해관계를, 남성인 크레온은 공동체의 안녕을 파토스로서 지닌다. 자신의 조국과 전쟁을 벌인 폴리네이케스는 테베의 성문 앞에서 전사하며, 지배자인 크레온은 공적으로 반포된 법률에 의거해서 도시의 적에게 매장의 명예를 부여하는 자는 누구든 죽음을 면하지 못할 것이라고 위협한다. 그러나 안티고네는 국가의 공적 안녕만을 염두에 둔 이 명령을 전혀 받아들이지 않으며, 누이로서 오라버니에 대한 그녀의 사랑의 경건함에 준해 매장의 성스러운 의무를 행한다. 이때 그녀는 신들의 율법에 호소하지만, 그녀가 숭앙하는 신들은 하데스의 지하 신들이자(소포클레스, 『안티고네』, 451, ἡ ξύνοικος τῶν κάτω θεῶν Δίκη) 감정과 사랑과 혈족이라는 내면의 신들이지, 자유롭고 자의식적인 민족과 국가의 삶이라는 한낮의 신들이 아니다.

γ) 우리가 고전적 예술관의 신통기와 관련하여 부각할 수 있는 세 번째 점은 위력 및 지배의 지속과 관계된 옛 신들의 차이에 관한 것이다. 여기서 우리는 세 가지 측면을 주시해야 한다.

αα) 우선 신들의 생성이 순차적이다. 헤시오도스에 따르면 카오스로부터 가이아, [61] 우라노스 등이 등장하며, 다음으로 크로노스와 그의 종족이, 마지막으로 제우스가 그의 신들과 함께 등장한다. 그런데 이러한 순서는 일면 추상적이며 비형상적인 자연력들로부터 좀 더 구체적이고 이미 특정하게 형상화된 자연력들로의 상승으로 현상하며, 일면 정신적인 것이 자연적인 것을 넘어서는 초기적 발흥으로 현상한다. 그리하여 예컨대 아이스킬로스는 『에우메니데스』에서 피티아로 하여금 델피의 신전에서 다음과 같이 첫 마디를 떼게 한다. "나는 이 기도와 더불어 최초의 신탁 제공자인 가이아를 첫 번째로 공경하며, 어머니를 이은 두 번째 신탁 제공자로서 이 예언의 장소에 자리 잡은 테미스를 가이아 다음으로 공경한다." 반면 이와 비슷하게

대지를 최초의 신탁 제공자로 부르는 파우사니아스는 다프네가 차후 대지에 의해 예언자로 임명되었다고 말한다. 다시 또 다른 계열도 있으니, 핀다로스는 밤을 우선으로 꼽고, 다음으로 밤에는 테미스를, 테미스에게는 포이베를 후계로 지정하여, 궁극적으로는 포이보스로 간다.[38] 비록 여기가 그 자리는 아니지만, 이 특정한 차이들을 추적하는 것은 흥미로운 일일 것이다.

ββ) 나아가 이 순차는 내적으로 좀 더 심화되고 내실 있는 신들로 향하는 발전으로도 타당해야 하며, 그런 까닭에 옛 신족 자체 내에서 보다 오래되고 추상적인 요소들을 격하하는 형식으로도 현상한다. 크로노스가 우라노스를 왕좌에서 끌어내리듯 최초의 가장 오래된 위력들에게서 지배권이 탈취되고 후속하는 신들이 그 자리를 차지한다.

γγ) 우리는 애초부터 첫 단계의 고전적 예술형식은 변형이라는 부정적 관계를 본질로 삼는다고 확언했는데, 이제 그것은 고전적 예술형식의 본격적 중심점이 된다. 여기서는 인격화가 보편적 형식을 지니며, 그 형식 속에서 신들이 표상되고 인간적, 정신적 개별성이 전향적으로 촉진되는 까닭에, 이 개별성이 처음에는 아무리 모호하고 비형식적인 형상으로 등장할지언정, 판타지는 낡은 신들에 대한 참신한 신들의 [62] 부정적 관계를 투쟁과 전쟁으로서 그린다. 그러나 본질적인 발전은 자연으로부터 고전적 예술의 참된 의미내용이자 본격적 형식인 정신으로 향하는 발전이다. 이러한 발전과 이 발전을 성립시키는 여러 투쟁들은 더 이상 옛 신들의 배타적 권역에 속하지 않고 오히려 옛 신들과 새로운 신들의 전쟁에 속하며, 또한 이 전쟁을 통해 새로운 신들은 옛 신들에 대한 지속적 지배를 공고히 한다.

---

38 역주: 테미스는 법과 정의의 여신이며, 포이베는 달의 여신이며, 포이보스는 아폴로의 다른 이름으로서 태양신이다. 이 구절은 밤의 혼돈에서 법과 질서를 거치고 달을 지나고 드디어 한낮에 이르는 발전을 의미하는 것으로 생각된다.

c. 옛 신들의 정복

자연과 정신의 대립은 즉자대자적으로 필연적인 것이다. 왜냐하면 이미 앞서 보았듯이 참된 총체성으로서의 정신의 개념은 즉자적으로 자체가 객관성이자 자체가 주체로서 분리되는 것, 오직 이것이니, 이는 정신이 이 대립을 통해 자연에서 스스로 생기生起하기 위함이며, 또한 연후 자연의 극복자이자 자연의 힘으로서 자연에 맞서 자유롭고 명랑하게 존재하기 위함이다. 따라서 정신 자체의 본질 속에 있는 이 주된 계기는 정신이 스스로에게 부여하는 자기표상의 주된 계기이기도 하다. 이러한 과정은 역사적, 현실적으로는 자연 상태의 인간에서 법적 상태, 재산, 법률, 헌법, 정치적 삶으로 발전되는 변형으로 나타나며, 신적 영원성의 관점에서는 정신적으로 개별화된 신들을 통한 자연력들의 정복이라는 표상으로 존재한다.

α) 이 전쟁은 하나의 절대적 재앙을 표현하며, 또한 옛 신들과 새로운 신들의 주된 차이점을 비로소 드러내는 신들의 본질적 행동이다. 그러므로 우리는 이러한 차이점을 노정하는 전쟁을 혹여 다른 모든 신화들과 비슷비슷한 하나의 신화인 양 말해서는 안 되며, 오히려 새로운 신들의 창조를 표현하는 획기적 신화로서 간주해야 한다.

β) 신들의 이러한 폭력적 싸움의 결과는 티탄족의 몰락, 새로운 신들의 일방적 승리였으며, 그리하여 보장된 지배를 누리는 새로운 신들은 판타지를 통해 [63] 갖가지의 능력을 갖추게 된다. 반면에 티탄들은 추방당하여 지하에 거주해야 하며, 혹은 오케아노스가 그렇듯, 밝고 명랑한 세계의 어두운 가장자리에 머물거나 기타 다양한 처벌을 받아야만 한다. 예컨대 프로메테우스는 스키타이의 산에 사슬로 결박당하며, 거기서 독수리는 계속 자라는 간을 게걸스럽게 쪼아 먹는다. 이와 비슷하게 끊임없는, 결코 해소되지 않는 갈증이 지하에서 탄탈로스를 괴롭히며, 또한 시시포스는 계속 굴러 떨어지는 바윗덩어리를 끊임없이 처음부터 헛되이 밀어 올려야 한다.

이러한 처벌들은 티탄족의 자연위력들 자체가 그렇듯 그 자체로 끝이 나지 않는 악무한惡無限이자, 당위의 동경이며, 혹은 지속적으로 반복되어 만족의 궁극적 평안에 이르지 못하는 주관적 자연욕망의 갈구이다. 왜냐하면 그리스인들에게 올바른 신의 의미는 현대인들이 동경하는 것과는 다르기 때문이다. 즉 그들은 광대하고 비규정적인 것으로 벗어남을 인간에게 최상의 것으로 간주하는 대신 타락으로 간주하여 타르타로스39로 유배 보냈던 것이다.

γ) 그런데 우리가 고전적 예술에서 이제부터 무엇이 물러가야 하며, 도대체 또 무엇이 더 이상 최종의 형식이자 적합한 내용으로서 정당하게 간주되어서는 안 되는가를 묻는다면, 그 첫 번째는 자연요소들이다. 이와 함께 일체의 불투명한 것, 판타지적인 것, 불명료한 것, 자연적인 것과 정신적인 것, 내적으로 실체적인 의미들과 우연적 외면성들의 각종 조야한 혼합은 새로운 신들의 세계를 위하여 제거된다. 그러니 여기서는 정신적인 것의 척도를 아직 장악하지 못한 경계 없는 표상의 산물들은 더 이상 공간을 차지하지 못하며, 또한 한낮의 밝은 빛을 기피해야 하는 것이 올바르다. 왜냐하면 우리는 위대한 카비리,40 코리반테스,41 생식력의 표현들 등등을 한껏 치장할 수는 있겠으나, 그러한 관점들은 어느 모로나 ―괴테가 블록스베르크산山 위에서 어미 돼지를 타고 앞장서게 한 그 늙은 바우보에 대해 언급할 것 없이42― 다소간 [64] 여전히 의식의 여명에 속하기 때문이다. 한낮으

---

39 역주: 가이아의 남편 혹은 지옥 밑바닥의 끝없는 구렁을 뜻한다.
40 역주: 소아시아와 사모트라키섬에서 숭배된 풍요와 다산의 신이다.
41 역주: 식물의 성장을 관장하는 여신 Kybele의 사제이다.
42 역주: 그리스 신화의 인물인 바우보(딸이 납치되어 슬퍼하는 데메테르를 음탕한 이야기로 즐겁게 해 준 하녀)를 괴테가 『파우스트』 제1부 「발푸르기스의 밤」에서 차용하였다. 마녀들이 발푸르기스 축제를 위해 브로켄산(블록스베르크산의 다른 이름)으로 올 때 노파 바우보가 "실한 어미 돼지"를 타고 앞장서게 한다.

로 자신을 촉진해 가는 것은 오직 정신적인 것뿐이다. 자신을 천명하지 못하고 내적으로 명료하게 해석하지 못하는 것은 비정신적인 것이며 밤과 어둠 속으로 또다시 가라앉는 것이다. 그러나 정신적인 것은 자신을 천명하며, 또한 자신의 외부형식을 스스로 규정함으로써 판타지의 자의, 형상들의 홍수 그리고 그 밖의 불투명한 상징적 부가물들로부터 자신을 정화한다.

이와 비슷하게 우리는 이제 단순한 자연욕구와 그 만족에 제한되는 인간의 행동이 뒷전으로 밀려감을 발견한다. 자의식적 정신에서 발원하는 법을 통해 규정되지 않는 옛 정의는, 즉 테미스와 디케 등은, 무제한적 타당성을 상실하며, 또한 반대도 마찬가지이니 단순한 지역성은, 비록 그것이 여전히 한 역할을 하지만, 보편적인 신의 모습들로 변신하니, 그들에게서는 지역성이 그저 흔적으로 잔존할 뿐이다. 왜냐하면 트로이 전쟁에서 그리스인들이 단일 민족으로서 싸우고 승리했던 것처럼 티탄족과의 전쟁을 이미 거친 호메로스의 신들은 내적으로 공고하며 규정된 하나의 신계로 존재하기 때문이니, 마침내 이것은 후일의 시문학과 조형예술을 통해 점점 더 완벽하게 규정되고 공고하게 되었다. 이러한 무적의 공고함은 그리스 신들의 내용과 관계하여 오로지 정신으로 존재하되, 그것은 추상적 내면성의 정신이 아니라 —플라톤의 경우 영혼과 육체가 하나로 자연화되고 단일체로 단단하게 짜여 신적이며 영원한 것으로 존재하듯— 자신에게 적합한 외적 현존재와 동일성을 이루는 정신이다.

3. 부정적으로 정립된 계기들의 긍정적 보존

그런데 새로운 신들의 승리에도 불구하고 고전적 예술형식에서는 옛 신들이 때로는 앞서 고찰했던 원래의 형식으로, 때로는 변화된 형상으로 여전히 보존되고 숭앙받는다. 다만 유대인들의 완고한 [65] 민족신만은 전체이자 일자이어야 하며, 또한 이로 인해 자신 옆에 어떠한 다른 신들도 용납하지 않는다. 하지만 그는 규정성의 면에서 자기 민족의 신에 그치는 한계에 머문다. 왜냐하면 신은 하늘과 대지의 주인이라는 자신의 보편성을 본래 자연의 창조를 통해서만 나타내지만, 그 밖에도 그는 이스라엘의 어린이들을 이집트 밖으로 인도하고 시나이산에서 계명을 내리고 가나안 땅을 유대인들에게 주었던 아브라함[43]의 신이다. 또한 유대 민족과의 협소한 동일화를 통해 아주 특수하게 이 민족의 신으로만 있을 뿐이며, 이로써 무릇 정신으로서 자연과 긍정적 조화를 이루지 못하고, 자신의 규정성과 객관성에서 벗어나 절대적 정신으로서의 자신의 보편성 속으로 참되게 물러나 현상하지 않기 때문이다. 그러므로 이 경직된 민족신은 매우 투기妬忌적이며, 또한 질투심에 차서 다른 신들에게서는 잘못된 우상만을 보라는 명령을 내렸다. 반면 그리스인들은 다른 민족들에게서도 그들의 신들을 발견했으며, 이국적인 것을 수용했다. 까닭인즉 고전적 예술의 신은 정신적, 육체적 개별성을 소유함으로써 유일무이한 존재가 아니라 다른 모든 특수자들이 그렇듯 주위에 일군의 특수자들을 자신의 타자로서 갖는 특수한 신성이기 때문이다. 그러므로 그 자신은 타자로부터 결과하며 또한 이 타자는 그의 타당성과 가치를 보유할 수 있는 것이다. 자연의 특수한 국면들도 이 점에서는 마찬가지이다. 비록 식물계가 지리적 자연지형의 진리이고 동물은 다시 식물보다 한층 높은 진리이기는 하지만, 그럼에도 산들과 언덕은 나무들, 관목들 그리고 꽃들의 바탕으로 계속 머물며, 또다시 이 식물들은 동물계 옆에서 자신들의 존재를 상실하지 않는 것이다.

---

43 역주: 「구약성서」 「창세기」에 기록된 이스라엘 민족의 조상.

a. 비교 의식들

이제 그리스인들의 경우 옛것이 보존되는 첫 번째 형식은 비교秘敎 의식들이다. 그리스의 비교 의식들은 혹여 그리스 민족이 그 내용을 일반적으로 주지하지 못했을 수도 있다는 의미에서 비밀스러운 것이 [66] 아니었다. 그와는 반대로 예컨대 대부분의 아테네인들과 일군의 외지인들은 엘레우시스 비교의 입교자들이었으되, 그들은 입교를 통해 내려진 가르침이 무엇인지를 말하면 안 되었던 것이다. 사람들은 최근 비교 의식들이 담고 있던 생각들과 그 축제에서 행해졌던 예배 행위들을 한층 자세히 연구하기 위해 각별히 노력을 기울였다. 하지만 비교 의식들은 전체적으로 위대한 현명함이나 심오한 인식을 감추고 있는 것으로 보이지 않으며, 다만 후일 진정한 예술을 통해 변형되는 것의 기초를 이루는 옛 전통들을 승계할 뿐이었으니, 그런 까닭에 그 내용은 참된 것, 한층 높고 좋은 것이기보다는 상대적으로 열등한 것이었다. 비교 의식들 속에 성스럽게 보존된 것은 명료하게 언표되지 않았으며 다만 상징적 특징들을 통해 전수될 뿐이었다. 그리고 드러나지 않은 것, 언표되지 않은 것이라는 특징은 사실상 대지의 신, 별의 신, 티탄족 같은 옛 신들에게도 속하는 것인바, 까닭인즉 계시적인 것, 자신을 계시하는 것은 정신이 유일하기 때문이다. 이 점에서 상징적 표현방식은 비교 의식들의 비밀성에 속하는 또 다른 측면을 형성하니, 까닭인즉 상징적 예술은 의미를 외면성에 기대어 표현되어야 할 터이나 이 의미는 암흑 속에 머물러 외면성이 직접적으로 제공하는 것과는 다른 무언가를 포함하기 때문이다. 예컨대 데메테르와 바쿠스의 비교 의식들도 정신적으로 해석되고 이를 통해 한층 심오한 의미를 간직했던 것이 사실이나, 그 형식은 이 의미내용에 대해 외적으로 머무는 관계로 그로부터 의미내용이 명료하게 드러날 수 없었다. 아이스킬로스가 데메테르의 비의秘儀를 용의주도하게 누설했다고 이야기되지만, 이때도 그가 발설하는 것은 아르테미스가 케레스[44]의 딸이었다는 사실에 국한된다. 이것은 사소한 현명함이니, 그러니까 비교 의식들이 예술에 미친 영향은 미미하다. [67]

b. 예술표현에 나타난 옛 신들의 보존

둘째, 옛 신들의 경배와 보존은 예술표현 자체로 흡수됨으로써 한층 명료하게 보인다. 예컨대 앞의 단계에서 우리는 처벌받은 티탄인 프로메테우스에 관해 언급했지만, 못지않게 우리는 그를 해방된 모습으로도 다시 발견한다. 왜냐하면 프로메테우스가 인간들에게 내려 준 불과 그가 가르쳐 준 육식 역시, 대지와 태양이 그렇듯, 인간 현존재의 본질적 계기이며, 욕구의 만족을 위한 필연적 조건이며, 그리하여 프로메테우스에게도 지속적으로 명예가 되었기 때문이다. 예컨대 소포클레스의 『콜로노스의 오이디푸스』에서는 다음과 같이 이야기된다(54행 이하).

> 여기서는 고지 전체가 신성하며 —
> 강자 포세이돈의 소유이다. 불의 운반자인
> 티탄 프로메테우스도 그 고지를 나눈다.

그리고 고전주석자는 첨언하기를, 아카데미에서도 아테네와 함께 프로메테우스와 헤파이스토스도 마찬가지로 경배되었다고 하는데, 사람들은 여신로路의 한 신전과 프로메테우스와 헤파이스토스의 모상이 있었다고 이야기되는 입구의 오래된 기단석을 그 증거로 든다. 그러나 리시마키데스의 보고에 따르면, 프로메테우스는 손에 홀笏을 쥔 나이 든 첫 번째 신으로, 헤

---

44 역주: 케레스는 데메테르의 다른 이름이다.

파이스토스는 더 젊은 두 번째 신으로 표현되었으며, 둘은 기단석 위의 재단에 함께 모셔졌다고 한다. 신화에 따를 때도 프로메테우스는 영구적으로 그의 죗값을 치르지 않았으며, 헤라클레스에 의해 족쇄에서 풀려났다. 이 해방의 이야기에는 다시 몇 가지 주목할 만한 특징들이 보인다. 즉 프로메테우스는 제우스에게 그의 왕국이 그의 13대 후손에 의해 위협당할 것이라는 위험을 예고함으로써 자신의 고통으로부터 벗어난다. 이 후손은 헤라클레스인데, 아리스토파네스의 『새들』(1645~1648행)에서 보면 예컨대 포세이돈은 헤라클레스에게 만일 [68] 그가 신들의 지배를 종식시키기 위해 맹약에 가입한다면 그는 자신을 해치게 될 것이라고 말한다. 왜냐하면 [만일 그것이 성공한다 해도 그는 아무것도 얻지 못할 것이며 만일 제우스가 권좌를 지킨다면] 그가 죽은 후 제우스가 남겨 둘 모든 것이 분명 그에게 돌아갈 것이기 때문이다. 그리고 실제로 헤라클레스는 올림포스로 옮겨 가 필사必死의 존재에서 신이 된 ─그리고 티탄에 머무는 프로메테우스보다 한층 높은─ 유일한 인간이다. 옛 지배가문들의 전복 역시 헤라클레스 및 헤라클레스가家의 이름들과 결부되어 있다. 옛 왕조와 왕가들에서 두드러진 자기의지는 그 자신의 목적과 방종에 대해서든, 주민들과 관계해서든 자신에 관한 어떠한 법률도 인정하지 않으며 그리하여 가공할 만한 악행들을 행하는데, 헤라클레스가의 인물들은 이러한 폭력을 분쇄한다. 스스로가 한 지배자에게 봉사하는 비자유인으로서의 헤라클레스는 이러한 폭력적 의지의 야만성을 정복한다. ─ 이와 비슷하게, 앞서 언급한 사례를 다시 들자면, 우리는 이 자리에서도 아이스킬로스의 『에우메니데스』를 다시 상기할 수 있다. 아폴로와 에우메니데스 간의 싸움은 아레오파구스[45]의 판결을 통해 조정되어야 한다.

---

45 역주: 고대 아테네의 최고 재판소.

그 정점에는 구체적 민족정신 자체인 아테네가 있지만 전체적으로는 인간적인 법정이 충돌을 해결해야 한다. 그런데 법관들은 에우메니데스와 아폴로를 동일하게 공경하는 까닭에 유죄판결과 무죄석방에 같은 표를 던지나, 아테네의 흰 돌은 아폴로의 편에서 싸움을 판결한다. 아테네의 이러한 판결에 분기한 에우메니데스는 목소리를 높이나 팔라스[아테네는 콜로노스의 유명한 숲에 그들을 경배할 제단을 용인함으로써 그들을 안정시킨다. 에우메니데스가 그 대신 그녀들의 민족에게 해 주어야 하는 것은 대지, 하늘, 바다, 바람과 같은 자연적 요소들에서 유래하는 악에 대한 보호이며 수확기의 흉작, 생명력 있는 정자와 출산 및 탄생의 실패로부터의 방어이다. 그러나 아테네에서는 [69] 전쟁을 일으키는 분규와 성전에 대한 걱정을 팔라스가 스스로 떠맡는다. ― 이와 비슷하게 소포클레스의 『안티고네』는 비단 안티고네만을 고뇌하고 죽도록 만드는 것이 아니다. 그와 반대로 크레온의 부인과 하이몬은 안티고네의 죽음에 의해 마찬가지로 스러지니, 우리는 크레온이 그 고통스러운 상실을 통해 처벌받는 모습을 본다.

c. 새로운 신들의 자연기반

마지막으로 셋째, 옛 신들은 새로운 신들 옆에 그들의 자리를 유지할 뿐만 아니라, 더욱 중요한 것은 자연기반이 새로운 신들 자체에 여전히 포함되어 지속적인 숭배를 누린다는 점이다. 자연기반은 고전적 이상의 정신적 개별성에 적합한 것으로서 새로운 신들 속에 여운을 주고 있다.

α) 이를 통해 사람들은 종종 그리스 신들의 인간적 형상과 형식을 그러한 자연요소들의 단순한 알레고리들인 것으로 곡해해 왔다. 그들은 그렇지 않다. 우리는 예컨대 헬리오스가 태양의 신으로, 디아나[아르테미스가 달의 여신으로, 혹은 넵튠이 바다의 신으로 이야기되는 것을 흔히 듣는다. 그러나 자연요소들이라는 내용과 인간적으로 형상화된 인격화라는 형식의 그

러한 분리 및 자연물에 대한 단순한 신적 지배로서의 양자의 외적 결합이 —우리는 『구약성서』이래로 이 결합에 익숙해 있지만— 그리스의 표상들에 적용되어서는 안 될 것이다. 왜냐하면 태양의 신, 바다의 신ὁ θεὸς τον ἥλίον, της θαλάσσης 등에서의 [내용과 형식의] 관계가 그들의 직관에 있었다면 그들은 또한 분명 이것을 표현했을 터이나, 그리스인들에게는 이 표현이 어디서도 발견되지 않기 때문이다. 헬리오스는 신으로서의 태양이다.

β) 그러나 동시에 우리는 그리스인들이 가령 자연적인 것 자체를 이미 신적인 것으로 간주하지 않았다는 사실을 이번 기회에 확실히 해 두어야 한다. 그와 반대로 그들은 자연적인 것은 신적인 것이 아니라는 생각을 분명히 갖고 있었다. 이 점은 [70] 때로는 그들 신들의 본질 속에 암묵적으로 포함되어 있으며, 때로는 그들에 의해 분명하게 강조되기도 했다. 예를 들어 플루타르코스 역시 이시스와 오시리스에 관한 그의 문헌에서 신화와 신들을 여러 방식으로 해석한다. 이시스와 오시리스는 자연적인 것에서 벗어나 정신적인 것으로 진출하려는 동경과 투쟁만을 표현하는 관계로, 그들은 이집트적 관점에 속한다. 또한 그에 상응하는 그리스 신들보다 더욱 자연요소들을 내용으로 삼는바, 후일 그들이 로마에서 큰 숭배를 누렸다는 사실은 불가사의하다. 그럼에도 불구하고 플루타르코스는 그들을 태양, 대지 혹은 물로서 설명하려는 것은 부적절하다고 생각한다. 태양, 대지 등에서 자연요소들에 귀속하는 것은 척도와 질서가 결여된 것, 부족하거나 과한 것이 전부이며, 또한 선과 질서를 갖는 것이 이시스의 작품의 전부이며, 지성과 로고스는 오시리스의 작품이다. 그러므로 이 신들의 실체적 요소로 간주되는 것은 자연적인 것 자체가 아니라 정신적인 것, 보편적인 것, 로고스, 지성, 합법칙적인 것이다.

그럴진대 신들의 정신적 본성에 대한 이러한 통찰에 힘입어 그리스인들에게서는 [새로운 신들이 자연기반을 포함한다는 사실에] 못지않게 특정한 자연요소들은 새로운 신들과 구분되기도 하였다. 우리는 습관적으로 예컨대 헬리오스와 셀레네가 [즉 태양과 달을] 아폴로 및 디아나와 같은 것이라고 보지만, 호메로스에게서 그들은 서로 다른 존재로 나타난다. 오케아노스와 포세이돈 및 그 밖의 다른 신들에 대해서도 같은 것이 적용된다.

γ) 그러나 셋째, 새로운 신들에는 자연력들의 여운이 남아 있으며, 그 작용은 신들 자신의 정신적 개별성에 속한다. 앞에서 이미 우리는 고전적 예술의 이상들을 논하면서 정신적인 것과 자연적인 것의 이러한 긍정적 결합의 근거를 언급했으므로 여기서는 몇몇 사례를 인용하는 것에 그칠 것이다.

αα) 포세이돈에게는 폰토스 및 오케아노스와 마찬가지로 대지를 감싸고 흐르는 바다의 위력이 포함되지만, 그의 힘과 [71] 활동 범위는 한층 더 광범위하다. 그는 트로이를 건설했으며, 아테네의 수호자였다. 바다는 항해와 무역과 사람들을 묶는 요소인 까닭에, 무릇 그는 도시들의 정초자로서 숭앙받았다. 마찬가지로 새로운 신인 아폴로는 지식의 빛이자 신탁을 내리는 자이면서도, 태양이라는 자연적 빛으로서의 헬리오스의 자취를 보존하고 있다. 아폴로를 태양으로도 해석할 수 있는가에 대해 —예를 들어 포스 Voss와 크로이처Creuzer가 그러했다— 논쟁이 벌어지지만, 사실상 우리는 그가 태양이라고도, 또한 아니라고도 말할 수 있으니, 까닭인즉 그는 이러한 자연내용에 제한되어 머물지 않고 정신적인 것의 의미로 고양되어 있기 때문이다. 지식과 광휘, 자연과 정신의 빛이 근본규정의 면에서 그토록 본질적으로 상관한다는 사실은 이미 즉자대자적으로 괄목할 만하다. 즉 자연요소로서의 빛은 명시明示의 작용이다. 우리는 빛 자체를 보지는 않지만, 빛은 대상들을 비추고 밝혀 가시화한다. 만물은 빛을 통해 이론적으로 타자에 대해 존재한다. 정신, 의식의 자유로운 빛, 지식과 인식도 동일한 명시작용의 특성을 지닌다. 이 이중의 명시작용이 작동하는 국면들의 상이성

을 제외하면, 양자의 차이는 다음과 같다. 정신은 스스로를 노정하며, 그가 우리에게 제공하는 것이나 그를 위해 제작된 것 속에서 자신 곁에 머물지만, 자연의 빛은 자기 자신이 아니라 반대로 자신에게 타자인 외적인 것을 지각 가능하게 만들며, 이 면에서 자신을 벗어나기는 하겠으나 정신과는 달리 자신 안으로 회귀하지 않으며, 그리하여 타자 속에서 자신 곁에 존재하는 한층 고차적인 통일성을 획득하지 못한다는 점에서 성립할 뿐이다. 이제 빛과 지식이 긴밀한 관계를 갖듯, 우리는 정신적 신으로서의 아폴로에게서도 여전히 태양빛의 기억을 다시 발견한다. 예컨대 호메로스는 그리스 진영의 흑사병을 아폴로의 탓으로 돌린다. 왜냐하면 아폴로는 여기서 (『일리아드』, i. 9~10) 폭염을 일으키는 태양의 활동으로 간주되기 때문이다. 마찬가지로 그의 죽음의 화살도 분명 [72] 태양빛과 상징적으로 관계한다. 그럴진대 좀 더 자세히 보면 외적 묘사에서는 신의 의미가 주로 외적 표징들 속에서 취해져야 하는 것이다.

크로이처가 각별히 강조했듯이, 고전적 이상의 신들 속에 보존된 자연 요소들은 특히 새로운 신들의 발생사를 추적함으로써 인식될 수 있다. 예를 들어 주피터에게서는 태양의 암시들이 발견되며, 헤라클레스의 열두 과업, 예컨대 헤스페리데스의[46] 사과를 가져오기 위한 그의 출정도 마찬가지로 태양 및 열두 달과 관계를 갖는다. 디아나는 자연의 보편적 어머니라는 규정에 근거하니, 예컨대 옛 신과 새로운 신 사이를 오가는 에베소[47]의 디아나는 자연 일반을, 즉 생산과 양육을 주요 내용으로 삼으며, 또한 그녀의 외적 형상에서도 가슴 등등을 통해 이러한 의미가 암시되고 있다. 그리스의 아르테미스의 경우는 이와 반대이다. 동물들을 죽이는 사냥꾼이며, 인간

---

46 역주: 황금 사과밭을 지킨 네 자매 요정.
47 역주: 소아시아의 옛 수도. 아르테미스(디아나 혹은 셀레네)의 신전이 있었다.

적으로 아름답고 또한 동정녀인 그녀의 형상 및 독립성에서는 앞의 측면이 완전히 퇴보한다. 비록 반달과 화살이 여전히 셀레네를 상기시키지만 말이다. 이와 비슷하게 우리가 아프로디테의 근원을 아시아 쪽에서 추적해 볼수록, 그만큼 더 그녀는 자연위력으로 변한다. 그녀가 그리스 본토로 건너오면서 매력, 우아, 사랑이라는 정신적으로 한층 개별화된 측면이 살아나지만, 그렇더라도 이 측면의 근저에 자연이 놓여 있지 않은 것은 결코 아니다. 케레스도 마찬가지로 자연생산성을 출발점으로 삼지만 연후 정신적 내용으로 진일보하는데, 그 관계들은 경작, 재산 등으로 인해 발전한다. 뮤즈들은 샘의 속삭임을 자연근거로서 가지며, 또한 제우스 자신도 보편적 자연력으로 간주되고 벼락의 주재자로 ―이미 호메로스의 작품에서는 벼락이 불만이나 찬동의 표시이자 징조이며, 또한 이로써 정신적, 인간적인 것과 관계하기는 하지만― 숭배된다. 심지어 주노마저도 신들이 거니는 [73] 천개 天蓋와 천공을 향한 자연의 울림을 갖는바, 제우스가 헤라클레스를 주노의 가슴에 안겼는데 사방으로 튄 모유에서 은하수가 흩어져 생겼다는 이야기가 그 일례이다.

ββ) 보편적 자연요소들은 새로운 신들에게서 일면 비하되고 일면 보존되는바, 이 사정은 동물적인 것 그 자체에 있어서도 ―앞에서는 단지 그 격하가 고찰될 수밖에 없었지만― 마찬가지이다. 이제 우리는 동물적인 것에도 비교적 긍정적인 지위를 지정할 수 있다. 하지만 고전적 신들은 상징적 형상화 방식을 떨치고 자명한 정신을 내용으로 얻은 까닭에, 동물형상이 인간형상과 자신을 무리하게 뒤섞을 수 없게 된 바로 그만큼 이제 동물들의 상징적 의미가 소실되지 않을 수 없다. 그러므로 동물형상은 단순 지시적인 속성으로 나타나며 신들의 인간형상에 부속한다. 그리하여 우리는 주피터의 곁에 독수리를, 주노의 곁에 공작을, 비너스를 따르는 비둘기들을, 지하세계를 지키는 아누비스라는 개 등을 본다. 그러므로 정신적 신들의 이

상에 아무리 상징적인 것이 보존되어 있다고 해도, 그럼에도 그것은 그 본래의 의미에 따라 현상하는 것이 아니다. 또한 예전에는 본질적 내용을 이루었던 자연의미 그 자체가 그저 잔재 내지 특칭적 외면성으로서만 잔류하니, 이 외면성에는 이제 전일의 의미가 더 이상 거주하지 않으며 그런 까닭에 그것은 그 우연성으로 인하여 종종 기괴하게 보인다. 더욱이 이러한 신들의 내면은 정신적이면서 인간적인 것이며, 그런 관계로 그들에게 있는 외면성은 이제 인간적 우연성 내지 약점이 되기도 한다. 이 점에서 우리는 다시 한번 주피터의 다채로운 애정행각을 떠올릴 수 있다. 이미 보았듯이, 그 애정행각의 근원적, 상징적인 의미는 생산이라는 보편적 행위, 즉 자연의 생명성과 연관한다. 그러나 헤라와의 혼인이 견고한 실체적 관계로 간주되는 한, [74] 아내에 대한 배신으로 나타나는 주피터의 행각들은 우연한 모험의 모습을 띠며, 그 상징적 의미는 자의恣意로 고안된 추문들이라는 성격으로 대체된다.

단순한 자연력들과 동물적인 것, 그리고 정신적 관계들의 추상적 보편성을 이렇듯 격하하고, 또한 그것들을 자연에 스민, 그리고 자연을 관류하는 정신적 개별성이라는 한층 고차적인 독자성 속에서 다시 수용함으로써, 이상은 이 과정에서 스스로를 통해 그 자신의 개념에 적합한 것이 되었으며, 이로써 우리는 고전적 예술의 필연적 발생사를 그 본질을 위해 뺄 수 없는 전제로서 마무리하였다. 자신의 개념에 적합한 정신적 신들의 이러한 실제는 정복당한 옛 신과는 대조적으로 불멸적인 것을 표현하는 고전적 예술형식의 본격적 이상들로 우리를 인도할 터이니, 필멸성은 무릇 개념과 현존재의 부적합성에서 기인하는 까닭이다.

제2장
고전적 예술형식의 이상

우리는 이미 예술미를 일반적으로 고찰하면서 이상 본연의 본질이 무엇인가를 살펴보았다. 이 장에서는 이제 이상이 고전적 이상이라는 특수한 의미에서 취급될 터인데, 그 개념 역시 고전적 예술형식 일반의 개념과 더불어 이미 밝혀졌었다. 왜냐하면 지금 논의될 이상은 고전적 예술이 자신의 가장 깊은 개념을 구성하는 바를 현실적으로 획득하고 제시한다는 점에서 오로지 성립하기 때문이다. 이러한 입장에서는 정신적인 것이 자연과 그 힘들을 자신의 고유 영역 속에 끌어들이며 이로써 또한 단순한 내면성 내지 자연에 대한 지배로서 표현되지 않으니, 고전적 예술은 그런 한에서 정신적인 것을 내용으로서 붙잡는다. 그러나 그것이 형식으로서 취하는 것은 인간의 형상과 [75] 행동거지이다. 그리고 이를 통해 정신적인 것은 완전한 자유 속에서 분명하게 비쳐 나며, 또한 말하자면 상징적 암시에 불과한 외면성으로서의 감각적 형상 속에 입주하는 대신 오히려 정신에 적합한 실존으로서의 현존재 속에 입주한다.

이제 본 장은 다음과 같이 좀 더 특정하게 분류된다.

우리는 첫째, 고전적 이상의 보편적 본성을 고찰해야 할 것인데, 이 이상은 인간적인 것을 내용 및 형식으로서 삼으며, 또한 양 측면의 가장 완벽한 상응을 위해 서로를 내적으로 결합한다.

그러나 둘째, 여기서 인간적인 것은 신체적 형상과 외적 현상에 완전히 침잠하는 까닭에, 그것은 하나의 특정한 의미내용에만 적합한 특정한 외적 형상이 된다. 이를 통해 이상은 동시에 특수성으로서 현전하며, 그런 관계로 일군–#의 특수한 신들과 인간적 현존재의 힘들이 결과한다.

셋째, 특수성은 단지 단일한 규정성의 추상에 머물지 않으며 ─만일 여기에 머문다면 그러한 규정성의 본질적 특성이 전체 내용을 이룰 것이며 또한 표현의 일방적 원칙을 형성할 것이다─ 그에 못지않게 내적 총체성 및 그 개별적 통일과 일치로서도 존재한다. 이러한 내실이 없다면 특수성은 허울일 것이며, 또한 거기서는 이상에 결코 없어서는 안 될 생동성이 실종될 것이다.

보편성, 특수성 그리고 개별적 개체성이라는 이 세 측면에 따라서 우리는 이제 고전적 예술의 이상을 좀 더 자세히 섭렵해야 한다.

1. 고전적 예술 일반의 이상

이상적 표현의 본격적 핵심을 제공하는 것은 그리스 신들이다. 그런 한도에서 우리는 그들의 기원을 찾는 물음들을 위에서 이미 다루었으며, 또한 그들이 예술에 의해 변형된 전통에 속함을 보았다. [76] 그런데 이러한 변형은 한편으로는 보편적 자연력 및 그 인격화의 격하와 다른 한편으로는 동물적인 것 및 그 상징적 의미와 형상의 격하라는 이중의 격하를 통해서만 진행될 수 있었으니, 그 목적은 이를 통해 참된 의미내용으로서 정신적인 것을, 그리고 참된 형식으로서 인간적 현상방식을 얻는다는 데 있었다.

a. 자유로운 예술적 창조에서 기원하는 이상

이제 고전적 이상은 본질적으로 이전의 것의 그러한 변형을 통해 비로소 성립하는 까닭에, 우리가 거기에서 강조해야 할 첫 번째 측면은 그것이 정신으로부터 산출되었다는 점, 그리하여 그 근원을 시인과 예술가의 지극한 내적 고유성에 두었다는 점이다. 그들은 예술적 생산이라는 의식적 목적과 더불어 명쾌하고 자유롭게 숙고하여 이상을 산출했던 것이다. 그런데 그리스 신화가 그보다 오래된 전통들에서 기인하며 또한 이국적, 동방적인 요소를 시사한다는 사실은 이러한 산출과 충돌하는 듯 보인다. 예를 들어 헤로도토스는 이미 인용한 곳에서(『역사』 II, 53) 호메로스와 자신이 그리스인들에게 그들의 신들을 제공해 주었다고 말하지만, 그럼에도 다른 곳에서는 그 같은 그리스 신들을 이집트 등등의 신들과 밀접하게 연관 짓는다. 제2권(c. 49)에서 그는 명시적으로 말하기를, 멜람푸스가 [이집트로부터] 디오니소스라는 이름을 헬레네인들에게 전했으며 또한 남근상과 갖가지 제의祭儀들을 도입했는데, 멜람푸스는 디오니소스 의식을 [이집트인들에게서 직접 배우지 않고] 티리아 사람인 카드모스 및 카드모스와 함께 보이오티아로 온 페니키아인들에게서 배웠던 관계로 몇 가지의 차이가 있었다고 한다. 이러한 상반된 언급들은 최근에, 특히 크로이처의 노력들과 연관하여 관심을 끌었는데, 그는 예를 들어 그리스로 모인 옛 비의秘儀들 및 일체의 원천들을, 즉 무수히 많은 특수한 지역성 및 기타 개별 사항들 이외에도 아시아, 펠라스기, 도도나, 트라키아, 사모트라키아, [77] 프리기아, 인도, 불교, 페니키아, 이집트, 오르페우스교의 요소들을 호메로스에게서 찾고자 노력하였다. 앞의 시인들이 신들에게 이름과 형상을 부여했다는 것은 얼핏 보면 이러한 다종의 전승된 출발점들과 분명히 모순하고 있다. 그러나 이 두 가지, 즉 전통과 고유한 이미지화는 철저하게 하나가 된다. 전통은 구성요소들을 전해 주는 최초의 것이자 출발점이기는 하되, 이 출발점이 아직 신들의 본격적 의미내용과 순수한 형식을 수반하는 것은 아니다. 그 시인들은 이 의미내용을 그들의 정신으로부터 얻었고, 그것을 자유롭게 변형하는 가운데 정신을 위해 참된 형상 역시 발견했으며, 사실상 이를 통해 우리가 그리스 예술에서 경탄해 마지않는 신화의 창시자가 되었다. 하지만 다른 한편 호메로스의 신들이 그렇다고 하여 단순히 주관적인 창작이나 단순한 작위적 산물 등은 아니며, 자신들의 뿌리를 그리스 민족의 정신과 신앙 및 그 국민적, 종교적 기초들에 두고 있다. 그들은 절대적 힘들이자 위력들이며, 그리스적 표상의 최고봉이며, 뮤즈 자신에 의해 시인에게 내려진 미 일반의 중심점이다.

이러한 자유로운 창조를 누리는 예술가는 이제 동방에서와는 전혀 다른 지위를 획득한다. 인도의 시인과 현자들도 예컨대 자연요소들, 하늘, 동물, 강 등으로 현전하는 것이나 형상과 내용이 없는 브라흐만과 같은 순수한 추상을 출발점으로 삼는다. 그 주관성이 자신에게 외적인 그러한 것을 가공해야 하는 어려운 과제를 지니면서도 또한 확고하고 절대적인 방향도 갖추지 못한 판타지의 무절제로 인해 그 산물들 속에서 참으로 자유롭거나 아름답게 존재할 수 없고 오히려 무절제한 생산과 질료 속의 방황에 머물러야 하니, 그들의 영감靈感은 주관성의 내면을 파편화한다. 그러한 주관성은 굳건한 지반을 마련하지 못한 건축가와 닮았다. 그가 자신의 구조물을 설치해야 하는 [78] 특수한 목적들 이외에도 반쯤 붕괴된 벽들의 옛 조각들, 언덕, 돌출한 바위들이 그를 힘들게 하니, 그가 세울 수 있는 것은 거칠고 조화롭지 못하며 환상적인 형상물에 불과하다. 그가 생산하는 것은 고유한 정신에서 자유롭게 창조하는 판타지의 작품이 아닌 것이다. 이와 반대로 히브리 시인들은 주가 말하도록 명한 계시들을 우리에게 전하는데, 여기서도 다시 계시를 산출하는 것은 ―마치 숭고성 일반에서 추상적인 것, 영원한 것이 본질적으로 그와 다른 외적인 것과의 관계 속에서 가시화되고 의식되듯이― 예술가의 개성 및 생산적 정신과 분리, 구분되는 무의식적 영감이다.

반면 고전적 예술에서는 당연히 예술가와 시인들이 절대적, 신적인 것의 본질을 인간에게 알리고 드러내는 예언자이자 교사들이기도 하다. 그러나 첫째, α) 그들 신들의 내용은 인간 정신에 외적일 뿐인 자연이나 피상적 형태화 내지 형상 없는 내면성만을 남길 뿐인 유일의 신성이 아니다. 그들의 의미내용은 인간의 정신과 현존재에서 기원하며, 이로써 인간 가슴의 고유성이다. 인간이 산출하는 것은 가장 아름다운 자기 자신의 생산이며, 그런 까닭에 인간은 자기 자신으로서의 그 의미내용과 더불어 자유롭게 동행할 수 있는 것이다.

β) 둘째, 예술가는 시인들이자 이러한 소재와 내용을 자유로운 자기기인적 형상으로 만드는 조각가들이기도 하다. 이러한 면에서 그리스의 예술가들은 진정 창조적인 시인들로서 증명된다. 그들은 각양각색의 이질적 성분들을 하나의 도가니에 몰아넣었다. 하지만 그들이 그로부터 만들었던 것은 마녀의 냄비 속에 만들어진 합성물 같은 것이 아니었다. 그들은 모호한 것, 자연적인 것, 불순한 것, 이질적인 것, 과장된 것 일체를 한층 깊은 정신의 순수한 불 속에서 소멸시키고, 태워 없애고, 형상을 정화시켜 나타냈으니, 형상이 형성되었던 소재의 여운은 희미할 뿐이었다. 이 면에서 보면, 그들의 업무는 [79] 때로는 전통의 소재 속에 현전하는 비형식적, 상징적, 비미적非美的인 것, 왜곡된 형상의 것을 제거하는 점에 있었으며, 때로는 본연의 정신적인 것을 부각하는 점에 있었으니, 그들은 그것을 개별화하고 또 그에 상응하는 외적 현상을 모색, 고안해야만 했다. 여기서 비로소 인간의 형상과 (더 이상 단순한 인격화로서 사용되지 않는) 인간적 행위 및 사건들의 형식이, 앞서 보았듯이, 유일하게 적합한 실제로서 필연적으로 등장한다. 예술가는 이러한 형식들도 현실에서 목도하지만, 그것들이 인간의 정신적 내용에 ㅡ이것은 본질성의 면에서 파악하자면 영원한 권능과 신들인 것으로 표상

된다— 적합한 것으로 증명될 수 있으려면 사전에 예술가는 거기에서 우연적이며 부적합한 요소를 제거해야 한다. 이것이 자유롭고 정신적인, 그리고 단지 자의적이지 않은 예술가의 생산이다.

γ) 그런데 셋째, 신들은 독립적으로 존재할 뿐만 아니라 자연과 인간적 사건들의 구체적 현실 내부에서도 작용하는 관계로, 시인의 작업은 신들의 현재와 작용을 인간적 제반사에 대한 이러한 연관성 속에서 인식하고, 신적 권능들이 얽혀 있는 것으로 나타나는 자연의 사건들 및 인간적 행위와 운명의 특수성을 해석하고, 또한 이를 통해 사제 및 예언가들과 업무를 나누는 방향으로도 진행된다. 오늘날의 산문적 반성의 입장에서 보면 우리는 자연현상들을 보편적 법칙과 힘들에 따라서, 그리고 인간의 행위들을 그들의 내적 의도와 자의식적 목적들에 의거하여 설명한다. 그러나 그리스의 시인들은 어디서든 신성을 추구한다. 그리고 그들은 인간적 행동들을 신들의 행위로 형상화하며, 또한 그런 관계로 신들을 위력적으로 만드는 여러 측면들을 예의 해석을 통해 비로소 산출한다. 왜냐하면 그러한 일군의 해석들은 이러저러한 신들의 본질을 알려 주는 일군의 행위들로부터 주어지기 때문이다. 예를 들어 호메로스의 시들을 보자면, [80] 거기에는 신들의 의지나 현실적 도움을 개입시키지 않고서도 자세하게 설명될 법한 의미 있는 사건이 거의 없다. 이 해석들은 시인들의 통찰이며, 그들이 스스로 마련한 믿음이며 직관이니, 호메로스 역시 그러한 해석들을 종종 그 자신의 이름으로 말하거나 그의 인물들, 사제나 영웅들의 입을 통해 말하였다. 예를 들어 『일리아드』 초입에서(I, 9~12) 호메로스는 이미 스스로 그리스 진영의 흑사병은 크리세스에게 딸을 풀어 줄 뜻이 없었던 아가멤논에 대한 아폴로의 분노에서 비롯했다고 설명하며, 나아가(I, 94~100) 이 해석을 칼카스를 시켜 그리스인들에게 알리도록 만든다.

이와 비슷하게 호메로스가 『오디세이아』의 마지막 편에서 보고하는 바

에 따르면, (헤르메스가 [오디세우스의 부인인 페넬로페에게] 구혼한 자들의 영혼을 아
스포델 초원으로 데려가고, 거기에서 그들이 아킬레우스와 트로이성 앞에서 싸웠던 그
밖의 영웅들을 발견하고 또한 마지막에는 아가멤논 역시 그들에게로 왔을 때) 아가멤
논은 아킬레우스의 죽음에 관해(『오디세이아』, XXIV, 41~63행) 다음과 같이 그
린다. "그리스인들은 종일토록 싸웠으며, 제우스가 싸우는 자들을 뜯어말
렸을 때 그들은 비로소 고귀한 시신을 배로 옮겼으며, 또한 울먹이면서 시
신을 씻고 향유를 발랐소. 그러자 바다에서 신의 울부짖음이 일었는데, 이
전에도 이미 최선의 조언을 하기도 정평 난 박식한 네스트로 노인이 아카
이아 사람들을 만류하지 않았더라면 겁에 질린 그들은 빈 배 속으로 곤두
박질쳤을 것이오." 아가멤논이 그들에게 그 광경을 설명하면서 "어머니가
[즉 아킬레우스의 어머니 테티스가] 죽은 아들을 맞이하기 위해 불사不死의 바다
님프들과 함께 바다에서 나왔소"라고 말하자 "이 말에 늠름한 아카이아인
들은 두려움을 떨쳤소." 즉 이제 그들은 자신들이 있는 곳이 어딘지를 알았
다. 아킬레우스에게 다가가는 것은 인간적인 것, 즉 흐느끼는 여인인 어머
니이며 또한 그들의 눈, 그들의 귀가 만나는 것은 그들 자신의 본모습일 뿐
이다. 아킬레우스는 그녀의 아들이며 그녀 자신은 슬픔에 차 있는 것이다.
그런 연후 아킬레우스에게로 몸을 돌린 아가멤논은 일반적 [81] 고통의 서술
과 더불어 자신의 묘사를 계속한다. 그는 말하기를, "그러나 그대 주위로 바
다 노인의 딸들이 둘러서서 애절하게 울면서 불사의 옷을 입혀 주었소. 도
합 9인의 뮤즈들도 돌아가며 아름다운 만가輓歌를 불러 애도하였고, 또한 낭
랑한 노랫소리가 너무 감동적이어서 눈물을 흘리지 않는 아르고스인은 거
기서 한 사람도 보이지 않았소."

　그러나 무엇보다도 이 면에서 매번 나를 매혹하고 사로잡는 것은 『오디
세이아』에서 나오는 신들의 또 다른 모습이다. 방랑 중에 파이아케스 종족
들의 체육제전에서 원반던지기 종목의 경쟁에 참가할 것을 거절했던 오디

세우스는 에우리알로스로부터 비난받자 흥분하여 험악한 눈길과 신랄한 말로 대꾸한다. 그리고선 일어나 [돌로 된] 다른 사람들의 원반보다 더 크고 무거운 원반을 쥐고 목표지점 훨씬 너머로 던진다. 한 파이아케스인이 그 지점을 표시하고 그에게 외친다. "맹인이라도 그 돌을 볼 수 있을 것이오. 그것은 다른 돌들 틈에 섞여 있지 않고 훨씬 앞에 있소. 이 시합에서 그대는 아무것도 겁낼 필요가 없소. 어떤 파이아케스인도 그대의 투척에 이르거나 넘지 못할 것이오." 그는 그렇게 말했지만, 참을성 많고 신적인 오디세우스가 정작 기뻐한 것은 시합에서 공정한 친구를 만났다는 사실이다(『오디세이아』, VIII, 159~200행). — 이 말, 즉 한 파이아케스인의 호의적 인정을 호메로스는 아테네 여신의 호의적 현신으로 해석한다.

b. 고전적 이상의 새로운 신들

앞으로의 문제는 어떤 것이 이러한 고전적 방식의 예술 활동의 산물들이며, 그리스 예술의 새로운 신들은 어떤 부류인가 하는 것이다.

α) 그리스 신들의 본성에 관해 가장 일반적이면서도 동시에 가장 완벽한 표상을 제공하는 것은 —다양한 부수적 요인들, 개별적 행위 및 사건들이 자신과의 단순한 통일이라는 유일한 초점에 집약된 한에서— 그들의 집중화된 개별성이다.

αα) 이러한 신들은 잡다한 모습의 특수성, 즉 궁핍과 각종 목적의 불안에 시달리는 유한자의 특수성에서 벗어나 자신 안으로 물러가 있으니, 그들이 우리에게 전언하는 바는 첫째, [82] 그들의 고유한 보편성 및 영원하고 명료한 근거에서 확실하게 기인하는 정신적 실체적 개별성이다. 오직 이리하여 신들은 불멸의 권능들로서 현상하니, 그들의 거침없는 주재主宰는 그들 고유의 불변성 및 견실성에서 가시화되는 것이지, 타자 및 외적인 것에 얽힌 특수성에서 가시화되는 것이 아니다.

ββ) 그러나 역으로 신들은 가령 정신적 보편성들의 단순한 추상과 같은 것이 아니며, 이로써 이른바 보편적 이상들이 아니다. 그들은 개인들이며, 그런 한에서 즉자적으로 현존재와 그에 따른 규정성을 갖는, 즉 정신적 존재로서 성격을 갖는 이상으로 현상한다. 성격이 없다면 어떠한 개별성도 등장하지 않는다. 이 면에 비추어 보면, 앞에서 이미 상술했듯이, 정신적 신들의 근거에도 특정한 자연력이 있는바, 이 자연력은 하나의 특정한 인륜적 실체와 융합하며, 또한 각 신들에게 그가 비교적 독점적으로 활약하는 제한된 영역을 지정한다. 이러한 특수성을 통해 도입되는 다양한 측면들과 특징들이 단순한 자기통일성으로 환원된다면, 그것들은 신들의 여러 성격들을 형성한다.

γγ) 하지만 참된 이상에서는 이러한 규정성이 성격의 일면성을 날카롭게 한정하기 위해 유한한 것에 그쳐서는 안 되며, 오히려 이와 대등하게 다시 신적인 것의 보편성으로 물러간 것으로도 현상해야 한다. 그리하여 개개의 신들은 신적인, 이로써 보편적인 개별성이라는 규정성을 자신 안에 품는 까닭에, 때로는 특정한 성격으로, 또 때로는 총체적으로 존재하며, 또한 단순한 [추상적] 보편성과 또한 마찬가지로 추상적인 특수성을 통합하는 양자의 한중간을 떠돈다. 이 점이 고전적 예술의 순정한 이상에 무한한 안정감과 평온, 근심 없는 지복과 거침없는 자유를 부여한다.

β) 나아가 즉자 그 자체에서 규정된 신적 성격은 고전적 예술의 미로서 존재하는바, 이것은 정신적으로 현상할 뿐만 아니라 [83] 그 신체성 속에서 외적으로도 현상하는 형상, 즉 정신에 가시적일 뿐만 아니라 눈에도 가시적인 형상이다.

αα) 이러한 미가 내용으로 삼는 것은 한낱 자연적, 동물적일 뿐인 것의 정신적 의인화가 아니라 자신에게 적합한 현존재를 갖는 정신적인 것 자체이며, 그런 까닭에 그것은 상징적인 것과 한낱 자연 연관적일 뿐인 것을 부

수적으로 수용할 뿐이다. 그것의 본연의 표현은 정신에, 그리고 오로지 정신에만 고유한 외적 형상이니, 내면은 이 형상 속에서 자신에게 실존을 부여하며 또한 이 형상의 모든 곳에 흘러든다.

ββ) 다른 한편 고전적 미는 숭고성의 표현에 연연할 필요가 없다. 왜냐하면 숭고의 모습을 제공하는 것은 추상적 보편자가 유일한데, 이것은 그 어떤 규정성으로도 자신과의 합치를 이루지 못하며 또한 특수자 일반에 대해, 더불어 모든 종류의 신체적 표현에 대해 모름지기 부정적으로 대립하기 때문이다. 그러나 고전적 미는 정신적 개별성을 자연적이기도 한 그 현존재 가운데로 끌어들이며, 또한 내면을 오직 외적 현상의 요소를 통해서만 전개한다.

γγ) 정신적인 것은 외적 형상 속에서 자신에게 현존재를 마련해 준다. 그런데 이런 까닭에 외적 형상은 정신적인 것과 꼭 마찬가지로 각종 외적 규정성의 우연, 각종 자연 의존성 및 각종 병적 현상에서 해방되어야 하며, 일체의 유한성, 일체의 일과성, 단순 감각적인 것을 위한 일체의 잡사에서 벗어나야 하며, 또한 신의 특정한 정신적 성격과 자매관계인 자신의 규정성을 인간형상의 보편적 형식들과 자유롭게 조화하도록 순화, 제고해야 한다. 허약함과 상대성의 각종 특징들이 말소되고 자의적 특칭성의 각종 오점들이 제거된 무결점의 외면성이 오로지 정신적 내면에 상응하니, 이 내면은 그 속으로 침잠하여 그 속에서 신체적 형상이 되어야 하는 것이다.

γ) 그런데 동시에 신들은 성격의 규정성에서 벗어나 보편성으로 물러간 것이기도 한 까닭에, 그들의 현상 속에서도 동시에 [84] 자기기인성 및 자기확신으로서의 정신의 자존自存이 외형적으로 묘사되어야 한다.

αα) 그러므로 본격적인 고전적 이상에서는 정신이 신체적, 감각적 형상 속에 완전히 진입해 있지만, 그럼에도 우리는 신들의 구체적 개별성에서 유한자의 갖가지 궁핍으로부터 초연한 정신적 기품과 고결이 드러나는 것

을 본다. 순수한 내면존재 및 각종 규정성으로부터의 추상적 해방은 어쩌면 숭고성으로 이끌릴 법도 하지만, 고전적 이상이 지향하는 현존재는 오로지 내면 자신의 현존재, 즉 정신 자체의 현존재인 까닭에, 정신의 숭고성마저도 미 속에 융해된, 말하자면 미로 직접 이행한 것으로 나타난다. 이 점이 신들의 형상에서 고결의 표현, 고전적 의미에서의 미적 숭고성의 표현을 필수적인 것으로 만든다. 영원한 진지함, 동요 없는 평안이 신들의 이마에 왕관을 올리며 또한 그들의 전체 형상 위에 부어지는 것이다.

ββ) 그러므로 그들의 미는 고유한 신체성을 넘어서는 것으로 현상하며 또한 이를 통해 정신적 내면존재인 그들의 지복에 찬 고결함과 외적, 신체적인 그들의 미 사이에 하나의 투쟁이 발생한다. 정신은 자신의 외적 형상에 완전히 침잠되어 현상하지만 동시에 그로부터 벗어나 오로지 자신 안에 침잠된 것으로도 현상한다. 이는 마치 불멸의 신이 필멸의 인간들 사이를 거니는 형국이다.

이 점에서 그리스 신들이 야기하는 인상은, 갖은 차이에도 불구하고, 내가 라우흐[48]가 만든 괴테 흉상들을 처음 보았을 때 받은 인상과 유사하다. 여러분도 이것들을 보았을 것으로 안다. 높은 이마, 강인하고 위엄 있는 코, 자유로운 눈, 둥근 턱, 교양이 풍부하고 언변이 뛰어난 입술, 비스듬히 치켜들고 옆을 보는 재기발랄한 머리의 자세를 보았을 것이고, 또한 동시에 다정함으로 충만한 인간성, 더하여 이마와 표정, 감정과 열정이 정교하게 묘사된 근육들, 그리고 넘치는 생동감 속의 평안과 고요, 연륜이 묻어나는 위엄을 보았을 것이다. 그 외에도 치아 없는 입속으로 오므라든 메마른 [85] 입술, 처진 목과 뺨, 이를 통해 더 커진 콧대와 더 높아진 이마를 보았을 것이

---

48 Christian Daniel Rauch(1777~1857), 독일 고전주의 조각의 대표자. 샤를로텐부르크 영묘 내에 있는 루이제 왕비 능의 기념조각이 유명하다. 그는 여러 본의 괴테 흉상을 만들었다.

다. — 이 굳건한 형상의 위력은 특히 불변성으로 환원되지만, 느슨하게 늘어진 겉옷에 싸인 그 형상은 숭고한 두뇌인 듯도 하며, 넓은 터번을 쓰고 헐렁한 상의와 끌리는 신발을 걸친 동방인들의 모습인 듯도 하다. — 그것은 굳건하고 위력 있고 비시간적인 정신, 즉 주위에 걸린 필멸성의 가면 속에서 이 베일을 떨어뜨려 없앨 참이면서도 아직은 완만하여 그것이 자유로이 주위에 펄럭이도록 두는 정신인 것이다.

이와 비슷하게 신들 역시 이러한 고도의 자유와 정신적 고요의 면에서 그들의 신체성을 넘어선 것으로 나타나며 그리하여 그들은 자신들의 형상과 사지四肢를, 이것들이 더할 나위 없이 아름답고 완벽함에도 불구하고, 말하자면 불필요한 부록으로 느낀다. 그렇기는 해도 전체 형상은 생생하게 영혼을 부여받았으며, 정신적 존재와 동일하여 분리가 없으며, 견고한 내면과 기타 부분들 간에는 예의 상호 외재성이 없으며, 정신은 신체를 벗어나지도 신체에서 떠오르지도 않으며, 양자는 하나의 견실한 전체로 존재하니, 이 전체로부터 정신의 내면존재는 오로지 경이로운 자기안정감에 잠겨 고

라우흐의 괴테 흉상(바르샤바 국립박물관)

요히 외부를 조망한다.

γγ) 그런데 앞서 시사된 반목이 비록 내적 정신성과 그 외면 간의 차이나 분리로서 노정되지는 않지만 그럼에도 그것은 현전하며, 바로 이 때문에 여기에 포함된 부정적 요소는 이 불가분의 전체에 내재하고 그 자체에서 표현되고 있다. 정신적 고결의 내부에서는 이것이 고뇌의 숨결이자 향취로 있으니, 재능 있는 사람들은 고대인의 신상들에서 사랑스러움으로 완성된 미에서조차 이러한 고뇌를 감지했다. 신적 명랑함의 평안이 기쁨, 환희, 충족감으로 특화되어서는 안 될 일이며, 또한 영원의 평화가 자기만족과 즐거움의 웃음으로 격하되어서도 안 될 일이다. 충족감은 우리의 [86] 개체적 주관성과 우리의 ―우리에게 주어진 혹은 우리를 통해 야기된― 특정 상태가 일치하는 감정이다. 예컨대 나폴레옹은 전 세계가 불만족을 표했던 어떤 일을 성사시켰을 때 가장 철저하게 자신의 충족감을 표현했다. 왜냐하면 충족감은 단지 나의 고유한 존재, 나의 고유한 행동과 충동의 승인일 뿐인데, 그 극치는 악착스러운 사람들이 필히 빠지는 속물 감정에서 보통 인식되기 때문이다. 그러나 이러한 감정과 그 표현은 영원한 조형적 신들의 표현이 아니다. 자유롭게 완성된 미는 유한한 특정 현존재의 찬성으로 충분할 수 없으며, 또한 그 개별성이 정신과 형상의 면에서 특성화되고 내적으로 규정되어 있기는 하지만 그럼에도 그것은 오직 자유로운 보편성인 동시에 내적으로 평온한 정신성인 자신과 동행할 뿐이다. ― 이러한 보편성이 사람들로 하여금 그리스 신들의 냉담冷淡을 비방하게 만들었을 법한 바로 그것이다. 하지만 이는 유한성에 깃든 현대적 내밀함의 입장에서만 냉담해 보일 뿐이며, 그 자체로 본다면 그들에게는 온기와 활기가 있다. 그들의 신체성에서 반영되는 지복의 평화는 본질적으로 특수한 것에 대한 추상, 무상無常한 것에 대한 무심함, 외적인 것의 포기, 현세적이고 찰나적인 것에 대한 거리낌 없는 체념이지만, 이 체념은 정신적 명랑성과 같

은 것이어서 죽음, 무덤, 상실, 시간성 너머를 심오하게 건너보며, 또한 정녕 심오한 까닭에 이 부정적 요소를 자신 안에 포함한다. 그런데 신들의 형상에서 진지함과 정신적 자유가 드러날수록, 이러한 고결은 그만큼 더 규정성과 육체성에 대비된다. 말하자면 축복받은 신들이 그들의 지복이나 신체성에 관해 불평을 하는 것이다. 우리는 그들의 형상화에서 그들에게 다가오는 운명을 읽으며, 또한 고결과 특수성, 정신성과 감각적 현존재라는 예의 모순이 실제로 발현하는 그 전개는 고전적 예술 자체를 몰락으로 이끈다. [87]

c. 외적 표현의 방식

이제 셋째, 방금 거론한 이러한 개념의 고전적 이상에 적합한 외적 표현 방식이 어떤 것인지 묻는다면, 이와 관련해서도 본질적 관점들은 이미 앞에서 이상 일반을 고찰하면서 비교적 자세히 거론되었다. 그러므로 여기서는 다음의 점, 즉 본격적인 고전적 이상에서는 신들의 정신적 개별성이 타자에 대한 그들의 관계에서 파악되거나 그들의 특수성으로 인해 갈등과 투쟁에 빠지지 않으며 오히려 영원한 자기기인성 속에서, 신적 평화의 이러한 고통 속에서 현상한다는 점만을 언급하면 될 것이다. 따라서 특정한 성격은 신들을 특수한 감응과 열정으로 격발激發한다거나 특수한 목적들을 관철하도록 그들을 내몬다는 식의 역할을 하지 않는다. 반대로 신들은 모든 충돌과 분규에서, 아니 유한하고 내적으로 분열된 것에 대한 모든 관계에서 벗어나 순수한 자기침잠의 상태로 회귀해 있다. 경직되지는 않되 차가운, 죽어 있되 정감적이고 불변적인 이 극도의 엄격한 고요가 고전적 신들에게는 최상최적의 표현형식이다. 그러므로 그들이 특정 상황에서 등장할 경우, 상태나 행위들이 갈등의 빌미를 제공해서는 안 되며, 오히려 그 자체가 무해해야 하며, 신들 역시 그 무해함 속에서 온존해야 한다. 따라서 고전적 이상의 단순한 자기안거自己安居에서는 특수한 성격보다 보편적 신성이 더욱 표출될 터이니, 예술 장르들 가운데서는 무엇보다 조각이 그 표현에 적합하다. 주로 초기의 엄격한 [양식의] 조각들이 이상의 이러한 측면을 고수했으며, 후일의 조각들에서야 비로소 [고요한 안주에서 벗어나] 인물과 상황이 이루는 극적인 생동감이 강화되는 방향으로 나아간다. 이에 반해 시문학은 신들을 행위하도록, 즉 하나의 현존재에 대해 부정적 태도를 취하도록 하며, 또한 이를 통해 그들을 투쟁하고 다투도록 만들기도 한다. 조형예술의 고요는 신들이 머무는 [88] 가장 고유한 영역인바, 이 고요는 특수성에 부정적인 정신의 계기를 ―앞에서 [고전적 이상의 새로운 신들'에서] 세세하게 지적했던― 예의 진지한 슬픔 속에서 표현할 수 있을 뿐이다.

2. 특수한 신들의 권역[모임]

가시화되고, 직접적 현존재로 표현되고, 이로써 특수하게 규정된 개별성으로서의 신성은 필히 복수複數의 형상들이 된다. 고전적 예술의 원칙에는 모름지기 다신관이 본질적이다. 숭고성과 범신론의 유일신 내지 신을 정신적, 순수 내적 인격으로 파악하는 절대적 종교의 유일신을 혹여 조형적 미로 형상화하려 하거나, 혹은 그리스인들의 경우와 마찬가지로 유대교도, 이슬람교도, 기독교도 등의 경우에도 그들의 종교적 신념의 내용에 대해 고전적 형식들이 근원적 관점에서 출현할 수도 있지 않았을까 생각한다면, 그것은 어리석은 짓일 것이다.

a. 개별적 신들의 복수성

이러한 복수성을 갖는 이 단계의 신적 우주는 일군의 특수한 신들로 분열하니, 그들 각각은 다른 신들과 대비되는 독자적 개인으로 존재한다. 그러나 이러한 개별성들은 혹여 단순히 보편적 속성들에 대한 알레고리로 간주될 수 있는 종류의 것이 아닌바, 그래서 예컨대 아폴로가 지식의 신이요 제우스는 통치의 신이되, 나아가 제우스 자체가 지식이기도 하며 또한 『에우메니데스』에서 보았듯이 아폴로는 그가 복수를 사주한, 어머니의 아들이자 왕의 아들인[49] 오레스테스를 보호하기도 한다. 그리스 신들의 권역은 복수의 개인들로 존재하며, 각 개별 신들은 모종의 특수성을 갖는 특정 성격을 지님에도 불구하고 하나의 내적으로 집약된 총체성, 즉 즉자적으로는 다른 신의 고유성도 갖는 총체성이다. 왜냐하면 각 형상은 신적인 까닭에 또한 항상 전체이기 때문이다. [89] 오로지 이를 통해 그리스의 개별 신들은 풍부한 특징들을 포함하며 또한, 비록 그들의 지복이 보편적, 정신적인 자기기인성에 있으며 또한 형형색색의 제반잡사에 매달리는 직접적이고 유한한 경향을 사상捨象하는 가운데 있기는 하지만, 그럼에도 그들은 다방면에 걸쳐 작용하고 활약하는 것으로 밝혀진 힘도 마찬가지로 소유한다. 그들은 추상적 특수자도 추상적 보편자도 아니며, 오히려 특수자의 원천으로서의 보편자이다.

b. 체계적 분류의 결여

그런데 이러한 종류의 개별성으로 인해 그리스의 다신관은 자체 내에서 체계적으로 분류된 총체성을 형성하지 못한다. 올림포스에 모인 많은 신들의 특수화가 진리를 가져야 하고, 또한 그 진리의 내용이 고전적이어야 한다면, 신들의 올림포스에 다음과 같은 요구, 즉 그들의 총화는 이념의 총체

---

49 역주: 『에우메니데스』에서 아가멤논의 아내인 클리타임네스트라는 남편을 살해하는데, 아폴로는 그들의 아들인 오레스테스에게 아버지의 복수를 위해 어머니를 살해할 것을 사주하며, 복수가 성공한 후 복수의 여신들인 에우메니데스들이 오레스테스를 추격하자 아폴로는 그를 보호한다.

성 역시 내면에서 표현해야 할 것이며, 전 범위에 걸친 자연과 정신의 필연적 힘들을 남김없이 행사해야 할 것이며, 또한 그리하여 자신을 구성해야 할 것이라는, 다시 말해 자신을 필연적인 것으로 드러내야 할 것이라는 요구를 제기하는 것이 얼핏 불가피한 듯 보인다. 그런데 이러한 요구에는 즉시 심정과 정신적, 절대적 내면성 일반의 힘들은 —이것들은 한층 고차적인 훗날의 종교에서 비로소 효력을 갖는다— 고전적 신들의 영역에서 배제되어 있다는 제한이 추가되어야 할 터, 이미 이를 통해 그리스 신화에서 가시화되는 내용과 그 특수한 측면들의 범위는 협소해진다고 할 것이다. 그러나 이 밖에도 한편 내적으로 다양한 개별성을 통해 규정성에는 [즉 특수한 신들의 형식에는] 우연성도 불가피하게 끼어드니, 이 우연성은 신들이 단일한 규정성의 추상에 머무는 것을 허락하지 않으며, 그런 관계로 개념차별성들의 엄격한 분류에서 벗어나 있다. 다른 한편 신적 개인들은 보편성의 요소 아래 지복을 누리는데, 이 보편성은 [90] 경직된 특수성을 지양하며, 또한 영원한 힘들의 고결함은 유한자의 냉담한 진지함을 명랑하게 넘어서니, 만일 이러한 불일치가 없었더라면 신의 형상들이 자신의 제한성으로 인해 유한자에 휘말렸을 것이다.

그러므로 그리스 신화에서 세계의 주요 힘들이 제아무리 자연과 정신의 총체성으로서 표현된다손 쳐도, 그럼에도 이러한 총화는 보편적 신성뿐만 아니라 신들의 개별성 역시 중시하는 까닭에 체계적 전체로서 등장할 수가 없다. 신들은 개별적 성격이라기보다는 그저 우의寓意적인 본질로서, 또한 신적 개인들이라기보다는 유한하게 제한된 추상적 성격들로서 존재한다고 할 것이다.

c. 신들의 권역의 근본 성격

그러므로 우리가 그리스적 신성의 권역을, 즉 이른바 주인공 신들의 권역을 그들의 단순한 근본 성격의 면에서 ―매우 보편적이면서도 감각적-구체적인 표상을 갖는 이 성격은 조각을 통해 고정된 모습으로 현상한다― 좀 더 자세히 고찰할 경우, 우리는 본질적 차이들 및 그 총체성이 분명히 나타남을, 그러나 또한 특수한 경우에는 그것들이 언제나 다시 희미해짐을, 그리고 제작의 엄격함이 미와 개별성 간의 불일치에 맞춰 조절됨을 발견한다. 예를 들어 제우스는 신들과 인간들에 대한 지배권을 장악하고 있지만, 그렇다고 이를 통해 그 밖의 신들의 자유로운 독자성이 본질적으로 위해당하는 것은 아니다. 그는 최상위의 신이지만 그의 힘이 다른 신들의 힘을 흡수하는 것은 아니다. 그는 하늘, 번개와 천둥 그리고 자연의 생산적 생명력과 연관하지만, 그보다는 오히려 한층 본격적으로 국가, 만물의 법칙적 질서의 힘이며, 계약, 맹세 및 호의 등의 구속력이며, 한마디로 인간적, 실천적, 인륜적 실체성의 구심점이며 또한 지식과 정신의 위력이다. 그의 형제들은 [즉 포세이돈과 하데스는] 밖으로는 바다로, 그리고 아래로는 지하세계로 향한다. 아폴로는 지식의 신으로서, 정신적 관심의 표현이자 [91] 아름다운 서술로서, 뮤즈들의 스승으로서 나타난다. 델피에 있는 그의 신전의 제명題銘은 '너 자신을 알라'이니, 이는 자신을 가령 허약함이나 결함들 따위에 연관시키지 말고 정신의 본질에, 예술과 모든 참된 의식에 연관시키라는 분부이다. 기지와 변론으로 중재하는 일과 같은, 비록 비도덕적 요소들이 섞인 하위의 영역이긴 해도 완성된 정신에 해당하는 분야는 헤르메스가 주로 관장하는데, 그는 죽은 자의 혼령들을 지하세계로 인도하기도 한다. 전쟁의 위력은 아레스의 주된 특징이다. 헤파이스토스는 기술적 노동의 면에서 솜씨를 증명한다. 자연성의 요소를 여전히 내포하는 열광, 정신이 깃든 포도주의 자연력, 유희, 극적인 연출 등등은 디오니소스에게 할당된다. 여성적 신성들도 비슷한 범위의 내용을 답습한다. 혼인의 인륜적 유대는 주노의 주요 규정이다. 케레스는 영농을 가르치고 퍼뜨렸으며 이로써 영농에 포함된 두 가지 측면들을 인간에게 선사했으니, 그 하나는 직접적 욕구의 충족과 자연산물들의 풍요를 위한 걱정이며, 그 둘은 재산, 혼인, 법, 문명과 인륜적 질서의 단초들이라는 정신적 요소이다. 마찬가지로 아테네는 겸손, 사색, 준법, 지혜의 위력, 기술적 솜씨 및 용감성으로 존재하며, 그녀의 영명하고 전투적인 처녀성 속에 민족의 구체적 정신, 아테네 도시의 자유롭고 고유하고 실체적인 정신을 포괄하며, 또한 그것을 신적 공경을 받을 만한 주재적인 힘으로서 객관적으로 표현한다. 이에 반해 디아나는 에페수스의 디아나와는 완전히 다르게 순결한 처녀의 새침한 독자성을 본질적인 성격적 특징으로 지니며, 사냥을 애호하고, 조용히 사색하지 않으며, 오직 외향적인 일에만 힘쓰는 굳센 처녀이다. 아프로디테는 옛 티탄족의 에로스에서 소년이 된 [92] 매력적인 아모르[에로스]와 더불어 이성 간의 호감과 사랑이라는 인간적 감정 등을 가리킨다.

이상이 정신적으로 형상화된 개별적 신들의 내용이다. 그들의 외적 표현에 관해 보자면, 여기서도 다시 조각이 신들의 이러한 특수성으로까지 함께 진행하는 예술로서 언급될 수 있다. 하지만 조각이 개성을 비교적 특수화된 규정성 속에서 표현한다면, 비록 이 경우에도 여전히 조각은 다양하고 풍부한 개성을 우리가 성격이라고 부르는 단일한 규정성으로 통일한다. 또한 이 성격의 비교적 단순한 명료성을 감각적으로 가시화하여 외적인 면에서 매우 완벽하고 궁극적으로 규정된 신의 형상들 속에 고정시키기는 하지만, 그것은 초기의 엄격한 고결함을 벌써 넘어서 있다. 신들의 표상은 시(詩)가 되어 그 내용을 신들이 벌이는 많은 이야기들, 일화들 그리고 사건들로 전개하지만, 외적, 실제적 현존재와 관련되면 그것은 언제나 얼마간 비규정적으로 머문다. 이를 통해 조각은 한편으로는 보다 이상적으로 존재하지만, 다른 한편으로는 신들의 성격을 완전히 규정된 인간성으로 개성화하여 고전적 이상의 신인동형론을 완성한다. 그럼에도 이와 같은 이상의 표현은 그 내적, 본질적 의미내용에 꼭 적합한 외면성을 소유하며, 또한 이러한 표현으로서의 그리스인들의 조각상들은 즉자대자적 이상들이고, 대자적으로 존재하는 영원한 형상들이며, 조형적, 고전적 미의 중심점이니, 이러한 미의 유형은 이 형상들이 특수한 행위들 속으로 진입하고, 또 특수한 사건들에 휘말린 것으로 현상하는 경우에조차 기본으로 머문다.

3. 신들의 개별적 개성

그런데 개성과 그 표현은 아직은 여전히 추상적인 성격의 특수성으로는 만족할 수 없다. 별은 단순한 법칙으로 완전히 설명되며, 또한 이 법칙을 [93] 현상시킨다. 광물계를 구성하는 것은 몇 안 되는 규정적 특징들이다. 그러나 이미 식물계에서는 무한히 풍부한 각양각색의 형식들, 이행들, 혼종들, 이형異形들이 개진된다. 동물 유기체들은 더욱 큰 범위의 상이성 및 그들이 관계하는 외면성과의 상호 작용을 보여 준다. 그리고 마지막으로 우리가 정신적인 것 및 그 현상으로 올라간다면, 우리는 내적, 외적 현존재의 더욱 무한히 광범위한 다면성을 발견한다. 그런데 고전적 이상은 자기기인적 개성을 고수하는 대신 그것을 운동 속에도 위치시켜야 하고, 다른 개성과 관계를 맺어 주어야 하며, 또한 거기에 영향을 주는 것으로 나타나야 하는 관계로, 신들의 성격 역시 내적, 실체적 규정성에 머물지 않고 그 밖의 특수성들로 진입한다. 외적 현존재를 향해 자신을 여는 이러한 운동 및 그와 연관된 변화 가능성이 각각의 신들의 개체성에 대한 더욱 상세한 특징들을 제공하는바, 생명력 있는 개성에는 이러한 개체성이 마땅히, 그리고 필히 주어져야 한다. 그러나 동시에 그러한 종류의 개체성에는 실체적 의미의 보편성으로 더 이상 소급되지 않는 특수한 특징들의 우연성이 결부되어 있다. 이로써 개별적 신들의 이러한 특칭적 측면은 무언가 자의적인 것이 되며, 그리하여 단지 외적인 부속물로서 둘러지고 또 부수적인 여운을 울릴 뿐이다.

a. 개별화를 위한 소재

이제 여기서 즉시 문제가 발생한다. 신들의 이러한 개체적 현상방식을 위한 소재는 어디에서 유래하며, 그들의 특칭화는 어떤 식으로 진전되는 가? 실제의 인간 개인, 행위들을 야기하는 그의 성격, 그가 얽혀 드는 사건 들, 그가 처한 운명 등에 대해서는 외적 정황들, 탄생한 시대, 타고난 소질, 부모, 교육, [94] 환경, 시대의 관계들, 전 범위에 걸친 상대적인 내적, 외적 상태들이 보다 상세한 실증적 자료를 제공한다. 현전의 세계에는 이러한 소재들이 포함되어 있으며, 또한 이 점을 고려할 때 개개인들의 삶의 기록 은 매 경우마다 대단히 큰 개인적 상이성을 갖게 될 것이다. 하지만 구체적 현실에서 현존재를 갖지 않고 오히려 판타지에서 생성된 자유로운 신들은 이와 다르다. 그런 관계로 우리는 무릇 자유로운 정신으로부터 이상을 창 조한 시인과 예술가들이 우연적 개체성들의 소재를 어쩌면 단순히 상상력 의 주관적 자의에서 취했으리라고 믿을 수도 있다. 그러나 이 생각은 잘못 이다. 왜냐하면 우리는 고전적 예술 일반에 대해 그것이 자신의 고유 구역 에 필연적으로 속하는 전제들에 대한 반작용을 통해 비로소 순정한 이상의 본질로 상승했다는 지위를 부여했기 때문이다. 신들에게 보다 상세한 개별 적 생동성을 제공하는 특수성들은 각별히 이 전제들에서 비롯한다. 이 전 제들의 주요 계기들은 기왕 언급되었던바, 여기서는 다만 앞서 말한 것을 간략하게 상기하는 것으로 족할 것이다.

α) 일차적인 풍성한 원천을 이루는 것은 상징적 자연종교들인데, 이것들 은 그리스 신화의 근거이지만 그 안에서 변형되었다. 그런데 거기서 빌린 특징들이 그리스 신화에서는 정신적 개인들로서 표현되는 신들에게 할당

되는 관계로, 근본적으로 그것들은 상징들로서 간주된다는 특성을 상실할 수밖에 없다. 왜냐하면 그것들은 이제 개인 자체의 본질 및 그 현상과 구분될 법한 어떠한 의미도 더 이상 간직해서는 안 되기 때문이다. 그러므로 이전에는 상징적 내용이었던 것이 지금은 신적 주관 자체의 내용이 되며, 또한 그것은 신의 실체성보다는 단지 부수적일 뿐인 특칭성에 관계하는 까닭에, 그러한 소재는 이러저러한 특수 [95] 상황에 처한 신들의 의지에 속하는 외적인 역사, 행동 혹은 사건으로 격하된다. 그러므로 예전 성시聖詩들의 모든 상징적 전통들이 여기에 다시 도입되어 주관적 개인의 행위들로 변형된 인간적 사건과 이야기들의 형식을 취하며, 또한 이 형식들은 신들에 의해 일어날 법한 것이어야 하지 가령 시인들에 의해 자의적으로 고안된 것에 그쳐서는 안 된다. 예를 들어 신들이 나무랄 데 없는 에티오피아인들과 함께 12일 동안 축제를 열기 위해 길을 떠난다는 호메로스의 이야기는 시인의 단순한 판타지로서는 보잘것없는 고안에 불과할 것이다. 주피터의 탄생에 관한 이야기도 마찬가지이다. 거기서 이야기되기를, 크로노스는 그가 낳은 모든 아이들을 다시 먹기 때문에 그의 부인 레아는 막내 제우스를 임신했을 때 크레타로 가서 거기서 아들을 낳았음에도 크로노스에게는 털가죽에 싼 돌을 아이 대신에 먹으라고 주었다고 한다. 그러자 그 뒤 크로노스는 모든 아이들을, 딸들과 또한 포세이돈을 다시 토한다. 주관적으로 가공된 이 이야기는 황당무계하지만, 상징적 의미의 잔재들이 —하지만 상징적 특성을 상실한 까닭에 그저 외적인 사건으로만 나타나는 잔재들이— 엿보인다. 케레스와 프로세르피나[페르세포네]의 이야기도 유사한 진행을 갖는다. 옛 상징적 의미는 여기서 사라짐과 종자 옥수수의 발아로 존재한다. 신화는 이것을 다음과 같이 그린다. 프로세르피나는 어떤 계곡에서 꽃들과 더불어 놀다가 하나의 뿌리에서 백송이의 꽃을 피우는 향기로운 수선화를 뽑았다. 그때 흙이 들리고 플루토가 땅에서 솟아올라 흐느끼는 여인을 그의 황금 마차에 싣고 지하세계로 끌고 간다. 이제 케레스는 어머니로서의 고통에 싸여 오랫동안 대지 위를 허위단심으로 돌아다닌다. 결국 프로세르 피나는 지상세계로 돌아오는데, 제우스는 이를 위해 프로세르피나가 신들 의 양식을 즐기지 않았다는 점을 들어 허락을 내렸다. 하지만 유감스럽게 도 그녀는 엘리시움[50]에서 언젠가 석류 하나를 먹었기 때문에 봄과 여름 [96] 동안만 지상세계로 올 수 있었다. ─ 여기서도 보편적 의미는 상징적 형상 을 간직하지 않으며 오히려 하나의 인간적 사건으로, 즉 보편적 의미를, 다 만 다수의 외적 특징들을 통해 멀리 떨어져 보여 줄 뿐인 사건으로 개작된 다. ─ 그와 마찬가지로 신들의 이명異名도 종종 그러한 상징적 근거들을 암 시하지만, 이것들은 그 상징적 형식을 벗어 버렸으며, 또한 개성에 그저 좀 더 풍성한 규정성을 부여하기 위해 소용될 뿐이다.

β) 개개의 신들의 긍정적 특칭성들을 위한 또 다른 원천을 제공하는 것은 지역적 연관성들인데, 이것들은 신들에 관한 표상들의 출처, 그들의 직책 의 탄생과 도입, 그리고 그들이 특히 경배되었던 여러 장소들과 관련되어 있다.

αα) 그러므로 이상과 그 보편적 미의 표현이 특수한 지역성 및 그 고유성 너머로 제고되고, 또한 예술적 판타지의 보편성을 통해 개개의 외면성들을 모름지기 실체적 의미에 상응하는 전체의 이미지로 집약했다고는 해도, 조 각은 신들의 개체성을 특수한 관계 및 정황들을 통해서도 표현하며, 이 경 우에는 개성에 관해 무언가를 ─비록 그것이 외적으로 좀 더 규정된 것일 뿐이지만─ 언급하는 것이 필요하며, 또한 여기서는 신들의 특칭적 특징들 과 지방색들이 여느 때고 거듭 제 역할을 단단히 한다. 예를 들어 파우사니

---

50 역주: 사후의 낙원을 뜻한다.

아스는 그가 사원들, 공공장소들, 사원의 보물들, 중요한 모종의 사건이 벌어진 지방들 등에서 보고 들은 다량의 지역적 표상들, 형상물들, 그림들, 구전口傳들을 인용하는 것처럼, 이 면에서는 그리스 신화들에서도 마찬가지로 타 지방에서 얻은 오래된 전통 및 지역적 특성들이 고국의 그것들과 섞이며, 그리고 이 모든 것들에는 다소간 국가들의 역사, 생성, 창건에 대한 관계, 특히 식민을 통한 관계가 주어져 있다. 그런데 이러한 다방면의 특수한 소재는 신들의 보편성 [97] 속에서 그 근원적 의미를 상실한 관계로, 이를 통해 얽히고설킨, 우리에게는 별 의의가 없는 이야기들이 튀어나온다. 예컨대 아이스킬로스의 『프로메테우스』는 이오의 방황을 인륜적, 민족사적 의미나 자연의미를 암시하지 않고 돌로 된 부조浮彫와 같이 완전히 경직된, 그리고 외적인 것으로 그린다. 페르세우스와 디오니소스의 경우도 비슷하지만, 특히 비슷한 것은 제우스, 그의 젖어미들, 헤라에 대한 그의 불성실의 경우인데, 제우스는 때때로 그녀의 다리에 모루를 매달아 하늘과 땅 사이에서 흔들거리도록 만들기까지 한다. 헤라클레스에서도 또한 지극히 잡다한 소재들이 함께 나오는데, 그 이야기들에서 이것들은 우연한 사건, 행동, 열정, 불운 등의 사고들이라는 식의 철저히 인간적인 모습을 취한다.

ββ) 그 밖에도 고전적 예술을 영원하게 만드는 힘들은 그리스의 인간적 현존재와 행위의 실제적 형상화에서 드러나는 보편적 실체들인바, 그런 까닭에 그 행위를 근원적으로 시작한 민족의 특수한 많은 잔재들이 영웅시대와 기타 전통들을 거쳐 후대에도 여전히 여러 신들에게 배어 있다. 그럴진대 다양한 신神 이야기들에 있는 많은 특징들도 분명 전투, 전쟁 그리고 기타 관련 사건들과 연관된 역사적 개인들, 영웅들, 한층 오래된 민족들, 자연적 사건사고들을 암시하고 있다. 그리고 가족, 다수의 가문들이 국가의 출발점이듯이 그리스인들도 그들의 가족신들, 페나테스(찬장의 신들), 시조始祖 신들 그리고 또한 개별 도시와 국가들의 보호신성들을 갖고 있었다. 그런

데 이러한 역사적인 방향에서 그리스신들 일반의 근원이 그러한 역사적 사실, 영웅, 고대 왕들로부터 유래할 것이라는 주장이 제기된다. 이것은 하이네[51] 역시 [98] 최근 여전히 유포했던, 그럴듯하지만 잘못된 견해이다. 이와 비슷하게 프랑스인 니콜라스 프레레[52]는 예컨대 신들의 전쟁의 일반적 원칙으로서 성직자들 간의 불화를 가정했었다. 그렇듯 역사적 계기들이 일정 역할을 한다는 점, 특정 가문들이 신성에 관한 그들의 관점들을 유포한다는 점, 마찬가지로 여러 지역들이 신들의 개별화를 위한 특징들을 제공한다는 점은 물론 수긍이 간다. 그러나 신들의 본격적인 근원은 이러한 외적, 역사적 자료에 있는 것이 아니라 그들 자신으로 간주되었던 삶의 정신적 힘들에 있으니, 지방이나 역사적 사실들과 같은 실증적인 것에 비교적 넓은 유희공간이 양보된다면 그것은 개개의 개성을 좀 더 특정하게 상술하기 위함일 뿐이다.

YY) 이제 나아가 신이 인간의 표상으로 진입하고 더욱이 조각을 통해 신체적 실제형상으로 표현되며, 그런 다음에 인간은 신에게 예배하는 행위인 제의에서 이 형상과 다시 관계를 맺으니, 이러한 연관성을 통해서도 일군의 실증적, 우연적인 것을 위한 새로운 자료가 생긴다. 예컨대 각 신에게 어떤 동물이나 과실들을 제물로 올리는가, 성직자와 민중은 어떤 예복을 입는가, 특별한 행위들은 어떤 순서로 진행되는가, 이 모든 것들이 쌓여서 매우 다른 부류의 개개 특징들을 이룬다. 왜냐하면 그러한 각 행위들은 그 자체로는 우연히 그러할 수도, 아니면 또한 다를 수도 있는 무수히 많은 측면과 외면성들을 갖기 때문인 반면, 신성한 행위에 속하는 것으로서는 어떤

---

51 역주: Christian Gottlob Heyne(1729~1812), 고전 문헌학자. 칼라일(Carlyle)은 그의 생애와 작품들에 관한 흥미로운 에세이를 썼다.
52 Nicolas Fréret(1688~1749), 프랑스의 역사학자.

정해진 것, 자의적이 아닌 것이어야 할 터이니 상징적인 것의 국면으로 넘어가기 때문이다. 여기에 속하는 것은 예컨대 의복의 색깔, 바쿠스의 경우에는 포도주의 빛깔이 있으며, 신비의식들을 봉헌하는 자들이 몸에 둘렀던 노루가죽도 같은 경우이다. 신들의 의복과 부착물들, 피티아의 아폴로의 활, 채찍, 봉棒 그리고 수많은 다른 외적인 물건들 역시 [99] 여기서 한몫을 차지한다. 하지만 그러한 것들은 점차 단순한 관습이 되었다. 어느 누구도 그러한 관습을 행하면서 더 이상 최초의 근원을 생각하지 않으며, 그럴진대 우리가 설혹 학자연하게 의미랍시고 밝혀낼 것이 있다고 해도 그것은 단순한 외면성일 뿐이니, 사람들이 그것에 동참하는 까닭은 직접적 관심, 즉 익살, 흥취, 향락, 몰입 때문이거나 그것이 바로 관습적이기 때문이며, 또한 직접적으로 그렇게 정해져 있고 다른 사람도 그렇게 하기 때문이다. 우리의 경우 예컨대 소년들은 6월 24일 성요한절에 본연의 의미는 뒷전으로 한 채 단순한 외적 관습에서 불을 놓고 다른 곳으로 뛰어가 창문에 던지는데, 이는 마치 그리스의 선남선녀들이 축제의 춤을 추면서 미궁처럼 엉킨 행성 운동을 본뜬 복잡한 춤 동작의 의미를 뒷전에 두는 것과 같다. 사람들은 이 경우 사상을 갖기 위해 춤을 추는 것이 아니며, 관심은 춤과 그 아름다운 움직임의 즐겁고 매력적인 의식에 한정된다. 근원적 기반을 형성했던 전체적 의미는 —표상과 감각적 직관에 대한 이 의미의 표현은 상징적 종류의 것이었다— 이로써 일반적인 판타지의 표상이 되니, 우리는 그 하나하나를 마치 동화처럼, 혹은 역사기술의 경우와 같이, 시공간에 매인 외면성의 규정성으로서 마음에 들어 하며, 또한 그에 관해서 오직 "그런 거야" 혹은 "사람들이 그렇게 말하더라" 따위를 말할 뿐이다. 그러므로 예술의 관심은 실증적 외면성이 된 이러한 소재에서 한 측면을 얻고 그로부터 구체적이며 살아 있는 개인들로서의 신들이 우리에게 보여 주는, 그리고 비교적 깊은 의미에 관해서는 변죽만을 울리는 어떤 것을 제작한다는 점에서 성립할 뿐이다.

이러한 실증적인 것은, 판타지가 그것을 새로이 제작할 경우, 그리스 신들에게 정녕 살아 있는 인간성의 매력을 부여하니, 까닭인즉 그렇지 않다면 단지 실체적이며 위력적일 뿐이었을 것이, 이를 통해 진정으로 즉자대자적인 것과 [100] 외적이며 우연적인 것에서 조합된 개인적 현재로 진입하기 때문이다. 또한 보통은 언제나 신의 표상 속에 있는 비규정적인 것이 좀더 조밀하게 제한되고 좀 더 풍부하게 채워지기 때문이다. 그러나 우리는 세부적 이야기들과 특수한 성격 특징들에 더 이상의 가치를 부여해서는 안될 것이다. 왜냐하면 과거 최초의 근원에서는 상징적 의미체로 있던 것이 지금은 인간적인 것에 대치하는 신들의 정신적 개별성을 감각적 규정성으로 완성하고, 또한 내용과 현상의 면에서 모두 비非신적인 이것을 통해 구체적 개인에게 속하는 자의와 우연성의 측면을 그 개별성에 추가하는 과제를 가질 뿐이기 때문이다. 조각이 신들의 순수한 이상을 가시화하고 성격과 표정을 오로지 살아 있는 신체에 즉해 묘사해야 하는 한, 조각에서는 최후의 외적 개별화가 거의 가시화되지 않지만 그것은 이 영역에서도 표명되고 있다. 예컨대 각 신들에게서 보이는 머리장식, 머리모양, 곱슬머리 등은 단순히 상징적 목적 따위에서가 아니라 좀 더 자세한 개별화를 위해 서로 다른 것이다. 예를 들어 헤라클레스는 짧은 머리를, 제우스는 위로 뻗은 풍성한 머리를, 디아나는 비너스와는 다른 감아올린 머리를, 팔라스는 투구위에 고르고[53]를 지니고 있으며 또한 이러한 것은 무기, 허리띠, 머리띠, 팔찌 그리고 그런 류의 매우 다양한 외물들에 두루 적용된다.

γ) 이제 마지막으로 신들은 현전하는 구체적 세계와 자연현상들, 인간 행

---

53 역주: 고르곤. 그리스 신화에 등장하는 괴물 자매, 특히 그 가운데 메두사를 지칭한다.

동과 사건들에 대한 관계를 통해 좀 더 자세한 규정성을 위한 세 번째 원천을 구한다. 왜냐하면 우리가 앞선 시대의 상징적으로 해석된 자연근거들 및 인간 행동들로부터 한편으로는 보편적 본질의 면에서 다른 한편으로는 특수한 개체성의 면에서 정신적 개별성이 출현함을 살펴보았다면, 그것은 이제 또한 정신적이며 대자적으로 현존하는 개인으로서 자연과 인간 현존재에 대해 항상 생동적으로 관계하기 때문이다. 이미 상술하였듯이, [101] 여기서는 시인의 판타지가 신들에 관해 전해오는 특수한 이야기들, 성격 특징 및 행동들을 위한 늘 풍요로운 원천으로서 분출한다. 이 단계의 예술성은 신적 개인들을 인간 행위들과 실감 나게 엮고 또한, 예컨대 우리 역시 물론 다른 의미이긴 해도 이러저러한 운명이 신으로부터 온다고 말하듯이, 개체적 사건들을 항상 신적 보편성으로 집약하는 점에서 성립한다. 이미 일상적 현실에서도 그리스인은 삶의 고초, 욕구, 공포, 소망들이 있을 때 신에게 호소하였다. 이때는 일단 외적 우연성들이 발생하는데, 사제들은 그것들을 징조로서 간주하며, 또한 인간의 목적 및 상태들과 연관하여 해석한다. 게다가 현전하는 것이 곤핍困乏과 불행이라면, 사제들이 해야 할 바는 재앙의 근거에 대한 설명이며 신의 분노와 의지의 인식이고 또한 불행에 대처할 수단들의 언급이다. 이제 시인들의 해석은 진일보하니, 까닭인즉 그들은 보편적이며 본질적인 파토스, 인간의 결단과 행위들 속에서 움직이는 힘과 관계하는 것 일체를 대개 신들 및 그들의 행동에 귀속시키고 그리하여 인간의 행위가 동시에 자신들의 결단을 인간들을 통해 실행하는 신들의 행동으로서 나타나게끔 하기 때문이다. 이러한 시적 해석을 하는 데 있어서 소재는 일상적 환경들로부터 취해지니, 이와 연관해서 이제 시인들은 묘사되는 사건에서 자신을 표명하는 신이, 그리고 그 속에서 활약함을 증명하는 신이 이 신인지 아니면 저 신인지를 설명한다. 이를 통해 특히 시는 신들에 관해 언급되는 많은 특수한 이야기들의 범위를 확대한다.

이와 연관하여 우리는 다른 측면을, 즉 보편적 힘들이 행위하는 인간적 개인들에 대해 갖는 관계의 고찰을(제1권, 294쪽 이하), 설명하기 위해 이미 동원했던 몇 가지의 사례들을 환기할 수 있다. 호메로스는 아킬레우스를 트로이 앞에 모였던 그리스인들 중 [102] 가장 용감한 자로서 묘사한다. 이 영웅의 이 범접 불가능한 면모에 대한 호메로스의 설명에 따르면, 아킬레우스의 어머니가 그를 스틱스강에 담그기 위해 붙잡고 있을 수밖에 없었던 복사뼈를 제외하면 아킬레우스의 몸 가운데 상처를 입힐 곳이 없다. 이 이야기는 외적인 사실을 해석하는 시인의 판타지에 속한다. 그런데 예를 들어 아델룽[54]이 고심 끝에 말하기를 아킬레우스는 자신이 상처를 입지 않을 것임을 알았기 때문에 그에게는 용감성이 그리 어려운 일이 아니었다고 하였듯이, 우리가 이것을 마치 실제 사실의 표명인 양, 그리고 그리스인들은 우리가 감각적 지각을 믿듯이 그러한 의미에서 그 사실을 믿었던 양 받아들인다면, 이는 호메로스와 모든 그리스인들과 알렉산더를 ―[플루타르코스에 따르면] 알렉산더는 아킬레우스를 흠모했으며, 또한 호메로스를 음유시인으로 두었던 아킬레우스의 행운을 찬양했다― 단조로운 인간들로 만드는 지극히 조잡한 생각이다. 아델룽의 생각을 통해서도 아킬레우스의 참된 용감성은 전혀 줄어드는 것이 아니니, 까닭인즉 그는 자신의 때 이른 죽음도 마찬가지로 알고 있지만 필요한 곳에서는 위험을 피하지 않기 때문이다. 니벨룽엔의 노래에서는 비슷한 관계가 전혀 다른 식으로 묘사된다. 거기서도 마찬가지로 뿔같이 단단한 피부를 가진 지크프리트는 상처를 입지 않지만, 그 밖에도 그는 그를 보이지 않게 만드는 투명모자를 갖고 있다. 그는 이런 투명상태에서 군터왕과 브룬힐데의 싸움에서 왕의 편을 드는데, 이것은 지

---

54 역주: Johann Christoph Adelung(1732~1806), 계몽시대의 언어학자이며 백과사전 편찬자.

크프리트의 용감성도 군터왕의 용감성도 별로 크게 생각하지 않는 조잡한 야만적 마술의 작품일 뿐이다. 물론 호메로스의 경우에도 신들은 종종 개별 영웅들이 무사할 수 있도록 조치하지만 이 신들은 인간의 개별 존재의, 그 행위의 보편자로 [즉 개별성의 본질로] 나타날 뿐이니, 이때 인간은 자신의 영웅성에 걸맞은 존재가 되기 위해 전심전력하지 않을 수 없다. 그렇지 않으면 신들은 그리스인들을 십분 도울 요량으로 전장에서 트로이인들을 깡그리 살육하였을 것이다. 이에 반해 호메로스는 [103] 주 전투를 서술하면서 개인들의 싸움을 자세히 묘사한다. 그리고 다만 우왕좌왕한 혼란이 일반화되었을 때, 군軍의 전체 무리들과 전체 사기가 서로에 대해 분노할 때, 오직 그때에만 아레스는 몸소 야전을 종횡무진 누비며, 또한 신들은 신들에 맞서 싸운다. 더욱이 그것은 가령 고조高潮 효과 같은 것으로서만 아름답고 찬란한 것이 아니며, 오히려 더욱 심오한 점은 호메로스가 구분 가능한 개별적 사안에서는 영웅을 인식하지만 종합적이며 보편적인 사안들에서는 보편적 힘과 위력들을 인식한다는 사실에 있다. ─ 또 다른 관계에서 호메로스는 아킬레우스의 불패의 무기들을 소지하는 파트로클로스의 살해가 관건일 때 다시 아폴로를 등장시킨다(일리아스, XVI, 783~849). 아레스와는 대조적으로 파트로클로스는 트로이군 무리로 세 번 돌진하여 아홉 명씩 세 번을 이미 살해하였다. 그가 이어 네 번째 돌격하였을 때, 어슴푸레한 어둠에 몸을 감춘 신[아폴로]이 혼전을 틈타 그에게 다가와 등과 어깨를 내리치며 투구를 벗겨 낸즉, 그것은 바닥에 떨어져 뒹굴고 말들의 발굽에 차여 밝게 울리며, 또한 투구 깃털은 피와 먼지 범벅이 되니 이는 전에는 결코 생각할 수 없는 일이었다. 태양신 아폴로는 그의 손아귀에 있는 청동창 역시 부러뜨리며 그의 어깨에서 방패를 끌어내리고 갑옷을 벗긴다. 네 번째 돌격에 임한 파트로클로스가 전장의 혼란과 무더위 속에서 기진맥진하여 죽을 지경에 이르렀을 때, 아폴로의 개입은 이 정황의 시적 설명으로 간주될 수 있다.

이제 겨우 에우포르보스는 창으로 파트로클로스의 뒤에서 어깨 사이를 관통할 수 있다. 파트로클로스는 다시 한번 전투에서 벗어나고자 시도하지만, 이미 그에게 헥토르가 신속히 다가와 창으로 복부의 약한 부분을 깊숙이 찌른다. 이에 헥토르는 환호하며 쓰러지는 자를 조롱한다. 그러나 파트로클로스는 힘없는 목소리로 그에게 응수한다. "제우스와 아폴로가 무기들을 내 어깨에서 끌어내렸기 때문에 그들은 힘들이지 않고 나를 이겼다. 너 같은 자는 스물이 와도 나는 [104] 창으로 쓰러뜨렸을 것이나, 지독한 액운과 아폴로가 나를 죽인다. 에우포르보스는 두 번째로 죽을 것이며, 너 헥토르는 세 번째로 죽을 것이다." — 여기서도 신들의 등장은 파트로클로스가, 아킬레우스의 무기들로 자신을 보호하였다고는 하나, 탈진하여 실신하는, 결국에는 살해되는 사건의 해석일 뿐이다. 그리고 이것은 이를테면 미신이나 판타지의 한가로운 유희가 아니니, 오히려 아폴로의 개입을 통해 헥토르의 명성이 축소되기라도 한 양, 그리고 아폴로의 모든 행위에서 신의 위력이란 것을 생각하지 않을 수 없는 관계로 그 역시 그 경우 그다지 명예로운 역할을 하는 것은 아닌 양 보는 떠벌림만이, 다만 그러한 고찰들만이 산문적 오성의 하찮고 시답잖은 미신인 것이다. 왜냐하면 호메로스가 특수한 사건들을 그러한 신의 등장을 통해 설명하는 모든 경우, 신들은 인간의 내면 자체에 내재하는 것, 즉 그의 고유한 열정과 고찰의 힘이거나 그가 처한 상황 일반의 힘들, 즉 인간에게 닥치는 것과 이 상황의 귀결로 그에게 발생하는 것의 힘이자 근거이기 때문이다. 때로는 신들의 등장에서 아주 외적이며 순전히 실정적인 특징들이 보이기도 하지만, 그것들은 다시, 예컨대 절름발이 헤파이스토스가 신들의 잔치에서 술 시중을 드는 자로서 돌아다니는 장면처럼 회화화된다. 그러나 대저 호메로스에게는 이러한 현상의 실재가 궁극적인 진지함이 아니다. 신들은 한편 행동하지만 다른 한편 다시 완전한 고요를 유지한다. 그리스인들은 이러한 현상들을 야기한 자가 시인임을 아주 잘 알고 있었는데, 그들이 그것을 믿었다는 것은 그들의 믿음이 정신성과 관계하는 것임을 의미하는 바, 이 정신성은 인간의 고유한 정신에 내재하며 또한 보편자로, 즉 현전하는 사건들 속에서 실제로 작용, 운동하는 것으로 존재한다. 이 모든 면을 볼 때 우리는 신들의 이러한 시적 묘사를 즐김에 있어 하등의 미신을 동원할 필요가 없는 것이다. [105]

b. 인륜적 근거의 보존

이것이 고전적 이상의 일반적 특징이니, 우리는 더 나아간 전개를 [제3부에서] 개별예술들을 다루면서 좀 더 규정적으로 고찰해야 할 것이다. 이 자리에서 다만 첨언할 것은, 신들과 인간들이 제아무리 특칭적, 외적 요소로 접근한들 그럼에도 고전적 예술에서는 그들이 긍정적이며 인륜적인 기반을 보존하고 있음을 보여 주어야 한다는 점이다. 주관성이 여전히 신들의 힘의 실체적 내용과 통일되어 있는 것이다. 그리스 예술에서 자연적인 것이 정신적인 것과 조화를 간직하고 내면에 적합한 실존으로서 존재하면서도 또한 마찬가지로 내면에 종속되어 있듯이, 주관적인 인간적 내면은 정신의 순수한 객관성과, 즉 인륜적이며 참된 것의 본질적 의미내용과 항상 견고한 동일성을 이루는 것으로 표현된다. 이 면에 따라서 보면 고전적 이상은 내면성과 외적 형상의 분리를 모르며, 또한 목적과 열정들에 미혹된 주관 및 이로 인한 추상적 자의의 측면과 이로 인한 추상적 보편성의 측면 사이의 분열상을 모른다. 성격들의 기반은 따라서 늘 그렇듯 실체적인 것이어야 하며, 또한 자기본위적인 주관성의 열악함, 죄악, 흉악은 고전적 예술의 묘사들에서는 제외된다. 그러나 무엇보다 낭만적 예술에서 한자리를 차지하는 가혹, 사악, 비열, 끔찍함이 여기서의 예술에는 철저히 이질적이다. 우리는 모친살해, 부친살해 등과 같이 가족애와 효성에 저촉하는 각종 범죄가 그리스 예술의 대상들로서도 반복적으로 취급됨을 보지만, 그것은 단순한 잔혹이나, 최근 우리에게서 유행했던 바, 필연성을 가장한 소위 운명의 불합리를 통해 야기된 것으로서 취급되지 않으며, 오히려 범법이 사람들에 의해 저질러지고, 부분적으로는 신들에 의해 하명되고 보호될 경우, 그때마다 [106] 그러한 행위들의 정당화는 어떤 측면에서 보면 그들에게 실제로 내재하는 것으로 묘사된다.

c. 우미와 매력으로의 발전

그러나 이러한 실체적 기반에도 불구하고 우리는 고전적 신들의 일반적인 예술적 발전이 점점 더 이상의 고요를 벗어나 다양한 개별적, 외적 현상으로 되어 가는 것을, 즉 사건, 사고 및 행위들이 점점 더 인간적으로 정교화되어 가는 것을 본다. 이를 통해 고전적 예술은 종국적으로 내용의 면에서는 우연적 개별성이 개체화되는 방향으로, 형식의 면에서는 쾌적快適과 매력을 기하는 방향으로 나아간다. 즉 쾌적은 외적 현상의 모든 점에서 개체적인 것을 발전시킨 결과이니, 이제 이를 통해 예술작품은 관객을 더 이상 단지 그의 고유한 실체적 내면과 관계하여서만 붙드는 것이 아니라, 오히려 주관성의 유한한 면과 관계해서도 그에 대해 다양한 연관성을 유지한다. 왜냐하면 예술 현존재의 유한화에는 바로 스스로가 유한한 주관, 즉 일상에서 흔히 보며, 또한 예술작품에서 자신을 재발견하고 만족을 얻는 주관 그 자체와의 긴밀한 연관성이 들어 있기 때문이다. 신들의 진지함은 우미가 되니, 이것은 인간을 선동하거나 그를 그의 특칭성 너머로 제고하는 것이 아니라 오히려 그로 하여금 그 안에서 고요하게 정주하도록 두며 다만 그에게 즐거울 것을 요청할 뿐이다. 판타지가 종교적 표상들을 장악하여 미를 목적으로 자유롭게 형상화할 경우, 대관절 판타지는 이미 경배의 진지함이 사라지도록 만들기 시작한다. 또한 이 점에서 종교로서의 종교를 변질시키는 바, 우리가 지금 서 있는 단계에서 이것은 대개 쾌적과 즐거움을 통해 발생한다. 왜냐하면 쾌적을 통해서는 가령 실체적인 것, 신들의 의미, 그들의 보편성 같은 것이 계속 발전하지 않고 오히려 유한한 [107] 측면, 감각적 현존재와 주관적 내면이 관심을 일으키고 만족을 줄 터이기 때문이다. 그러므로 묘사된 현존재의 매력이 미에서 비중을 더할수록, 그만큼 더 그 우아함은 우리를 보편성으로부터 유혹하여 한층 깊은 침잠을 유일하게 만족시킬 법한 의미내용에서 멀어지도록 만든다.

신들의 형상은 외면성과 개체화된 규정성 속으로 진입하였는데, 이제 여기에는 또 다른 영역의 예술형식으로 향하는 이행이 결부된다. 왜냐하면 외면성은 유한화의 다양성을 포함하는바, 이 유한화가 자유로운 유희공간을 얻을 경우 그것은 마침내 내적 이념과 그 보편성 및 진리에 대립하며, 또한 더 이상 상응하지 않는 실재에 대한 불만스러운 생각을 일깨우기 시작하기 때문이다.

제3장
고전적 예술형식의 해체

고전적 신들은 자신 안에 몰락의 맹아를 지니며 따라서 예술 자체의 발전을 통해 그들 속의 결함이 의식된다면 고전적 이상의 해체 역시 따라온다. 이미 밝혀진 바와 같이 우리는 정신적 개별성을 고전적 이상의 원칙으로서 정립하였고 또한 이것은 직접적인 신체적, 외적 현존재에서 자신에게 단적으로 적합한 표현을 발견한다. 그런데 이 개별성은 일군의 신적 개인들로 분열하였으니, 그들의 규정성은 즉자대자적으로 필연적이지 않으며 이로써 애초부터 우연성에 방기되어 있는바, 이 점을 기화로 영원히 주재하는 신들은 내적 의식 및 예술표현에 대해 그들의 해체 가능성이라는 측면을 갖는다. [108]

1. 운명

넘치는 견실함을 지닌 조각은 신들을 실체적 힘들로서 수용하며, 그들에게 하나의 형상을 부여하니, 그 아름다움에서는 우연적 외면성이 거의 현상하지 않는 관계로 처음에는 신들이 확고히 자기기인적이다. 그러나 그들의 다수성과 상이성은 그들의 우연성이어서 사상은 그들을 해체하여 어떤 한 신성의 규정으로 만드니, 그 신성이 갖는 필연성의 힘을 통해 그들은 서로에 대해 투쟁하며 또한 자신을 격하시킨다. 왜냐하면 각각의 특수한 신들의 위력이 제아무리 보편적으로 파악된들, 특수한 개별성으로서의 그들은 항상 제한된 범위만을 갖기 때문이다. 게다가 신들은 그들의 영원한 고요 속에 정주하지 않는다. 구체적 현실에서 조우하는 상황과 투쟁들이 그들을 이리저리로 끌고 다니니, 그들은 때로는 여기서 도움을 주고 때로는 건너에서 훼방을 놓거나 지장을 줄 요량으로 특수한 목적들을 갖고 스스로 움직인다. 행위하는 개인들로서의 신들이 진입하는 이러한 개별적 관계들은 신적인 것의 실체성을 —이것이 제아무리 지배적 기반으로 머물지라도— 혼탁하게 하고 신들을 유혹하여 제한된 유한성의 대립과 투쟁들로 끌어들이는 우연성의 측면을 보유한다. 신들 자체에 내재하는 이러한 유한성으로 인해 그들은 자신들의 품위, 존엄과 그들을 자의적이며 우연적인 존재로 격하시키기도 하는 현존재의 아름다움 사이의 모순에 빠진다. 본격적 이상이 이러한 모순의 완전한 발현을 피하는 길은, 순정한 조각과 그 하나하나의 신전 입상들이 그렇듯, 신적 개인들이 홀로 고독하게 지복의 평안함 속에서 묘사되되, 생기 없고 감응과 떨어진 무언가를, 그리고 이미 위에서 다루었던 고요한 특징의 슬픔을 유지하는 것뿐이다. 이미 이러한 슬픔은 그들의 운명을 형성하니, 까닭인즉 그것은 무언가 한층 더 높은 것이 그들 위에 있다는 점, 그리고 [109] 특수함으로부터 그들의 보편적 통일로 향하는 이행이 필연적이라는 점을 지시하기 때문이다. 그러나 우리가 이러한 한층 높은 통일의 방식과 형상을 두루 살펴보면, 그것은 신들의 개별성 및 상대적 규정성과 달리 내적으로 추상적이며 비형상적인 것, 이러한 추상 속에서 다만 한층 고차적인 것 일반으로만 존재하는 필연성이자 운명이니, 이러한 운명은 신들과 인간들을 강제하는 것이되 그 자체로는 불가해하고 비개념적인 것으로 머문다. 운명은 아직 절대적이며 대자적으로 존재하는 목적이 아니며, 또한 이로써 동시에 주관적이며 개인적인 결정도, 신적인 결정도 아니다. 오히려 개별적 신들의 특수함을 능가하고 이로 인해 그 자체가 다시 개인으로서 묘사될 수 없는 유일보편의 힘일 뿐이니, 까닭인즉 만일 그렇지 않다면 그것은 많은 개별성들 중 하나로서 등장할 뿐이지 그들 위에 서 있는 것은 아니기 때문이다. 그러므로 운명은 형상화나 개성을 갖지 않는 것으로 머물며 또한 이러한 추상 속에서 오로지 필연성 그 자체로서 존재할 뿐이니, 신들이든 인간이든 그들은 특수한 존재들로서 상호 분리되고 서로 투쟁할 경우, 그리고 그들의 개별적 힘을 편파적으로 발휘하여 그들의 경계와 권한을 넘어서고자 할 경우, 그들로서는 변경 불가능한 운명으로서의 이 필연성에 굴복, 복종할 수밖에 없다.

2. 신인동형론을 통한 신들의 해체

이제 즉자대자적 필연성이 개별적 신들에게 속하지 않고 그들의 고유한 자기규정의 내용을 제공하지 않으며, 또한 오로지 비규정적 추상으로서 그들 위를 감도는 관계로 이를 통해 즉각 그 특수하고 개별적인 측면이 방출되니, 이 측면은 또한 신들을 실체적, 신적 개념의 본질과 반대가 되게끔 전도시키는 신인동형론의 유한성들로, 그리고 인간화의 외면성들로 이어지는 운명을 피할 수 없다. 그러므로 이러한 아름다운 예술의 신들의 몰락은 모름지기 그들 자신의 탓으로 인해 필연적이니, 까닭인즉 [110] 의식은 더 이상 그들에게서 안녕을 구하지 못하고 이에 따라 그들에게서 벗어나 내면으로 되돌아오기 때문이다. 그런데 좀 더 자세히 보면 이미 그것은 종교적 믿음 및 시적 믿음을 위해 신들을 해체하는 그리스의 신인동형론 일반의 방식이다.

a. 내적 주관성의 결함

왜냐하면 이상으로서의 정신적 개별성은 인간의 형상이되 직접적, 신체적인 형상으로 발을 들이지 즉자대자적 인간성으로 —이러한 인간성은 주관적 의식이라는 내면의 세계에서 자신을 신으로부터 구분할 줄 알되 이러한 구분을 마찬가지로 지양하고 또한 이를 통해 신과 하나가 되어 내적으로 무한하고 절대적인 주관성으로 존재한다— 발을 들이지는 않기 때문이다.

α) 그러므로 조형적 이상에는 스스로를 무한 인식적 내면성으로 묘사하는 측면이 결여되어 있다. 조형적으로 아름다운 형상들은 단순히 돌, 청동은 아니지만 내용과 표현의 면에서 무한한 주관성도 지니고 있지 않다. 이제 우리는 미와 예술을 위해 그것에 마음껏 열광할 수는 있겠으나, 이러한 열광은 그 직관의 객체인 신들에게서는, 발견되지 않는 주관적인 것이며 또한 그런 것으로 남는다. 그러나 참된 총체성에는 주관적이며 자신을 인식하는 통일성과 무한성이라는 앞의 측면 역시, 그것이 비로소 생동적이며 인식적인 신과 인간을 형성하는 관계로, 요구된다. 만일 이 측면이 그 또한 본질적으로 절대자의 내용과 본성에 속하는 것으로서 표출되지 않는다면, 절대자는 결코 정신적 주관으로서 현상하지 않으며 그 객관성은 의식화된 내면의 정신이 결여된 채 가시화될 뿐이다. 이제 신들의 개별성 자체에도 주관적 내용이 있음은 물론이나, 그것은 우연성으로서의 내용이며 또한 그 자체로는 신들의 실체적 고요와 지복 외부에서 운동하는 발전에 속하는 내용이다.

β) 다른 한편 조형적 신들에 대립하는 주관성은 내적으로 무한한 참된 주관성도 또한 아니다. 즉 그것은, 제3의 예술형식인 [111] 낭만적 예술형식에서 좀 더 자세히 살펴보겠지만, 자신에게 상응하는 객관성을 내적으로 무한한, 스스로를 인식하는 신으로서 목도하는 주관성이 아닌 것이다. 그러나 현 단계의 주관은 완벽하게 아름다운 신들의 이미지 속에 스스로 현재

하지 않으며 바로 이로써 자신을 관조할 때 스스로를 대상적이며 객관적으로 존재하는 것으로서도 의식화하지 않는 까닭에, 그것은 스스로가 아직 자신의 절대적 대상과 상이하여 분리될 뿐이며 또한 그런 까닭에 단순히 우연적이며 유한한 주관성으로 있다.

γ) 자연신들의 상징성에서 고전적 예술의 정신적 이상으로의 첫 번째 이행이 신들의 전쟁으로 파악될 수 있듯이, 우리는 한층 높은 단계로의 이행 또한 판타지와 예술에 의해 신들의 새로운 전쟁으로 파악될 수 있는 양 믿기 십상이다. 하지만 그것은 결단코 사실이 아니다. 정반대로 이 이행은 현실성과 현재 자체의 의식화된 전쟁이라는 전혀 다른 분야에서 진행되었다. 이 전쟁을 통해 예술은 한층 고차적인 내용과 연관하며, 또한 그 내용을 새로운 형식들로 포착해야 하는 까닭에 전혀 다른 위상을 갖는다. 이러한 새로운 의미내용은 예술을 통한 계시로서 표명되지 않고 예술 없이 그 자체로서 계시된다. 또한 근거들을 통한 논박이라는 산문적 토대 위에서, 그리고 나중에는 심정 속에서, 그리고 기적, 순교 등을 위주로 한 그 종교적 감정들 속에서 ─일체의 유한성이 절대자와, 현실적 역사에서 단순히 표상된 현대가 아니라 실제적 현재로 향하는 사건들의 과정으로 밝혀지는 그런 절대자와 대립하는 의식과 더불어─ 주관적 앎으로 진입한다. 신적인 것, 곧 신 자신은 육화되고, 태어나고, 살고, 고초를 겪고, 죽고, 부활하였다. 이것은 예술이 고안한 내용이 아니라 그 외부에 현전하는 내용이었으니, 따라서 예술은 그것을 자신으로부터 취하지 않았으며 오히려 목전에 두고 그 형상화를 기하였다. 반면 저 첫 번째 이행 및 신들의 전쟁의 근원으로 발견되는 예술관과 판타지 자체는 신에 대한 이설異說들과 [112] 형상들을 내면에서 길어내어 경탄하는 인간에게 그의 새로운 신들을 제공하였다. 그러나 그런 까닭에 고전적 신들도 표상을 통해 그들의 실존을 얻었을 뿐이며, 또한 돌과 청동 속에서, 혹은 관조 속에서 현존할 뿐, 육체와 피 속에서, 혹

은 현실적 정신 속에서 현존하지는 않는다. 이를 통해 그리스 신들의 신인동형론에는 신체적이며 정신적인, 즉 현실적인 인간 현존재가 결여되어 있다. 기독교가 비로소 육체와 정신을 갖는 이 현실성을 신 자신의 현존, 삶 그리고 작용으로서 들여온다. 이제 이를 통해 이러한 신체성은, 즉 육체는, 단순한 자연성과 감각성이 아무리 부정적인 것으로서 인식된다고 해도, 존중되었으며 또한 신인동형적 요소는 신성시되었다. 인간이 근원적으로 신의 초상이었듯 신은 인간의 초상이며, 또한 아들을 보는 자는 아버지를 보며, 아들을 사랑하는 자는 아버지도 사랑한다. 현실적 현존재 속에서 신이 인식되는 것이다. 이제 그런고로 이 새로운 내용은 예술의 구상들을 통해 의식화되는 것이 아니라 하나의 현실적 사건으로서, 육화된 신의 이야기로서 외부로부터 예술에 주어진다. 그런 한에서 이러한 이행이 예술로부터 그 출발점을 구하지는 않을 터, 신구의 대립이 [첫 번째 이행에서의 그것과는] 너무나 다르니 말이다. 계시종교의 신이 내용과 형식의 면에서 진정 현실적인 신이니, 바로 그런 까닭에 그의 적은 어느 곳에서도 그에게 대적할 수 없는 단순 표상체들일 것이다. 이에 반해 고전적 예술의 옛 신들과 새로운 신들은 모두 독자적 표상의 기반을 갖추고 있다. 그들은 유한한 정신에 의해 자연과 정신의 힘들로서 파악, 묘사된 현실성만을 지니며, 또한 그들의 대립과 투쟁은 진지하다. 설혹 그리스 신들에서 기독교의 신으로 향하는 이행이 예술에 의해 이루어졌다손 쳐도, 신들의 전쟁의 표현에는 참된 진지함이 직접 있지 않았을 것이다. [113]

b. 새로운 예술이 비로소 대상으로 삼는 기독교 정신으로의 이행

또한 이러한 투쟁과 이행은 최근에 비로소 예술의 대상이 되었는데, 그것은 우연하고 개체적인, 즉 한 시대를 이룰 수 없었으며, 그 형상에 예술 발전의 전체를 관류하는 계기가 들어 있을 수 없었던 대상이었다. 이러한 관계에서 나는 몇몇 잘 알려진 현상들을 부수적으로 환기하고자 한다. 최근 고전적 예술의 몰락에 관한 탄식이 자주 들리며 또한 그리스 신들과 영웅들에 대한 동경은 시인들에 의해서 누차 다루어졌다. 이 경우 이러한 슬픔은 특히 기독교에 대립하면서 토로되었으니, 사람들은 기독교가 한층 높은 진리를 포함하리란 점은 혹 인정할 테지만 예술의 입장에서 볼 때 고전적 고대의 그러한 몰락은 그지없이 유감스럽다는 단서를 덧붙인다. 실러의 『그리스의 신들』은 이러한 내용을 담고 있는데, 여기서도 아름다운 묘사, 울려 퍼지는 운율, 생생한 그림들 혹은 정서를 야기하는 아름다운 슬픔이란 점에서 이 시를 시로서 고찰함 직할 뿐만 아니라 실러의 파토스는 여느 때처럼 참되고 깊이 사유된 것이기에 내용도 이미 음미함 직하다.

　기독교 자체는 물론 예술의 계기를 내포하지만, 예술이 정신의 내용을 포착하고 서술하는 형식은 인간형상 및 그에 의한 표현과 진술, 즉 인간적 사건, 행위, 감응인데, 기독교는 계몽시대에 이르는 그 전개 과정에서 사상과 오성으로 하여금 예술이 모름지기 필요로 하는 현실적 인간형상의 신과 그의 현상을 축출하도록 만들기도 하였다. 이제 오성이 신을 단순한 사상물思想物로 만들고 구체적 [114] 현실에서 나타나는 그의 정신의 현상을 더 이상 믿지 않으며 그리하여 사상의 신을 일체의 현실적 현존재로부터 축출한 관계로, 이러한 종류의 종교적 계몽이 필연적으로 도달한 표상과 요청은 예술과 양립 불가능한 것이었다. 그러나 오성이 이러한 추상들로부터 벗어나 다시 이성으로 고양되는 즉시 무언가 구체적인 것을 향한 요구가, 그러니까 예술이라는 구체적인 것을 향한 요구까지 등장한다. 계몽된 오성의 시대는 물론 예술도 추진하였으나, 그것은 우리가 실러 자신에게서 볼 수 있었던 바와 같이 대단히 산문적인 방식이었는데, 실러는 이 시대에서 출발하였으되 연후에는 오성을 통해 더는 충족되지 않는 이성, 판타지, 그리고 열정의 욕구 속에서 예술 일반을 향한, 좀 더 자세히는, 그리스인들과 그들의 신들, 세계관의 고전적 예술을 향한 생생한 동경을 느꼈다. 앞서 거론한 시는 그의 시대의 추상적 사상이 물리쳤던 이러한 동경에서 출현하였다. 시의 초판에서는 실러의 방향이 기독교에 대해 철저히 대립적이었는데, 이 강경한 태도는 오로지 계몽의 오성적 관점에 ―이 관점은 이후 시대에 스스로 주도권을 잃기 시작했다― 반대하는 것이었기 때문에, 그는 나중에 태도를 완화하였다. 그는 우선 그리스의 관점을 ―이 관점에서는 전 자연이 생기발랄하고 신들로 가득하였다― 행복한 것으로 찬양하며, 다음으로는 현재로, 그리고 신에 대한 인간의 지위와 자연법칙들에 관한 현재의 산문적 이해로 이행하여 말하기를,

> 이 슬픈 고요,
> 그것은 내게 나의 창조주를 예고하는가?
> 그의 장막은 그 자신처럼 어둡다.
> 나의 체념 ― 그를 찬양할 수 있는 것.

물론 체념은 기독교의 본질적 계기를 이루지만, 그것은 오로지 수도승의 표상에서만 심정, 감응 그리고 이른바 자연의 충동들을 내면에서 없앨 것을, 또한 인륜적, 이성적, 현실적 세계와 가족 및 국가에 [115] 부화뇌동하지 말 것을 인간에게 요구하는 것인데, ― 이 점에서는 계몽과 그 이신론理神論도 마찬가지이니, 이신론은 신이 인식 불가능하다고 오도하여 신에 관해서는 알 수도 파악할 수도 없다는 최고의 체념을 인간에게 덧씌운다. 이에 반해 진정 기독교적인 관점에 따르면 체념은 다만 매개의 계기이자 통과점일 뿐이며, 그 속에서 단순 자연적, 감각적이며 유한한 것 일반은 정신으로 하여금 한층 높은 자유와 자신과의 화해를 이루기 위해 그 부적합성을 떨치게 만드니, 이것은 그리스인들로서는 알지 못했던 자유이자 지복이다. 이

러한 정신적 자유와 정신의 화해에는 신이 내재하니, 고독한 신을 찬양하는 이야기, 신이 없는 세계로부터의 신의 단순한 분리 및 이탈에 관한 이야기는 기독교에서 있을 수 없으며, 이 점에서 보면 실러의 다음의 유명한 구절은 완전히 틀렸다.

> 신들은 아직 더욱 인간적이었기에
> 인간들은 더욱 신적이었다.

그러므로 우리는 후일 개정된 결말을 좀 더 중요하게 강조해야 하는바, 거기서는 그리스 신들에 관해 이야기하기를,

> 시대의 흐름에서 추방된 신들은
> 구원을 받았으나 핀두스 산맥 위를 방황하니,
> 노래 속에서는 불멸인 것,
> 삶에서는 몰락할 수밖에 없네.[55]

이로써 이미 위에서 언급되었던 것, 즉 그리스 신들은 오로지 표상과 판타지 속에 거주하며, 또한 삶의 현실 속에 그들의 자리를 주장할 수도, 유한한 정신에 궁극적인 만족을 줄 수도 없다는 점이 확연해졌다. 성공한 비가悲歌, Elegie들 덕에 프랑스의 티불[56]로 불렸던 파르니[57]는 장황한 열편의 노래로 된 일종의 서사시 [116]『신들의 전쟁』에서 기독교적 관념을 우스꽝스러운

---

55 실러, 『그리스의 신들』 제1판과 제2판.
56 Tibull. 본명은 Albius Tibullus(B.C. 54~B.C. 19), 로마의 비가시인.
57 Parny 백작, Evariste Désiré de Forges(1753~1814), 프랑스의 시인. 그의 서사시는 1799년 파리에서 재판이 간행되었다.

것으로 만들 요량으로 유머와 정신을 곁들인, 그러나 오갈 데 없이 천박한 위트를 동원하는 농담을 통해 또 다른 식으로 기독교에 대치한다. 그러나 이 농담들은 제멋의 경솔輕率에 불과하며 또한 프리드리히 폰 슐레겔의『루친데』의 시대와는 달리 부도덕함 등이 성스러움과 드높은 미덕으로 되지도 않았다. 앞의 시는 대단히 악의적으로 진행되니, 마리아가 매우 방종하게 행동함은 물론이거니와 도미니크회, 프란체스코회 수도승들은 포도주와 바쿠스 신도들에게, 수녀들은 파운들에게 유혹된다. 그러나 고대 세계의 신들은 최후에는 정복당하며 올림포스에서 떠나 파르나수스로 되돌아간다.

끝으로『코린트의 신부』에서 괴테는 사랑의 유배를 기독교의 참된 원칙의 면에서뿐만 아니라 잘못 이해된 체념과 희생의 요구라는 면에서도 한층 깊이 있고 생생하게 묘사하는데, 이를 위해 그는 신부新婦로서의 여인의 규정을 저주하며 강요된 독신을 결혼보다 더욱 성스러운 것으로 간주하려는 잘못된 금욕에 인간의 자연감정을 대립시킨다. 우리가 실러에게서 그리스적 판타지와 근대적 계몽의 오성추상들 사이의 대립을 발견한다면, 여기서 보는 바는 사랑 및 혼인과 관계하는 그리스의 인륜적, 감각적 정당성과 편파적이며 참되지 않은 기독교의 한 입장에 속할 뿐인 표상들의 대립이다. 특히 현실의 소녀와 죽은 사람, 살아 있는 여인과 유령, 양자 중 무엇이 중시되는지 불분명하게 남는다는 점에서 위대한 예술에 의해 전율적 어조가 전편에 부여되며, 또한 운율 속에는 사랑놀이와 그만큼 더 전율적으로 되는 엄숙함이 그 역시 거장답게 잘 배합되어 있다. [117]

c. 고전적 예술의 고유 영역의 해체

새로운 예술형식의 깊이를 인식하고자 노력하기 전에 우리는 우선 고대 예술 자체 내에서 벌어지는 이행의 일차적 모습을 살펴보아야 한다. 고대 예술형식에 대한 새로운 예술형식의 대립은 우리가 여기서 본질적 계기의 면에서 고찰해야 할 바의 예술 발전 과정에 속하지 않는다. 종래에는 정신의 개별성이 인간 현존재의 참된 실체와 자연의 화합 속에서 직관되고 또한 그 속에서 고유한 삶, 의지 그리고 작용에 준해 인식, 발견되었다면, 이제 이 이행의 원리는 정신이 내면의 무한성으로 되돌아오기 시작하되 참된 무한성 대신 다만 형식적이며 그 자체가 아직은 유한한 자신으로의 회귀를 얻을 뿐이라는 사실 가운데 자리한다.

앞의 원리에 상응하는 구체적 상태들을 좀 더 자세히 살피자면, 그리스 신들은 현실적 인간의 삶과 행위의 실체를 그들의 의미내용으로서 삼았다는 사실을 우리는 이미 보았다. 그런데 현존재 속에는 신들에 관한 관점만 현전하는 것이 아니었다. 최고의 규정, 보편적 관심과 목적도 실존하는 것으로서 현전하였다. 외적, 현실적으로도 현상한다는 것이 그리스의 정신적 예술형상에 본질적이었듯이, 인간의 절대적, 정신적 규정도 현상하는 실재적 현실로 드러나야만 했으며, 개인은 그 실체 및 보편성이 자신과 화합할 것을 요구하였다. 이 최고의 목적이 그리스에서는 국가적 삶, 국가시민 그리고 그 인륜 및 생동적 애국심이었다. 이러한 관심 이외에 더욱 고차적이며 더욱 참된 것은 없었다. 그런데 세속적, 외적 현상으로서의 국가적 삶은, 세속적 현실 일반의 상태들이 그러하듯, [118] 허무함의 희생물이 된다. 그러한 자유에 깃든 채 온갖 공적 사안의 처리를 자신의 최고 행위로 여기는 시민들과 일체화된 국가란 왜소하고 허약할 따름이라는 것을, 즉 스스로 붕괴할 수도 있고 세계사의 진행에 따라 외부에 의해 멸망할 수도 있다는 것을 어렵지 않게 확인할 수 있다. — 왜냐하면 한편으로 국가적 삶의 보편성과 개인의 이러한 직접적 융합상태에서는 주관적 고유성과 그 사적 특칭성이 아직 그 정의에 도달하지 못했으며, 또한 전체에 무해한 발전 공간을 발견하지 못했기 때문이다. 그러나 실체성과 구분되어 그 속에 함께 수용되지 않는 발전은 제한적, 자연적 이기심으로 남으니, 이 이기심은 이제 혼자서 자신의 길을 가고, 전체의 참된 관심에서 벗어나 자신의 관심들을 추구하며, 이를 통해 국가 자체의 쇠락을 가져오다가, 결국은 국가에 맞서는 주관적 힘을 쟁취한다. 다른 한편 주관이 선과 권리를 자기 자신으로부터, 자신의 주관적 인식 속에서 산출하고 인정받기를 원하는 한, 주관은 실체적 전체로서의 국가 및 기존의 인륜과 법률에서뿐만 아니라 자신의 고유한 내면에서도 자유로울 것을 요청하니, 한층 높은 자유를 향한 주관 내면의 욕구가 이 자유 자체 내에서 성장한다. 주관은 주관으로서의 자신 안에서 실체적으로 존재한다는 의식을 요구하며 또한 이를 통해 앞의 자유 안에서 국가를 위한 목적과 내적으로 자유로운 개인으로서의 자신을 위한 목적 사이에 새로운 갈등이 성립한다. 그러한 대립은 이미 소크라테스 시대에 시작되었는데, 반면 다른 한편에서는 민주주의와 민중 선동의 허망함, 이기심 그리고 무분별이 현실적 국가를 붕괴시켰으니, 크세노폰이나 플라톤 같은 인물들은 보편적 [119] 사안들의 처리가 이기적이며 경망한 손에 맡겨진 아테네의 상태에 구토를 느낄 정도였다.

그러므로 대저 이행의 정신은 우선 그 자체로 독자적인 정신성과 외적 현존재 사이의 분열에서 기인한다. 정신성은 자신의 실재에서 더 이상 자신을 재발견하지 못하니, 따라서 이렇듯 자신의 실재와 분리된 정신성은 추상적 정신성이되 그렇다고 동방의 유일신과 같은 것이 아니라 반대로 자신을 인식하는 현실적 주관이다. 이 주관은 일체의 보편적 사상을, 즉 참과 선과 인륜을 자신의 주관적 내면성 속에서 산출, 견지하여 그 속에서 눈앞의 현실을 인식하지 않고 오로지 자신의 고유성만을 생각하고 확신할 뿐이다. 이러한 관계가 대립에 머무르고 또한 그 측면들이 단순히 상호 대립적인 것으로 대치한다면, 그것은 전적으로 산문적 본성을 갖는 관계라고 할 것이다. 하지만 현 단계는 아직 이러한 산문에 도달하지 않았다. 즉 한편으로는 내적으로 확고하게 선을 원하는 의식, 곧 자신의 요구의 충족과 자신의 개념의 실재성을 자신의 심정의 미덕 및 옛 신들, 관습들, 법칙들 속에서 표상하는 의식이 있음은 사실이다. 그러나 동시에 그 의식은 현재로서의 현존재에, 그 시대의 현실적, 정치적 삶에 직면하여 이전의 애국심이나 국가철학 같은 옛 신조의 해체를 선동하니, 이로써 그것은 무엇보다 주관적 내면과 외적 실재성 사이의 대립을 겪는다. 왜냐하면 그 의식의 고유한 내면은 참된 인륜성에 대한 예의 단순한 표상들에서 충분한 만족을 구가하지 못하기 때문에 그것이 부정적이며 적대적으로 관계하는 외적인 것을 변화시키려는 목적을 갖고 그에 대항하기 때문이다. 이미 언급하였듯이, 이와 더불어 한편으로는 자신과 모순되는 눈앞의 세계와 관계하는, 그리고 선과 참에 대립적인 이 현실적 병폐의 특징들을 묘사해야 하는 내적 의미내용이 현전하지만, 다른 한편 이 대립은 [120] 예술 자체에서 여전히 해결책을 발견한다. 즉 하나의 새로운 예술형식이 대두하여, 여기서는 대립의 투쟁이 사상을 통해 인도되거나 분쟁에 머물지 않고 오히려 현실이 스스로를 내면에서 파괴한다는 그러한 식으로 현실 자체의 병폐의 어리석음이 표현되니, 이는 이 반영을 통해 바로 이러한 올바름의 자기파괴 속에서 참된 것이 굳건하고 상존하는 힘으로서 나타날 수 있게 하기 위함이자 내적으로 참된 것에 대한 직접적 대립의 힘이 어리석음과 비이성의 측면으로 남게 하지 않기 위함이다. 이러한 종류로는 희극이 있으니, 그리스인들 중에서는 아리스토파네스가 희극을 그 시대의 현실의 가장 본질적인 영역과 관계하여 분노 없이 순수하고 명랑한 즐거움 속에서 취급하였다.

3. 풍자

하지만 이에 못지않게 대립은 대립 자체의 형식에 집착하고 따라서 시적 화해의 자리에 양 측면의 산문적 관계가 도입되기도 하니, 이를 통해 우리는 아직은 예술에 적합한 이 해결책이 사라지는 것을 본다. 산문적 관계는 조형적 신들 및 아름다운 인간계를 몰락시키는 까닭에 고전적 예술형식은 이를 통해 지양된 것으로서 현상한다. 이제 여기에서 우리는 한층 높은 형상화 방식을 향한 이러한 이행에 동승할 수 있는, 그리고 그것을 실현시킬 수 있는 예술형식으로 즉각 눈길을 돌려야 한다. ― 우리가 상징적 예술의 종착점으로서 발견한 것도 마찬가지로 비유, 우화, 비유담, 수수께끼 등의 다양한 형식들에 담긴 의미와 형상 자체의 분리였다. 이제 이 자리에서도 유사한 분리가 이상을 해체하는 근거를 이룬다면, 현재 방식의 이행과 이전 방식의 이행의 차이점에 관한 의문이 생긴다. 그 차이는 다음과 같은 것이다. [121]

a. 고전적 예술의 해체와 상징적 예술의 해체의 차이

진정으로 상징적, 비유적인 예술형식에서는 형상과 의미가 그들의 친근성 및 연관성에도 불구하고 애초부터 서로 소원疏遠한 것이 사실이지만, 그럼에도 양 측면에 동일하게 혹은 비슷하게 있는 특질과 특징들이 그들을 결합하고 비교하는 근거로서 드러나는 까닭에, 그것들은 부정적 관계가 아니라 우호적인 관계를 갖는다. 그러므로 그들에게 상존하는 분리성과 이질성은 그러한 합일 가운데 있으니, 그들은 분리된 측면들이지만 적대적 종류의 것이 아니며 또한 이를 통해 즉자대자적으로 긴밀한 융합이 와해되는 것도 아니다. 반면 고전적 예술의 이상은 의미와 형상, 정신적 내면적 개별성과 그 신체성의 완전한 하나됨에서 출발하니, 따라서 그러한 완성된 통일로 함께 묶인 측면들이 서로 떨어진다면 이는 오직 그들이 서로를 더 이상 용납할 수 없는 경우에만, 그들의 평화로운 화해에서 벗어나 반목하고 적대시할 경우에만 발생한다.

b. 풍자

나아가 현시점에서는, 상징적 예술과는 달리, 이러한 형태의 관계에 의해 서로 대립하는 양 측면의 내용도 변화하였다. 즉 상징적 예술형식 속에는 많든 적든 간에 상징적 예술형상을 통해 암시적으로 가시화되는 추상들, 보편적 사상들, 심지어는 반성된 보편성의 형식을 갖는 규정된 명제들이 있는 반면, 낭만적 예술로 향하는 현재의 이행에서 표명되는 형식에서는 내용이 보편적 사상, 사념 그리고 오성명제들이라는 유사한 추상을 갖긴 하되, 이 중간 단계는 이상을 획득한 정신성 그 자체의 독자적 발현을 우선적으로 요구한다. 이 때문에 추상 [122] 자체가 아닌, 주관적 의식 및 자주적 자의식을 갖는 추상의 현존재가 대립의 한 측면에 대해 의미내용을 제공한다. 정신적 개별성은 이미 고전적 예술에서도 ─비록 그것이 실재의 면에서는 자신의 직접적 현존재와 화해되어 있더라도─ 주안점이었다. 그런데 이제 필요한 것은 자신에게 더 이상 적합하지 않은 형상 및 외적 실재 일반에 대한 지배권의 쟁취를 위해 노력하는 주관성의 표현이다. 이를 통해 정신적 세계는 자체로서 자유로워진다. 그 세계는 감각적인 것에서 벗어났으며 따라서 이러한 자신 안으로의 물러감을 통해 자의식적인, 오직 자신의 내면성 속에서 자족하는 주관으로서 현상한다. 그러나 자신으로부터 외면성을 떨쳐 내는 이 주관은 정신적인 면에서 아직 자의식적 정신적 형식의 절대자를 내용으로 삼는 참된 총체성이 아니라 현실적인 것과의 대립에 시달리는, 단지 추상적이며 유한하고 불만족스러운 주관성이다. ─ 이 주관성의 맞은편에는 그 또한 유한한 현실성이 있는데, 이제 이것 역시 나름대로는 자유롭게 되지만, 참된 정신성은 그로부터 벗어나 내면으로 돌아갔으며, 또한 그 속에서는 더 이상 자신을 재발견하려 하지도 않고 할 수도 없기 때문에 그것은 신을 상실한 현실성이자 타락한 현존재로서 현상한다. 이렇게 하여 현 시점에서 예술은 사유하는 정신이, 주관으로서의 자신에게서 기인하는 주관이 추상적 지혜 속에서 선과 덕에 대한 인식 및 의지를 갖고 현재의 타락에 대해 적대적으로 대립하도록 만든다. 내적인 것과 외적인 것이 경직된 부조화를 이루는 이 대립의 해결 불가능성은 양 측면의 관계의 산문적 성격을 형성한다. 악과 어리석음의 세계에서 그 의식을 실현하기 곤란한 고결한 정신, 덕성 있는 심정은 격정적 의분이나 비교적 섬세한 기지 및 추상 같은 [123] 신랄함을 갖고 그 앞에 놓인 현존재에 대치하며 또한 자신이 갖는 덕과 진리의 추상적 이념에 직접 모순되는 세계에 분노하거나 또는 조롱을 내뱉는다.

유한한 주관성과 타락한 외면성의 대립이 분출하는 형국의 예술형식은 풍자인데, 보통의 이론들은 풍자를 어디에 편입시켜야 할지 몰라 결코 풍자를 제대로 다루지 못했다. 왜냐하면 풍자는 서사적 요소를 전혀 갖지 않으며, 또한 풍자적인 것에서는 심정의 감응이 표출되지 않는 관계로 서정시에 본격적으로 속하는 것도 아니며, 오히려 선하고 내적으로 필연적인 보편자는, 비록 그것이 주관적 특수성과 혼합되고 이러저러한 주관의 특수한 덕성으로 현상한다고 해도, 그럼에도 자유롭고 무애無碍한 표상의 아름다움 속에서 자신을 향유하거나 이 향유가 흘러넘치게 만드는 것이 아니라 고유한 주관성과 그 추상적 명제들의 경험적 현실에 대한 부조화를 마뜩잖게 견지하며, 그런 한도에서 참된 시도, 참된 예술작품도 생산하지 못하기 때문이다. 그러므로 풍자의 입장은 그러한 시의 장르들로부터는 파악될 수 없고 오히려 좀 더 일반적인 관점에서 고전적 이상의 이러한 이행형식으로서 이해되어야 한다.

c. 풍자의 토대로서의 로마 세계

이제 풍자적인 것에서 이상의 해체가 고지되며 또한 이 해체는 풍자의 내적 의미내용상 산문적이기 때문에, 우리는 그 현실적 토대를 미의 나라인 그리스에서 찾아서는 안 된다. 방금 서술한 모습의 풍자는 로마인들 특유의 것이다. 로마 세계의 정신은 추상과 죽은 법칙의 지배, 미와 명랑한 관습의 파열, 직접적 자연적 인륜성인 가족의 억제이니, 그것은 한마디로 국가에 헌신하고 추상적 법칙에 대한 복종 속에서 [124] 냉혹한 존엄과 오성적인 만족을 발견하는 개성의 희생이다. 이러한 정치적 덕성의 원리는 참된 예술에 대립하니, 그 냉정한 엄격함은 대외적으로 모든 민족의 개별성을 자신에게 복속시키는 반면, 대내적으로는 형식적 법률이 유사한 엄혹함을 띠고 완성을 향해 발전한다. 그러므로 로마에서는 아름답고 자유롭고 위대한 예술 또한 발견되지 않는다. 로마인들은 조각과 회화, 서사시, 서정시 그리고 극시를 그리스인들로부터 전수받아 답습했다. 로마를 본향으로 삼는 것은 페시나인 시가[58]와 아텔란[59] 같은 익살스러운 소극笑劇들인 반면 비교적 세련된 테렌티우스의 희극들은 물론, 플라우투스의 희극마저도 그리스인들에게서 차용한 것이며, 또한 독자적 산물이라기보다는 모방에 가까운 것들이었다는 사실은 눈여겨볼 만하다. 엔니우스마저도 그리스라는 샘에서 소재를 길었는데 그는 신화를 산문화했다.[60] 로마인들에게는 예컨대 도덕적 내용을 갖고 그 보편적 반성들에 단지 외적으로 운율, 이미지, 직유, 수사적인 아름다운 문체를 부여하는 교훈시처럼, 그 원칙의 면에서 산문적인 예술양식만이 고유한 것이다. 그러나 무엇보다 고유한 것은 풍자이다. 주위 세계에 대한 짜증을 덕성으로 포장한 정신은 한편으로는 허황한 장광

---

58 역주: 페시나인 시가(Fescennina carmina)는 초기 이탈리아 시의 일종으로서 후일 풍자 및 로마 희극으로 발전하였다.
59 역주: 고대 이탈리아의 아텔라 지방에서 공연된 소극.
60 역주: 테렌티우스 아페르, 푸블리우스(B.C. 185?~159), 고대 로마의 희극 작가이다. 플라우투스, 티투스 마치우스(B.C. 254?~184), 고대 로마의 희극 작가이다. 엔니우스, 퀸투스(B.C. 239~169), 고대 로마 초기의 시인이자 극작가이다.

설로 울분을 푼다. 자체로는 산문적인 이 예술형식이 좀 더 시적으로 되려면, 그것은 현실의 타락한 모습을, 그것도 이 타락이 자체의 고유한 어리석음으로 인하여 내면에서 붕괴됨을 가시화해야 한다. 예를 들어 호라티우스는 서정시인으로서 그리스의 예술형식 및 양식에 몰입하였지만 그에게 더욱 고유한 것은 서한과 풍자들인데, 여기에서 그는 자신의 수단들에 서툴러 자승자박하는 어리석은 자들을 묘사함으로써 그의 시대의 관습을 생생하게 그렸다. 하지만 이것 역시 섬세하고 세련되었기는 하나 정작 시적이지는 않은, 저열한 것을 웃음거리로 만드는 데 만족하는 유희거리일 뿐이다. 이에 반해 다른 저술가들의 경우에는 [125] 법과 덕성의 추상적 표상이 악덕들에 직접 대치하니, 여기서는 짜증, 심화心火, 분노 그리고 증오가 한편으로는 덕성과 지혜에 관한 추상적 장광설로 확대되며, 다른 한편으로는 그것들이 비교적 고상한 영혼을 점화함으로써 시대의 타락과 굴종에 대해 격하게 분개하거나 당대의 악덕들에 옛 관습들, 옛 자유, 이질적인 과거 세계상태의 덕성들 등의 이미지를 내세우지만(제1권, 245쪽 이하 참조), 진정한 희망이나 믿음에서 그런 것은 아니니, 그것들이 비루한 현재의 동요, 성쇠, 궁핍과 위험에 대치시키는 것은 스토아주의적 부동심不動心 이라든가 유덕한 신조에 따른 내적 평정심 같은 것들이 전부이다. 이러한 불만족은 로마의 역사 서술과 철학에도 부분적으로 유사한 어조를 부여한다. 살루스트[61]는 그 자신도 낯설지 않았던 인륜적 퇴폐에 분개할 수밖에 없다. 리비우스[62]는 그의 수사적 우아함에도 불구하고 지난날의 묘사 속에서 위안과 만족을 찾는다. 그리고 격조 있는 심오한 불만과 더불어, 앙상한 장광설 없이, 그의 시대의 나쁜 점들을 언짢은 마음으로 날카롭게 가시화하여 들추어 낸 인물

---

61 역주: 살루스티우스(Caius Sallustius Crispus. B.C. 86~34), 로마의 역사가.
62 역주: 티투스 리비우스(Titus Livius. B.C. 59~A.D. 17), 로마의 역사가.

은 누구보다도 타키투스[63]이다. 풍자가들 중에서는 특히 페르시우스[64]가 주 베날의 경우보다 더욱 쓴 많은 독설을 행하였다. 마지막으로 훗날 우리는 그리스계 시리아인 루키아노스가 명랑하고 쾌활하게 모든 존재들에게서, 영웅, 철학자 그리고 신들에게서 등을 돌리는 것을, 또한 특히 그리스의 옛 신들이 지닌 인간성 및 개성에 대해 헐뜯는 것을 본다. 하지만 그는 종종 신들의 형상 및 행위의 단순한 외면성에 머물러 재잘대며 이로 인해 특히 우리에게는 지루한 인물이 된다. 왜냐하면 우리는 한편으로 그가 파괴하고자 했던 것을 우리들 신앙에 따라 해결했기 때문이며, 다른 한편으로 신들의 이 특징들이 미의 관점에서 보면 그의 익살과 조롱에도 불구하고 영원히 타당한 것임을 알기 때문이다.

오늘날에는 어떠한 풍자도 더 이상 성공을 원하지 않는다. 코타와 [126] 괴테는 공모 과제로 풍자를 내걸었지만, 어떠한 시도 이 장르에 응모되지 않았다. 풍자에는 현재에는 맞지 않는 원칙이 확고하게 있는데, 추상적인 것에 머문 지혜가, 경직된 에너지 속에서 오로지 자신만을 고수할 뿐 현실과는 대조되는 덕성이 그것이다. 이런 것으로는 틀린 것, 안 맞는 것 등을 진정 시적으로 해소하는 데까지, 참된 것 속에서 진정 화해하는 데까지 이를 수 없다.

그러나 예술이 자신의 고유한 원칙에서 벗어나지 않는다면, 예술은 추상적, 내적 사념과 외적 객관성의 이러한 분열에 머무를 수 없다. 주관적인 것은 내면 자체로서 무한자이자 즉자대자적 존재자로 파악되어야 하니, 그것이 아무리 유한한 현실을 참이 아닌 것으로 존속하게끔 만든다고 해도 그것은 단순한 대립 속에서 유한한 현실에 부정적으로 관계하는 것이 아니

---

63 역주: 타키투스(Publius Cornelius Tacitus, 55?~117?), 로마의 역사가.
64 역주: 페르시우스(Persius, 34~62), 로마의 풍자시인.

라 그에 못지않게 화해로도 나아가며, 또한 이 활동 속에서 그것은 비로소 고전적 예술형식의 이상적 개인들과 대조되는 절대적 주관성으로서 표현된다.

제3편

낭만적 예술형식

서론
낭만적인 것 일반에 대해서

[127] 낭만적 예술의 형식은 —지금까지 우리의 고찰이 매번 그러했듯이— 예술이 표현하도록 소명받은 의미내용의 내적 개념으로부터 규정되는바, 그런즉슨 우선 우리는 새로운 세계관과 새로운 예술형태를 통해 바야흐로 진리의 절대적 내용으로서 의식화되는 새로운 내용의 고유한 원칙을 분명히 깨닫도록 시도해야 한다.

예술의 시작 단계에서 판타지의 충동은 자연에서 정신성으로 상승하려는 노력에 본질을 두었다. 그러나 이 노력은 정신의 탐색에 머물렀을 뿐이며, 이로써 정신은 아직 예술을 위한 본격적 내용을 제공하지 못했다. 그런 한에서 자연의미들이나 주관성이 결여된 실체적 내면의 추상들이 본연의 중심점을 형성하였으며, 또한 정신도 이것들을 위한 외적 형식으로만 통용될 수 있었다.

둘째, 그 반대의 것을 우리는 고전적 예술에서 발견했다. 정신성은 자연의미들의 지양을 통해 자신을 처음 독자적으로 드러내고자 분투했다. 그렇지만 여기서 정신성은 근거이자 내용의 원칙일 뿐이며, 외적 형식은 육체적, 감각적 요소를 갖는 자연현상이다. 하지만 이 형식은 첫 번째 단계에서와는 달리 단지 피상적, 비규정적으로 머물거나 그 내용이 스며들지 않은 채 머물지 않았으니, 정신적인 것이 완벽하게 외적 현상을 관통하고 이러한 아름다운 합일 속에서 자연적인 것을 이상화하며 또 그것을 정신의 실체적 개별성 자체에 적합한 실제로 제작하였다는 바로 그 점에서 예술은 완성의 정점에 도달했다. 이를 통해 고전적 예술은 개념에 적합한 이상의 표현이요, [128] 미의 왕국의 완성이다. 더 아름다운 것은 있을 수도 없고 있지도 않을 것이다.

그럼에도 불구하고 정신의 직접적 형상의 ─아무리 이 형상이 정신에 의해 정신에 적합하게끔 창조되었다고는 해도─ 아름다운 현상보다 더욱 고차적인 것이 있다. 왜냐하면 외적 요소 속에서 성취되는, 그리고 이를 통해 감각적 실제를 [정신에] 적합한 현존재로 만드는 이러한 합일은 동시에 정신의 참된 개념을 거스르는 것이기도 하니, 정신을 신체적인 것과의 화해로부터 끌어내어 자기 자신에게로, 자기 자신과의 내적 화해로 되돌려 놓기 때문이다. 이상의 단순, 견고한 총체성은 해체되어 자기 자신 안에 존재하는 주관적 요소와 외적 현상이라는 이중화된 총체성으로 분열되니, 이는 이러한 분열을 통해 정신으로 하여금 그 내면의 고유한 요소 속에서 더욱 깊은 화해를 달성하게끔 만들기 위함이다. 자신과의 적합성, 자신의 개념과 실제의 통일을 원리로서 갖는 정신은 그에 상응하는 현존재를 오직 감응, 심정 속에서만, 통칭 내면성이라는, 그에게 고향과도 같은 고유한 정신적 세계 속에서만 발견할 수 있다. 이를 통해 정신은 자신의 타자를, 자신의 실존을 자신에 즉한, 그리고 자기 자신 안에 정신으로서 갖는 의식에 다가가며, 이와 함께 비로소 자신의 무한성과 자유를 향유하는 의식에 다가간다.

1. 내적 주관성의 원칙

정신의 이러한 자기에게로의 고양이 낭만적 예술의 근본 원칙을 형성하는바, 이를 통해 정신은 기타의 경우에는 현존재의 외면적, 감각적 요소에서 찾을 수밖에 없었던 자신의 객관성을 자기 자신 안에서 얻으며, 또한 이러한 자신과의 하나 됨 속에서 자신을 감응하고 인식하게 된다. 그런데 여기에는 즉시 하나의 필연적 규정이 결부되어 있으니, 이러한 예술의 마지막 단계에서는 고전적 이상의 미가, 그리하여 미의 가장 고유한 형상과 가장 적합한 내용이 더 이상 궁극의 것은 아니라는 점이다. 왜냐하면 낭만적 예술의 단계에서 정신은 [129] 자신의 진리가 육체성으로의 침잠에서 성립하지 않음을 알기 때문이다. 반대로 정신은 외적인 것에서 벗어나 자신에 대한 깊은 감정으로 회귀함으로써, 또한 외적 실제를 자신에게 적합하지 않은 현존재로 정립함으로써 모름지기 자신의 진리를 확신한다. 따라서 이러한 새로운 내용 역시 자신을 미적으로 제작해야 한다는 과제를 내포하지만, 그럼에도 종래의 의미에서의 미는 이 내용에 비해 무언가 하위의 것으로 남으며 또한 내적으로 무한한 정신적 주관성으로서의 즉자대자적인 내면이 갖는 정신적 미가 된다.

그런데 자신의 무한성에 도달하려면 정신도 마찬가지로 단지 형식적이며 유한할 뿐인 인격에서 벗어나 절대적인 것으로 고양되어야 한다. 즉 정신성은 순수한 실체성에 의해 채워진, 그리고 그 속에서 자신을 깨닫고 의지를 갖는 주관으로서 표현되어야 하는 것이다. 그리하여 역으로 실체적이며 참된 것이 인간성의 단순한 피안으로 이해되어서는 안 되고, 그리스적 직관의 신인동형론이 제거되어서도 안 되며, 현실적 주관성으로서의 인성이 원칙이 되어야 하니, 우리가 앞서 보았던 신인동형적 요소는 이를 통해 비로소 완성된다.

2. 낭만적 예술의 내용과 형식이 갖는 세부적 계기들

우리는 이제 이러한 기본 규정에 포함된 세부 계기들에 기대어 대상들의 범위와 형식을 개략적으로 전개해야 하는바, 그 변화된 형상은 낭만적 예술의 새로운 내용을 통해 조건 지어진다.

낭만적 예술의 참된 내용은 절대적 내면성이며, 그에 상응하는 형식은 그 독립성과 자유를 파악하는 정신적 주관성이다. 이러한 내적 무한자와 즉자대자적 보편자는 모든 특수자의 절대적 부정성이자 자신과의 단순한 통일성이니, [130] 이 통일성은 상호 외재적인 것 일체, 자연 과정, 생성, 소멸, 재생성이라는 자연의 순환 일체, 장신적 현존재의 제한성 일체를 흡수하며, 또한 특수한 신들을 순수하고 무한한 자기동일성으로 용해하였다. 이 만신전萬神殿 안에서는 모든 신들이 폐위되고 주관성의 불꽃이 그들을 파멸시키며, 예술은 조형적인 다신관 대신 오직 하나의 신만을, 하나의 정신만을, 하나의 절대적인 독립성만을 인식할 뿐이니, 이러한 독립성은 자기 자신의 절대적 앎이자 의지로서 자신과의 자유로운 통일 가운데 머문다. 또한 더 이상 어두운 필연성의 강제로 결속될 따름이었던 예의 특수한 성격들과 기능들로 분화되지 않는다. ― 하지만 절대적 주관성은 현실적 주관성으로 존재하는 것이 그 개념에 합당한데, 이를 위해 그것은 외적 현존재로도 발을 들여야 하거니와 또한 이러한 실제에서 벗어나 자신을 내적으로 추슬러야 할 터이다. 만일 그렇지 않다면 그것은 자체로서는 예술에서 벗어난 것이 될 것이며 또한 오로지 사유를 통해서만 접근 가능하게 될 것이다. 이 현실성의 계기는 절대자에 속하는 것이다. 왜냐하면 무한한 부정성으로서의 절대자는 앎과 단순하게 통일되어 있는 자신을, 이로써 직접성으로서의 자신을 그 활동의 결과로서 갖기 때문이다. 이러한 실존은 절대자 자체에 정초되어 있으며 또한 직접적인 것이기도 하다. 이로 인해 절대자는 일개의 질투에 찬 신으로, 즉 현실적인 신적 주관성으로 발현하지 않으며 자연적인 것과 유한한 인간 현존재를 지양하고 마는 신으로 드러나지 않는다. 오히려 참된 절대자는 스스로를 열며, 또한 이를 통해 예술로서도 포착, 표현 가능한 하나의 측면을 얻는다.

그러나 신의 현존재는 자연적, 감각적인 것 그 자체가 아니라 비감성화된 정신적 주관성으로서의 감각성이니, 이 주관성은 자신의 외적 현상 속에서 절대자로서의 자신의 확실성을 상실하기는커녕 바로 그 실제를 통해 비로소 현재적, 현실적인 자신의 확실성을 얻는다. 그러므로 신의 진리는 판타지에서 산출된 단순한 이상이 아니다. [131] 신은 자신을 현존재의 유한성과 외적 우연성의 한가운데로 들이지만 그럼에도 그 속에서 자신을 신적 주관성으로, 즉 자신 안에 무한히 머물며 또한 이 무한성을 대자화하는 주관성으로 자각한다. 이를 통해 현실적 주관이 신의 현상으로 존재함으로써, 이제 비로소 예술은 인간의 형상과 외면성 일반의 양태를 절대자의 표현을 위해 사용하는 한층 높은 권리를 획득한다. 비록 예술의 새로운 과제가 외적 신체성으로 침잠하는 내면이 아닌, 반대로 내면으로 회수된 내면, 주관 속에서의 신의 정신적 의식을 가시화하는 점에 그칠 뿐이지만 말이다.

그러므로 이제는 이러한 세계관의 총체성을 진리 자체의 총체성으로 만드는 여러 계기들이 인간에게서 현상한다. 그것도 태양, 하늘, 성좌 등과 같은 자연물 자체, 그리스 신들의 미의 권역, 영웅들, 혹은 가족 인륜성과 정치적 삶에 기반을 둔 외적 행위들이 내용과 형식을 제공하지 않는 방식으로 현상한다. 오히려 무한한 가치를 얻는 것은 현실적, 개별적 주관의 내적 생명성인바, 왜냐하면 절대적 진리는 오로지 정신으로만 현실적으로 존재하며, 또한 그 영원한 계기들은 오로지 그러한 주관 안에서 현존재로 펼쳐지고 또 집약되기 때문이다.

우리가 낭만적 예술의 이러한 규정을 그리스 조각에서 최적의 충족을 보았던 고전적 예술의 과제와 비교해 볼 때, 조형적 신상들은 육체적 실제에서 벗어나 자신 안으로 되돌아가 내적 대자존재로 탈바꿈하는 정신의 운동과 행위를 표현하지 못한다. 그러한 고귀한 신상들에서 경험적 개체성의 가변적, 우연적 요소가 제거되어 있는 것은 사실이지만, 자신을 인식하고 스스로의 의지를 갖는 대자적 주관성의 현실성이 그들에게는 결여되어 있다. 이러한 결함은 조각상들이 단순한 영혼의 표현, 즉 눈빛을 갖지 않는다는 점에서 외적으로 [132] 드러난다. 아름다운 조각의 걸작들은 시선을 결여하고 있으며, 그들의 내면은 작품들에서 이러한 정신적 집중을 갖는 —이것은 눈을 통해 알려진다— 자기인식적 내면성으로서 비치지 않는다. 이 영혼의 빛은 작품들의 외부에 있는 것이자 이 형상들에서 영혼으로 표현된 영혼, 눈으로 표현된 눈을 볼 수 없는 관조자에게 속한다. 그러나 낭만적 예술의 신은 시선을 지니는 것으로, 자신을 의식하는 것으로, 내면화된 주관성으로, 그리고 자신의 내면을 내면에 열어 보여 주는 것으로 현상한다. 왜냐하면 무한한 부정성, 즉 정신적인 것의 내면으로의 회귀는 육체성으로 주조된 상태를 지양하며 또한 주관성은 자신의 내면을, 이전에는 어두웠던 자신의 자리를 비추는 정신의 빛이기 때문인바, 자연의 빛이 오직 하나의 대상에 즉해서만 빛날 수 있는 반면, 정신의 빛은 그 자체가 이러한 토대이자 대상이며, 또한 대상에 즉해 빛날 뿐만 아니라 이 대상을 자기 자신으로서 의식한다. 그런데 이러한 절대적 내면성의 현실적 현존재는 인간의 현상방식으로 말해지며, 동시에 인간적인 것은 세계 전체와 연관하는 것이므로, 이 현실적 현존재에는 정신의 주관적 요소 및 정신이 자기 자신의 것으로서 자신에게 연관시키는 외물의 폭넓은 다양성이 동시에 결부된다.

그런 식으로 형상화된 절대적 주관성의 현실성은 다음과 같은 형식들의 내용과 현상을 가질 수 있다.

a) 우리는 첫 번째 출발점을 절대자 자체에서 구해야 하는바, 이 절대자는 현실적 정신으로서 스스로에게 현존재를 부여하며 자신을 인식하고 또 자신을 활성화한다. 여기서는 인간의 형상이 신성을 자신 안에 갖는 것으로서 직접 인지되게끔 그려진다. 인간은 단지 인간적일 뿐인 성격, 제한된 열정, 유한한 목적들과 그 실행 속에 있는 인간으로 현상하지도, 신에 관한 단순한 의식 속에 잠겨 있는 것으로 현상하지도 않는다. 오히려 인간은 스스로를 자기지自己知를 갖는 유일하고 보편적인 신 자신으로 현상하니, 정

신이, 영원하고 무한한 것이 그 진리에 따라 존재하는 바가 신의 삶과 고통, 탄생과 죽음 그리고 부활 속에서 이제 유한한 의식에 대해서도 자신을 계시한다. [133] 낭만적 예술은 이러한 내용을 그리스도, 그의 어머니, 그의 제자들 및 그 안에서 성령聖靈이 작용하고 완전한 신성이 현전하는 그러한 사람들의 역사 속에서 그리고 있다. 왜냐하면 신이 인간 현존재 속에서 현상하는 동시에 또한 못지않게 내적 보편자로도 존재하는 한, 이러한 실제는 그리스도의 형상을 갖는 개별적, 직접적 현존재에 국한되지 않고 오히려 인간성 전반으로 펼쳐지기 때문인바, 신의 정신은 이 인간성 속에 현재하며 또한 이 현실 속에서 자기 자신과 통일되어 있다. 정신의 이러한 자기관조, 자기-내적-존재Insichsein 그리고 자기-곁의-존재Beisichsein의 확장은 정신의 평화, 즉 그 객관성 속에서 자신과의 화해를 이룩한 정신의 상태이다. 이것은 신적 세계이며 신의 왕국이니, 여기서는 신적인 것이 ─이것은 본래부터 자신의 실제와의 화해를 개념으로 갖는다─ 이 화해 속에서 완성되며 또한 이로써 대자적으로 존재한다.

b) 그런데 이 동일화가 아무리 절대자 자체의 본질 속에 정초되어 있는 것으로 나타날지라도, 그것은 정신적 자유와 무한성으로서 결코 애초부터 세속적, 자연적 그리고 정신적 현실 속에 직접 현전하는 화해가 아니라, 오히려 직접적 현존재의 유한성에서 벗어나 그 진리로 향하는 정신의 고양으로서만 성취될 뿐이다. 여기에는 정신이 자신의 총체성과 자유를 획득하기 위해 자신을 자신으로부터 갈라놓는다는 사실, 자연 및 정신의 유한성으로서의 자신을 즉자적인 무한자로서의 자신에게 대립시킨다는 사실이 속한다. 이 분열과 필연적으로 결부된 것이 있으니, 그것은 역으로 자신과 분리된 상태를 벗어나 ─이 상태에서는 유한하고 자연적인 것, 현존재의 직접성, 자연적인 마음이 부정적이고, 사악하고, 나쁜 것으로 규정되어 있다─ 이러한 허무성의 극복을 통해 비로소 진리와 만족의 영역으로 진입해야 한

다는 사실이다. 이로써 정신적 화해는 오로지 정신의 활동이자 운동인 것으로, 즉 그 경과 속에서 싸움과 투쟁이 발생하고 고통, 죽음, 허무성의 비애, [134] 정신과 육체의 고뇌가 본질적인 계기로 등장하는 과정으로 이해되고 표현될 수 있다. 왜냐하면 신이 유한한 현실성을 일단 자신과 가르듯이, 신의 영역 밖에 있는 유한한 인간도 자신에게서 출발하여 신을 향해 상승하고, 유한한 것을 자신에게서 떨쳐 내고, 허무성을 제거하고, 또한 자신의 직접적 현실을 이렇듯 억누름으로써 인간으로서 현상하는 신이 참된 현실로서 객관화했던 것, 바로 그것이 되어야 한다는 과제를 갖기 때문이다. 자기만의 주관성을 이렇듯 희생함으로써 나타나는 무한한 고통, 괴로움 그리고 죽음은 고전적 예술의 표현으로부터 다소간 제외되었거나 차라리 자연적인 괴로움으로서만 등장하였으며, 또한 낭만적 예술에서 비로소 그들 본연의 필연성을 획득한다. 그리스인들은 죽음의 본질적 의미를 이해했다고 말할 수 없다. 그들에게는 자연적인 것 자체 및 육체와 통일된 정신의 직접성이 무언가 즉자적으로 부정적인 것으로서 간주되지 않았으며, 그리하여 죽음은 그들에게 하나의 추상적 경로일 뿐 전율이나 공포를 갖는 것도, 하나의 중단일 뿐 죽어가는 개인으로서는 측량할 수 없는 그 이상의 결과들을 갖는 것도 아니었다. 그러나 주관성의 정신적 내면존재가 무한한 중요성을 갖는다면, 죽음에 내포된 부정은 이 지고하고도 중요한 것 자체의 부정이 되며 그리하여 두려운 것이 된다. ― 이것은 영혼의 사멸이니, 영혼은 이를 통해 스스로가 즉자대자적으로 부정적인 것이 되어 일체의 행복으로부터 영원히 제외된 것, 절대적으로 불행한 것, 영원한 저주에 내맡겨진 것으로 보일 수가 있다. 이에 반해 그리스의 개별성은, 정신적 주관성의 관점에서 보자면 이러한 가치를 자신에게 할애하지 않으며 따라서 죽음을 명랑한 이미지들로 감쌀 수 있다. 왜냐하면 인간은 오직 그에게 큰 가치를 갖는 것을 위해서만 공포를 느끼기 때문이다. 그러나 삶이 의식에 대해 이러한 무한한 가치를 갖는 경우는 오로지 정신적, 자의식적 주관이 유일무이의 현실성으로 존재하는 때이며, 그리하여 이제 당연한 공포 속에서 죽음에 의해 자신이 [135] 부정적으로 정립된다고 표상하는 때이다. 하지만 이제 다른 측면에서 보면 죽음은 그것이 낭만적 예술에서 획득한 긍정적 의미를 고전적 예술에서는 얻지 못한다. 그리스인들은 우리가 불멸성이라고 부르는 것을 진지하게 생각하지 않았다. 후일 소크라테스에 와서 주관적 의식이 내적 반성을 거친 후 비로소 불멸성은 한층 깊은 의의를 얻으며, 한걸음 더 발전된 욕구를 충족시킨다. 예를 들어 오디세우스가(『오디세이아』 XI, 428~491) 지하세계에서 예전에는 신들과 마찬가지로 추앙받고 지금은 죽은 자들의 지배자로 있는 아킬레우스를 전무후무하게 행복한 자라고 찬양할 때, 아킬레우스는 주지하듯 이러한 행운을 아주 하찮게 여기며 오디세우스는 그에게 죽음에 관한 위로의 말을 건네지 말아야 할 것이라고 대꾸한다. 즉 그는 여기 지하에서 모든 사라진 사자들을 지배하기보다는 차라리 노복이 되기를, 가난한 사람에게라도 품을 팔기를 원하는 것이다. 이에 반해 낭만적 예술에서는 죽음이 단지 자연적 영혼과 유한한 주관성의 사멸일 뿐이니, 이러한 사멸은 오로지 그 자체 내면적으로 부정적인 것에 대해서만 부정적으로 관계하며, 허무한 것을 지양하고, 이를 통해 정신을 그 유한성과 이분화에서 해방하고, 주관과 절대자의 정신적 화해를 매개하는 것이다. 그리스인들에게는 자연적, 외적, 속세적인 현존재와 통합된 삶만이 유일하게 긍정적이었으며, 따라서 죽음은 직접적 현실의 단순한 부정이자 해체였다. 그러나 낭만적 세계관에서는 죽음이 부정성의 의미를, 즉 부정적인 것의 부정이라는 의미를 가지며 따라서 이에 못지않게 단순한 자연성과 부적합한 유한성을 벗어나는 정신의 부활로, 즉 긍정적인 것으로 변화한다. 사멸에 임한 주관성의 고통과 죽음은 자기로의 회귀, 만족과 지복 그리고 예의 화해된 긍정적 현존재를 향해 반전하니, 정신은 자신을 그 본연의 진리와 생명성으로부터 차단하는 부정적 실존을 사멸시킴으로써만 이러한 긍정적 현존재를 쟁취할 수 있는 것이다. 따라서 이러한 기본 규정은 [136] 자연의 측면으로부터 인간에게 다가가는 죽음이라는 사실에만 관계하는 것이 아니며 오히려 그것은 정신이 참되게 살기 위해, 이러한 외적 부정과는 무관하게 내면에서 수행해야 하는 과정이기도 하다.

c) 정신의 이러한 절대적 세계에 대한 제3의 측면을 형성하는 것은 그 자체로 직접 절대성과 신성을 신성으로 현상시키지도 않고 또한 신으로 고양되거나 신과 화해하는 과정을 드러내지도 않는, 오히려 자신의 고유한 인간적 권역 속에 머물러 있는 한에서의 인간이다. 고로 여기에서 내용을 이루는 것은 정신적 목적, 세속적 관심, 열정, 갈등, 고통과 기쁨, 희망과 만족의 면에서뿐만 아니라 외적인 면에서, 즉 자연과 그 영역들 및 소소한 현상들의 면에서 모두 유한한 유한자 그 자체이다. 그런데 이러한 내용을 다루는 방식은 두 가지 입장으로 나타난다. 즉 한편으로 정신은 자기긍정을 획득하였으며, 그런 까닭에 자체로서 정당화되고 자족적인 요소로서의 기반 위에서 자신을 알리는바, 이로부터는 오로지 정신의 긍정적 성격만이 드러나며 또한 그 긍정적 만족과 내면성이 거기에 반영되게끔 한다. 그러나 다른 한편, 동일한 내용이 독자적 타당성을 요구할 수 없는 단순한 우연성으로 격하되는바, 까닭인즉 정신은 여기에서 자신의 참된 현존재를 발견하지 못하며, 따라서 그 자신을 위해 정신과 자연의 이 유한자를 유한한 것이자 부정적인 것으로서 해체함으로써만 자신과의 통일에 도달하기 때문이다.

3. 낭만적 표현방식과 내용의 관계

이제 마지막으로 이 전체 내용과 그 표현방식의 관계를 보자면 우리가 방금 고찰한 바에 따를 때 첫 번째로 드러나는 점은, [137]

a) 낭만적 예술의 내용이 적어도 신적인 것에 관해서는 매우 협소해진다는 사실이다. 왜냐하면 첫째, 앞서 암시했듯이, 자연은 신성을 상실했으며, 바다, 산과 골짜기, 강, 샘, 시간과 밤 및 일반적인 자연의 과정들은 절대성의 표현 및 내용과 관계해서 그 가치를 잃었기 때문이다. 자연형상들이 상징적으로 더 이상 확대되지 않는다. 즉 그들의 형태와 활동들이 어떤 신성의 특징으로 존재할 수도 있다는 규정이 그들에게서 탈취된 것이다. 왜냐하면 세계의 생성, 창조된 자연과 인간의 유래, 목적, 운명 등을 묻는 일체의 거창한 질문, 그리고 이 문제를 해결하고 표현하려는 일체의 상징적, 조형적 시도는 정신 속에서의 신의 계시를 통해 사라졌으며, 또한 정신적 영역에서조차 고전적으로 형상화된 인물, 행동, 사건들로 이루어진 형형색색의 세계가 절대자라는 유일한 광원光源과 그의 수난으로 집약되었기 때문이다. 이를 통해 모든 내용이 정신의 내면성, 감응, 표상, 심정으로 집중되는바, 이 심정은 진리와의 합일을 위해 노력하고 주관 속에서 신적인 것을 산출, 보존하고자 분투하며, 그리하여 속세의 목적과 일거리들을 속세를 위해 실행하지 않고 오히려 인간 내면의 내적 투쟁 및 신과의 화해를 유일한 본질적 일거리로 삼으니, 이 심정은 오로지 인격과 그 보존 및 이를 목적으로 삼아 벌어지는 일만을 표현할 뿐이다. 이러한 측면에서 등장할 영웅적 행위는 스스로가 법칙을 부여하고 제도들을 정착시키고 상황들을 만들고 또 바꾸는 행위가 아니라 순종의 행위인바, 이러한 영웅적 행위는 이미 만사가 자신에게 정해지고 완성되어 있다 여긴다. 그러므로 그에게 남은 유일한 과제는 세속의 일을 이에 따라 규제하고, 예의 숭고한, 즉자대자적인 율법을 현세에 적용하며 그것을 세상에 반포하는 일이다. 그런데 이러한 절대적 내용이 [138] 주관적 심정이라는 점으로 압축되어 현상하며 이로써 일체의 과정이 인간의 내면으로 전이되는 까닭에, 이로써 내용의 권역은 또다시 무한히 확대된다. 그러한 점은 한없는 다양성을 향해 자신을 열

어 놓는다. 왜냐하면 비록 앞서 말한 객관적 역사가 [즉 수난사가] 심정의 실체를 형성하기는 해도, 주관은 그 역사를 샅샅이 누비고 거기에서 나타난 개별적인 점들을 표현하거나 심지어는 그 점들을 늘 새로이 부가되는 인간적 특징들 속에서 표현하며, 또한 그 밖에도 정신의 환경이자 소재지로서의 자연의 전 범위를 자신 안에 끌어들여 그 하나의 위대한 목적을 위해 사용할 수 있기 때문이다. ― 이를 통해 심정의 역사는 무한히 풍부해지며 변화무쌍한 환경과 상황들에 맞춰 매우 다양하게 표현될 수 있다. 그리고 인간은 이제야 비로소 이러한 절대적 권역으로부터 벗어나 세속사와 관계하게 될지니, 정신이 이 모든 원칙에 준해 내적으로 깊어질수록 그만큼 더 관심, 목적 그리고 감응들의 범위는 무진장한 것이 되며, 그리하여 정신은 무한히 증가된 내용을 갖는 내적, 외적인 충돌과 분열들, 여러 단계의 열정들, 그리고 극히 다양한 국면의 만족들로 전개된다. 낭만적 예술의 내적 의미내용을 형성하는 것은 본래 그 자체가 보편적인, 그러나 인간 속에서 의식된 한에서의 절대자인 까닭에 일체의 인간성과 그 모든 전개 역시 낭만적 예술의 무진장한 소재가 되는 것이다.

b) 그런데 대부분의 상징적 예술형식 및 특히 고전적 예술형식과 그 이상적 신들에서는 이러한 내용이 예술로서 산출되었지만, 낭만적 예술은 이러한 내용을 예술로서 산출하지 않는다. 앞서 보았듯이 낭만적 예술은 진리의 내용을 필히 예술형식으로 직관에 대해 산출해야 하는 계시적 가르침이기는 하되 그것을 정작 예술로서 산출하는 것은 아니니, 내용은 이미 그 자체로서 예술영역을 벗어나 표상과 감응 속에 현전한다. 진리의 보편적 의식인 종교는 [139] 여기서 완전히 급을 달리하여 예술의 본질적 전제를 구성하며, 또한 외적 현상방식의 측면에서도 감각적 실제에 매인 현실적 의식에 대해 현재 속의 산문적 사건으로서 현존한다. 즉 정신에 계시되는 내용은 자연적인 것 그 자체에서 분리된, 또 그것을 격하하는 정신의 영원한 절

대적 본성인 까닭에, 이로써 직접적 현상의 위상은 이 외적인 것이 존속하여 현존재를 갖더라도 단지 우연적 세계에 머물 뿐인바, 절대자는 이 세계에서 벗어나 정신적, 내적인 것으로 집약될 때 비로소 그 자체로서 진리가 되는 것이다. 이와 함께 외적인 것은 무차별적 요소로 간주되는바, 정신은 이것을 조금도 신뢰하지 않으며 그 속에 머물지도 않는다. 정신이 자신의 외적 현실성의 형상을 가치가 덜한 것으로 여길수록, 정신은 그 속에서 그만큼 만족을 적게 추구하며 또한 그 형상과의 통일을 통해서는 그만큼 자신과의 화해를 적게 발견한다.

c) 그러므로 이러한 원칙에 따르면 낭만적 예술에서는 실제적 형상화의 양태가 외적 현상의 측면에서 본질적으로 본래의 일상적 현실을 넘어서지 않으며, 또 이러한 실제적 현존재의 유한한 결함과 규정성을 자신 안에 받아들임에 있어 하등의 거리낌을 갖지 않는다. 고로 여기서는 외적 직관을 시간성과 무상함의 흔적들 너머로 들어올림으로써 보잘것없는 여타 실존의 현상을 찬란한 아름다움으로 대체하고자 하는 예의 이상적 미가 사라진다. 낭만적 예술은 현존재의 자유로운 생명성이 갖는 무한한 고요 및 영혼의 육체 속으로의 침잠, 그리고 이러한 삶 자체의 가장 고유한 개념을 더 이상 목적으로 삼지 않으며 미의 이러한 정상으로부터 등을 돌린다. 낭만적 예술은 자신의 내면을 외적 문화의 우연성과 얽어서 짜기도 하며 또한 두드러진 비미非美의 특징들에도 온전한 유희공간을 허락한다. [140]

이로써 낭만적인 것은 두 세계를 갖는바, 그 하나는 내적으로 완성된 정신적 영역이자, 내면에서 화해되어 생성, 몰락 그리고 재생성이라는 평범한 단선적 반복을 처음으로 참된 원환운동으로, 자신 안으로의 회귀로, 정신의 순정한 불사조의 삶으로 바꾸는 심정이며, 다른 하나는 외적인 것 그 자체의 영역이니, 이 영역은 정신과의 공고한 합일에서 벗어나 이제 영혼이 그 형상에 대해 아무 걱정도 하지 않는, 전적으로 경험적인 현실이 된다. 고전적 예술에서는 정신이 경험적 현상을 지배했으며, 또한 그 속으로 완벽하게 삼투했으니, 그 현상이야말로 정신이 자신의 완벽한 실제를 얻어야 할 곳이었기 때문이다. 그러나 이제 내면은 직접적 세계가 형상화된 양태에 대해 무차별적이니, 직접성으로는 영혼 내면이 지복에 이를 만하지 않기 때문이다. 외적으로 현상하는 것은 내면성을 더 이상 표현할 수 없으며, 또한 설령 그리하도록 소명받았을 경우라도 그것이 갖는 과제는, 외적인 것이란 만족을 주는 현존재가 아니며 다만 내면을, 곧 심정과 감응을 본질적 요소로서 다시 지시해야만 한다는 사실을 서술하는 데 그칠 뿐이다. 그러나 바로 이로 인해 낭만적 예술은 외면성이 그 나름대로라도 다시 독자적으로 활보하게 두며, 이러한 관점에서 꽃, 나무 그리고 지극히 일상적인 가재도구들에 이르는 각양각색의 소재들이 자연적 우연성을 갖는 현존재 그대로도 거침없이 표현됨을 허용한다. 하지만 이러한 내용은 다음의 규정을 동시에 수반한다. 내용은 단순 외적인 소재로서는 무차별적이고 저급한 것이며 오히려 그 속에 심정이 이입되고 또한 단순 내적이지 않은, 내면의 깊은 감정을 ―이것은 외적인 것과 융합하지 않고 오로지 내면에서 자신과 화해된 것으로서 현상한다― 언표할 경우에만 비로소 그 본연의 가치를 얻는다. 내적인 것이 이러한 관계 속에서 그 정점을 향해 치닫는다면, 그것은 외면성 없는 외화이며, 이른바 오직 자기 자신만을 청취하는 비가시성이며, 울림 그 자체이며, 대상성과 형상을 갖지 않는 것이며, [141] 바다 위의 부유[65]이며, 세계 위의 울림이니, 이러한 것들은 그들 속에, 그리고 그들의 이질적 현상들 자체에 오직 영혼의 이 내적 존재의 반영만을 받아들이고 또 반영할 뿐이다.

---

65 역주: 「구약성서」 「창세기」 1장 2절 참조.

형식과 내용의 이러한 관계의 독특성은 낭만적 예술에 의해 보존된다. 따라서 낭만적 예술 속에서 이 관계를 한마디로 요약하자면, 점증하는 보편성과 부단히 작동하는 심정의 심연이 바로 낭만적 예술의 원리를 형성하는 까닭에, 그 기조는 음악적이며, 또한 표상의 내용이 규정될 경우에는, 서정적이라고 말할 수 있다. 낭만적 예술에서는 정신과 심정이 그 모든 형상물들을 통해 정신과 심정에게 말을 건네려 하며, 그런 까닭에 여기서는 서정성이, 말하자면 요소적 기본 특징이자 하나의 음인바, 이 음은 서사시와 극시에서도 울리며, 심지어 조형예술작품들조차 심정의 보편적 향기를 퍼뜨리도록 만든다.

분류

이제 마지막으로 이 세 번째 큰 예술영역의 좀 더 정밀한 고찰을 위해서는 분류를 확정 지어야 하는바, 이와 관련해서 낭만적 예술의 내적 분기分岐를 낳는 기본 개념은 다음의 세 가지 계기로 나뉜다.

첫 번째, 권역을 형성하는 것은 종교적 요소 그 자체이니, 여기서 중심점을 제공하는 것은 수난사, 즉 예수의 삶과 죽음 그리고 부활이다. 여기에서 주요 규정으로 이야기되는 것은 정신이 자신의 직접성과 유한성에 대해 부정적으로 등을 돌리고, 그것을 극복하고, 또 이러한 해방을 통해 그 무한성과 절대적 독자성을 자신의 고유한 영역 속에서 대자적으로 획득하는 귀환이다.

이 경우 둘째, 이 독자성은 정신의 신성으로부터 벗어나 자신 안으로, 신을 향한 유한한 인간의 고양으로부터 벗어나 세속성으로 발을 들인다. 여기서는 [142] 우선 주관성 그 자체가 독자적으로 긍정적인 것이 되며, 또한 이러한 긍정적 주관성의 미덕들, 즉 낭만적 기사도의 명예, 사랑, 충성과 용맹, 목적과 의무들을 그 의식의 실체이자 현존재의 관심으로서 갖는다.

세 번째 장의 내용과 형식은 전반적으로 성격의 형식적 독자성이라 칭할 만하다. 즉 주관성이 정신적 독자성을 본질적인 요소로서 갖는 점까지 나아간다면, 이제는 주관성과 결부된 그 고유의 특수한 내용 역시 비슷한 독자성을 공유하되, 하지만 이 독자성은 즉자대자적으로 존재하는 종교적 진리의 권역에서와는 달리, 주관적 삶의 실체성 안에 놓여 있는 것이 아니므로 오로지 형식적인 종류의 것일 수밖에 없다. 그런데 역으로 보면 외적 정황이나 상황들의 모습, 얽히고설킨 사건들도 그 자체로 자유로워지는 까닭에 그것들은 자의적인 모험 속에서 우여곡절을 겪는다. 이로써 우리는 낭만적 예술 일반의 종착점으로서 내면과 외면의 우연성 및 이 양 측면의 분열을 갖는바, 이 분열을 통해 예술 자체가 지양되며, 또한 진리 파악을 위해서는 예술이 제공할 수 있는 것보다 더욱 높은 형식들을 획득해야 할 필연성이 의식에 나타난다.

제1장
낭만적 예술의 종교적 권역

낭만적 예술이 총체적 진리로서의 절대적 주관성을 표현함에 있어 정신과 그 본질의 통일, 심정의 만족, 신과 세계의 화해 및 이를 통한 신 자신과의 화해를 그 실체적 내용으로서 갖는 까닭에, 이 단계에서 이상理想은 비로소 제자리를 찾은 듯 보인다. 왜냐하면 우리는 바로 지복과 [143] 독자성, 만족, 안녕과 자유를 이상의 기본 규정으로서 내세웠기 때문이다. 과연 우리는 낭만적 예술의 개념과 실제에서 이상을 배제해서는 안 되는 것이다. 다만 고전적 이상과 관련해 보면 그것은 전혀 다른 형상을 얻는다. 이 관계는 이미 앞에서 개략적으로 시사된 바 있으나, 서술을 시작하는 바로 이 지점에서 절대자에 대한 낭만적 표현방식의 기본 유형을 분명히 하기 위해 우리는 그 의미를 좀 더 구체적으로 규명해야 한다. 고전적 이상에서는 신적인 것이 한편으로는 [즉 첫째로] 개별성에 한정되어 있으며, 다른 한편으로는 [즉 둘째로] 특수한 신들의 영혼과 지복이 완전히 그들의 신체적 형상을 통해 주조되어 있다. 셋째로 개체의 내면과 그 외면의 분리 없는 통일이 원리를 이루는 까닭에 내면적 분열, 육체적 고통과 정신적 고통, 희생, 체념과 같은 부정성은 본질적 계기로서 등장할 수 없다. 고전적 예술의 신성은 일정 권역의 여러 신들로 분열되지만, 그것은 내적으로 ―즉 보편적 본질성과 인간의 형상 및 인간의 정신을 갖는 개별적, 주관적, 경험적 현상으로— 분열되지도 않으며, 현상 없는 절대자인 그것은 이러한 대립들을 화해시켜야 한다는, 그리고 이러한 화해로써 비로소 진정 현실적, 신적인 것으로 존재해야 한다는 과제를 안고 악과 죄와 오류의 세계를 마주하지도 않는다. 이에 반해 첫째로 절대적 주관성의 개념에는 실체적 보편성과 인격의 대립이 내재하는바, 그 매개의 성립은 주관적인 것을 그 실체로 채우며, 또한 실체적인 것을 자기지自己知와 의지를 갖는 절대적 주관으로 고양한다. 그러나 둘째로 주관성이 정신으로 현실화된다면 이 현실에는 유한한 세계의 한층 깊은 대립이 속하는바, 무한자는 자신의 고유한 절대적 활동을 통해 유한한 이 세계를 지양하고 그것을 절대자와 화해시킴으로써 자신의 고유한 본질을 대자화하여 비로소 절대정신으로 존재한다. [144] 따라서 인간 정신을 토대로 삼는, 그리고 인간 정신의 형상을 갖는 이 현실성의 현상은 미의 관점에서 보면 고전적 예술의 현상과는 전혀 다른 관계를 갖는다. 그리스의 미는 정신적 개별성의 내면을, 완전히 그 신체적 형상, 행동, 사건들 속에 이입된 것으로, 즉 외적인 것 안에서 완전히 표현되며 또 그 안에서 행복을 누리며 살아가는 것으로 보여 준다. 이에 반해 낭만적 미에서는 영혼이, 비록 외면적 요소 속에서 현상하기는 해도, 이러한 신체성에서 벗어나 자신 안으로 회귀해 있음을, 그리고 그 속에서 살아감을 동시에 보여 주는 일이 모름지기 필수적이다. 따라서 이 단계에서 신체적 요소가 정신의 내면성을 표현할 수 있으려면, 영혼은 자신의 순정한 현실성을 이러한 실제적 실존이 아닌 그 자신 안에 갖는다는 점이 그것을 통해 현상되어야만 한다. 이러한 이유로 이제 미는 더 이상 객관적 형상의 이상화와 관계하지 않고 영혼 내면의 내적 형상과 관계한다. 그것은 내면의 깊은 감정의 미, 모든 내용들이 주관의 내면에서 형성, 발전해 가는 양태로서의 미가 되는바, 정신에 이렇듯 삼투됨으로써 외적인 것에 집착하지 않는다. 이제 이를 통해 실제적 현존재를 고전적 통일성에 준해 해명하려는 관심은 사라지고, 정신적인 것 자체의 내적 형상에 새로운 미를 불어넣으려는 반대의 목적에 관심이 집중됨으로써, 예술은 외적인 것을 그다지 괘념치 않는다. 예술은 외적인 것을 직접 현전하는 모습대로 직접적으로 수용한다. 왜냐하면 예술은 말하자면 그것이 임의대로 자신을 꾸미도록 내버려 두기 때문이다. 낭만적 예술에서는 절대자와의 화해가 내면의 행위이며, 또한 이 행위는 외적인 것 안에서 현상하되 외적인 것 자체의 실제 형상을 본질적 내용이자 목적으로 갖지 않는다. 영혼과 육체의 이상적 합일에 대한 이러한 무차별성과 더불어, 보다 세부적인 외면의 개별성을 위해 초상화적 기법이 본질적으로 등장하는바, 이 기법은 있는 그대로의 특칭적인 특징과 모습들, 자연성의 결핍, [145] 시간성의 결함들을 지워 없애서 좀 더 적합한 것으로 대체하려는 의도를 갖지 않는다. 일반적으로 보면 이러한 관계에서도 여전히 하나의 대응이 요구되어야 할 것이다. 그러나 이러한 대응에 의해 규정되는 형상은 무차별적일 것이며, 또한 유한한 경험적 현존재의 우연성을 벗어날 수 없다.

낭만적 예술의 이러한 과감한 규정의 필연성은 또 다른 측면에서 봐도 정당화된다. 참된 정점에 서 있는 고전적 이상은 내적으로 닫혀 있으며, 독자적이며, 자기보존적이며, 비수용적이며, 다른 것을 자신으로부터 물리치는 완결된 개체이다. 그 형상은 자신의 고유한 형상이니, 그것은 전적으로, 그리고 오로지 그 형상 속에서 살아가며 또한 그 형상의 어떤 부분도 단순히 경험적, 우연적 요소를 띠게끔 방임해서는 안 된다. 그러므로 관람자로서 이러한 이상들에 접근하는 자는 그 현존재가 자신의 고유한 현상과 유사한 외형인 양 억지를 부려서는 안 된다. 영원한 신들의 형상은 비록 인간적이지만 죽어야 할 운명의 존재에는 속하지 않으니, 까닭인즉 이러한 신들은 스스로가 유한한 현존재의 결함을 겪어 오지 않았으며 직접 그것을 초월해 있기 때문이다. 경험적이며 상대적인 존재와의 공통성은 단절되어 있다. 이에 반해 낭만적 예술의 무한한 주관성, 절대성은 그 현상 속으로 침잠하지 않고 자신 안에 머물며, 바로 이로 인해 그 외면성을 자신을 위해 갖지 않고 다른, 어떤 것이 되어도 상관없는 방임된 외면을 위해 갖는다. 나아가 이러한 외적 요소는 일상성과 경험적 인간의 형상을 반드시 띠어야 하는바, 까닭인즉 여기서는 절대자의 개념에 들어 있는 절대적 대립을 매개하고 화해시키기 위하여 신 자신이 유한한 시간적 현존재로 내려오기 때문이다. 이로써 또한 이제 경험적 인간은 하나의 측면을 얻는바, 이 입장에서 보면 그에게 [절대자와의] 동류성, 연결점이 열리며, 외적 형상은 특수자 및 [146] 우연자에 대립하는 고전적 엄격함을 통해 그를 물리치지 않고 그가 스스로 갖게 되었든, 다른 이를 통해 알게 되어 좋아하게 된 것이든 간에 그러한 것을 그에게 보여 주는 관계로, 그는 자신의 직접적 자연성 속에서 신뢰를 갖고 스스로에게 다가가게 된다. 낭만적 예술이 외형상 우리에게 스스럼없이 매력적인 까닭은 이렇듯 그 고향을 일상성에 두기 때문이다. 그런데 이렇듯 방임된 외면성은 이러한 방임 자체를 통해 영혼의 미, 내적 감정의 높이, 심정의 성스러움을 다시 지시해야 하는 과제를 갖는 까닭에 그것은 동시에 정신의 내면으로, 그 절대적 내용 속으로 침잠하여 이러한 내면을 자기화할 것을 요청한다.

이러한 [외면성의] 희생에는 무릇 하나의 보편적 이념이 들어 있는바, 그것은 결국 낭만적 예술에서는 무한한 주관성이 그리스의 신과는 달리 ―그리스의 신은 자신 안에서 완전히 완성된 채 자신의 완결성이 주는 지복에 잠겨 살아간다― 홀로 자신 안에 있는 것이 아니라 자신으로부터 나와 타자와의 관계 속으로 발을 들이나, 이 타자는 주관성 자신의 타자로서 그 안에서 주관성은 자신을 재발견하며 또한 '자신-곁의-존재'로서 그것과 통일되어 있다는 사실이다. 주관성과 그 타자와의 이러한 하나 됨이 낭만적 예술의 정녕 아름다운 내용이자 그 이상인바, 이것은 본질적으로 내면성과 주관성, 심정, 감응을 자신의 형식과 현상으로서 갖는다. 이로써 낭만적 이상이 또 다른 정신적 요소에 대한 관계를 표현하는바, 이 요소는 내적 감정과 밀접하게 결부되어 있기에 영혼은 오로지 바로 이러한 타자 속에 있음으로 해서 내적 감정 속에서 자신과 더불어 살아가는 것이다. 이러한 타자 속에서의 자신 안의 삶이 감응으로서는 사랑이라는 내적 감정이다.

그러므로 우리는 종교적 권역에서 본 낭만적 예술의 보편적 내용으로서 사랑을 거론할 수 있다. 하지만 사랑은 정신의 긍정적인 직접적 화해를 표현할 경우 비로소 자신의 참된 이상적 형상화를 얻는다. 그러나 이러한 단계의 가장 미적인 추상관념적 만족을 고찰할 수 있으려면 한편으로 사전에 우리는 절대적 주관이 인간적 현상의 유한성과 직접성을 극복하기 위해 들어서는 부정성의 과정을 거쳐야 하는바, 이 과정은 세계와 인간성 및 이들과 신의 화해를 위한 신의 삶과 고통 그리고 [147] 죽음으로 나뉜다. 다른 한편 이제 반대로 인간성 역시 그러한 화해의 즉자가 자신 안에서 현실적으로 되게끔 하기 위해 나름대로 동일한 과정을 지나야만 한다. 죽음과 무덤 속으로의 감각적, 정신적 진입이라는 부정적 측면이 중심이 되는 이러한 단계들의 한가운데서 이 예술 권역의 가장 아름다운 대상에 속하는 만족의 긍정적 지복이 표현된다.

그러므로 제1장의 보다 상세한 분류를 위해 우리는 세 가지의 다른 국면을 거쳐야 한다.

첫째는 그리스도의 수난사, 즉 신이 인간이 되는 한도에서, 신이 유한성 및 그 구체적 관계들의 세계에서 현실적 현존재를 갖는 한도에서, 또 일단은 개별적인 이 현존재에서 절대성 자체를 현상시키는 한도에서, 신 자체에서 묘사되는 절대정신의 계기이다.

둘째는 인간적인 것과 신적인 것이 화해된 감응으로서의 사랑의 긍정적 형상, 즉 신성가족, 마리아의 모성애, 그리스도의 사랑, 사제들의 사랑이다.

셋째는 교구(신앙공동체), 즉 심정의 귀의 및 자연성과 유한성의 소멸을 통해, 신을 향한 인간성의 복귀를 통해 인간성 속에 현재하는 신의 정신이다. 이러한 복귀 속에서 일단은 참회와 순교가 인간과 신의 통일을 매개한다.

1. 그리스도의 수난사

정신의 자신과의 화해, 절대적 역사, 진실의 과정은 신이 세상에 나타남으로써 직관되고 확신된다. 이러한 화해의 단순한 내용은 절대적 본질성과 [148] 개체적, 인간적 주관성의 동일화이다. 개체적 인간이 신이며 신이 개체적 인간이다. 이것이 뜻하는 바는 인간정신은 개념과 본질의 면에서 즉자적으로 참된 정신이며 이를 통해 각각의 개체적 주관은 인간으로서 신의 한 목적으로 존재한다는, 그리고 신과 통일되어 있다는 무한한 규정과 중요성을 갖는다는 점이다. 그러나 이로 인해 인간에게 마찬가지로 반포된 것이 있으니, 그것은 일단은 다만 단순한 즉자로 있는 이러한 자신의 개념에 현실성을 부여하라는 요구, 즉 신과 하나 됨을 자기 현존재의 목표로 설정하고 그것을 달성하라는 요구이다. 이러한 그의 규정을 충족한다면 인간은 내면에서 자유롭고 무한한 정신으로 존재한다. 그가 이럴 수 있는 까닭은 오로지 예의 통일이 근원적인 것이자, 인간적 자연과 신적 자연 자체의 영원한 기반이기 때문이다. 그 목표는 동시에 즉자대자적으로 존재하는 출발이자 낭만적, 종교적 의식의 전제인바, 이 의식에 따르면 신 자신이 인간이자 육체이며, 이러한 개체적 주관이 된다. 그리하여 그 주관에서 화해는 단순한 즉자로 남아 오로지 개념적으로만 알려지는 것이 아니라 객관적으로 현존하여 감각적인 직관적 의식에도 또한 이러한 개체적인, 현실적으로 실존하는 인간으로서 현신한다. 매 개별자가 그러한 의식 속에서 즉자대자적으로 단순한 가능성이 아니라 현실적으로 있는, 그런 까닭에 이러한 하나의 주관 속에서 실제로 실행된 것으로 현상해야만 하는 그와 신과의 화해에 대한 직관을 가지려면 이러한 개체성의 계기가 관건이다. 그런데 통일은 대립된 계기들의 정신적 화해인 까닭에 [첫째로] 단순히 직접적인 일체가 아니며 그렇기 때문에 둘째로, 의식을 참된 정신으로 되게끔 하는 정신의 과정 역시 이러한 하나의 주관에서 이 주관의 역사로서 실현되어야만 한다. 개체적 존재자에서 실행되는 이러한 정신의 역사가 모름지기 포함하는 것은 우리가 이미 위에서 다루었던 것, 즉 개체적 인간이 자신의 개체성에서 육체적, 정신적으로 멀어진다는 사실, 다시 말해 고난을 겪고 죽는다는 사실, 그러나 역으로 죽음의 고통을 통해 죽음에서 일어서며, [149] 찬란한 신으로서, 현실적 정신으로서 부활한다는 사실이니, 이 정신은 지금은 비록 개체적 실존 속으로, 하나의 주관 속으로 발을 들이지만, 본질적으로 교구의 정신으로서의 신으로 정녕 참되게 존재한다.

a. 예술의 외견상의 잉여성

이러한 역사는 종교적, 낭만적 예술에 기본 대상을 제공하지만, 순전히 예술로만 간주되는 예술은 이 대상에 대해 어느 정도 잉여적인 것이 된다. 왜냐하면 여기서 주안점은 이 영원한 진리의 내면적 확신, 그 감응과 표상, 즉자대자적 진리의 증언을 스스로 품고 이를 통해 표상의 내면으로 전이된 믿음 등에 놓여 있기 때문이다. 즉 발전된 믿음은 이러한 역사의 계기들을 표상함으로써 진리 자체를 의식하는 직접적 확신에서 성립한다. 곧 진리의 의식이 문제시된다면, 진리는 예술과 관계없이도 의식에 현전하는 까닭에, 현상의 미와 표현은 부차적이며 비교적 무차별적인 것이다.

b. 예술의 필연적 출현

하지만 다른 한편 종교적 내용은 예술로의 접근을 가능케 하는, 이뿐만 아니라 예술과의 일정한 관계 맺음을 요구하는 하나의 계기를 동시에 내포한다. 이미 수차례 인용되었듯, 낭만적 예술의 종교적 표상에서는 신인동형론을 최고조로 끌어올려야 한다는 사실이 내용 자체에 수반되어 있는바, 이유인즉 바로 이러한 내용은 절대적, 신적 요소와 실제로 보이는, 그러니까 외적, 육체적으로도 현상하는 인간적 주관성의 융합을 중심점으로 삼기 때문이며, 또한 자연과 유한한 현상방식의 궁핍에 매인 신적 개체성을 표현해야 하기 때문이다. [150] 이러한 관계로 예술이 신의 현상을 위해 직관적 의식에 제공하는 것은 한 개체적, 현실적 형상의 특수한 현재이자 여러 사건들의 외적 특징들 역시 담고 있는 구체적 그림인바, 이 사건들 속에서 그리스도의 탄생, 그의 삶과 고난, 죽음, 부활 그리고 신의 오른편으로의 승천이 펼쳐지며 그리하여 자취가 사라진 신의 현실적 현상이 무릇 예술에서 유일하게 지속적인 쇄신을 거듭하는 것이다.

c. 외적 현상의 우연한 특칭성

그런데 이러한 현상에서는 신이 본질적으로 다른 주관들을 배제하는 한 개체적 주관이라는 사실, 그리고 단순히 신적 주관성과 인간적 주관성의 일반적 통일이 아닌, 이 한 인간으로서의 통일을 표현한다는 사실이 강조되는 이상, 이 점에서 내용 자체로 인해 외적이며 유한한 현존재가 갖는 갖가지 측면의 우연성과 특칭성이, 즉 고전적 이상의 정점에서는 미에서 정화되고 말았던 것들이 예술에서 다시 출현한다. 미의 자유로운 개념이 자신에게 부적절한 것이라 하여 멀리했던 것, 즉 비이상적인 것이 여기서는 내용 자체로부터 출현하는 계기로서 필연적으로 수용되며 또한 직관의 대상이 된다.

α) 그러므로 종종 그리스도의 인격 자체가 대상으로서 선택되었을 것인데, 고전적 이상의 의미와 양식에 비추어 그리스도로부터 하나의 이상을

만들고자 기도했던 예술가들은 매번 최악의 길을 걸었다. 까닭인즉 그러한 그리스도의 두상들과 형상들은 진지함, 고요 그리고 존엄을 보여 주긴 하겠으나, 그리스도는 한편에서는 내면성과 전적으로 보편적인 정신성을, 다른 한편에서는 주관적 인격성과 개체성을 구비해야 하기 때문이다. 이 두상과 형상들은 모두 인간적 형상의 감각성에서 보이는 지복과 일치하지 않는다. 표현과 형식이라는 예의 두 극점을 결합하는 것은 대단히 어려운 일이며, 게다가 특히 화가들은 전통적 전형을 벗어났을 때마다 당혹감에 빠진 자신들을 보곤 하였다. [151] ─ 의식의 진지함과 깊이는 그러한 두상들에서 절로 배어나야 하되, 얼굴과 형상의 특징과 형식들은 천박하고 추한 것으로 빠져서도, 단순한 숭고성 그 자체로 고양되어서도 안 되며, 마찬가지로 단순히 이상적일 뿐인 미를 지녀서도 안 된다. 외적 형태와 관련해서 최상의 것은 특칭적 자연성과 이상적 미의 중간이 될 것이다. 이러한 적절한 중간을 꼭 맞추는 것은 어려우며 그러므로 이 점에서 무엇보다 예술가의 솜씨, 감각 그리고 정신이 두드러질 수 있다. ─ 대체로 이러한 모든 국면을 표현함에 있어서 우리는 신앙에 속하는 내용과 상관없이 고전적 이상의 경우보다 더욱더 주관적 제작의 측면에 의존한다. 고전적 예술에서 예술가는 정신성과 신성을 육체성 자체의 형식으로, 인간의 유기체적 형상으로 직접 표현하고자 하며, 그리하여 일상성과 유한성을 벗어나는 육체적 형태들의 변양이 주된 관심사를 제공한다. 현재 우리의 국면에서는 형상이 일상적인 것이자 주지의 것으로 머물며 그 형식들은 어느 정도까지는 무차별적인, 뭔가 특칭적인, 즉 이럴 수도 있고 저럴 수도 있는, 그리고 이 면에서 대단히 자유롭게 취급될 수 있는 것이다. 그러므로 주된 관심은 한편으로는 예술가가 형상의 이러한 일상성과 주지성에 머물되 이를 통해 어떻게 정신성과 최고의 내면성이 이 정신성 자체로서 비쳐 나도록 하는가에 있으며, 다른 한편으로는 예술가가 그의 형상들에게 정신적 생명성을 불어넣어 가장 높은 정신성을 가시화하고 또 포착 가능하게 만들 수 있었던 주관적 수법, 기술적 수단 그리고 솜씨들에 있다.

β) 방금 보았듯이, 더 나아간 내용의 경우 그것은 정신 자체의 개념에서 출현하는 절대적 역사, 즉 육체적 개체성과 정신적 개체성이 본질성과 보편성으로 전환하는 과정을 객관화하는 역사 속에 있다. 왜냐하면 [152] 개체적 주관성과 신의 화해는 직접 등장하는 조화가 아니라, 무한한 고통, 헌신, 희생으로부터, 그리고 유한하며 감각적이며 주관적인 것의 절멸로부터 비로소 등장하는 조화이기 때문이다. 여기서 무한자와 유한자는 하나로 묶여 있으며 화해의 참된 깊이와 내면성, 매개의 힘은 오로지 해결되어야 할 대립의 크기와 경직성을 통해서만 드러난다. 이로써 그러한 대립이 초래하는 수난, 고문, 고뇌의 온갖 혹독함과 불협화음도 정신 자체의 본성에 속하는 것이니, 그 절대적 해방이 여기서 그 내용을 이룬다.

정신의 이러한 과정이 즉자적으로나 대자적으로나 본질이자 정신 일반의 개념이며 그리하여 그것은 의식에 대해 보편적 역사로, 즉 모든 개별적 의식에서 반복되어야 할 역사로 존재한다는 규정을 내포한다. 왜냐하면 많은 개체적인 것이 그렇긴 하지만, 의식이야말로 보편적 정신의 실제이자 실존이기 때문이다. 하지만 정신은 개인의 현실성을 자신의 본질적 계기로서 갖는 까닭에, 예의 보편적 역사는 우선은 그 자체가 하나의 개별자의 형상 속에서 진행하는바, 이 개별자를 향한 보편적 역사는 이 개별자의 역사로서, 그의 탄생, 그의 고난과 죽음 그리고 그의 죽음으로부터의 회귀의 역사로서 나타나되 이러한 개체성 속에 보편적, 절대적 정신 자체의 역사로 존재한다는 의미를 동시에 간직한다.

신의 이러한 삶 속에 있는 본격적인 전환점은 이 사람으로서의 그의 개별적 실존의 종결, 즉 수난사, 십자가의 고난, 정신의 골고다 언덕, 죽음의 고통이다. 그런데 여기서는 외적, 육체적 현상, 곧 개인으로서의 직접적 현존재가 그의 부정성의 고통 속에서 부정적인 것으로 나타나며 이와 함께 정신은 감각적 요소와 주관적 개체성을 희생함으로써 자신의 진리와 자신의 하늘에 도달한다는 사실이 내용 자체에 들어 있으므로, 그런 한도에서 이 국면의 표현은 [153] 고전적, 조형적 이상과 가장 현격하게 구분된다. 즉 한편으로 현세의 육체와 인간적 본성 일반의 나약함은 그 안에 신 자신이 현상한다는 사실로 인해 고무되고 명예로워지지만 다른 한편, 고전적 이상에서는 인간적, 육체적 요소가 정신적, 실체적 요소와의 공고한 조화를 상실하지 않는 반면, [여기서는] 바로 그것이 부정적으로 정립되고 고통 속에서 현상하는 것이다. 채찍질을 당하며 가시관을 쓴 채 십자가를 형장으로 끌고 가는, 십자가에 못 박혀 서서히 고통스럽게 다가오는 죽음의 고뇌 속에서 스러져 가는 그리스도는 그리스적 미의 형식들로는 표현되지 않으니, 이러한 상황들에서는 정신의 영원한 계기로서의 내적 신성함, 내면의 깊이, 고통의 무한성이 인내와 신적 고요보다도 더 높은 요소인 것이다.

이 형상을 둘러싼 좀 더 넓은 권역은 한편으로는 동료들, 다른 한편으로는 적들로 이루어진다. 동료들도 마찬가지로 이상이 아니라 개념적인 면에서 특칭적 개인들, 일상적 인간들이니, 이들을 그리스도로 인도하는 것은 정신의 견인력이다. 그러나 적들은 스스로 신과 대치하며 신을 단죄하고, 비웃고, 고문하고, 책형에 처함으로써 내적으로 사악한 자로서 표상되며, 내적 사악함과 신에 대한 적대감의 표상이 외부로 나타날 경우 추, 조악, 야만, 분노 그리고 일그러진 형상을 수반한다. 이러한 모든 관계에서는 고전적 미와 비교하여 비미非美가 필연적 계기로서 등장한다.

γ) 그러나 죽음의 과정은 신적 본성에서는 다만 하나의 통과점으로 간주될 수 있는바, 이를 거쳐 정신은 자기와의 화해를 성사시키고 또한 신적 요소의 측면과 인간적 요소의 측면이, 전적으로 보편적인 요소의 측면과 현상적 주관성의 측면이 ―여기서는 이 측면들의 매개가 관건이다― 긍정적

으로 통합된다. 이러한 긍정이 [신적 본성의] 근본이자 근원이므로 그것은 또한 이렇듯 [154] 긍정적 방식으로 묘사되어야 한다. 그리스도 수난사의 상황으로는 주로 부활과 승천이 이를 위한 좋은 기회를 제공한다. 그 밖에도 그리스도가 스승으로 등장하는 순간들이 얼마간 산발적으로 그러한 기회를 제공한다. 그런데 이 점에서 조형예술은 특히 하나의 난관에 봉착한다. 왜냐하면 한편으로는 정신성 자체의 내면성이 표현되어야 할 것이기 때문이며, 다른 한편으로는 절대정신의 무한성과 보편성이 주관성과의 긍정적 통일 속에서 정립되어 직접적 현존재 너머로 고양되기는 하되 그럼에도 여전히 절대정신의 무한성과 내면성의 완전한 표현이 육체적, 외적 요소 안에서 가시화, 감각화되어야만 할 것이기 때문이다.

2. 종교적 사랑

즉자대자적 정신은 정신인 까닭에 직접 예술의 대상은 아니다. 그 정신이 내면에 갖는 최고의 현실적 화해는 오로지 정신성 자체 속에 있는 화해와 만족일 뿐이며, 이 정신성의 순수 추상관념적 요소는 예술적 표현에서 벗어나 있는 것이니, 까닭인즉 절대적 진리는 감각적, 현상적인 것의 토대에서 벗어날 수 없는 미적 가상보다 한층 고차적이기 때문이다. 그런데 정신의 긍정적 화해가 예술을 통해 하나의 정신적 실존을 얻어야 하고, 이 실존 속에서는 정신이 순수한 사상이나 추상관념적인 것으로만 있지 않고 오히려 감응되고 직관될 수 있어야 하는데, 한 측면에서는 정신성, 다른 측면에서는 예술을 통한 이해 및 표현 가능성이라는 이중의 요구를 충족시키는 유일한 형식으로서 우리에게 남겨진 것은 정신의 깊은 감정, 심정, 감응이 전부이다. 이 깊은 감정이 내적으로 만족을 얻은 자유로운 정신의 개념에 유일하게 상응하며, 그것이 사랑이다. [155]

a. 사랑의 개념으로서의 절대자의 개념

다시 말해 사랑 가운데는 내용의 면에서 볼 때 우리가 절대정신의 기본 개념으로 거론했던 계기들, 즉 자신의 타자에서 자신에게로 향하는 화해된 회귀라는 계기들이 현전한다. 이 타자 안에서 정신은 자신 곁에 머무니, 이러한 타자는 그 자체가 다시 정신적인 것, 즉 하나의 정신적 인격일 수밖에 없다. 사랑의 참된 본질이 성립하는 까닭은 자기 자신의 의식을 포기한다는 점, 타자의 자기 속에서 자신을 망각한다는 점, 그러나 이러한 망실忘失과 망각 속에서 자신을 비로소 스스로 소유한다는 점에 있다. 정신의 자신과의 이러한 매개와 총체성을 향한 자신의 이러한 완결이 절대자인바, 다만 이는 개별자일 따름이기에 유한한 주관성으로서의 절대자가 또 다른 유한한 주관 속에서 자신을 자신과 일치시킨다는 식의 완결이 아니니, 여기서는 타자의 주관 속에서 자신을 자신과 매개하는 주관성의 내용이 절대자 자체인 것이다. 절대자는 즉 타자의 정신 안에서 비로소 자신을 절대자로서 아는, 그리고 그러한 의지를 갖는 정신이자 이러한 앎의 만족을 누리는 정신이다.

b. 심정

이제 좀 더 자세히 보면 사랑으로서의 이러한 내용은 내면으로 집약된 감응이라는 형식을 갖는바, 이는 사랑의 내실을 드러내 보이거나, 규정성과 보편성에 따라 의식하거나 하는 대신, 그 내용에 내포된 풍부함을 표상을 위해 사방팔방으로 펼치지 않고 그것의 무궁무진함을 직접 심정의 단순한 심연으로 한데 모은다. 이를 통해 순수 정신적으로만 각인된 보편성의 견지에서라면 예술표현을 거부했을 바로 그 내용이 감응으로서의 이러한 주관적 실존 속에서 다시금 예술로서 포착 가능하게 되니, 까닭인즉 그 내용은 한편으로는 아직 열리지 않은 심연임에도 ―이것은 심정의 특징적 요소이다— 불구하고 완전히 명석하게 분석될 필요가 없기 때문이며, [156] 반면 다른 한편으로는 이러한 형식에서 동시에 예술에 적합한 하나의 요소를 얻기 때문이다. 왜냐하면 심정, 가슴, 감응은 아무리 정신적이며 내적인 것으로 머문다고 해도 늘 감각적, 신체적인 것과 연관하여 이제 외부를 향해서도 신체성 자체, 시선, 표정을 통하여, 혹은 좀 더 정신화된다면, 음과 단어를 통하여 정신의 극히 내밀한 생명과 그 현존재를 알릴 수 있기 때문이다. 그러나 여기에서 외적 요소는 심정의 내면성에 있는 이러한 내밀함 자체의 표명을 소명으로 삼는 한에서만 등장할 수 있는 것이다.

c. 낭만적 이상으로서의 사랑

이상의 개념으로서 우리가 내면과 그 실제의 화해를 제시했던바, 종교적 권역에서 본 낭만적 예술의 이상은 사랑으로 표시될 수 있다. 사랑은 정신적 아름다움 그 자체이다. 고전적 이상 역시 정신과 그 타자의 매개 및 화해를 보여 주었다. 그러나 여기서는 정신의 타자가 정신이 삼투된 외면성, 즉 정신의 육체적 유기체였다. 이에 반해 사랑의 경우에는 정신적인 것의 타자가 자연적인 것이 아니라 그 역시 하나의 정신적인 의식이자 하나의 또 다른 주체이니, 이로써 정신은 자신의 소유물, 자신의 가장 고유한 요소 속에서 대자적으로 실현되어 있다. 그러므로 사랑은 이러한 긍정적 만족과 내적으로 평온한 지복의 현실 속에서 이상적인, 그러나 순수 정신적인 아름다움으로 있으니, 이 아름다움은 그 내면성으로 인하여 그 역시 오로지 심정의 깊은 감정 안에서, 그리고 그러한 감정으로만 표현될 따름이다. 왜냐하면 정신 속에서 드러나고 자신을 직접적으로 확신하며 이와 함께 그 자체로 정신적인 것을 자신의 현존재의 질료와 토대로서 갖는 정신은 좀 더 정확하게 말하자면, 자신 안에 깊은 감정 안에 존재하며, 사랑이라는 깊은 감정으로 존재하기 때문이다.

α) 신은 사랑이며 따라서 신의 심오한 본질 역시 예술에 적합한 이러한 형식으로 그리스도 안에서 파악되고 표현될 수 있다. 그러나 그리스도는 신적인 사랑이니, 한편에서는 [157] 신 자신의 비현상적 본질이, 다른 한편에서는 구원받아야 할 인간성이 그 객체로서 나타나는바, 그러므로 그리스도 안에서 현상할 수 있는 것은 하나의 주체에서 또 하나의 다른 규정된 주체로의 이행이라기보다는 보편성 가운데 있는 사랑의 이념이며 절대자이고 감응의 요소와 형식을 갖는 진리의 정신이다. ― 사랑의 표현은 그 대상의 보편성과 더불어 그 또한 보편화되는바, 그렇다면 이러한 표현에서 주안점이 되는 것은 가슴과 심정의 주관적 집중이 아니다. 마치 그리스인들의 경우에도 옛 타이탄의 에로스와 우라니아의 비너스에서 이야기되는 것이, 비록 완전히 다른 문맥이기는 하지만, 보편적 이념인 것이지 개인적 형상과 감응의 주관적 측면은 아니듯 말이다. 낭만적 예술의 표현에서는 그리스도가 자신 안으로 침잠한 개체적 주체인 동시에 그 주체 이상의 존재로서 파악될 경우에만, 사랑의 표현 역시 주관적인 ―그러나 언제나 보편적 내용의 사랑을 품으며 또 그에 의해 고양되는― 깊은 감정의 형식으로 부각된다.

β) 그러나 이 영역에서 예술적으로 가장 접근하기 용이한 것은 마리아의 사랑, 즉 모성애이니, 이것은 종교적, 낭만적 판타지가 최고의 성공을 거둔 대상이다. 대부분의 경우 그 사랑은 실제적, 인간적이면서도 극히 정신적이며, 욕구의 관심과 절박함이 없고, 감각적이지 않으면서도 현재적이다. 그것은 절대적으로 만족하는 지복의 깊은 감정이다. ― 그것은 요구하지 않는 사랑이되, 우정은 아니다. 왜냐하면 제아무리 정감 가득한 우정의 경우라도, 그것은 여하튼 결속을 목적으로 하나의 의미내용을, 하나의 본질적인 사태를 요구하기 때문이다. 이에 반해 모성애는 목적과 관심이 전혀 달라도 자연적 관계 속에 직접적인 버팀목을 갖는다. 그러나 여기서는 모성

애가 이러한 자연적 측면에 제한되어 있는 것 또한 아니다. 마리아는 자신의 가슴에 품고 고통 속에서 낳은 그 아이에게서 자기 자신을 완벽하게 의식하고 감응한다. 그리고 그 아이, 즉 그녀의 혈육은 또다시 그녀를 넘어 높은 곳에 서지만, 그럼에도 이 고상함은 그녀에게 속하는 것이자 [158] 그녀가 그 안에 있음으로 자신을 망각하면서도 또한 자신을 간직하는 대상이다. 모성애의 자연적인 깊은 감정은 철저히 정신화되었으며 또 신적인 것을 그 고유한 의미내용으로 삼지만, 이 정신성은 그윽하면서도 무의식적인 것으로, 자연적 통일성과 인간적 감응이 경이롭게 관류하는 것으로 남는다. 그 것이 지복의 모성애, 그것도 근원적으로 이러한 행운을 지닌 유일의 어머니만의 모성애이다. 이 사랑도 고통이 없는 것은 아니로되, 그러나 그 고통은 상실의 슬픔이자 고난 속에서 죽어 가는, 그리고 죽은 아들에 대한 비탄일 뿐, 우리가 차후의 단계에서 볼 바와 같이, 불의나 외부의 고문을 안중에 두었기 때문이 아니며, 혹은 죄악에 대한 끝없는 투쟁과 고뇌와 고난을 그녀가 자청했기 때문도 아니다. 여기서는 그러한 깊은 감정이 정신적 아름다움이자 이상이며, 신, 정신, 진리와 인간의 인간적 동일화이며, 자기 자신의 순수한 망각이자 완전한 포기이다. 이러한 포기는 자신을 망각함에도 불구하고 자신이 잠겨드는 것과 애초부터 하나로 존재하며 또한 이러한 하나임을 이제 지복의 만족 속에서 느낀다.

낭만적 예술에서는 모성애가, 말하자면 정신의 이러한 이미지가 그토록 아름다운 방식으로 정신 자체를 대신하는바, 까닭인즉 정신은 예술적 포착이 가능한 감응의 형식이 되었기 때문이다. 또한 개별자와 신의 통일은 마리아의 모성애에서 가장 근원적이고 실제적이며 생생하게 감응되기 때문이다. 이 권역의 표현에서 이상이, 즉 긍정적이며 만족에 찬 화해가 빠질 수는 없기에, 마리아의 모성애는 필히 예술 속에 등장해야만 한다. 그리하여 성처녀 마리아의 모성애가 무릇 지고지성至高至聖한 것에 속했던, 또한 이 지고의 것으로서 숭앙받고 표현되었던 한 시대가 있었다. 그러나 정신이 감응과 연관된 일체의 자연근거들로부터 분리되고 또 자신의 고유한 요소 속에서 자의식화된다면, 또한 그러한 자연근거들에서 벗어난 정신적 매개만이 진리로 향하는 자유로운 길로서 간주될 따름인바, [159] 프로테스탄티즘에서도 성령과 정신의 내적 매개가 예술과 신앙의 이러한 마리아 숭배보다 한층 더 높은 진리가 되었다.

γ) 끝으로 셋째, 정신의 긍정적 화해는 그리스도의 사도들과 그를 따르는 여인과 벗들의 감응으로서 나타난다. 대개 이들이 신의 벗의 손에 이끌려 우정과 교리와 그리스도의 설교를 통해 개종에 따른 내적, 외적 고통은 없이 기독교 이념의 엄격함을 내면에서 체험하고, 그것을 완수하며, 스스로 그 이념과 그들 자신의 주인이 되어, 사려 깊고 강하게 그 안에 머무는 인물들이다. 비록 그들에게는 앞서 말한 모성애의 직접적 통일성과 깊은 감정이 없지만 그리스도의 현재와 공동생활의 관습과 정신의 직접적 특징은 여전히 남아 그들을 묶어 주고 있다.

3. 교구의 정신

종교적 권역의 마지막 국면으로의 이행에 관해 보자면, 우리는 이 이행을 이미 그리스도의 생애와 관계하여 다루었던 것과 결부시킬 수 있다. 신이자 이 하나의 개별적 인간으로서의 그리스도의 직접적 실존은 지양된 실존으로 정립된다. 다시 말해 신의 참된 실제는 직접적 현존재가 아니라 정신이라는 점이 인간 자신으로서의 신적 현상에서 드러나는 것이다. 무한한 주관성으로서의 절대자의 실제는 오로지 정신 자체일 뿐이며, 신은 오로지 앎 속에, 내면의 요소 속에 현존할 뿐이다. 따라서 정녕 추상관념적일 뿐만 아니라 주관적이기도 한 보편성으로서의 신의 이러한 절대적 현존재는 그의 생애에서 인간적 주관성과 신적 주관성의 화해를 표현했던 이 한 개별자에게만 국한되지 않고, 신과 화해한 인간적 의식으로, [160] 다수의 개별자로서 존재하는 인간성으로 확장된다. 하지만 인간은 그 자체로 보면, 즉 개별적 인격으로서 보면, 곧바로 신적인 존재가 아니라 반대로 유한하며 인간적인 존재이다. 즉자적으로 부정적인 이 존재는 현실적으로 자신을 부정적인 것으로 정립하고 이로써 유한자로서의 자신을 지양하는 한에서만, 신과의 화해에 도달한다. 유한성의 결함에서 이렇게 구원됨으로써 비로소 인간성은 절대정신의 현존재로, 교구(신앙공동체)의 정신으로 밝혀진다. 여기서는 인간적 정신과 신적 정신의 합일이 인간적 현실 자체의 내부에서, 그것도 실제적인 것과 정신의 개념에 따라 즉자적, 근원적으로 통일되어 있는 것을 매개함으로써 실현된다.

낭만적 예술의 이러한 새로운 내용과 관련하여 비중을 얻는 주요 형식들은 다음과 같이 구분된다.

신과 떨어져서 죄악과 직접성의 투쟁 속에서, 그리고 유한자의 궁핍 속에서 살아가는 개체적 주체는 자신과 화해하고 신과 화해해야 한다는 무한한 규정을 갖는다. 그런데 그리스도의 수난사에서 직접적 개체성의 부정성이 정신의 본질적 계기인 것으로 밝혀진 이상, 개체적 주체는 오로지 자연성과 유한한 인격을 자유와 신 안에서의 평화로 전환함으로써 고양될 수 있다.

유한성의 이러한 지양은 여기서 세 가지로 나타난다.

첫째, 고난사의 외적인 반복, 현실적, 육체적 고통, 순교의 고난으로 나타난다.

둘째, 심정 내면으로의 전환이 참회, 속죄 그리고 개종을 통한 내적 매개로서 나타난다.

마지막으로 셋째, 신적인 것이 속세의 현실에서 자연의 일상적 과정과 기타 사건들의 자연적 형식이 지양되는 식으로 현상하며, [161] 이로써 신적인 것의 권능과 현재가 계시되며, 이를 통해 기적이 표현의 형식이 된다.

a. 순교자들

교구의 정신이 인간의 주관 속에서 작용함을 보여 주는 첫 번째 현상은 인간이 즉자 그 자체로서 신적 과정을 반영하는 거울이라는 사실, 그리고 자신을 신의 영원한 역사의 새로운 현존재로 만든다는 사실에서 성립한다. 인간은 자신의 유한성을 지양해야만 비로소 화해를 쟁취하는 까닭에, 여기서는 앞서 말한 [즉 마리아가 갖는] 직접적, 긍정적 화해의 표현이 다시 사라진다. 그러므로 인간의 부적합성과 몰가치성이 전제이며 그 제거가 최상의 유일한 과제로서 간주되는 까닭에, 첫 번째 단계[그리스도의 수난사]에서 중심을 이루었던 것이 여기에서 아주 강력하게 다시 나타난다.

α) 그리하여 이 국면의 본연의 내용은 잔혹함의 인내, 고유한 자유의지에 따르는 체념, 희생, 고행인바, ― 이러한 것들은 정신이 고행을 겪기 위하여, 온갖 종류의 고통과 순교와 고뇌를 일깨우기 위하여, 그리하여 내면에서 변용하고 또한 그 천국에서 스스로를 통일적이며 만족스러우며 지복을 얻은 존재로서 느끼기 위하여 감내하는 것들이다. 순교에서는 고통의 이러한 부정적 요소가 그 자체로서 목적이 되며 또한 변용의 위대함은 인간이 겪은 일의 끔찍함과 그가 감수한 공포에 준해 측량된다. 아직 충족되지 않은 내면의 경우 주체에게 그 탈속과 성인화聖人化를 위해 부정적으로 정립되어야 할 첫 번째 것은 그의 자연적 현존재이자 그의 삶이며 또한 생존을 위해 필수적인 기본 욕구들의 만족이다. 그러므로 이러한 권역의 주 대상이 되는 것은 육체적 고문들인바, 이것들은 한편으로는 신앙의 적들 및 박해자들에 의해 증오와 복수심에 불타 신도들에게 가해지며 다른 한편

으로는 속죄하려는 신도에 의해 자발적으로, [162] 극히 추상적으로 행해진다. 여기에서 인간은 인내의 열광 속에서 이 둘을 부당함이 아닌 축복으로서 받아들이니, 오로지 이러한 축복을 통해 원죄로 감지되는 육신과 가슴과 심정의 경직성이 분쇄되고 신과의 화해가 달성될 수 있는 것이다.

그런데 그러한 상황들에서는 내면의 변환이 오로지 외적 요소의 참혹함과 학대 속에서만 표현될 수 있는바, 그런 한도에서는 미의 의미가 손상되기 쉬우며, 따라서 이 권역의 대상들은 매우 위험한 예술 소재이다. 왜냐하면 한편으로 개인들은 그리스도의 수난사에서 요구됐던 것과는 전혀 다른 정도로 시간적 존재라는 낙인이 찍힌 현실적 개별적 개인들로서 표현되고 또한 유한성과 자연성의 결함들 속에 내놓여 있기 때문이며, 다른 한편으로는 고통과 더할 나위 없는 잔인함, 사지 찢기나 꺾기, 신체적 고문, 사형대, 참수형, 포락炮烙형66, 화형, 팽烹형67, 환轘형68 등은 그 자체가 추하고 역겹고 구역질 나는 외면성들로서, 이것을 건강한 예술이 대상으로 선택하기에는 미에 대한 그 거리가 너무 멀기 때문이다. 예술가가 다루기에 따라서는 이러한 소재들이 탁월하게 제작될 수 있지만 그렇더라도 이러한 탁월함의 관심은 언제나 단지 주관적 측면에만 관계할 뿐이므로 설사 이 측면이 예술적으로 보인다고 한들 그럼에도 그 소재와 자신을 완벽하게 조화시키려는 노력은 허사에 그친다.

β) 그러므로 이러한 부정적 과정의 표현은 여전히 하나의 다른 계기를 필요로 하는바, 이 계기는 육체와 영혼의 이러한 고통을 능가하며 긍정적 화해를 향하는 것이어야 한다. 이 계기가 정신 내면의 화해이니, 이것은 잔학

---

66 역주: 달군 쇠로 지지는 형벌.
67 역주: 끓는 물에 삶는 형벌.
68 역주: 죄인의 두 다리를 수레에 묶어 두 갈래로 찢어 죽이는 형벌.

함을 참고 견디는 목적이며, 또한 그 결과로서 얻어지는 것이다. 순교자들은 이런 면에서 거친 외적 [163] 폭력과 무신앙의 야만성에 대항하는 신성의 보존자이다. 천국을 위하여 그들은 고통과 죽음을 감내하며, 그리하여 그들에게서는 이러한 용기, 이러한 강인함, 인내 그리고 지복이 마찬가지로 나타나야만 한다. 그럼에도 불구하고 이러한 독실한 신앙과 사랑의 정신적 아름다움은 신체에 건강하게 깃드는 정신적 건강성이 아니다. 이 내면성은 고통에 의해 완성된 것이거나 고난 속에서 표현되며 심지어는 변용에서조차 고통의 계기를 본연의 본질적 요소로서 포함하는 것이다. 특히 회화는 그러한 경건함을 종종 대상으로 삼았다. 이 경우 신체의 역겨운 찢김과 대조적으로 회화의 주 과제는 단순히 표정과 시선 등에서 순교자의 지복을 귀의歸依, 고통의 극복, 주관 내면에서의 신적 정신의 달성, 이에 의한 삶의 만족으로서 표현하는 것이다. 이와 반대로 조각은 동일한 내용을 가시화하려 할 경우에 집약된 깊은 감정을 이렇듯 정신화된 방식으로 표현할 능력이 떨어지며, 따라서 조각은 고통스럽고 뒤틀린 모습을 강조해야만 할 것이니, 까닭인즉 신체의 유기체에서는 이런 것이 좀 더 전개되어 드러나기 때문이다.

γ) 그런데 셋째, 자기부정과 인내의 측면은 이 단계에서 단지 자연적 실존과 직접적 유한성에만 해당하는 것이 아니며, 또한 천상을 향한 심정의 방향을 극단으로 끌고 감으로써 인간적, 세속적 요소 일반이 ―그것이 내면 자체로 인륜적, 이성적 성격을 띨 때조차― 뒷전으로 밀려나 멸시당한다. 즉 여기서는 일단 내면으로의 자기변환이라는 이념을 활성화하는 정신이 아직 미숙할수록, 정신은 이렇듯 내적으로 단순한 종교적 무한성에 유한자로서 대립하는 일체의 것, 인간성의 모든 특정한 감응, 가슴이 갖는 다면적인 인륜적 경향, 관계, [164] 상태, 의무들에 대해 경건성이라는 집약된 힘만큼 더 야만적이며 추상적으로 등을 돌린다. 왜냐하면 가족의 인륜적

삶, 우정, 혈연, 사랑, 국가, 직업 등의 유대와 같은 일체의 것은 세속적인 것에 속하는데, 여기서 신앙의 절대적 표상들이 세속적인 것에 침투하여 양자가 하나로 화해될 만큼 발전되어 있지 않은 한, 세속적인 것은 깊은 내면의 감응과 의무의 권역 속에 수용되기보다는 반대로 신실한 심정이 갖는 예의 추상적 깊은 감정에 내적으로 허무한 것으로서, 그리하여 경건성에 적대적이며 해로운 것으로서 보이기 때문이다. 따라서 속세의 인륜적 조직은 아직 존중되지 않는데, 까닭인즉 그 측면들과 의무들이 내적이며 이성적인 현실적 연쇄의 필연적이며 정당한 지절들로서 아직 인식되지 않기 때문이다. 그러나 이러한 연쇄 가운데서 어떠한 일면적인 것도 고립된 독자성으로 제고되어서는 안 되지만, 이에 못지않게 그것은 타당한 계기인 것으로 보존되어야 하며 희생되어서는 안 된다. 이 점을 고려할 때 여기에서 종교적 화해는 그 자체가 추상적으로 머물며 또한 내적으로 단순한 가슴속에서 신앙의 외연 없는 집약, 자신에게 빠진 고독한 심정의 경건함으로 나타나는바, 이러한 심정은 아직 보편적인 자기신뢰의 발전으로도 또는 일면적이며 포괄적인 자기확신으로도 나아가지 못한 것이다. 이제 그러한 심정의 힘이 그저 부정적으로만 취급되는 세속성에 반대하여 자신을 내면에 묶어 두고 또한 모든 인간적 유대로부터 ―그것이 설사 천륜의 유대라고 해도― 폭압적으로 분리시킨다면, 이것은 우리를 거부하는 정신의 조야함이자 추상의 야만적 폭력이다. 따라서 우리는 오늘날 우리 의식에 준해 그러한 표현들 속에 있는 종교성의 예의 맹아를 존경하고 높이 평가해야 할 터이지만, 경건성이 내면 자체에서 이성적, 인륜적인 것에 대립하는 폭력성으로까지 치솟을 경우에는, 우리는 그러한 광적인 신성함에 동조할 수 없을 뿐만 아니라 이러한 종류의 체념은 [165] 즉자대자적으로 정당, 신성한 것을 자신으로부터 물리치고 조각내고 짓밟는 까닭에 그것은 우리에게 심지어 인륜적이지 않은 것이자 종교성에 역행하는 것으로까지 보일 수밖에 없다. ― 많은 전설, 이야기 그리고 시문학들이 이러한 종류에 속한다. 예를 들어 자신의 아내와 가족에 대한 사랑으로 가득 차서, 그리고 이들 모두로부터 사랑을 받으면서 집을 떠나 순례를 하고, 결국에는 거지꼴로 되돌아와 자신을 알아보지 못하게 만든 한 남자의 이야기가 있다. 그에게는 동냥이 주어지고 불쌍히 여기는 마음에서 계단 아래의 조그만 자리가 머물 곳으로 지정된다. 그렇게 그는 이십 년의 긴 시간을 자신의 집에서 살며 그의 가족이 그에 대해 갖는 걱정을 함께 보고 죽음을 맞이함으로써 비로소 자신을 알게 된다. ― 우리가 신성한 것으로 숭배한다는 이것은 끔찍한 광신이다. 이러한 지속적 체념은 인도인들의 고행을 생각나게 할 수 있으니, 이들 또한 종교적 목적을 위해 그러한 고행을 기꺼이 감내한다. 하지만 인도인들의 인내는 전혀 다른 성격을 갖는다. 즉 전자의 경우에는 인간이 무지몽매의 상태에 빠지지만, 후자의 경우에는 고통과 고통을 일부러 의식하고 느끼는 것이 본연의 목적이니, 포기된 관계에 대한 가치와 사랑의 의식이, 그리고 체념의 지속적 관조가 괴로움과 결합하면 할수록 그만큼 더 목적은 순수하게 달성된다고 생각되는 것이다. 그러한 시험들을 스스로 짊어지는 마음이 풍요로울수록, 그리하여 고귀한 소유를 자신 안에 지닐수록, 그리고 이 소유를 허무한 것으로 저주하고 죄악으로 낙인찍어야 한다고 믿을수록, 그만큼 더 화해의 상실은 굳어지며 매우 끔찍한 발작과 광포한 분열을 일으킬 수 있다. 그렇다. 우리의 관점에 따르자면 그러한 심정, 즉 오직 예지계에만 있을 뿐 세속 그 자체에는 안주하지 못하는, 그리하여 또한 이 규정된 현실성의 즉자대자적으로 타당한 영역과 목적들에서는 자기상실감밖에는 느낄 수 없는, 그리고 이러한 인륜적 요소를, 비록 자신이 온 영혼을 다하여 그 속에 머물러 결부되어 있음에도 불구하고, 자신의 절대적 규정과 대립하는 [166] 부정적인 것으로 간주하는 심정, ― 그러한 심정이 자초하는 괴로움 및 체념은 우리에게 미친 짓으로 보일 수밖에 없는 까닭에 우리는 그에 대해 동정을 느낄 수도, 그로 인해 고양될 바를 찾아낼 수도 없다. 그러한 행동들에는 내실 있는 타당한 목적이 결여되어 있는바, 까닭인즉 그것들이 이룩하는 것은 극히 주관적인 것이자 개별적 인간이 자신을 위해, 자신의 영혼의 치유를 위해, 자신의 지복을 위해 갖는 하나의 목적에 불과하기 때문이다. 그러나 바로 이 한 인간이 지복을 얻게 될 것인가 아닌가를 중시하는 사람은 거의 없다.

b. 내면의 참회와 개종

동일한 국면에 있는, 그러나 이와 대립된 표현방식은 한편으로는 육체성의 외적 고통에서 다른 한편으로는 세속적 현실성 속의 즉자대자적 정당성에 대한 부정적 방향에서 눈을 떼고 이를 통해 내용과 형식의 관점에서 모두 이상적 예술에 한층 어울리는 토대를 획득한다. 이 토대가 바로 이제 정신적 고통과 심정의 개종 속에서 유일하게 표현되는 내면의 변환[회심]이다. 이를 통해 여기서는 첫째, 육체적 고행이 끊임없이 반복되는 공포와 끔찍함이 제거되며, 둘째, 심정의 야만적 신앙심이 순수 지적인 만족이라는 추상에 휩싸여 다른 모든 종류의 향유를 절대적 체념의 고통 속에서 폭력적으로 몰아낼 목적을 갖고 인륜적 인간성에 대립하는 일을 더 이상 견지하지 못하니, 그것은 다만 인간의 본성 속에 실제로 있는 죄악, 범죄 그리고 사악함에 대해서만 등을 돌릴 뿐이다. 정신 내면이 신으로 향하는 이런 신앙이, 설령 죄악과 범죄를 행한 경우일지라도, 그 범행을 주관에 이질적인 것, 발생하지 않은 것으로 만들 수 있으며 이를 씻어낼 수 있으리라는 강한 신뢰가 있게 된다. 절대 부정적인 사악과 같은 것으로부터의 되돌아섬, 즉 주관적 의지와 정신이 사악했던 자신을 꾸짖고 [167] 근절한 후 주관 속에서 실현되는 이러한 되돌아섬, ― 과거의 죄악에 반하여 이제 본연의 현실로서 내면에 확립되는 긍정성으로의 이러한 회귀, 이것은 종교적 사랑이 갖는 진정 무한한 힘이며 주관 자체 속에 있는 절대정신의 현재이자 현실성이다. 자신의 고유한 정신의 힘과 인내에 대한 느낌은 —이 정신은 그가 향하는 신을 통해 악을 정복하며, 또한 신과 매개된 까닭에 신과 자신을 하나로 안다— 이 경우 신을 비록 시간성의 죄악에 대한 절대적 타자로서 직관하되 이 무한자를 동시에 이 하나의 주관으로서의 나와 동일한 것으로서 아는, 나의 자아로서의 신에 대한 이 자의식을, 곧 나의 자의식을 내가 내 자신에 대해 있듯 그렇게 확실하게 내 속에 지니는 만족과 지복을 준다. 그런 식의 반전은 물론 전적으로 내면에서 일어나는 까닭에 예술보다는 종교에 더욱 속하는 것이다. 하지만 무엇보다도 심정의 깊은 감정이 이러한 개종 행위를 좌우하면서 외적인 것을 통해서도 비칠 수 있는 까닭에, 조형예술도, 즉 회화가 그러한 개종의 역사를 가시화하는 권리를 갖는다. 그러나 예술이 그러한 변환사의 전 과정을 완벽하게 묘사할 경우라도, 여기서 또 다시 비非미적인 많은 요소가 함께 침입할 수 있으니, 까닭인즉 이 경우라면 예컨대 잃어버린 아들의 이야기에서 보는 바와 같이 범죄적이며 역겨운 일이 표현되어야만 하기 때문이다. 그러므로 그러한 일에는 회화가 최적이니, 회화는 오로지 개종만을 하나의 그림으로 집약하면 되는 것이지 그 밖에 범죄적인 일을 세세히 늘어놓을 필요가 없기 때문이다. 이러한 유형으로는 이 권역의 가장 아름다운 대상들의 하나로 산정될 수 있는 마리아 막달레나가 있으니, 특히 이탈리아 화가들이 그녀를 탁월하게 예술적으로 다루었다. 여기에서 그녀는 명실공히 아름다운 죄인으로 나타나니, 그녀에게서는 죄도 개종에 못지않게 매력적이다. 그런데 그렇다면 죄도 신성함도 그렇게 진지하게 받아들여지는 것이 아니다. 그녀는 많이 사랑했기에 많이 용서받았다. 사랑과 아름다움 때문에 [168] 그녀에게 이런 용서가 있었으니, 그렇다면 감동은 이제 그녀가 애정 행각을 벌이면서도 스스로 양심을 지킨다는 사실, 감수성 깊은 영혼의 아름다움을 갖고 고통의 눈물을 흘린다는 사실이 감동적이다. 그녀가 많은 사랑을 했다는 것, 그것이 그녀의 잘못이 아니다. 그녀의 감수성 깊은 아름다움은 대단한 것이어서 그녀의 사랑이 고상하며 깊은 심정에서 나온 것이라는 생각만을 안기기에, 그녀가 자신을 죄인이라고 믿은 사실, 이것이 말하자면 그녀의 아름답고도 감동적인 잘못인 것이다.

c. 기적과 전설들

앞의 두 측면과 연관하는, 그리고 두 측면에 모두 타당할 수 있는 마지막 측면은 대체로 이 전체 권역에서 [즉 낭만적 예술의 종교적 권역에서] 주역을 담당하는 기적들에 관한 것이다. 이 관계에서 보면 우리는 기적을 직접적, 자연적 존재의 변환사로 서술할 수 있다. 현실은 범속하고도 우연적인 현존재로서 현전한다. 이 유한자에 신성의 손길이 닿으니, 신성이 극히 외적이며 특칭적인 것에 직접 개입하는 한, 신성은 유한자를 해체하고, 왜곡하고, 전혀 다른 무언가로 만들고, 흔히 말하는 대로 한다면 사물의 자연적 과정을 중단시킨다. 이제 그러한 현상들에 사로잡혀 그 속에서 신성을 인식한다고 믿는 심정을 유한한 표상을 극복한 심정으로 묘사하는 것, 이것이 많은 전설들의 주된 내용이다. 그러나 사실상 신성은 오직 이성의 자격으로, 신이 자연에 심어 놓은 자연 자체의 철칙이라는 자격으로 자연을 손대거나 다스릴 뿐이니, 자연법칙에 저촉되는 개별적 상황이나 작용들에서 신성이 정녕 신성으로서 증명될 수는 없는 일이다. 왜냐하면 진정으로 자연 속에 들어서는 것은 오직 이성의 영원한 법칙과 규정들뿐이기 때문이다. 이러한 면에서 보면 정신과 심정이 어느 모로나 하필 비이성적이며, 그릇되며, 신성하지 못한 것으로부터 신의 현재와 작용에 대한 믿음을 향해 [169] 움직이는 관계로, 전설들은 불필요하게 난해하고, 무미건조하고, 무의미하고, 터무니없는 것으로 변질되곤 한다. 그럼에 있어서 감동, 경건함, 개종이 여전히 일말의 관심사인 것은 사실이나, 그것은 다만 하나의 내적 측면에 그칠 뿐이다. 이 측면이 또 다른 요소, 즉 외적인 요소와 관계를 맺는다면, 그리고 그 즉시 이 외적인 것이 마음의 개종을 야기한다고들 하지만, 그것이 꼭 자체적으로 부조리하며 비이성적인 것이어야 할 필요는 없다.

이것이 이 권역에서 신의 본성 그 자체로서, 하나의 과정으로서 —이 과정을 통해, 그리고 이 과정 속에서 신은 정신으로 존재한다— 간주되는 실체적 내용의 주된 계기들이라 할 것이다. 예술은 이러한 절대적 대상을 스스로 마련하여 계시하는 대신 종교로부터 받아들이며, 또한 그것이 즉자대자적 참일 것이란 의식과 더불어 그것을 언표하고 묘사하기 위해 그리로 다가간다. 이것이 신심과 동경에 찬, 스스로 내면 자체에서 무한한 총체성으로 존재하는 심정의 내용이니, 이제 외적인 것은 내면과 완벽한 조화를 이루지 않는 다소간 피상적, 무차별적인 것으로 남게 되며, 또한 그런 까닭에 종종 하나의 역겨운, 예술에 의해 완벽히 정복될 수 없는 소재로 된다.

제2장
기사도

살펴보았듯이, 내적으로 무한한 주관성의 원리는 일차적으로 절대자 그 자체, 신의 정신을 신앙과 예술의 내용으로 갖는바, 이러한 정신은 자신을 인간의 의식과 매개하고, 화해시키며, 이를 통해 비로소 참으로 대자 그 자체로서 존재한다. 이러한 낭만적 신비가 절대자 안에서의 지복에 한정되는 관계로, 그것은 세속에 스며들거나 세속을 긍정적으로 받아들이지 않는 대신, 그에 대립하고 또한 그것을 물리치는 까닭에 하나의 추상적인 깊은 감정으로 머문다. 신앙은 이러한 추상 속에서 삶과 분리되어 있으며, [170] 인간적 현존재의 구체적 현실에서, 사람들이 서로 맺는 실정적 관계에서 멀리 있으니, 오직 신앙 안에서, 오직 신앙을 위해 사람들은 제3자인 교구의 정신 안에서 서로의 동일성을 의식하고 서로를 사랑한다. 이 제3자가 유일하게 그들의 상을 비추는 맑은 샘이니, 인간은 직접 인간의 눈을 보지 않고, 상대방과 직접적 관계를 맺지 않으며, 또한 사랑, 신뢰, 신의, 목적, 행위 등의 통일성을 구체적 생명성에서 감응하지 않는다. 추상적으로 종교적인 깊은 감정 속의 인간은 내면의 희망과 동경의 본질을 오로지 신의 왕국에서의 삶, 교회공동체에서의 삶으로서만 발견한다. 또한 구체적 자아에 따르는 자신의 모습을 타인의 앎과 의지 속에서도 직접 자신 앞에 갖기 위해서는 제3자 속의 이러한 정체성을 의식에서 몰아내야 하지만 아직 그러지 못하고 있다. 그러므로 종교의 전체적 내용은 어쩌면 현실성의 형식을 지니기도 하겠으나, 그것은 다만 표상의 내면성에만 있을 뿐이므로, 이 내면성은 생생하게 자신을 펼쳐 가는 현존재를 소진시키고, 세속사에 의해 채워져 현실성으로 전개되기도 하는 그 고유한 생명을 생명 자체의 한층 높은 요구로서 만족시키는 일에서 멀어져 있다.

그러므로 애당초 단순한 지복 속에서 완성된 심정은 그 실체적 국면인 하늘나라를 벗어나, 자기 자신을 응시하고 또한 하나의 현재적인, 주관 자체에 속하는 내용에 다가가야만 한다. 이를 통해 이전의 종교적 내밀함이 이제는 세속적인 종류의 것으로 된다. 너희들은 부모를 떠나 나를 따라야만 한다고 그리스도가 말했던 것은 사실이다. 형제는 형제를 미워할 것이며, 그들은 너희를 책형에 처할 것이며, 박해할 것이며 등의 말을 하기도 했다. 그러나 신의 왕국이 세상 속에 자리 잡고 세속의 목적과 관심들을 관류하며 이를 통해 그것들을 변모시키는 작용을 한다면, 그리고 아버지와 어머니와 형제가 함께 교회공동체 속에 있다면, 세속사 역시 그 나름으로 타당성의 권리를 요청하고 주장하기 시작한다. [171] 이 권리가 쟁취된다면, 처음에는 인간사 자체에 대해 배타적인 종교적 심정의 부정적 태도 역시 이제 소멸되며, 정신은 자신을 확장하여 그 현재 속에서 자신을 돌아보며, 현실적이고 세속적인 마음을 넓혀 간다. 근본 원칙 자체는 변한 것이 없다. 내적으로 무한한 주관성이 또 다른 국면의 내용을 향하고 있을 뿐이다. 이러한 이행은 주관적 개체성이 이제는 개체성으로서 신과의 매개에 의존하지 않고 독자적으로 자유롭게 된다는 말로써 표현될 수 있다. 왜냐하면 주관적 개체성은 자신을 단순, 유한한 제한성과 자연성에서 벗어나게 해 준 바로 그 매개 안에서 부정성의 길을 통과하였으며, 그리하여 내면 자체에서 스스로에게 긍정적으로 된 후에는 자유롭게 주관으로서, 즉 이미 무한성 속에서 ―여기서는 일단 아직 형식적인 무한성일지라도― 자신과 타인에 대한 완벽한 존중을 달성하려는 요구를 지니는 주관으로서 등장하기 때문이다. 그러므로 주관적 개체성은 종래에는 오로지 신으로만 채웠던 무한한 심정의 완전한 내면성을 이러한 자신의 주관성 속으로 들여놓는다.

하지만 무엇에 의해 인간적 가슴의 깊은 감정이 채워지는가를 묻는다면, 대체 이 새로운 단계에서 그 내용에 해당하는 것은 오로지 주관적인 무한한 자기연관성이 전부이다. 주관은 내적으로 무한한 개체성으로서 오로지 자기 자신에 의해 채워질 뿐, 그 밖에 관심이나 목적이나 행위들이 갖는 어떤 내재적인 객관적, 실체적 의미내용이 좀 더 구체적으로 전개되거나 중요성을 띠는 것은 아니다. 그런데 주관의 입장에서 보면 이러한 무한성으로 상승하는 감응은 좀 더 자세히 말해 주로 세 가지, 즉 주관적 명예, 사랑 그리고 충성이다. 이것들은 본연의 인륜적 속성이나 덕성이 아니라 자기 자신으로 채워진, 주관의 낭만적 내면성의 형식들에 불과하다. 왜냐하면 명예는 개인의 독립성을 위해 투쟁하지만, 이 독립성은 공동체를 위한 용감성, 공동체에서의 공정성 내지 사생활권에서의 정직성이라는 명성을 위한 용감성으로 나타나지 않고, [172] 반대로 오직 개별적 주관의 인정 및 그 추상적 불가침성만을 위해 싸우기 때문이다. 사생활권의 중심이 되는 사랑도 마찬가지이니, 사랑은 다만 주관을 대하는 주관의 우연적 열정일 뿐으로, 제아무리 판타지를 통해 확장되고 깊은 감정을 통해 심화된다고 한들, 부부와 가족의 인륜적 관계는 아닌 것이다. 충성은 단순히 자신의 것만을 도모하지 않고 한층 높은 공동의 것을 견지하며, 타인의 의지에, 즉 주인이 원하고 명하는 바에 헌신하며 이를 통해 이기심이나 고유한 특수의지의 독자성을 포기하는 관계로 이미 한층 더 인륜적 성격의 외관을 갖는 것이 사실이긴 하다. 그러나 충성심은 이 공동체가 대자적으로 갖는 객관적 관심, 즉 국가생활로 발전된 공동체의 자유라는 관심과 관계하지 않고, 개별자로서 독자적으로 행동하거나 일반적 관계들을 [자신 안에] 모아 그것들을 위해 활동하는 주인의 인격과 결부될 뿐이다.

이 세 측면들은 얽히고설켜 그와 유관한 종교적 관계들을 형성할 뿐만 아니라 기사도의 주 내용을 형성하며, 종교적 내면의 원칙에서 그 원칙이 세속의 정신적 생동성으로 들어가는 필연적 발전을 제공하는바, 이 영역에서 낭만적 예술은 이제 하나의 발판을 얻으니, 여기에 입각해서 그것은 독립적, 자발적인 창조를 할 수 있으며, 소위 한층 자유로운 미로서 존재할 수 있는 것이다. 왜냐하면 여기서 낭만적 예술은 그 자체로 확고한 종교적 표상들이 갖는 절대적 의미내용과 유한성 및 세속성이 갖는 다채로운 특칭성과 제한성 사이의 자유로운 중간에 서 있기 때문이다. 여러 특수한 예술 장르들 중에서 주로 시문학이 이러한 소재를 가장 적절하게 다룰 줄 알았으니, 시문학은 오직 자신에게만 종사하는 내면성 및 그 목적과 사건들을 표명함에 있어 가장 뛰어난 능력을 지니기 때문이다.

이제 우리 앞에 있는 소재는 인간이 자신의 고유한 가슴에서, 순수 인간적인 것의 세계에서 취한 것인 까닭에 [173] 이 점에서는 낭만적 예술이 고전적 예술과 같은 기반 위에 서 있는 듯 보일 수도 있으며, 그런고로 이 자리는 우리가 양자를 상호 비교, 대비할 수 있는 절호의 장이다. 우리는 앞에서 이미 고전적 예술을 내면 자체에서 객관적으로 참된 인간성의 이상이라고 특징지었다. 고전적 예술의 판타지는 인륜적 파토스를 포함하는 실체적 내용을 중심으로 삼는다. 호메로스의 시가詩歌들, 소포클레스와 아이스킬로스의 비극들에서 중시되는 것은 진정 사실적인 의미내용의 관심들, 그 내용에 담긴 열정들의 엄격한 준수, 내용의 사상에 어울리는 깊이 있는 언행이다. 그리고 그러한 파토스에만 잠겨 있는, 제각각 독자적인 영웅과 형상들의 권역 위로 한층 높은 객관성을 갖는 신들의 영역이 있다. 심지어는 예컨대 저부조低浮彫에서 보이는 조각의 무한한 자세들에서, 후기의 비가悲

歌, 풍자시 그리고 기타의 우아한 서정시들에서 예술이 한층 주관적으로 될 경우에도, 대상이 이미 자신의 객관적 형상을 갖는 까닭에, 대상을 보여 주는 양식은 많든 적든 대상 자체를 통해 주어진다. 등장하는 것들은 고정된, 그 성격의 면에서 규정된 판타지의 이미지들이다. 비너스, 바쿠스, 뮤즈들이 그렇고, 마찬가지로 후기의 풍자시들에서는 현전하는 것들의 서술이 그렇다. 혹은 멜레아거의 작품[69]에서처럼, 친숙한 꽃들이 하나의 다발로 묶이고 느낌을 통해 절묘한 의미의 끈을 얻는다. 그것은 풍족하게 갖춰진, 즉 온갖 자원, 형상물 그리고 만능도구들이 충분히 비축된 집에서 벌어지는 즐거운 작업이다. 시인과 예술가는 그것들을 불러 모으고 분류하는 마술사일 뿐이다.

낭만적 시문학에서는 사정이 완전히 다르다. 그것은 세속적이며 또한 직접 신성사神聖史에 관계하지 않으니, 그런 한에서 그 영웅적 주인공들의 덕성과 목적은 그리스 영웅들의 경우와는 다른바, 이들의 인륜을 초기 기독교는 그저 찬란한 악덕으로만 간주했었다. [174] 까닭인즉 기독교의 인륜이 전제하는 현재는 인간성이 완전히 드러나 있는 것으로서, 이 안에서는 의지가 즉자대자적으로 자신의 개념에 따라 행동하며, 또한 규정된 내용의 자유 및 이 내용이 실현된, 절대적으로 타당한 관계들에 도달해 있기 때문이다. 부모와 자식의 관계, 부부의 관계, 도시민들의 관계, 자유가 실현된 국가의 관계들이 이것이다. 행위의 이러한 객관적 의미내용은 자연성의 기초를 긍정적으로 인정, 보장하는 것이기에 인간 정신의 발전에 속한다. 그런 까닭에 그것은 인간성의 자연적 측면을 제거하는 데 힘쓰는, 예의 집중화된 깊은 종교적 감정에 더 이상 상응하지 않으며, 또한 순종, 인간적 자

---

69 그리스의 시인이자 철학자인 멜레아거(Meleager)가 수집한 46수의 그리스 시가선인 *Garland, forty-six poems in the Greek Anthology*(B.C. 80년경)를 가리킨다.

유와 자주성의 포기 같은 반대의 덕성을 피해야만 하는 것이다. 추상적 태도를 취하는 기독교적 경건성의 미덕은 세속성을 말살하며 또한 주관이 그 자신의 인간성을 절대적으로 부정하는 경우에만 주관을 자유롭게 만든다. 기사도의 주관적 자유는 더 이상 단순한 인내와 희생을 조건으로 삼지 않으며 내면에 대해, 그리고 속세에 대해 긍정적인 것이 사실이지만, 그럼에도 이미 살펴보았듯이 주관의 무한성은 또다시 깊은 감정 그 자체만을 내용으로 가질 뿐이므로, 이 감정은 내면 그 자체에서 운동하는, 그리고 자신의 세속적 토대를 자신 안에 갖는 주관적 심정에 그친다. 이러한 관계에서 보면 여기서 시문학은 틀에 박힌 표현으로 있을 법한 어떠한 전제된 객관성도, 어떠한 신화도, 어떠한 심상이나 형상들도 앞에 두고 있지 않다. 그것은 완전히 자유롭게, 어떠한 질료도 없이, 순전히 창조적이며 생산적으로 떠오른다. 그것은 마치 자유롭게 가슴으로부터 자신의 노래를 부르는 새와 같다. 그렇긴 하나 이러한 주관성이 제아무리 고상한 의지와 심오한 영혼을 갖는다고 해도, 그 행위들 및 행위들의 관계와 실태에서는 오직 자의와 우연성만이 나타날 뿐이니, 까닭인즉 자유와 그 목적들이 인륜적 의미내용의 면에서 보면 여전히 비실체적인 내적 반성에서 출발하기 때문이다. 그리하여 우리가 개인들에게서 발견하는 것은 [175] 그리스적 의미의 특수한 파토스나 그와 긴밀하게 결부된 개성의 생명력 있는 독자성이라기보다는 오히려 사랑, 명예, 용감성, 충성과 연루된 여러 등급의 영웅적 행위일 뿐이니, 영혼의 악함과 고귀함은 주로 이 등급에 따라 여러 가지로 나뉜다. 그런데 중세의 영웅들이 고대의 영웅들과 공유하는 것이 있다면, 그것은 용감성이다. 하지만 이것마저도 여기서는 완전히 다른 입장을 취한다. 그것은 자연적 용기라기보다는 —이 용기는 강건한 소질, 문명에 의해 허약해지지 않은 육체의 힘 그리고 의지력에서 기인하며, 또한 객관적 관심사를 관철하는 버팀목이다— 정신의 내면성, 명예, 기사도에서 출발하며 또한 전반적으로 환상적인 것이다. 왜냐하면 그러한 용감성은 내적 자의가 행하는 모험들, 이와 연루된 우연지사들, 혹은 신비로운 경건성의 충동들, 단적으로 말해 주관이 자신에 대해 갖는 주관적 관계에 자신을 맡기기 때문이다.

그런데 이러한 형식의 낭만적 예술은 동서양에서 모두 잘 나타난다. 즉 서방에서는 그 주관적 내면으로 향하는 정신의 이러한 하강에서, 동방에서는 유한성으로부터의 해방을 향해 자신을 펼치는 의식의 이러한 일차적 확장에서 나타난다. 서방의 경우 시문학은 내면으로 되돌아온 심정에 기인하는바, 이 심정은 그 자체가 중심점이 되었기는 하되 자신의 세속성을 다만 자기 입장의 일부분에, 한 측면에 불과한 것으로서 가지며, 그 위로는 여전히 한층 높은 신앙의 세계가 서 있는 것이다. 동방의 경우에는 무엇보다 아랍인이 그러한데, 그들은 우선 메마른 사막과 하늘 이외에는 어떤 것도 앞에 두지 못하는 하나의 점으로 있으면서도, 세속성의 광채와 그 일차적 확장을 향해 힘차게 발을 디디는 자이며, 그러면서도 동시에 자신의 내면적 자유를 여전히 보존하는 자이다. 말하자면 동방에서는 기초를 순수하게 닦고 유한성과 판타지로 점철된 일체의 우상숭배를 배격했으되 그러면서도 심정에게 주관적 자유를 주어 그것으로 심정을 가득 채웠던 종교가 한마디로 이슬람교인바, [176] 그리하여 여기서는 세속성이 전혀 다른 국면을 이루는 것이 아니라 보편적 무애無碍를 향해 함께 올라가게 되며 이러한 무애 속에서 가슴과 정신은 신을 객관적으로 형상화하지 않아도 내적으로 즐거운 생명성 속에서 화해되어 있으며, 이론적으로 그들의 대상을 찬미하는 가운데서도 느긋하게 즐기고 사랑하고 만족하고 또한 행복해하는바, 그것은 걸인의 무애와도 같은 것이다.

1. 명예

명예라는 주제는 고대의 고전적 예술에서는 알려지지 않았다. 아킬레우스의 분노[70]가 일리아스의 내용 및 전개 원리를 이루는 까닭에 이에 따라 모든 일들이 이어진다고 할 수는 있겠으나, 우리가 현대적 의미에서 명예라고 이해하는 것은 여기에 들어 있지 않다. 아킬레우스는 본질적으로 그의 명예의 보상γέρας이자 그의 소유인 현실적 전리품을 아가멤논에게 빼앗긴다는 오직 그 사실로 인해 자신이 침해당했다고 본다. 여기서 침해는 일종의 실물인 하사품과 관련하여 발생하는데, 이 하사품에는 무엇보다 명성과 용감성을 선호하고 인정한다는 점 또한 들어 있었으니, 아킬레우스가 분노하는 까닭은 아가멤논이 그를 대접하지 않았기 때문이며, 그를 전혀 존경하지 않는다는 사실을 그리스인들에게 주지시켰기 때문이다. 그러나 침해는 인격 그 자체의 마지막 정점으로까지 치닫지는 않으며, 그리하여 이제 아킬레우스도 그가 빼앗긴 몫을 되찾고 몇 가지의 선물과 재물을 추가로 얻음으로써 만족해한다. 또한, 우리의 생각으로는 그들이 아주 거칠게 서로를 모욕했음에도 불구하고, 아가멤논은 결국 이러한 배상을 거부하지 않는다. 그들은 욕설들로 분기탱천했음에도 불구하고, 특수한 사실적 침해는 그 또한 특수하고 사실적인 방식으로 다시 지양되는 것이다. [177]

a. 명예의 개념

이에 반해 낭만적 명예는 종류가 다르다. 여기서 침해가 관계하는 것은 사실적인 실제 가치, 재산, 신분 혹은 의무 등등이 아니라, 인격 그 자체와

---

70   역주: 호메로스의 『일리아스』 제1권 시작 부분 참조.

인격의 자기표상, 즉 주관이 독자적으로 자신에게 할애하는 가치이다. 현 단계에서는 주관이 스스로에 무한한 만큼 이 가치는 무한하다. 그러므로 인간이 자신의 무한한 주관성에 대한 최초의 긍정적 의식을 얻는 곳은, 주 관성의 내용과 상관없이 명예이다. 이제 개인이 소유하는 것, 그에게서 무 언가 특수함을 형성하는 것 ─이 특수함을 상실하더라도 개인은 전과 다름 없이 존속할 수 있겠지만─, 바로 그 속으로 명예를 통해 전체 주관성의 절 대적 타당성이 유입되며, 또한 그 속에서 자타 모두에 그 표상을 준다. 그러 므로 명예의 척도는 주관이 현실적으로 존재하는 바에 달려 있는 것이 아 니라 이러한 표상 안에 들어 있는 것에 달려 있다. 그러나 표상은 각각의 특 수함을 보편성으로 만들며 그리하여 나의 전체 주관성은 나 자신의 이러한 특수함 속에 놓이게 된다. 명예는 한갓 가상일 뿐이라고 이야기되곤 한다. 물론 이것은 맞는 말이다. 그러나 낭만적 입장에 따르자면 명예는 좀 더 구 체적으로 내면 자체가 비치는 주관성의 가상이자 반영으로 간주될 수 있으 며, 그 비침은 내적 무한자의 비침으로서 그 자체가 무한한 것이다. 바로 이 러한 무한성을 통해 명예의 가상은 주관의 고유한 현존재, 그 최고의 현실 성이 되며, 명예가 비추어 주는, 그리고 명예의 고유한 특질이 되는 각각의 특수한 특질은 이러한 비침 자체를 통해 이미 무한한 가치로 제고되어 있 다. ─ 이러한 종류의 명예는 낭만적 세계의 한 기본 규정을 형성하며 또한 인간이 단지 종교적일 뿐인 표상과 내면성에서 발을 뺀 만큼이나 살아 있 는 현실성 속으로 발을 들였으리라는 사실을, 그리고 그 현실성의 소재에 서 이제는 자기 자신의 순수 개인적 독자성과 절대적 타당성에만 실존을 부여할 것이라는 사실을 전제로 삼는다. [178]

그런데 명예는 극히 다양한 내용을 가질 수 있다. 왜냐하면 내가 존재하 는 바, 내가 행하는 바, 타인이 나에게 가하는 바의 모든 것이 또한 나의 명 예에 속하기 때문이다. 그러므로 나는 나름대로 진정 실체적인 것, 즉 주군,

조국, 직업 등에 대한 충성, 가장으로서의 의무 완수, 부부간의 신의, 상거래의 도의, 학문적 연구의 양심 등을 명예로 칠 수 있다. 그런데 명예의 관점에서 볼 때 그 자체로 타당하며 참된 이 모든 관계들이 그렇기 때문에 이미 재가를 받고 인정되는 것이 아니라 내가 나의 주관성을 그 속에 이입하고 이를 통해 그것들을 명예의 문제로 만든다는 사실 때문에 그런 것이다. 그러므로 명예를 중시하는 인물은 매사에 임해 언제나 자기 자신을 먼저 생각한다. 그리고 문제는 어떤 것의 즉자대자적 정당성 여부가 아니라, 그것이 그에게 어울리는가, 그것에 관여하는 것과 그것을 멀리하는 것 중 어떤 것이 그의 명예에 합당한가 하는 것이다. 그런고로 그는 최악의 행동조차 서슴지 않으면서도 명예를 중시하는 인물일 수 있는 것이다. 마찬가지로 그는 스스로 자의적 목적을 상정하고 자신을 일정한 성격을 갖는 것으로 표상하며, 또한 이를 통해 어느 모로 보나 자체로는 하등의 구속력과 필연성을 갖지 않는 일에 구애받는다. 이 경우, 일단 성격을 설정하면 그것을 주장하는 것이 명예의 사안으로 되는 까닭에, 난관과 혼란들을 조성하는 것은 사태가 아니라 주관적 표상이다. 그러므로 예컨대 「돈나 디아나」[71]는 일단 사랑에 귀를 기울이지 않는 것이 가치 있다고 여겼기 때문에, 행여 그녀가 느끼는 사랑을 고백한다면 그것은 그녀의 명예에 반하는 것으로 간주된다. ― 그러므로 일반적으로 명예의 내용은 오직 주관을 통해 타당성을 얻을 뿐 그 자체에 내재하는 본질성에 준해 타당한 것이 아니므로, 그것은 우연성으로 점철된다. 그리하여, 개인이 권리의식과 자기 개성의 무한한 자의식을 동시에 결부시키는 까닭에, 우리가 낭만적 묘사들에서 한편으

---

71 역주: 디아나는 로마 신화에 나오는 달의 여신으로서 처녀성과 사냥의 수호신이다. 돈나 디아나는 많은 스페인 희곡에서 등장하는데 여기서는 아마도 A. Moreto y Cabaña(1618~1669)의 희곡 El Desdén con el Desdén을 참조하는 듯하다.

로 보는 것은, 절대적으로 정당화되어 있는 이른바 명예의 법칙[72]이다. 명예가 무언가를 요구하거나 금지한다면, [179] 이것은 전체 주관성이 이러한 요구나 이러한 금지의 내용을 위해 전력투구하리라는 사실, 그리하여 그 위반은 어떠한 거래를 통해서도 묵과, 보상, 대체되지 않으리라는 사실, 그리고 주관은 이제 어떠한 다른 내용에도 귀를 기울일 수 없으리라는 사실을 표현한다. 그러나 역으로, 명예가 나의 메마른 자아, 나 홀로 무한한 자아 이외에는 아무것도 포함하지 않거나 심지어 극히 저열한 내용을 의무적인 것으로서 받아들이는 한, 명예는 또한 완전히 내용 없는 형식으로도 될 수 있다. 이 경우 명예의 목적이 표현하는 것은 본질적 내용이 아니라 그저 추상적인 주관성일 뿐인 관계로, 특히 극시들에서 명예는 차디찬 죽은 대상으로 남는다. 그런데 필연성을 갖는 것, 이러한 필연성 속에서 다양한 관계들에 따라 외연화되는 것, 필연적인 것으로서 의식화되는 것은 오직 내적으로 실체적인 의미내용뿐이다. 한층 심오한 내용의 이러한 결핍은 자잘한 반성이 주관과 접해 있는, 즉자적으로 우연하며 무의미한 것을 명예의 범위 속으로 함께 끌어들일 경우 특히 잘 드러난다. 이때 소재가 모자라는 법은 결코 없다. 왜냐하면 그 자잘함이란 지극히 세세한 차이를 분석하는 재능이니, 여기서는 그 자체로는 전혀 상관할 필요조차 없는 많은 측면들이 발굴되어 명예의 대상이 될 수 있기 때문이다. 명예의 항목들에 관한 이러한 반성의 궤변을 극시에서 전개하고, 그것을 심오한 반성인 것처럼 명예의 주인공들의 입에 올린 자들은 주로 스페인 사람들이다. 그리하여 예를 들면 부인의 정절은 극히 소소한 일거수일투족에 이르기까지 추궁당할 수 있고 또한 이미 다른 사람들이 갖는 단순한 혐의가, 심지어 그러한 혐의의

---

72 역주: 명예를 지키기 위하여 벌이는 결투 등의 관례를 의미한다.

단순한 가능성이, 남편이 그 혐의가 잘못된 것임을 알고 있는 경우라도, 명예의 대상으로 될 수 있는 것이다. 이것이 충돌들로 이끌릴 경우 이러한 충돌들의 실행에는 어떠한 만족도 들어 있지 않은바, 까닭인즉 우리가 앞에 두고 있는 것은 전혀 실체적인 것이 아니며 그리하여 우리가 그로부터 얻어 내는 것은 필연적 적대관계의 진정이 아니라 단지 지겹도록 갑갑한 감응일 뿐이기 [180] 때문이다. 프랑스의 극시들에서도 무미건조한, 그 자체로는 완전히 추상적이지만 본질적 관심인 양 간주되는 명예가 종종 있다. 그러나 프리드리히 폰 슐레겔 씨의 『알라르코스』는 그 자체로는 차갑게 식어 죽어 있는 이런 소재 면에서 압권이다. 주인공은 그의 고상하고 사랑스러운 부인을 살해한다 ―왜냐고?― 명예를 위해, 그리고 이 명예는 그가 전혀 열정을 느끼지 못하는 왕녀와 결혼하고 또한 그럼으로써 왕의 부마가 될 수 있다는 점에서 성립한다. 이것은 경멸할 만한 파토스이자 좋지 않은, 그러나 고상하고 무한한 척하는 생각이다.

b. 명예의 침해 가능성

그런데 명예는 내 자신 안에서의 비추임일 뿐만 아니라 타인들의 표상과 인정 속에도 있어야만 하며, 타인들 역시 나름대로 그들 명예에 대한 동일한 인정을 요구할 수 있는 까닭에, 명예는 모름지기 침해당할 수 있는 것이다. 왜냐하면 내가 어디까지, 그리고 어떤 것과 관계하여 그 요구를 확대할 것인가는 순전히 나의 자의에서 기인하기 때문이다. 이런 점에서 보면 아주 사소한 저촉이 나에게는 이미 상당한 의미를 지닐 수 있다. 그리고 구체적 현실에서의 인간은 갖가지 사물들과 극히 잡다하게 관계를 맺으며, 또한 그가 자신의 것으로 간주하며 그의 명예를 걸고자 하는 것의 범위가 무한히 확대될 수 있는 까닭에 개인들의 독립성과 그들의 완고한 특이성으로 인해 ―이러한 것도 마찬가지로 명예의 원칙에 들어 있다― 싸움과 다툼이 끝없이 벌어진다. 그러므로 명예의 경우가 대개 그렇듯이 침해의 경우에도 내가 하나의 내용의 면에서 침해당했다고 느끼더라도 그 내용이 중요한 것이 아니다. 왜냐하면 부정되는 것은 그러한 하나의 내용을 자신의 내용으로 만들어 낸, 그리고 이제는 추상관념적인 무한한 이 하나의 점으로서의 자신이 공격당했다고 간주하는 그런 인격성과 관계하기 때문이다.

c. 명예의 회복

그러므로 모든 명예의 침해는 무언가 그 자체로 무한한 것으로 간주되며 따라서 오직 [181] 무한한 방식으로 보상될 수 있을 뿐이다. 사실 모욕에도 또다시 많은 등급이 있고 그와 마찬가지로 만족에도 많은 등급이 있다. 그러나 도대체 이 권역에서 내가 침해로 간주하는 것은, 즉 내가 얼마만큼 모욕당했다고 느끼며 여기에 얼마만큼 보상을 요구할 것인가는 여기서도 극히 소심한 반성과 과민한 감수성으로까지 나아갈 권리를 갖는 주관적 자의에 전적으로 달려 있다. 이 경우 그러한 보상을 요구함에 있어 나를 침해하는 사람은 내 자신이 그렇듯 명예를 중시하는 자로서 인정되어야만 한다. 왜냐하면 나는 상대방으로부터 내 명예의 인정을 원하기 때문이다. 그런데 그가 자신을 위해, 그리고 자신을 통해 명예를 갖기 위해서는 그는 나 자신에게 명예로운 남성으로, 즉 나에게 저지른 침해와 그에 대한 나의 주관적 적대감에도 불구하고 그는 인격의 면에서 하나의 무한자로서 간주되어야만 한다.

그러므로 명예의 원칙 일반에는 하나의 기본 규정이 있으니, 그것은 누구도 그 자신의 행동을 통해 다른 어떤 사람에게 자신에 관한 권리를 부여해서는 안 된다는 점과 그리하여 그가 무엇을 행하거나 범했든 간에 그것은 예나 지금이나 변함없이 무한자로 간주되며 또한 이러한 특성 속에서 수용, 취급될 것이라는 점이다.

이제 이러한 면에서 보면 명예의 분쟁과 그 보상이 개인적 독자성에서
ー이 독자성은 어떤 것도 자신을 제한할 수 없다고 여기며 자기 스스로 행
동한다ー 기인하는 까닭에, 우리가 일단 여기에서 보는 것은 이상理想의 영
웅적 형상들에서 기본 규정을 형성하였던 것, 즉 개성의 독자성의 재출현
이다. 그러나 명예는 자기 자신에 대한 집착과 자기기인적 행위만을 갖는
것이 아니다. 독자성은 여기에서 자기 자신의 표상과 결부되어 있으며 바
로 이 표상이 명예의 본격적인 내용을 형성하는 까닭에 명예는 외적인 현
전에서 자신의 고유함을, 그리고 이 고유함에서 자신의 주관성 전체를 표
상한다. 이로써 명예는 내적으로 반성된, 그러나 오로지 이 하나의 반성만
을 [182] 자신의 본질로 갖는 독자성인 바, 그 내용이 그 자체로 인륜적, 필
연적인 것인가 아니면 우연적, 무의미한 것인가는 전적으로 우연에 맡겨
진다.

2. 사랑

낭만적 예술의 표현에서 주요 역할을 담당하는 두 번째 감응은 사랑
이다.

a. 사랑의 개념

명예에서는 스스로 절대적 독자성을 갖는다고 생각하는 개인적 주관성
이 근본규정을 이룬다면, 사랑의 최고봉은 오히려 이성異性의 개인에 대한
주체의 헌신이자 그 자신의 독자적 의식과 개별화된 대자존재의 포기이니,
주체는 자신의 본모습을 상대방의 의식 속에서 비로소 알아야 한다고 느낀
다. 사랑과 명예는 이 면에서는 대립적이다. 그러나 역으로, 명예가 인정받
을 것을, 즉 한 인물의 무한성이 또 하나의 다른 인물에게 수용될 것을 요구

하는 한도에서, 우리는 사랑을 이미 명예 가운데 들어 있는 것의 실현으로서도 간주할 수 있다. 이러한 인정이 참되고 총체적이려면 나의 인격이 단지 추상적으로 존경받거나 하나의 구체적이며 개별화된 경우에만, 그러니까 제한된 경우에만 다른 인격들에 의해 존경받아서는 안 되며 전체적 주관성으로서의 내가 과거에 그랬고, 지금 그러하며, 앞으로도 그러할 한 개인으로서 다른 한 개인의 의식을 관류하며 그의 고유한 의지와 지식, 그의 노력과 소유를 형성하는 경우 비로소 가능하다. 이 경우에는, 내가 오직 그의 속에서 나에게 현존하듯, 타자는 오로지 내 안에 있다. 양자는 이러한 충일한 통일성 속에서 비로소 독자적으로 존재하며 또한 이러한 동일성 속으로 그들의 전 영혼과 세계를 들여놓는다. 이 점에서 사랑에 낭만적 예술을 위한 중요성을 부여하는 것은 [명예의 경우와] 동일한 주관의 내적 무한성이지만, [183] 이 중요성은 사랑의 개념이 수반하는 한층 상위의 풍성함을 통해 더욱 상승된다.

이제 좀 더 자세히 보자면, 명예는 종종 반성들과 오성의 궤변에서 기인할 수 있지만, 사랑은 그렇지 않고 오히려 감응에서 그 근원을 발견하며 또한 동시에, 성차性差가 그 속에 작용하는 까닭에, 정신화된 자연관계라는 기반을 갖는다. 하지만 여기서 이 기반은 오로지 주관이 자신의 내면과 자기-내적-무한성에 따라 이러한 관계 속으로 소멸됨을 통해서만 본질적으로 된다. 상대 의식 속에서의 이러한 몰아沒我, 무욕무아無慾無我의 이러한 광휘 ―이 광휘를 통하여 주관은 스스로를 비로소 재발견하여 자신으로 된다―, 사랑하는 자가 자신을 위해 존재하거나 살거나 근심하지 않고 그의 현존재의 뿌리를 상대방 안에서 발견하되 이 안에서 자기 자신을 완전히 향유하게끔 해 주는 이러한 자기망각, 이것이 사랑의 무한성을 형성한다. 그리고 이러한 감정이 단순히 충동이나 감정으로 머물지 않는다는 사실, 판타지가 이러한 관계를 향해 자신의 세계를 형성한다는 사실, 보통은 이해관계, 환경, 목적들 탓에 현실적인 존재와 삶에 속하는 그 밖의 모든 것들이 이 감정의 장식물로 고양된다는 사실, 모든 것이 이러한 권역 속으로 휩쓸리며, 그리고 오직 이 관계에서만 하나의 가치가 부여된다는 사실, 무엇보다 이 사실에서는 아름다움이 발견된다. 특히 여성 인물들은 정신적이고 현실적인 삶의 전부를 이러한 감응을 위해 모으고 확장하며 오로지 그 속에서 현존재의 버팀목을 발견하고 또한 불운이 사랑을 스치면 심술궂은 첫 미풍에 꺼지는 촛불과 같이 스러져 가는 관계로, 그들에게는 이러한 헌신, 이러한 희생이 지고의 것이며 또한 그런 까닭에 그들에게는 사랑이 가장 아름다운 것이다. ― 고전적 예술에서는 사랑이 이러한 주관적 깊이의 감응으로는 나타나지 않으며, 대체로 오직 서술상의 부수적 계기로서 혹은 감각적 향유의 측면을 위해서 등장할 뿐이다. 호메로스에서는 사랑에 하등 큰 비중이 주어지지 않거나 [184] 사랑이 극히 장엄한 형태로 나타나는 바, 예컨대 페넬로페[73]의 모습에서와 같이 가정을 지키려는 혼인으로서, 안드로마케[74]에서와 같이 배우자와 어머니의 근심으로서, 혹은 그 밖의

---

73 역주: 호메로스의 서사시 『오디세이』의 주인공 오디세우스의 아내이며, 스파르타의 이카리오스와 물의 요정(妖精) 페리보이아 사이에 태어난 딸이다. 그리스군이 트로이를 함락한 뒤 10년이 지나도록 그의 남편 오디세우스가 돌아오지 않고 있을 때, 그의 고향 이타케의 저택에는 젊은 귀족들이 모여들어 남편을 기다리는 페넬로페에게 구혼을 하면서 밤낮으로 연회를 벌인다. 그녀는 이 구혼자들을 따돌리기 위해 궁리하던 끝에, 오디세우스의 아버지 라에르테스의 수의를 다 짤 때까지 기다리라고 말한다. 그녀는 그 후 낮에는 베를 짜고 밤이면 그것을 다시 풀며 시간을 끌었다. 이렇게 3년의 세월이 흘러간 어느 날, 하녀가 이 비밀을 구혼자들에게 누설하고 말았으나, 출정 후 20년 만에 돌아온 남편 오디세우스가 그 구혼자들을 응징하였다. 남편의 오랜 출타 중에도 절개를 지키면서 많은 구혼자들의 유혹을 물리치고 남편이 살아 돌아올 것을 굳게 믿은 페넬로페는 열녀의 귀감으로 두고두고 칭송되고 있다. 페넬로페에는 원앙, 오리라는 뜻이 담겨 있다.
74 역주: 트로이의 왕자 헥토르의 아내. 헥토르가 아킬레우스에게 패하여 죽고 아들 아스티아낙스마저 그리스군에 의하여 죽은 후, 그녀는 아킬레우스의 아들 네오프톨레모스의 첩이 되었는데, 그와의 사이에 세 아들 몰로소스, 피엘로스, 페르가모스를 낳았다. 자식이 없는 본처 헤르미오네는 남편이 출타한 사이에 아버지 메넬라오스와 음모하여 안드로마케와 아들들을 죽이려 하였다. 그들은 가까스로 죽음을 면하였으나 네오프톨레모스는 암살되었으며, 안드로마케는 나중에 아버지의 뒤를 이어 왕위에

인륜적 관계로서 나타난다. 이에 반해 파리스와 헬레나의 인연은 인륜적이지 않은 것으로 공인되어 트로이 전쟁의 전율과 고통의 원인이 되며, 브리세이스[75]에 대한 아킬레우스의 사랑은, 브리세이스가 영웅의 뜻에 맡겨진 노예인 까닭에, 감응과 내면의 깊이가 거의 없다. 사포[76]의 송가들에서는 사랑의 언어가 서정적 영감으로까지 고양되기는 하지만 주관적 심정과 정서의 깊은 감정이 표현되기보다는 오히려 교활하고 탐욕스러운 열혈熱血이 표현되고 있다. 다른 한편으로 아나크레온[77]의 우아한 소곡小曲들에서 나타나는 사랑은 상쾌한 일반적인 향유이니, 이 향유는 전 존재를 지배하는 무한한 고통이나, 혹은 답답하고 애타고 말 못하는 심정의 경건한 헌신이 없이 이래도 좋고 저래도 좋은 막된 사태로서의 직접적인 향유를 향해 돌진하는 바, 이 경우에는 다른 사람이 아닌 바로 이 소녀를 소유한다는 무한한 중요성이, 마치 수도승이 남녀 관계에는 전혀 신경을 쓰지 않듯, 고려되지 않은 채로 남아 있다. 마찬가지로 고대의 정통비극도 낭만적 의미를 갖는 사랑의 열정은 알지 못한다. 특히 아이스킬로스나 소포클레스의 경우에는 사랑은 그 자체로 하등 본질적 관심을 요구하지 않는다. 왜냐하면 비록 안티고네가 하이몬과 정혼한 사이이고 또한 하이몬은 그녀를 구할 처지가 못 되

오른 헬레노스의 아내가 되었다. 에우리피데스는 그녀의 이름을 제목으로 하여 비극 〈안드로마케〉를 썼고, 라신도 같은 이름의 작품을 썼다.
75 역주: 리르네소스의 왕 미네스의 왕비. 트로이전쟁에 참전한 아킬레우스는 트로이를 공격하기 전에 이웃 도시를 침략하였는데, 리르네소스도 그 가운데 하나였다. 아킬레우스는 미네스를 죽인 뒤 브리세이스를 여종으로 삼았는데, 이후 다른 어떤 여자보다도 사랑하였다고 한다.
76 역주: Sappho, 레스보스섬에서 태어난 고대 그리스의 서정시인. 그녀는 B.C. 630~612년 사이 언젠가에 태어났으며 B.C. 570년경 사망했다. 고대에는 그녀의 시가 매우 애송되었으나 오늘날은 대부분이 소실되었고 다만 명성만이 남아 있다.
77 역주: Anacreon(B.C. 570?~480?), 이오니아의 테오스 출생. 그의 작품은 주로 주석에서 흥을 돋우기 위해 쓰인 것으로 생각된다. 후일 6권으로 된 그의 작품집이 있었다고 하나 현재는 망실되었으며, 다만 여러 곳에서 인용된 100여 편의 단편이 전해질 뿐이다.

기 때문에 아버지인 크레온 앞에서 자해할 뿐만 아니라 심지어 그녀 때문에 자결까지 하지만, 그럼에도 그가 크레온에게 주장하는 것은 다만 객관적인 관계들일 뿐 그의 주관적 열정의 힘이 아닌바, 그가 느끼는 열정이 현대의 진정한 연인이 느끼는 열정의 의미를 갖는 것도 또한 아니다. 에우리피데스는 예컨대 『페드라』에서 사랑을 좀 더 본질적인 파토스로 다루지만, 여기에서 역시 사랑은 혈연을 저버린 비행으로, [185] 비너스를 위해 희생하기를 거리끼는 히폴리트를 파멸시키고자 그녀가 꾸민 감관의 열정으로 나타난다. 마찬가지로 우리는 메디치가의 비너스에서 사랑의 조형적 이미지를 보며 그 형상적 미려함과 아름다운 정교함을 부정하는 어떤 말도 할 수 없음이 사실이지만, 낭만적 예술이 요구하는 바의 내면성의 표현은 철저하게 빠져 있다. 로마의 시에서도 사정은 마찬가지이니, 여기서는 공화정과 엄격한 인륜적 삶이 해체된 이후 사랑은 다소간 감각적 향유로서 나타난다. 이에 반해 페트라르카는, 스스로가 아무리 자신의 소네트들을 유희로서 간주하고 또한 라틴어 시와 작품들이 그의 명성의 기반이기는 했어도, 이탈리아 하늘 아래서 예술적으로 육성된 열정적 가슴에서 종교와 결연을 맺게 된 바로 그 판타지적 사랑을 불멸의 반열에 올라서도록 만들었다. 단테의 뛰어남 역시 차후 종교적 사랑으로 승화되는 베아트리체에 대한 사랑에서 시작했으나, 반면 그의 용기와 대담성은 일종의 종교적 예술관의 에너지로 상승하였으되 이 예술관에서는 그는 누구도 감히 못했을 성싶도록 스스로를 인간을 다루는 세계 재판관으로 만들어 인간을 지옥, 연옥, 천당에 배정했었다. 단테의 뛰어남의 반대 이미지로서 보카치오는, 다채로운 노벨레[78]들에서 그의 시대와 나라의 도덕을 보여 줌으로써, 사랑을 때로는

---

78 역주: Novelle. 근세 이탈리아의 단편소설 양식을 뜻한다. 여기서는 『데카메론』을 가리킨다.

그 열정의 격렬함으로, 또 때로는 인륜성이 배제된 지극한 가벼움으로 묘사한다. 독일의 중세 연가戀歌에서는 사랑이 판타지의 풍성함이 빠진 채 감각적으로, 미려하게, 유희적으로, 음울하게, 단조롭게 나타난다. 스페인인들의 경우에는 판타지에 찬 표현으로, 기사도적으로, 때로는 권리와 의무의 추구 및 방어의 면에서 예민하게, 개인의 명예가 달린 사안으로서, 그리고 이 점에서도 최고의 광휘에 도취하는 것으로 나타난다. 이에 반해 조금 후일의 프랑스인들의 경우에는 사랑이 그보다는 연애사로, 허영을 좇는 것으로, 흔히 교묘한 궤변을 다해 아주 재치 있게 시로 만들어진 느낌으로, 때로는 정열이 빠진 감관의 향유로, 때로는 향유가 빠진 정열로, 고상하고 [186] 반성에 찬 느낌과 감수성으로 된다. ─ 하지만 여기는 이러한 지적들을 상술하는 장소가 아니므로 이쯤에서 그만두고자 한다.

b. 사랑의 충돌

이제 좀 더 자세히 보면 세속적 관심은 무릇 두 측면으로 나뉘니, 한편으로는 가정생활, 연합체적 국가, 시민정신, 법, 권리, 도덕 등등과 같은 세속성 그 자체가 있기 때문이며, [다른 한편으로는] 독자적으로 굳어진 이러한 현존재에 대비하여 한층 고상하고, 불같은 심정들 속에서 때로는 모든 면에서 종교와 일체가 되는, 또 때로는 종교를 경시하고 망각하는 가슴의 이 세속적 종교가 싹트며, 사랑이 유일하게 본질적인, 아니 유일한 최고의 삶의 관심사가 됨으로써, 모든 기타의 것들을 체념하고 연인과 더불어 사막으로 도피할 결심을 할 뿐만 아니라 사막의 ─그렇다면 물론 아름답지 못한─ 극한 속에서 예컨대 『하일브론의 케트헨』[79]에서처럼 노예처럼, 개처럼 예속

---

79 역주: Bernd Heinrich Wilhelm von Kleist(1777~1811)가 쓴 드라마.

된 채 인간의 존엄을 희생하는 데까지도 치닫기 때문이다. 그런데 이러한 분리로 인해 사랑 이외에도 그 밖의 삶의 제반 관계들이 자신들의 요구와 권리들을 표명하고, 또한 이로써 사랑의 열정의 유일한 지배권이 침해받을 수 있는 까닭에, 사랑의 목적들을 구체적인 현실에서 실행하기에는 충돌들이 없을 수 없다.

α) 이 점에서 우리가 언급해야 할 첫 번째의, 가장 흔한 충돌은 명예와 사랑의 갈등이다. 즉 명예도 나름대로는 사랑의 무한성과 똑같은 무한성을 가지니, 사랑의 행로에 절대적 장애가 되는 것을 내용으로 취할 경우가 있다. 명예의 의무는 사랑의 희생을 요구할 수 있다. 예컨대 낮은 신분의 소녀를 사랑한다는 것은 일정한 입장에서 보면 높은 신분의 명예에 반할지도 모를 일이다. 신분들의 차이는 사태의 본성상 필연적이며 또한 주어져 있는 것이다. 그런데 세속적 삶이 아직 참된 자유의 —이러한 자유의 상태에서는 신분, 직업 등등이 주관 자체 및 주관의 자유로운 선택에서 출발한다— 무한 개념을 통해 [187] 갱신되지 않았을 경우, 한편으로는 언제나 자연이, 즉 인간에게 고정된 지위를 할당하는 출생이, 다른 한편으로는 이를 통해 생기는 차이들이 절대적이며 무한한 것으로 견지된다. 그리고 그 밖에도 이러한 차이는, 출생이 자신의 고유 신분을 명예의 사안으로 삼는 한, 명예를 통해서도 생기는 것이다.

β) 그런데 명예 이외에도, 둘째, 국가적 이해, 조국애, 가정 의무 등과 같은 영원한 실체적 힘들 자체도 사랑과 투쟁에 빠져 그 실현을 금지할 수 있다. 이것은 특히 삶의 객관적 관계들을 벌써 타당한 것으로 짚어 냈던 현대적 희곡들이 대단히 애호하는 충돌이다. 이 경우 사랑은 스스로가 주관적 심정의 중대한 권리로서 또 다른 권리와 의무들에 대면하는데, 이때 가슴은 이 의무들을 하위의 것으로서 버리거나 그것들을 인정하여 자기 자신과, 그리고 자신의 고유한 열정의 폭력과 투쟁에 빠진다. 예컨대 『오를레앙

의 처녀』[80]는 후자의 충돌에서 기인하는 것이다.

γ) 하지만 셋째, 사랑을 가로막는 것으로서는 일반적으로 외적 관계와 장애들이 있을 수 있다. 일상사, 삶의 산문, 불행들, 열정, 편견들, 고루함, 타인들의 고집, 각양각색의 잡다한 사건들 등이 그것이다. 이때 여기에는 종종, 사랑의 부드러운 영혼미는 또 다른 열정의 사악, 야만, 난폭에 대립하는 관계로, 추하고 무섭고 야비한 것이 많이 개입된다. 특히 최근 드라마, 이야기 그리고 소설들에서 우리는 그러한 외적 충돌들을 자주 보는바, 이 경우 충돌들은 주로 불행한 연인들의 고통, 희망, 부서진 앞날에 대한 공감이라는 측면에서 흥미를 끌고, 또한 좋거나 나쁜 결말을 통해 [188] 감동과 만족을, 혹은 그저 여흥을 준다고들 한다. 하지만 이런 식의 갈등들은 단순한 우연성에서 기인하는 까닭에 낮은 종류의 것이다.

c. 사랑의 우연성

이 모든 면에 비추어 볼 때, 사랑이 단순히 성적性的 경향성 일반으로 머물지 않고 내적으로 풍부하고 아름답고 고귀한 심정이 희생을 무릅쓰고 상대방과의 통일을 위해 생동적, 능동적, 헌신적이며 감연한 등등의 태도를 취하는 한, 사랑은 정녕 하나의 고차적 특성을 내포한다. 그러나 동시에 낭만적 사랑은 그 한계도 갖는다. 즉 그 내용에는 즉자대자적으로 존재하는 보편성이 빠져 있는 것이다. 사랑은 단지 개별적 주체가 갖는 개인적 감응일 뿐으로, 이 감응을 채우는 것은 인간 현존재의 영원한 관심이나 객관적 의미내용이 아니며, 가족, 정치적 목적, 조국이 아니며, 직업의, 신분의, 자유의, 신앙심의 의무들도 아니고, 그보다는 그저 상대 자아로부터 반영된

---

80 역주: *Jungfrau von Orleans*(1802), 실러의 작품.

감응을 다시 느끼고자 애쓰는 자신의 자아일 뿐이다. 그 자체가 여전히 다시 형식적인 내적 감정의 이러한 내용은 내적으로 구체적인 개인이라면 의당 가져야 하는 총체성에 결코 상응하지 않는다. 가족, 부부, 의무, 국가에서는 주관적 감응 자체 및 그로부터 유래하는, 어떤 다른 개인이 아닌 바로 이 개인과의 결합이 중대사로 다루어질 만한 것이 못 된다. 그러나 낭만적 사랑에서는 이 남자가 바로 이 여자를, 이 여자가 이 남자를 사랑한다는 사실로 만사가 귀일한다. 왜 하필 꼭 이 한 사람의 남자 혹은 여자인가 하는 이유는 주관적 특칭성에서, 자의의 우연에서 찾아진다. 모든 남성에게는 사랑하는 여인이, 여성에게는 그녀의 연인이, 비록 그들이 또 다른 사람들을 극히 일상적으로 볼 수 있다고 해도, 가장 아름다운 여인으로, 가장 멋진 남성으로 나타나며, 그 또는 그녀가 아니면 세상에 아무도 없는 것이다. 그러나 만인이, 혹은 최소한 대다수가 이러한 배척을 행하며, 아프로디테만이 유일하게 사랑받는 이가 아니라, 오히려 만인에게는 자신의 여인이 [189] 아프로디테, 혹은 쉽사리 그 이상도 되는 까닭에, 아프로디테보다 낫다고 간주되는 여인들이 많이 있게 되는 것이다. 그렇기에 실제로 누구든 이 세상에 귀엽고 착한, 즉 훌륭한 소녀들이 많이 있음을, 이 모든 ―그렇지 않다면 대부분의― 소녀들 또한 자신을 아름답고 정숙하며 사랑스럽게 여기는 자신의 연인, 흠모자와 같은 남자를 발견한다는 것을 알고 있는 바이지만 말이다. 따라서 언제든 한 여인을, 그리고 오로지 바로 이 여인만을 절대적으로 선호한다는 것은 주관적 가슴과 주체의 특수성 혹은 괴팍함이 갖는 단순한 사적私的 사안이자 반드시 오직 이 여인에게서만 그의 삶, 그의 최고의 의식을 발견하는 끝없는 완고함이며, 또한 필연성의 무한한 자의로서 나타나는 것이다. 물론 이러한 입장에서는 주체성과 그 절대적 선택의 한층 높은 자유가 ―그것은 에우리피데스의 페드라가 그렇듯 하나의 파토스, 하나의 신성에 예속되지 않는 자유이다― 인정되나, 그러한 자유는 마냥 개별적인 의지에서 출현하는 까닭에 그 선택은 동시에 특칭성의 완고함이자 외고집이다.

이를 통해 특히 사랑이 실체적 관심들과 투쟁적으로 대립할 경우, 사랑의 충돌들은 항상 우연성과 부당성의 측면을 가지니, 까닭인즉 주체성 자체가 즉자대자적으로 온당치 못한 자신의 요구들을 갖고 그 고유한 본질적 성격상 인정을 요구해야만 하는 것과 대립하기 때문이다. 고대 그리스인들의 고상한 비극에서는 아가멤논, 클리타임네스트라, 오레스테스, 오이디푸스, 안티고네, 크레온 등의 등장인물도 개인적 목적을 갖지만, 실체적인 것, 그들 행동의 내용으로서 그들을 추동하는 파토스가 절대적 정당성을 가지며 바로 그렇기 때문에 그 자체만으로도 보편적 관심을 갖는다. 따라서 그들이 자신들의 행위로 인해 맞게 된 운명도 그것이 불운이기 때문이 아니라 —만족을 얻기까지는 수그러들지 않는 파토스가 그 자체로서 필연적 내용을 가짐으로써— 절대적으로 존경받는 불행이기 때문에 감동적이다. [190] 클리타임네스트라가 죄를 범한 그 구체적 상황에서 벌 받지 않는다면, 누이인 안티고네가 경험하는 침해가 지양되지 않는다면, 이것은 그 자체로 부당하다. 반면 이 사랑의 고통, 좌초된 희망, 사랑에 빠진 상태 일반, 사랑하는 자가 느끼는 무한한 고통, 그가 떠올리는 무한한 행복과 희열은 즉자적인 보편적 관심이 아니며 오직 그 자신에게만 해당하는 어떤 것이다. 모든 사람들이 사랑을 위한 가슴과 이를 통해 행복해질 권리를 갖는 것은 사실이지만, 그가 여기, 바로 이 경우, 이러저러한 조건하에서, 바로 이 소녀에 관해서 그의 목적을 달성하지 못하더라도 이로써 부당함이 발생하는 것은 아니다. 왜냐하면 그가 바로 이 소녀에게 외곬으로 매달린다는 것은 전혀 내적으로 필연적이지 않기 때문이니, 그러기에 우리는 외연과 보편성이 없는 최고의 우연성과 주체성의 자의에 관심을 두는지도 모른다. 이 사실은 정열의 표현이 갖는 그 대단한 열기熱氣에도 불구하고 우리를 에는 한기

寒氣의 측면으로 남는다.

3. 충성

낭만적 주관성의 세속적 권역에서 중요성을 얻는 세 번째의 계기는 충성이다. 하지만 여기서의 충성은 언젠가 들은 사랑의 맹세에 대한 끈질긴 집념이나 굳건한 우정으로 —고대인들의 경우에는 그 가장 아름다운 모범으로서 아킬레우스와 파트로클로스가, 좀 더 내면적인 면에서는 오레스트와 필라데스가 꼽힌다— 이해되는 것이 아니다. 청소년은 특히 그 나이 대에 이러한 의미에서의 우정을 토대로 삼는다. 어떤 인간이든 자신의 인생 행로를 독자적으로 걸어야만 하며, 또한 스스로에게 하나의 현실을 마련하고 유지해야만 한다. 그런데 청소년은 개개인이 너 나 할 것 없이 아직은 그 관계가 미정인 상태로 살아가는 까닭에 그들은 어깨를 맞대고 하나의 생각, 의지, 행동으로 긴밀하게 결합하고 [191] 그리하여 한 사람이 벌이는 매 작업이 동시에 다른 사람의 작업도 되는 시기이다. 벌써 성인들의 우정에서는 이것이 들어맞지 않는다. 성인들은 각자 나름대로 관계를 맺어 갈 뿐, 타인이 없다면 스스로 아무것도 성취할 수 없을 만큼 타인과 견고한 공동체가 이루어지지는 않는다. 성인들은 만났다가 다시 갈라서며, 그들의 이해관계와 사업들은 이합집산을 거듭한다. 우정, 깊이 있는 생각, 기본 명제, 일반적 방향들은 그대로 있지만 그것은 직접 상대방의 사안이 될 법하지 않은 어떤 것도 결의하거나 실행에 옮기지 않는 청소년의 우정은 아니다. 전체적으로 누구나 자신을 위해 걱정한다는 사실, 즉 자신이 처한 현실에서 스스로가 유능하게 되고자 한다는 사실은 우리의 한층 깊은 삶의 원칙에 본질적으로 속하는 것이다.

a. 충성스러운 섬김

그런데 우정과 사랑에서의 충성이 다만 동류의 사람들 사이에서 성립한다면, 우리가 고찰해야 하는 충성은 우두머리, 상관, 주인과 관계하는 것이다. 이미 고대인들에게서 우리는 비슷한 종류의 충성을 주인의 가족, 가문에 대한 하인들의 충성에서 발견한다. 이 관계에서는 오디세우스의 돼지치기 하인이 가장 아름다운 사례를 제공하니, 그는 자신의 주인을 걱정하는 마음에 가득 차 돼지들을 보호하고자 비가 오나 눈이 오나 일을 마다하지 않으며 더욱이 [주인 마님에게] 구혼하는 이들에 맞서는 등 주인에게는 충직한 버팀목이 된다. 비슷하게 감동적인 충성의 그림을, 비록 여기서는 완전히 심정적인 면에서이기는 하지만, 셰익스피어가 예를 들어 『리어왕』(1막 4장)에서 보여 주는 바, 리어왕은 자신을 섬기려는 켄트에게 묻기를 "나를 아는가, 이 사람아?" —켄트는 답하기를 "아닙니다, 주인님! 그러나 임의 얼굴에는 제가 기꺼이 주인님이라고 부르고픈 무언가가 있습니다." — 이것은 이미 우리가 여기서 낭만적 충성이라고 천명해야 할 그 어떤 것을 아주 가까이 스치고 있다. 왜냐하면 이 단계에서의 충성은 노예나 농노의 충성, [192] 즉 아름답고 감동적일 수는 있어도 개성과 고유한 목적과 행동들을 갖는 자유로운 독립성을 결여하는, 그리고 이를 통해 종속된 충성이 아니기 때문이다.

반면 우리가 여기서 대면하는 것은 기사도적인 가신의 충성이니, 이 경우 주관은 상관, 영주, 왕, 황제 등에 대한 그의 헌신에도 불구하고 자유로운 자기기인적 행동을 철저히 우세한 계기로서 간직한다. 그런데 기사도에서는 이러한 충성이 지상 원리를 이루니, 까닭인즉 한 공동체와 그 사회적 질서는, 적어도 그것이 근원적으로 생성될 경우에는, 주로 충성으로 결집되기 때문이다.

b. 충성의 주관적 독자성

개인들의 이러한 새로운 합일을 통해 좀 더 내실 있는 목적이 나타나지만, 이 목적은 가령 객관적, 보편적 관심사로서의 애국심 같은 것이 아니라, 다만 주인이라는 한 주관에 매여 있으며, 또한 그럼으로써 또다시 자신의 명예, 특수 이익, 주관적 의견을 통해 제약된다. 충성은 권리와 법의 지배가 없는, 다듬어지지 않은 거칠고 외적인 세계에서 가장 최고의 광채를 발한다. 그러한 무법적 현실의 틀에서는 가장 힘 있고, 가장 탁월한 자들이 스스로를 확고한 중심점, 지도자, 제후로서 자처하며, 세인들은 자유 선택에 따라 그들에게 자신을 의탁한다. 그런데 후일 그러한 관계는 각 가신들도 독자적으로 자신의 권리와 특권을 요구하게 되는 봉건적 군신관계라는 합법적 유대로 발전한다. 그러나 그 근원을 보면 자유로운 선택이야말로 모든 것의 토대가 되는 근본 원칙인바, 이것은 의탁의 주체에 관해서든 그 지속에 관해서든 모두 적용된다. 그럴진대 충성이라는 기사정신은 개인의 재산, 권리, 인격적 독립성, 명예를 대단히 잘 건사할 줄 알며, 그런 까닭에 혹여 가신의 우연적 의지를 거스르면서까지 시행되어야 할 의무 그 자체인 것으로서는 [193] 인정되지 않는다. 그 반대로 각 개인은 자신의 존립과, 또한 이와 더불어 일반적 질서의 존립을 그의 즐거움, 경향성 그리고 사적인 기질에 연계시킨다.

c. 충성의 충돌들

그러므로 주인에 대한 충성과 복종은 아주 쉽사리 주관적 열정, 명예의 자극, 모욕감, 사랑 그리고 기타의 내적, 외적 우연성들과 충돌을 일으킬 수 있으며, 이로써 대단히 불안정한 어떤 것으로 된다. 예컨대 자신의 영주에게 충직한 기사가 있는데 자신의 친구가 그 영주와 불화에 빠졌다고 하자. 여기에서 벌써 그는 즉시 하나의 충성과 다른 하나의 충성 사이에서 선택을 행하니, 그는 무엇보다 앞서 자기 자신에게, 자신의 명예와 이득에 충직할 수 있는 것이다. 그러한 충돌의 가장 아름다운 사례를 우리는 시드[81]에서 발견한다. 그는 왕에게 충직하며 마찬가지로 자기 자신에게 충직하다. 왕이 올바르게 행동할 경우에는 그에게 자신의 손을 내밀지만, 영주가 부당함을 행하거나 자신을 침해할 경우에는 자신의 강력한 지원을 철회한다. ― 카를 대제의 12용사들도 비슷한 관계를 보여 준다. 그것은 대략 제우스와 그 밖의 신들 사이에서 우리가 이미 알았던 바와 비슷한, 통수권과 복종 사이의 유대이다. 대군주는 명령하고, 호통치고, 불평을 늘어놓지만, 독립적이며 강력한 개인들은 그것이 그들의 마음에 드는지, 그리고 언제 그러한지에 대해 의견이 다르다. 그러나 연합의 이러한 느슨함과 해체 가능성을 가장 충실하고 우아하게 그려 낸 것은 『여우 라이네케』[82]이다. 이 시에서 왕국의 거인들이 자기 자신과 그들의 독자성만을 섬기듯이, 중세의 독일 제후들과 기사들은 [나라] 전체와 황제를 위해 무언가를 해야 할 경우 마뜩잖아 했다. 마치 우리가 중세를 높이 쳐주는 이유가 그러한 상태에서는 각자가 자의에 따라 행동하는 것이 정당화되고, 그런 사람이 명예로운 사람이라는 점 때문일지도 모르겠지만, 이것은 이성적으로 조직화된 국가의 삶에 있어서는 허락될 수 없는 일이다. [194]

명예, 사랑, 충성이라는 이 모든 세 단계에서는 주관이 내적으로 갖는 독립성, 즉 항상 좀 더 넓고 좀 더 풍부한 관심들을 향해 열려 있는, 그리고 그 관심들 속에서 자기 자신과 화해한 상태로 머무는 심정이 토대가 된다. 낭만적 예술에서는 그 권역의 가장 아름다운 부분이 여기로 속하게 되니, 이

---

81 Cid는 무어인의 침략을 격퇴하여 기독교 세계를 수호한 스페인의 국민 영웅 Rodrigo Diaz(1099년 사망)를 가리킨다. 12세기 이래로 그의 행적은 종종 문학의 테마로 애호되었다.
82 *Reineke Fuch*(1794). 13세기의 우화를 소재로 삼은 괴테의 작품.

권역은 종교 그 자체의 외부에 있는 것이다. 그 목적들은 인간적인 것과 관계하는바, 우리는 적어도 한 측면에서 보면, 즉 주관적 자유라는 측면에서 보면 이러한 인간적인 것에 공감할 수 있으며, 또한 여기서는 종교적 분야에서 때때로 그런 것과는 달리, 우리의 개념들과 충돌하는 소재와 서술방식을 찾아볼 수 없다. 하지만 이에 이 영역은 여러 면에서 종교와 관계할 수도 있으며, 그리하여 이제 종교적 관심들과 세속적 기사도의 관심들이 얽히게 되니 예를 들자면 성배를 찾는 원탁의 기사들의 모험이 그것이다. 이 경우 이러한 얽힘에서는 부분적으로는 신비하고 환상적인 것이, 부분적으로는 우의寓意적인 것이 기사도 시문학으로 많이 유입된다. 그러나 또한 종교적 목적 및 신조로의 침잠과는 아예 무관한, 사랑, 명예, 충성 등의 세속 영역이 등장함으로써 세속의 내적 주관성에 가장 살가운 심정적 움직임이 가시화한다. ― 하지만 현 단계에서는 이러한 내면성을 인간적 관계들, 성격들, 정열들 그리고 현실적 현존재 일반이라는 구체적 내용으로 채우는 일이 아직 빠져 있다. 이러한 다양성과는 대조적으로, 내적으로 무한한 심정은 아직 추상적이며 형식적으로 머물고 있으니, 그것은 한층 광범위한 이러한 소재를 이제 마찬가지로 자신 안에 받아들여 예술적으로 가공된 상태로 표현하는 과제를 지니게 된다. [195]

제3장
개별적 특수성들의 형식적 독립성

앞의 것을 반추하자면, 첫째, 우리는 주관성의 절대적 권역을 고찰했었다. 즉 그것은 의식과 신의 매개이자 자신과 내적으로 화해하는 정신의 보편적 과정이다. 여기서는 심정이 오로지 정신의 순수한 하늘에서 만족을 구하기 위해 세속적, 자연적 그리고 인간적인 것 자체를 ―이것들이 설령 인륜적이며 이로써 정당한 것이었다손 쳐도― 희생하면서 이로부터 떠나 자신 안으로 물러났다는 점에서 추상이 성립했었다. ― 둘째, 인간적 주관성이 ―앞의 매개 가운데 있는 부정성을 서술함이 없이― 자신과 타인들에 대해 긍정적으로 된 것은 사실이다. 하지만 이러한 세속적 무한성 자체의 내용은 단지 명예라는 자기만의 독자성, 깊은 감정의 사랑 그리고 충성스러운 섬김이었을 뿐이니 ― 이 내용이 변화무쌍한 외적 환경들을 조건으로 갖는 다중적 관계들로, 각양각색의 감응과 열정으로 가시화될 수 있음이 사실이긴 하되, 이 경우 그저 단지 주관이 갖는 앞의 독자성과 그 내적 감정만을 서술할 뿐이었다. ― 그러므로 이 시점에서 여전히 고찰해야 할 나머지 세 번째는 인간적 현존재의 또 다른 내적, 외적 소재, 자연과 그 이해 및 심정에 대한 그 의미성이 어떤 양태로 낭만적 예술형식으로 유입될 수 있는가 하는 것이다. 그러니까 여기서는 그 자체로 자유로워지는, 그리고 종교 및 절대자의 통일성을 향해 집결되지 않은 채 현상하는 한에서의, 특수자, 현존재자 일반의 세계가 고유 입장을 마련하고 고유의 영역 속에서 독자적으로 나아간다.

　그러므로 낭만적 예술형식의 이 세 번째 권역에서는 종교적 소재가, [196] 그리고 내면에서 산출된 ―작금의 현실에서는 어떤 것도 직접적으로 상응하지 않는― 고상한 관점과 목적들의 기사도가 사라진다. 이에 대해 새로이 만족을 주는 것은 이러한 작금의 현실 자체에 대한 갈증, 현존하는 것에서 얻는 자족, 자기 자신, 인간의 유한성, 유한자, 특수자, 초상화적인 것 일반에서 얻는 만족이다. 인간은 그의 현재에서 현재적인 것 자체가, 설사 내용과 현상의 미와 관념성을 희생시킬 값이더라도, 눈앞의 생동성 속에서 예술에 의해 그 자신의 고유한 정신적, 인간적 작품으로서 재창조된 것을 목도하기를 원한다. ― 우리가 초입부에서 보았듯 기독교는 동방과 그리스의 신들과는 달리 내용과 형상의 면에서 판타지를 토대로 삼아 자라난 것이 아니다. 참된 내면과 그 완성된 형상의 합일을 기하기 위해 자기 스스로 의미를 꾸미는 것이 판타지라면, 그리고 고전적 예술에서 이러한 결합이 실제로 시행되었다면, 반대로 우리가 기독교에서 발견하는 것은 현상의 익숙한 세속적 고유성이 본래부터 관념적인 것의 한 계기로서 즉각 취택된다는 사실, 그리고 심정이 미를 요구하지 않고도 외적인 것의 일상성과 우연성에서 만족을 구한다는 사실이다. 그럼에도 불구하고 인간은 가능성의 면에서 일단은 오직 즉자적으로만 신과 화해되어 있을 뿐이다. 만인은 비록 지복을 향한 소명을 받았으되 선택된 자는 극히 드무니, 하늘나라뿐만 아니라 현세의 나라마저도 하나의 저편으로 남아 있는 심정에는 세속성과 자기 위주의 현재성을 정신성 속에서 체념하는 길만이 있을 뿐이다. 심정은 무한히 먼 곳에서, 그것도 그에게는 일차적인 단순 체념의 상태가 하나의 긍정적 현실이라는 식으로 출발하는데, 자신의 현실 속에서의 이러한 긍정적 자기발견 내지 그 의지는 ―기타의 경우에는 이것이 출발을 이루지만―
낭만적 예술의 발전 과정에서는 결과로서 비로소 성립하는 것이자, 인간이
내면의 깊이를 더하여 한 점으로 집중해 가는 최후의 것으로 있다. [197]

이런 새로운 내용을 위한 형식에 관해 보자면, 우리가 그 출발에서 발견
했던 사실은 낭만적 예술에 하나의 대립이 결부되어 있다는 점, 즉 내적으
로 무한한 주관성이 자체로 외적 소재와 통일될 수 없으며, 또한 통일되어
서도 안 된다는 점이었다. 양 측면의 이러한 독자적인 대치 및 내면의 자신
안으로의 후퇴는 그 자체로 낭만적인 것의 내용을 형성한다. 속으로 형성
되어 가는 이 측면들은 종국에는 서로 완전히 갈라져서 그들의 절대적 통
일을 예술의 영역이 아닌 어떤 다른 영역에서 구해야 할지도 모른다는 점
이 나타날 때까지 늘 새로이 분리되고 또 분리된다. 이러한 분리를 통하여
이 측면들은 고전적 이상이 제공하는 식의 완전한 통일성을 갖는 전체로서
등장할 수 없는 까닭에 예술의 관점에서 보면 형식적인 것이 된다. 고전적
예술은 정해진 형상들의 권역을, 예술을 통해 완성된 신화 및 그 해체 불가
능한 형상물들을 갖는다. 그러므로 우리가 낭만적 예술형식으로의 이행에
서 보았듯이 고전적 예술의 해체는, 희극적인 것과 풍자적인 것이라는 전
체적으로 얼마간 제한된 영역을 제외한다면, 쾌를 향한 발전이거나 현학에
빠져 죽음과 같은 싸늘함 속으로 자신을 상실하고 마침내는 너절하고 저열
한 기교로 변질되는 모방이다. 그러나 대상은 전체적으로 동일하게 남으
니, 다만 전에는 정신으로 차 있던 생산방식이 점점 더 비정신적인 표현 및
수공업적, 외적 전통으로 교체될 뿐이다. 이에 반해 낭만적 예술의 과정과
결과는 자신의 요소들로 분할되어 가는 예술 소재 자체의 내적 해체이니,
이러한 부분들의 자유화와 더불어 역으로 주관적 솜씨와 표현 기술이 고양
되며, 그것도 실체적인 것을 잃는 만큼 더욱 완성된다.

이제 제3장은 다음과 같이 좀 더 규정적으로 분류될 수 있다.

첫째, 우리가 안중에 두는 것은 성격의, 그러나 하나의 특수한 성격의 독립성, [198] 즉 자신의 세계와 더불어, 자신의 특칭적 고유성 및 목적들과 더불어 자신 안에 갇혀 있는 특정한 개인이다.

성격적 특수성의 이러한 형식주의에 둘째, 여러 가지 상황, 사건, 행위라는 외적 형상이 대면한다. 그런데 낭만적 내면성은 도대체가 외적인 것에 대해 무차별적인 관계로, 실제 현상은 ─목적과 행위의 내면이 관류되거나 그 내면에 적합하게 형상화됨이 없이─ 여기에서 자유롭게 독자적으로 등장하며, 또한 구애받지 않는 느슨한 현상방식 속에서 복잡다단한 사건과 환경들의 우연성, 사건들의 연속, 행동양식 등을 모험성인 것으로서 주장한다.

마지막으로 셋째, 완전한 동일성을 이루어 예술의 본격적 개념을 제공하던 측면들의 분리가, 그리고 이로써 예술 자체의 붕괴 및 해체가 나타난다. 한편으로 예술은 평범한 현실 그 자체의 표현으로, 현존하는 대상들의 우연적 개체성과 그 고유성의 표현으로 이행하여 이제 예술의 솜씨를 통해 이러한 현존재를 가상으로 변화시키려는 관심을 가지며, 다른 한편 예술은 대상들을 이해와 표현의 완전한 주관적 우연성으로, 즉 주관적 관점의 재치와 유희를 통해 모든 대상성과 실재성을 환골탈태한 모습으로 보여 주는 유머로 전환시켜 모든 내용과 형식을 관장하는 예술적 주관성의 생산적 힘과 더불어 마감한다.

1. 개인적 성격의 독자성

낭만적 예술형식의 출발점이었던 인간 내면의 주관적 무한성은 현재 국면에서도 기본 규정으로 남아 있다. 이에 반해 그 자체로 독자적인 이러한 무한성 속으로 새로이 발을 들이는 것은 한편으로는 주관의 세계를 형성하는 내용의 특수성이며 [199] 다른 한편으로는 이러한 주관적 특수성, 그 소망 및 목적들과 주관의 직접적인 결합이며 셋째는 생동적 개성인바, 성격은 이를 향해 자신을 내적으로 구획한다. 그러므로 우리는 여기에서 "성격"이라는 표현을 예컨대 이탈리아인들이 가면을 쓰고 표현했던 그런 것으로 이해해서는 안 된다. 왜냐하면 이탈리아의 가면들도 특정 성격들이긴 하지만, 그것은 주관적 개성이 빠진 이러한 규정성의 추상과 보편성을 보여 줄 뿐이기 때문이다. 이에 반해 현 단계의 성격들은 각각이 그 자체로서 하나의 고유한 성격, 하나의 독자적인 전체, 하나의 개별적인 주관이다. 고로 우리가 여기에서 그럼에도 불구하고 성격의 형식주의와 추상에 관해 논한다면, 이것은 오로지 주 내용인 그러한 성격의 세계가 한편으로는 제한적이며 이로써 추상적이고 다른 한편으로는 우연한 것으로 현상한다는 사실과 관계할 뿐이다. 개인의 본질을 지탱, 유지하는 것은 그의 내용의 실체적인, 내면 그 자체로서 정당한 요소라기보다는 성격의 단순한 주관성일 뿐이니, 따라서 이러한 주관성은 자신의 내용이나 그 자체로서 견고한 파토스에 기인하지 않으며 단지 형식적으로 자신의 고유한 개인적 독자성에 기인할 뿐이다.

이러한 형식주의는 이제 두 가지로 대별된다.

한편에서는 정력적으로 자신을 관철하는, 특정 목적들에 자신을 한정하여 편파적 개성의 모든 힘을 이 목적들의 실현을 위해 쏟아붓는, 성격의 확고함이 있다. 다른 한편에서는 성격이 주관적 총체성으로서 현상하되, 그 내면성과 심정의 은폐된 심연에 미성숙하게 집착하는, 자신을 털어놓고 완전하게 표명하지 못하는 총체성으로서 현상한다.

a. 성격의 형식적 확고함

그런고로 우리가 우선적으로 목전에 두는 것은 직접 존재하는 바 그대로 있고자 하는 특칭적 성격이다. 마치 [200] 동물들이 상이한 모습으로 있으면서 이러한 상이성 속에서 제각각 지내듯이, 여기서도 그 권역과 고유성이 우연적인 것으로 머물러 개념적으로 확고하게 구획될 수 없는 여러 가지 성격들이 발견된다.

α) 그러므로 순전히 자기의존적인 그러한 개성은 심사숙고를 거친, 어떤 보편적 파토스와 결부된 의도와 목적들을 갖지 않으니, 그는 자신이 갖고 행하고 성취하는 것을 아주 직접적으로, 그 밖의 기타의 반성 없이, 자신 고유의 특정 본성으로부터 이끌어 내는바, 존재하는 그대로의 이 본성은 무언가 한층 고차적인 것을 통해 정초되거나, 그 속으로 용해되거나 무언가 실체적인 것 속에서 정당성을 얻고자 하지 않으며, 어떤 상황에도 굽히지 않고 자기 자신에 기인하며, 이러한 확고함 속에서 자신을 실현하거나 파멸한다. 성격의 그러한 독자성은 오로지 신 외적인 것, 특수 인간적인 것이 완전히 통용되는 곳에서만 나타날 수 있다. 주로 셰익스피어의 성격들이 이러한 종류이니, 그들의 경우에는 바로 비타협적인 확고함과 편파성이 특장特長을 이룬다. 거기서는 신앙심, 인간 내면의 종교적 화해에서 비롯하는 행동, 인륜적인 것 그 자체는 논외이다. 반대로 우리 앞에 있는 것은 독자적으로 오직 자기 자신에게만 호소하며, 또한 특수한 목적들을 갖는 개인들이니, 이 목적들은 오직 그들 자신의 목적일 뿐이며, 다만 그들의 개성에 의해서만 정해지며, 또한 그들은 그것들을 요지부동 시종일관한 열정과 더불어, 딴 생각이나 보편성 없이, 오로지 고유한 자기만족만을 위해 관철한다. 특히 『맥베스』, 『오셀로』, 『리처드 3세』 등의 비극들은 그러한 하나의 성격을, 이 경우에는 덜 눈에 띄고 덜 정력적인 성격들에 의해 둘러싸인 성격을 주 대상으로서 갖는다. 예를 들어 맥베스는 그의 성격으로 인해 명예욕의 화신이 된다. 그는 처음에는 주저하지만, 후에는 왕관을 향해 손을 뻗치며, 그것을 얻기 위해 살인을 범하며, 그것을 유지하기 위해 온갖 흉행兇行

行들을 서슴없이 저지른다. 이러한 무자비한 확고함, 인간의 자신 및 [201] 그 자신에게서만 기인하는 목적과의 동일성이 그에게는 본질적 관심이 되고 있다. 왕좌의 신성함에 대한 존경도, 그의 부인의 광기도, 신하들의 배신도, 급속도로 다가오는 파멸도, 그 어떤 것도 그를 동요케 하지 못하며 — 천상의 법이든 인간의 법이든 간에 어떤 것 앞에서도 그는 움츠러들지 않고 제 길을 고집한다. 맥베스 부인도 비슷한 성격이니 그녀를 사랑스럽다고 간주했던 것은 한 최근 비평의 몰취미한 횡설수설에 지나지 않는다. 마녀들과의 만남 및 "코더의 영주, 만세! 미래의 왕, 만세!"라는 그녀들의 예언을 전달하는 맥베스의 편지를 읽으면서 등장하는(1장 5막) 그녀는 곧이어 다음과 같이 외친다. "글라미스는 당신이자 코더도 그러하며, 또한 당신에게 예언된 그 사람이 될 것입니다. 그러나 나는 당신의 본성thy nature이 걱정됩니다. 최단의 길을 잡기에는 당신의 본성이 인간의 온화함이라는 젖으로 너무 가득 차 있으니까요." 그녀는 어떠한 사랑스러운 온화함도, 그녀 남편의 행운에 관한 어떠한 기쁨도, 어떠한 인륜적 감동도, 어떠한 참여도, 고귀한 영혼의 어떠한 회한도 보여 주지 않으며 단지 그녀 남편의 성격이 그의 명예욕을 가로막을까 두려워할 뿐이다. 그러나 그녀는 남편을 그저 하나의 수단으로 간주할 뿐이다. 그럼에 있어서 어떠한 동요도, 어떠한 반신반의도, 어떠한 숙려도, 어떠한 우유부단도 —맥베스 자신조차 처음에는 이러했다—, 어떠한 가책도 없는, 대신 자신에게 맞는 것이면 끝장을 보고 파멸할 때까지 주저 없이 실행하는 순전히 추상적이고 강경한 성격이다. 이 파멸이 맥베스의 경우에는 거사 완수 후 외부에서 그를 엄습하였다면, 그의 부인의 여성적 내면에서는 광기로서 존재한다. 그리고 리처드 3세, 오셀로, 마가레트 여왕 등을 비롯한 많은 다른 성격들도 마찬가지이다 — 이것은 예컨대 코체부의 성격과 같은, 그러니까 지극히 고상하고, 위대하고, 탁월한 듯 보이나 동시에 내면으로는 허섭스레기에 지나지 않는 현대적 성격들의 비열함과는 정반대이다. 다른 점에서 보면, 코체부를 지독하게 경멸하는 후일의 작가들도 별로 나을 것이 없다. 예컨대 하인리히 폰 클라이스트의 『하일브론의 케트헨』과 『홈부르크 왕자』에서 등장하는 성격들에서는 [202] 논리정연한 깨어 있는 상태와는 달리 감도는 기운, 몽유병, 가위눌림 등이 최고의 탁월한 것으로서 묘사되고 있다. 홈부르크의 왕자는 아주 형편없는 장군이다. 군의 배치를 정함에 있어 그는 갈피를 잡지 못한 채 명령서를 잘못 작성하고, 전투 전날 밤에는 병적인 행각을, 당일 전장에서는 서투른 짓거리를 벌인다. 그런 식의 이중성, 분열 그리고 내적 불일치의 성격을 서술함에 있어 작가들은 셰익스피어를 따르기라도 하는 양 생각한다. 그러나 그들은 이와는 한참 거리가 머니, 까닭인즉 셰익스피어 [작품 속 인물들]의 성격들은 내면 자체에서는 정합적이며, 자신과 자신의 열정에 충실하며, 또한 그들의 정체성이 문제되거나 그들이 무엇과 마주칠 때 오로지 자신들의 정해진 규정성에 맞추어 응수할 따름이기 때문이다.

β) 이제 자기 자신에게만 집착하는, 이로써 사악함에도 쉽사리 다가가는 성격이 특칭성을 띠면 띨수록, 그는 구체적 현실에서 그를 가로막고 그의 실현을 방해하는 장애물들에 대항하여 그만큼 더 자신을 주장할 뿐만 아니라, 이러한 그의 실현을 통해 그만큼 더 몰락으로 밀려가기도 한다. 말하자면 그는 자신을 관철함으로써, 특정한 성격 자체에서 야기되는 운명이, 스스로 초래한 하나의 파멸이 그를 덮치는 것이다. 그런데 이러한 운명의 전개는 개인의 행위에서 비롯하는 전개일 뿐만 아니라 동시에 하나의 내적인 형성, 즉 맹렬, 난폭 그리고 파멸이나 쇠잔으로 이어지는 성격 자체의 전개이기도 하다. 이렇듯 규정된 성격은 자신의 행위 내부에서도 본질적인 면에서는 더 이상 발전하지 않고 시종여일 그대로 있는데, 그리스인들의 경우에는 파토스가, 즉 주관적 성격이 아닌 행위의 실체적 내용이 중시되는 까닭에 운명은 성격과 덜 관계한다. 그러나 현 단계에서는 행위의 연속이

외적 과정일 뿐만 아니라 개인의 주관적 내면이 더욱 전개된 것이기도 하다. 예를 들어 맥베스의 행동은 그의 심정의 난폭화로 나타나는데, [203] 이 것은 망설임을 떨쳐 내고 주사위가 던져지면 더 이상 어떤 것에도 구애받지 않는 성격의 결과인 것이다. 그의 부인은 본래 단호하며, 그녀 내면의 전개는 육체적, 정신적 파멸로, 즉 그녀의 몰락을 부르는 광기로까지 치닫는 내적 불안으로서 나타날 뿐이다. 그리고 그것은 비중의 유무를 떠나 거의 모든 성격들에서 마찬가지이다. 고대의 성격들도 확고한 것으로 나타나니 심지어 그들의 경우에는 대립들이 발생하면 그곳에서는 별수 없이 해결책으로 기계신[83]이 등장해야만 하는 것이 사실이다. 그러나 이러한 확고함은, 예컨대 필록테테스[84]의 경우와 같이, 내용에 찬 것이며 또한 전체적으로 보면 인륜적으로 정당한 파토스로 충만해 있다.

γ) 현 권역에서 등장하는 이러한 성격들에서는 그들이 목적으로 삼는 것의 우연성 및 그들 개성의 독립성으로 인하여 어떠한 객관적 화해도 불가능하다. 그들의 본질과 그들에게 닥치는 사건 사이의 관계는 일면 비규정적으로 남으며, 일면 그 자초지종이 그들 자신에게 풀리지 않은 문제로 있다. 여기서는 극히 추상적인 필연성으로서의 운명이 재차 복귀하며 또한 개인에게 있어서는 그의 무한한 내적 존재, 그 자신의 확고함이 유일한 화해이니, 개인의 열정과 그 열정의 운명은 이러한 것의 발아래 있다. "그런 거야", 그가 마주하는 것 ―그 출처가 지배적 운명, 필연성, 혹은 우연, 그 어디든 간에―, 그것 또한 그런 거야, 무엇 때문에, 왜 따위를 생각할 건 없

---

83 역주: 초자연적인 힘을 이용하여 극의 긴박한 국면을 타개하고, 이를 결말로 이끌어 가는 수법이다. 라틴어로 '기계에 의한 신(神)' 또는 '기계 장치의 신'을 의미하며, 무대 측면에 설치된 기중기 따위의 기계를 신이 타고 등장하도록 연출한다 하여 이러한 이름이 붙었다.

84 역주: 필록테테스(Philoctetes)는 그리스 신화에 나오는 영웅으로서 오디세우스를 도와 트로이 전쟁에 참가하여 헤라클레스가 준 화살로 트로이 왕자인 파리스를 쏜 활의 명수이다.

어. 그렇게 된 거야, 그러니 인간은 이러한 지배에도 흔들림 없으며 또한 그러하기를 원한다.

b. 내면적이되 전개되지 않은 총체성으로서의 성격

그런데 둘째, 개인이 내면성에 머물면서도 그 확장과 성취를 기하지 못할 경우, 성격의 형식성은 정반대로 내면성 자체에서 기인할 수도 있다.
[204]

α) 이것은 하나의 총체성을 내포하는 실체적 심정들이되 각각의 깊이 있는 운동을 외향적으로 전개, 설명함이 없이 간명하고 옹골차게 내적으로만 실행하는 심정들이다. 우리가 방금 고찰했던 형식성은 내용의 규정성, 즉 하나의 목적에 전적으로 집착하는 개인의 상태와 관계했으니, 개인은 그 목적이 첨예하고 완벽하게 드러나게끔 하였으며, 그것을 표명하고 관철하였고, 환경들의 허락 여하에 따라 몰락 혹은 생존하였다. 지금 우리가 다루는 두 번째의 형식성은 반대로 비개방성, 비형상성, 표현과 전개의 결여에서 성립한다. 그러한 부류의 심정은 몇몇의 점에서만 빛나는, 그러나 광채로서 빛나는 값비싼 보석과도 같은 것이다.

β) 그러한 부류의 폐쇄성이 가치와 관심을 얻는다는 사실, 여기에는 심정의 내적 풍부함이 속하지만, 이 풍부함은 자신의 무한한 깊이와 충만함을 매우 드문, 말하자면 무언의 표현들 속에서. 정녕 이 고요함을 통해서 알릴 뿐이다. 단순하고 자신을 드러내지 않으며 침묵하는 그런 성품들은 최고의 매력을 발휘할 수 있다. 그런데 이 경우 그들의 침묵은 바닥 모를 심해의 표면이 보이는 부동의 고요함이지 천박하고 속없고 우둔한 자가 보이는 침묵이 아니다. 왜냐하면 아주 천박한 인간으로서도 자신을 거의 나타내지 않는, 그저 세상잡사를 어슴푸레 이해하는 행동을 통해 그가 대단한 지혜와 내면성을 갖고 있다는 생각을 환기하는 일이, 그리하여 사람들이 이 가

습과 정신 속에 숨어 있을 것 같은 모든 것을 —종국에 가서는 그 뒤에 아무 것도 없다는 것이 드러나지만— 경탄하며 믿게끔 하는 일이 때로는 성공할 수도 있기 때문이다. 이에 반해 앞서 말한 고요한 심정들의 무한한 의미내용과 깊이는 —예술가의 면에서 보자면 위대한 천재성과 솜씨가 요구하는 것이 바로 이것이다— 개별화되고, 산개되고, 천진난만하고, 또한 무의지적인 재치가 번뜩이는 표현들을 통해 자신을 공표하니, 이러한 표현들이 그러한 심정을 파악할 수 있는 다른 심정들에 대해 무의도적으로 보여 주는 바는 그것이 현전하는 관계들의 요체를 깊은 감정을 통해 파악한다는 사실, [205] 하지만 그의 반성은 특수한 관심들, 관점들, 유한한 목적들의 전체적 연쇄 속으로 말려들지 않고 순진무구하게 존재한다는 사실, 그 심정은 가슴의 일상적 움직임들이나 이런 종류의 진지함과 참견들을 통해 자신이 분산되게끔 두지 않는다는 사실이다.

γ) 그런데 자신 안에 그렇듯 갇혀 지내는 심정에도 내면세계의 특정 지점에서 감동을 받고, 삶을 규정하는 감응을 위해 전력투구하며, 흩어짐 없이 강력하게 여기에 집착하며, 행복해지거나 버티지 못하고 몰락하는 한때가 마찬가지로 도래한다. 왜냐하면 이러한 버팀을 위해 인간은 객관적 안정성을 유일하게 제공하는, 폭넓게 발전된 인륜적 실체를 필요로 하기 때문이다. 매력 넘치는 낭만적 예술의 인물들이 이러한 종류의 성격들에 속하니, 셰익스피어 또한 그들을 지극히 아름답고 완벽하게 창조한 바 있다. 예를 들어 『로미오와 줄리엣』에서 줄리엣이 그렇다고 할 수 있다. 이 연극 공연(마담 크렐링거의 연극 공연, 베를린, 1820년)을 여러분도 함께했을 것이다. 그녀를 보는 것은 수고를 들일 만한 가치가 있다. 그것은 지극히 감동적이고, 생생하고, 따뜻하고, 찬란하고, 영감 넘치고, 완성도 높고, 고상한 연출이다. 하지만 줄리엣은 또한 달리 보일 수도 있으니, 즉 도입부에서는 치기 어린 단순한 열너덧의 소녀로 간주되어, 사람들이 거기서 보는 것은 이 소녀가

자신과 세계에 대한 어떠한 의식도, 어떠한 마음의 움직임도, 어떠한 흥분도, 어떠한 소원도 품지 않는다는 사실, 마치 환등幻燈을 들여다보듯 천진난만하게 주위 세계를 들여다보아 그로부터 배움을 얻지도, 일정한 반성에 이르지도 못한다는 사실이다. 갑자기 우리는 이 심정 자체의 강인함, 지략, 용의주도함, 일체의 것을 희생하고 극심한 곤경을 감내하는 힘 등이 전개됨을 보며, 이제 일체의 것은 겹겹의 모든 꽃잎들을 단숨에 펼치는 장미의 온전한 첫 개화인 듯, 내적으로 지극히 건실한 영혼 근거의 무한 유출인 듯 현상하니, 이전에는 이 유출에서 아직 어떤 것도 구분, 형성, [206] 전개되지 않았지만 이제 그것은 깨어 있는 유일한 관심의 직접적 산물인 것으로서, 자기 자신도 모르게, 전에는 닫혀 있던 정신에서 벗어나 그 아름다운 충만함과 힘 가운데서 출현한다. 그것은 하나의 불티가 불붙인 화염이며, 사랑이 닿자마자 예기치 않게 만개하는, 그러나 빨리 피면 필수록 그만큼 빨리 시들어 떨어지는 봉오리이다. 『템페스트』의 미란다는 이러한 종류로서는 더욱 뛰어나다. 고요히 자라난 그녀가 사람들을 최초로 인식하는 장면을 셰익스피어는 우리에게 보여 주는 바, 그는 그녀를 단지 몇 장면에 걸쳐 묘사할 뿐이지만 그 속에서 그녀에 관한 완벽하고도 무한한 표상을 제공한다. 실러의 테클라[85]는 비록 반성적 시문학의 산물이긴 하지만, 그녀도 이러한 부류로 칠 수 있다. 그토록 대단하고 부유한 삶의 한가운데서도 그녀는 그런 것에 물들지 않고, 그녀의 영혼에 깃든 유일한 관심의 소박함에 허영이나 반성 없이 머물러 있다. 대체로 아름답고, 고상하고, 여성적인 성품들이 특히 그런바, 그들에게는 사랑 속에서 처음 세계와 그 고유한 내면이 열리니 그들은 이제야 비로소 정신적으로 태어나는 것이다.

---

85   역주: 『발렌슈타인』(1799)에 등장하는 인물.

대개의 경우 민요들 역시, 특히 게르만 민요들은, 스스로를 완벽한 자기 설명으로 형성해 내지 못하는 그러한 깊은 감정과 같은 범주에 속하는바, 아무리 심정이 모종의 관심에 휩싸인 것으로 보이더라도 게르만 민요들은 의미 내용으로 압축된 심정 속에서 다만 그 편린들만을 표현할 뿐이며, 바로 이 점에서 영혼의 깊이를 드러낸다. 그러한 표현방식이 제공하는 것은 전체 내면의 열린, 분명한 제시가 아니라 그저 하나의 기호이자 하나의 암시일 뿐이므로, 이것은 무언 속에서 이른바 상징성으로 다시 돌아가는 방식이다. 하지만 여기에서 우리가 얻는 것은 예전과 같이 그 의미가 하나의 추상적 보편성으로 머무는 상징이 아니라 오히려 그 내면이 바로 이러한 주관적이며 생동적이고 현실적인 심정 자체로 있는 하나의 표현이다. 그렇듯 내적으로 압축된 소박함에서 멀리 떨어진, 철저히 반성적인 의식이 지배하는 차후의 시대에서는 [207] 그러한 표현들은 지극히 어려운 일이자 또한 본원적인 시적 정신의 중좌가 되고 있다. 특히 괴테의 시가들을 보면 그가 상징적 묘사의 거장이었다는 사실을, 즉 얼핏 외적, 무차별적으로 보이는 단순한 특징들에서 심정의 완전한 충실함과 무한성을 거장답게 열어 보인다는 사실을 우리는 이미 이전에 본 바 있다. 이러한 종류로서는 예컨대 『툴레의 왕』이 있는데, 이것은 괴테의 시작 중 가장 아름다운 것에 속한다. 왕은 그의 사랑을 다른 어떤 것도 아닌, 오직 이 노인이 연인의 흔적으로 간직했던 그 술잔을 통해서만 내비친다. 죽음이 다가오자 이 늙은 술꾼은 궁정 연회장에서 기사들에 둘러싸여 그의 왕국과 보물들은 상속자들에게 베풀지만, 술잔만은 파도에 내던지니 어느 누구도 그것을 가져서는 안 되는 것이다.

> 그는 보았으니 술잔이 떨어지고, 마시고
> 그리고 바다 깊숙이 가라앉는 것을,

그에게선 두 눈이 가라앉았을 것이니,

다시는 한 방울도 마시지 않았다.[86]

그런데 그렇듯 깊고도 고요한 심정은 부싯돌에 불꽃이 숨어 있듯 정신의 에너지를 숨기고, 자신을 겉으로 드러내지 않으며, 자신의 현존재와 그에 관한 반성을 일구어 내지 않으니, 그럴진대 그는 또한 자신을 이러한 일굼을 통해 해방시켰던 것도 아니다. 그의 심정과 현실을 잇는, 그뿐만 아니라 외적인 관계들을 물리치는, 그에 대항하여 자신을 지키는 어떠한 솜씨도 다리도 없는 불행의 불협화음이 그의 삶을 파고들어 울릴 때, 이 심정은 가공할 모순에 노출된 채 머문다. 그리하여 그는 충돌에 빠질 경우, 스스로를 도울 수가 없으니 성급하게 생각 없이 행동으로 옮기거나 자신이 얽혀 드는 것을 수동적으로 방치한다. 예를 들어 햄릿은 아름답고 고결한 심정이다. 그러나 그는, 말하자면 내적으로 허약하지는 않지만 강력한 삶의 감정이 없이 답답한 우울감에 빠져 오류 속을 갈팡질팡 헤맨다. 그는 섬세한 예감을 갖고 있다. 의심을 살 만한 어떠한 외적인 신호나 이유가 있는 것은 아니지만, 그는 모든 것이 있어야 할 바대로 있는 것은 아니라는 점에 불안을 느끼며 일어난 참사를 예감한다. [208] 그의 아버지의 혼령이 그에게 좀 더 상세한 것을 알려 준다. 그는 속으로 지체 없이 복수를 다짐하며 항상 그의 가슴에 새긴 의무를 되뇐다. 그러나 그는 맥베스처럼 넋이 나가지도 않으며, 라에테스처럼 살인하지도, 광분하지도, 혹은 직접 대들지도 않으며, 오히려 아름답고 내면적인, 그러나 자신을 실현하지도, 현재의 관계들 속으로 뛰어들지도 못하는, 영혼의 무위無爲를 견지한다. 그는 때를 기다리며 아

86　역주: 이 구절은 『파우스트』 제1부 8막에도 나타난다.

름답고 올곧은 심정으로 객관적인 확실성을 찾지만, 그러한 확실성을 얻은 뒤에도 그는 굳은 결단을 내리는 것이 아니라 외적인 정황들에 끌려다닌다. 이제 그는 이러한 비현실성 속에서 목전의 일조차 곡해하며 또한 왕 대신에 노 $^{\pm}$ 폴로니우스를 죽인다. 그는 신중한 검토를 거쳤어야만 하는 곳에서는 성급하게 행동하며, 반면 제대로 된 행동력이 요구되는 곳에서는 행위를 하지 않고 전체의 운명 및 언제나 속으로 움츠러들기만 하는 그의 내면성의 운명이 주위 사정들과 우연들의 이렇듯 광범위한 경과 속에서 나름대로 전개될 때까지 자신 안에 침잠한 채 머문다.

그러나 오늘날에는 이러한 태도가 특히 하위 신분의 사람들에게서 나타나니, 그들은 보편적 목적들을 위한 교양이나 객관적 관심사들의 다양성을 결하고 있으며, 또한 그런 까닭에 이제 어떤 하나의 목적이 상실될 경우 다른 그 어떠한 목적들에서도 그들 내면의 버팀목과 그들 행위의 발판을 발견할 수가 없는 것이다. 이러한 교양 없음에서 발전하는 바가 없다면 폐쇄된 심정들은 그만큼 더 경직되고 강퍅하게 그들의 전체 개별성을 요청하는 일에 —이것이 제아무리 편파적인 일이라고 해도— 집착한다. 뚱하게 속으로 막힌 사람들의 그러한 단조로움은 특히 독일인의 성격들에 들어 있으니, 이들의 폐쇄성은 따라서 쉽사리 발끈하고 옹고집인 데다 꼬여 있고 다가가기 쉽지 않으며, 행동이나 표현에 있어 완전히 불안정하고 모순적으로 나타난다. 하층 민중계급의 그러한 뚱한 심정들을 묘사하고 그리는 대가로서 나는 여기서 몇 안 되는 [209] 독일의 원작 해학집들 중 하나인 『상승 노선의 이력서』[87]의 저자 히펠을 거론하는 데 그치겠다. 그는 상황에 대한 장 파울식의 감상성이나 몰취미로부터 철저히 거리를 두고 있는데, 그에 반해

---

87 역주: Theodor Gottlieb von Hippel(1741~1796), *Lebensläufe in aufsteigender Linie*. 이 책은 대학 시절부터 헤겔의 애독서였다. H. Glockner, *Hegel*, Stuttgart, 1929, 제1권, 412쪽 이하 참조.

놀라운 개성과 신선함과 생동성을 지니고 있다. 그는 특히 여유를 만들 줄 모르는, 그리고 어떤 일에 임하게 되면 광포하게 끔찍한 방법으로 행동하는 억눌린 성격들의 정곡을 묘사할 줄 안다. 그들은 자신의 내면과 자신이 연루되었다고 보는 불행한 주위 사정들 사이의 무한한 모순을 심지어는 잔혹하리만치 해결하며 또한 이를 통해, 예컨대『로미오와 줄리엣』에서 외적 우연들이 둘 사이에 끼어든 수사修士의 지략과 꾸밈을 무산시켜 연인들의 죽음을 부르듯, 보통은 외적인 운명이 하는 일을 실행한다.

c. 형식적 성격들의 등장에 수반하는 실체적 관심

그런고로 대체 이러한 형식적 성격들은 한편으로는 있는 그대로의 자신을 주장하고 또한 그 의지를 갖고 앞으로 돌진하는 특수한 주관성의 무한한 의지력만을 보여 주거나, 아니면 다른 한편으로는 내면에서 총체적이며 무제한적인 한 심정을, 즉 자신 내면의 일정한 특정 측면에서 감동을 받을 경우 이제 자신의 전체적 개별성의 넓이와 깊이를 이 한 점으로 집중하는 심정을, 하지만 외부를 향해 전개되지 않은 상태에서 충돌에 빠질 경우 자신을 발견할 능력도 또한 사려 깊게 자신을 도울 능력도 없는 심정을 묘사한다. 목적의 면에서는 제한적이되 의식의 면에서는 발전된, 예의 극히 일면적인 성격들이 형식적으로뿐만 아니라 실체적으로도 우리의 관심사가 되어야 한다면 우리는 [210] 동시에 그들 주관성 자체의 이러한 제한성이 어쩌면 다만 하나의 운명, 즉 그들의 특칭적 규정성과 한층 깊은 모종의 내적인 것의 얽힘일지도 모른다는 관점을 그들에게서 얻어야만 하니, 이제 이 사실에서 우리가 앞으로 언급해야 할 제3의 점이 성립한다. 셰익스피어야말로 그들에게서 이러한 깊고 풍요로운 정신을 인식하게 해 준다. 그들의 반성은 상태와 특정 목적에 따라 존재하는 그들보다 상위에 있어 그들을 그것에 초연하게 만드는 관계로, 셰익스피어는 그들을 자유로운 표상력과 독창적 정신의 인간으로서 그리는바, 그들을 실행으로 내모는 것은 주변 사정들의 불행, 그들 처지의 충돌 같은 것뿐이다. 하지만 이 사실이 예컨대 맥베스의 경우, 마치 그의 감행의 실체가 그저 사악한 마녀들의 책임으로 미루어질 수 있는 양 받아들여져서는 안 될 일이다. 마녀들은 오히려 그 자신의 완고한 욕망의 시적 반영일 뿐이다. 셰익스피어의 인물들이 실행하는 것은, 즉 그들의 특수한 목적은 그들 자신의 개성에 그 원천 및 힘의 뿌리를 두고 있다. 그러나 그들은 하나의 같은 개성 속에 동시에 고결함도 간직하니, 이 고결함은 현실적으로 존재하는, 즉 목적, 관심, 행동들에 따라 존재하는 그들을 불식하고, 그들을 확장하며, 또한 그들을 그들 자신 안에서 고양시킨다. 마찬가지로 셰익스피어의 비속한 인물, 즉 스테파노, 트린쿨로, 피스톨, 그중에 가장 독보적인 팔스타프 등은 비속함에 빠져 있음에도 그들은 동시에 자신이 지성인으로 보이게끔 행동하니, 그들의 천재는 모든 것을 자신 안에 품을 수 있는 양하고, 아주 자유로운 실존을 가질 수 있는 양하고, 위대한 인간의 본모습으로 있을 수 있는 양하다. 그런가 하면 프랑스 비애극들에서도 지고지상의 인물들이 알고 보면 아주 흔히 자신을 궤변적으로 정당화하려는 생각밖에 없는 사악한 떠버리 야수에 지나지 않는 것으로 드러난다. 셰익스피어의 경우 우리가 발견하는 것은 정당화나 저주가 아니라 일반적 운명에 대한 고찰일 뿐이니, 개인들은 불평이나 회한 없이 운명의 필연성의 입장에 스스로 서서 그 관점에서 모든 것이, 그리고 그 자신이 침몰하는 것을 마치 그들 외부에서 보는 듯 바라본다. [211]

이 모든 관계들에서 그러한 개인적 성격들의 영역은 무한히 풍요로운 한 분야이되, 쉽사리 공허와 진부의 나락으로 떨어질 위험이 있는 분야이니, 진실을 파악하기에 충분한 시심詩心과 통찰을 지녔던 사람으로는 몇 안 되는 대가가 있었을 뿐이다.

2. 모험성

이제 이 단계에서 서술할 만한 내적인 면의 고찰을 마쳤으니, 우리가 둘째로 눈길을 돌려야만 하는 것은 외적인 요소, 성격을 자극하는 주변 사정과 상황들의 특수성, 성격이 얽혀 드는 충돌들, 그리고 구체적 현실의 내부에서 내면이 취하는 전체 형상이다.

우리가 이미 누차 보았듯이, 낭만적 예술의 근본규정은 정신성이, 즉 내적으로 반성된 심정이 전체를 이룬다는 것, 그러므로 그 심정이 관계하는 외적 요소는 심정이 관류하는 심정의 실재가 아니라 심정과는 분리된 단순 외물이라는 것, 이러한 외물은 정신에서 벗어나 그 자체로서 추동, 착종되며, 끝없는 유동, 변모 그리고 혼란을 겪는 우연성으로서 유전流轉한다는 것이다. 그러니 자신 안에 굳게 갇힌 심정에는 어떠한 사정들이 그에게 제공되느냐가 우연한 만큼이나 그가 어떠한 사정들의 편을 드느냐도 마찬가지로 무차별적이다. 왜냐하면 행위를 함에 있어 그에게 더욱 중요한 것은 하여간 자신을 주장하고 행동을 한다는 것이지 내적으로 정초되고 그 자체를 통해 존속하는 한 작품을 완성시키는 것이 아니기 때문이다.

a. 목적과 충돌들의 우연성

이와 더불어 다른 관계에서는[88] 자연의 탈신화라고 불림 직한 것이 현전한다. 정신은 현상들의 외면성에서 벗어나 안으로 움츠러들었으니, 주관성의 내면은 더 이상 현상들 속에서 자신을 보지 않으며 그런 관계로 이제는 현상들 역시 나름대로 [212] 주관의 외부에서 그에 무관하게 독자적으로 형

---

[88] 역주: 제1권, 제2부, 제1편, 제2장 "B. 숭고성의 예술" 중 "2. 신에게서 벗어난 유한한 세계" 참조.

상화된다. 그 진리의 면에서 보자면, 정신은 내적으로 절대자와 매개, 화해되어 있음이 사실이다. 그러나 우리는 여기에서 직접적으로 발견되는 바의 자신에게서 출발하는, 그리고 그렇듯 자신에게 집착하는 독자적 개별성의 영역에 서 있으며, 그런 한도에서는 행위하는 성격에도 동일한 탈신화가 들어맞는데, 그리하여 성격은 그 자체가 우연인 목적들에 이끌려 하나의 우연한 세계 속으로 발을 내딛되 이 세계와 내적으로 일치하는 전체로 합일되지는 않는다. 상대적 환경에 처한 목적들의 이러한 상대성이 —이들의 규정성과 착종은 주관에서 기인하는 것이 아니라 외적, 우연적으로 규정되며, 또한 그 분파들이 어쩌다 서로 뒤얽히게 되면 우연한 충돌들을 초래하기도 하는데— 모험성을 형성하며, 이 모험성이 사건과 행위들의 형식에 낭만적 예술의 기본 유형을 제공한다.

이상理想 및 고전적 예술의 한층 엄격한 의미에서 보자면, 행위와 사건에는 내면 자체로서 참되고 즉자대자적으로 필연적인 목적이 속하니, 그 의미내용 속에는 외적 형상과 그 현실적 실현 방법을 규정하는 요인도 들어 있다. 낭만적 예술의 행동과 사건들의 경우에는 이것이 들어맞지 않는다. 왜냐하면 설령 여기에서 내면 그 자체로서 보편적이며 실체적인 목적들의 실현이 묘사될 경우라고 해도, 그럼에도 이 목적들은 행위의 규정성, 그 내적 경과의 순서와 절차를 결정하는 요인을 그것들 자체에서 갖는 것이 아니라, 이러한 측면의 현실화를 방임하여 우연성에 위임해야만 하기 때문이다.

α) 낭만적 세계는 기독교의 확산, 교구 정신의 활성화라는 절대유일의 작품만을 완성해야 했다. 이제 기독교가 교설에서 나와 행동으로 옮겨졌을 때, 한편에서 무신앙의 고대가 지배하는, 다른 한편에서 의식과 야만과 조야함이 지배하는 적대적 세계의 한가운데서 그 작품은 주로 고통과 순교의 감내, [213] 영혼의 영원한 치유를 위한 자신의 현세적 현존재의 희생이라는

수동적 작품이 되었다. 비슷한 내용과 연관하는 또 다른 행동이 중세에는 기독 기사단이라는 작품으로, 기독교 국가들로부터 무어인, 아랍인, 이슬람교도 일반의 퇴치로, 그리고 무엇보다 십자군 원정에 의한 성묘의 정복으로 존재한다. 하지만 이것은 인간성으로서의 인간에게 관계하는 목적이 아니라 제각각 임의에 따라 몰려왔던 개별적 개인들의 집단이 성취해야 했던 목적이었을 뿐이다. 이런 측면에서 보자면 우리는 십자군 원정을 기독교적 중세의 집단적 모험이라고 부를 수 있을 터, 그것은 내부에서 괴멸된 환상적 모험이었으니, 정신적 종류의 것이라고는 하지만 진정한 정신적 목적을 결여하였으며, 또한 행위와 성격들의 면에서 위선적이었다. 왜냐하면 십자군 원정은 종교적 동기의 면에서는 지극히 공허한 외면적 목표를 갖기 때문이다. 기독교도는 자신의 구원을 오직 정신에서, 즉 부활 후 신의 오른편으로 고양되고, 또한 자신의 현실성, 자신의 거처를 정신 속에서 발견하는 그리스도에서 찾아야 하지 그의 무덤에서, 한때 그가 잠시 머문 감각적이며 직접적인 현실의 장소에서 찾아서는 안 된다. 그러나 중세의 갈망과 종교적 동경이 향했던 지점은 수난사와 성묘聖廟의 외면적 장소였을 뿐이다. 그뿐만 아니라 정복과 획득이라는 순전히 세속적인 목적이, 즉 외견상 종교적 성격과는 전혀 다른 성격을 지녔던 목적이 모순적이게도 직접 종교적 목적과 결부되어 있었다. 그리하여 사람들은 정신적, 내면적인 것을 얻고자 의도하였음에도 정신이 사라진, 순전히 외적인 지점을 목표로 삼았다. 그들은 현세적인 전리품을 구하려 노력하였음에도 이것을 종교적인 것 그 자체에 결부시켰다. 여기서는 이러한 불일치가 괴멸적, 환상적 요인을 형성하니, 이로 인해 외면성이 내면으로, 내면이 외면성으로, 양자가 조화됨이 없이 뒤바뀌었다. 그러므로 또한 이를 통해 실행의 면에서는 대립된 것들이 [214] 아무 화해 없이 한데 묶여 있는 것으로 나타난다. 경건함은 조야함 및 야만적 잔인성으로 탈바꿈하며, 인간의 갖가지 이기심과 격정을 분출시키는 이 같은 조야함은 역으로 본래 문제시되었던 정신의 영원하고 깊은 진정한 회개인 양 변신한다. 그러므로 이러한 상충하는 요소들로 인해 하나의 동일한 목적을 갖는 행동과 사건들에도 통솔의 통일성과 정합성이 완전히 결여되어 있다. 전체는 분산되고, 모험, 승리, 패배 등의 잡다한 우연성들로 분리되며, 결과는 수단과 대의에 상응하지 않는다. 그렇다. 목적 자체가 실행을 거치면서 부정되고 있다. 왜냐하면 십자군 원정대들은 다시 한번 "너는 그를 무덤 속에서 고요히 있도록 두지 않으며 너의 성인이 부패하는 것을 두고 보지 않는다"라는 말을 명심하고자 하였지만, 그러한 장소와 공간들에서, 심지어는 죽음의 장소인 무덤에서 살아 있는 자 그리스도를 찾아 정신의 해방을 발견하려는 바로 이 열망은, 샤토브리앙 씨가 그것을 소재로 얼마나 많은 것들을 이루었든지 간에, 기독교인이 구체적 현실의 신선하고 충일한 삶으로 되돌아오려면 그로부터 벗어나 부활해야만 할 정신의 부패이기 때문이다.

성배의 수색은 한편으로는 신비주의적이고 다른 한편으로는 환상적이며, 또한 그 실행의 면에서는 모험적인 또 하나의 유사한 목적이다.

β) 한층 높은 작품으로는 각자가 자신 스스로의 힘으로 완성해야만 하는 것, 즉 자신의 삶이란 것이 있으니, 각자는 삶을 통해 스스로에게 자신의 영원한 운명을 규정하는 것이다. 예컨대 우리를 지옥, 연옥 그리고 천당으로 안내하는 단테의 『신곡』은 이 대상을 가톨릭의 관점에서 이해하였다. 전체의 엄격한 구성에도 불구하고 여기서도 환상적 표상과 모험성들이 빠져 있지 않으니, 까닭인즉 축복과 천벌의 이 작품은 그 보편성의 면에서 즉자대자적으로 표현될 뿐만 아니라 거의 조감할 수 없을 만큼 많은 개개인들이 그 특칭성의 면에서 완벽하게 표현되기 때문이며, [215] 또한 그 밖에도 그 시인은 교회의 권리를 참칭하고, 천국의 열쇠를 수중에 쥐고, 천당행과 지옥행을 선고하고, 그리하여 스스로를 고대세계와 기독교세계의 저명한 개인,

시인, 시민, 전사, 추기경, 교황들을 지옥, 연옥, 혹은 천당으로 배정하는 세계 재판관으로 만들기 때문이다.

γ) 그런데 세속적 토대에서 행위와 사건들로 인도되는 또 다른 소재들이 있으니, 무수히 잡다한 모험적 생각들, 사랑, 명예, 신의라는 내적, 외적 우연성이 그것이다. 어떤 때는 자신의 명성을 위해 방랑하며, 어떤 때는 무고하게 쫓기는 사람에게 홀연히 나타나고, 자신의 여인의 명예를 위해 깜짝 놀랄 만한 행동을 실행하며, 억눌린 권리를 자신의 주먹 힘과 팔의 솜씨를 통해 ―설령 해방된 무고한 자가 한 패거리의 도둑들일지라도― 회복하는 것이다.[89] 대부분의 이런 소재들에서는 행위가 필연적으로 일어날 법한 어떠한 정황, 어떠한 상황, 어떠한 갈등이 현전하는 것이 아니라 오히려 심정이 들썩거려 의도적으로 스스로에게 모험을 모색한다. 그리하여 여기서 예컨대 사랑의 행위들에 내포된 규정은, 좀 더 특수한 내용의 면에서 볼 때, 대개 사랑의 굳건함, 신의, 지속에 대한 증거 제시 이외에는 다른 것이 없으니, ― 이는 사랑의 관계들의 전 복합체를 수반하는 주위 현실이 다만 사랑을 천명하는 재료로서 간주될 뿐임을 보여 준다. 이로써 이러한 천명을 위한 특정 행동은, 문제시되는 것이 다만 증명일 뿐인 까닭에, 그 자체를 통해 규정되지 않고 오히려 여인의 착상과 기분에, 외적 우연성들의 자의에 위임된다. 명예와 용감성이라는 목적도 완전히 마찬가지이다. 그것들은 대개 일체의 그 밖의 실체적 의미내용들로부터 여전히 멀리 떨어진 주관에 속하니, 이 주관은 우연하게 현전하는 각종 내용에 개입하여 그로 인해 침해당한 자신을 발견할 수도, 혹은 그 속에서 자신의 용기, 자신의 기민함을 과시하는 기회를 찾을 수도 있다. 무엇이 내용이어야 할 것이며 무엇이 그렇지

---

89 역주: 이 부분은 『돈키호테』의 한 장면을(1편 22장) 암시한다.

않은가에 대한 척도가 여기에 없듯이, [216] 무엇이 정말 명예의 침해일 수 있으며 무엇이 용감성의 진정한 대상일 수 있는가에 대한 규준도 없는 것이다. 마찬가지로 기사도의 목적인 법의 집행에 있어서도 사정은 다르지 않다. 즉 권리와 법은 여기에서 즉자대자적으로 공고한, 항상 법과 그 필연적 내용에 따라 자신을 실현해 가는 상태와 목적이 아니라 기껏해야 순전히 주관적일 뿐인 착상인 것으로 드러나며 그리하여 각종 사건에서 시시비비를 가리는 소송 제기뿐만 아니라 그 판정 역시 완전히 우연한 주관성의 재량에 내맡겨져 있다.

b. 우연성의 희극적 취급

이로써 우리가 전반적으로, 특히 세속의 영역에서 기사도 및 예의 형식성에 빠진 성격들을 다루면서 목도하는 것은 행위가 벌어지는 환경들과 행위 의지를 갖는 심정의 우연성이다. 왜냐하면 예의 일방적이며 개인적인 인물들은 오로지 그들의 정력적 성격을 통해 지탱될 뿐인, 그리고 그 성사 여부가 외부로부터 조건 지어진 충돌들 아래서 가려지는 완전히 우연적인 것을 그들의 내용으로 삼을 수 있기 때문이다. 이는 명예, 사랑 그리고 신의에서 한층 높은, 진정한 인륜성과도 유사한 정당성을 내포하는 기사도에도 마찬가지로 해당된다. 기사도에서는 보편적 작품 대신 특칭적 목적들이 성취될 뿐이며, 또한 즉자대자적인 관계들이 결여되어 있는 까닭에, 한편으로는 기사도가 반응하는 환경들의 개체성을 통해 직접적으로 하나의 우연성이 생성되며, 다른 한편으로는 바로 이와 함께 개인들의 주관적 정신과 관계해서도 의도, 계획 그리고 사업의 면에서 자의나 기만이 발생한다. 그러므로 이 모든 모험들이 제대로 관철될 경우, 그것은 행동거지 및 그 결과의 면에서 자신 안에서 스스로를 해체하는 세계, [217] 이로써 희극적인 사건과 운명들의 세계인 것으로 밝혀진다.

기사도가 겪는 자신 내면에서의 이러한 해체는 특히 아리오스토와 세르반테스에게서, 그리고 특수성에 갇힌 개인적 성격들의 해체는 셰익스피어에게서 의식화되고 최적으로 묘사된다.

α) 아리오스토에게서 특히 재미난 것은 운명과 목적들의 끝없는 착종, 환상적 관계와 어리석은 상황들의 동화 같은 얽힘인데, 시인은 경망스러우리만치 이러한 것들을 즐긴다. 영웅들에게 심각하게 보이는 것이 실은 새하얀 바보짓과 미친 짓이다. 특히 사랑은 단테의 신적 사랑이나 페트라르카의 환상적 부드러움으로부터 감각적이며 외설적인 이야기와 우스운 충돌들로 몰락하며, 그런가 하면 영웅심과 용감성은 믿음직한 경의를 더 이상 자극하지 않는, 다만 행동들의 황당함에 대해 실소를 자아낼 뿐인 하나의 정점으로 드높여져 나타난다. 그러나 상황들이 성립하고, 놀라운 분열과 갈등들이 도입, 시작, 중단되고, 다시 얽히고, 단절되며, 종국에는 갑자기 해결되는 획일적인 방식 및 기사정신의 희극적인 취급에도 불구하고, 그럼에도 아리오스토는 기사정신, 용기, 사랑, 명예 그리고 용감성에 들어 있는 고귀함과 위대함을 보장하고 부각할 줄 알며, 그만큼이나 또 다른 열정들, 즉 노회함, 간계, 임기응변을 비롯한 여러 가지 것들 역시 적절하게 묘사할 줄 안다.

β) 그런데 아리오스토가 모험성의 동화적 측면에 더욱 기운다면 이에 반해 세르반테스는 소설적 측면을 형성한다. 우리는 『돈키호테』에서 기사도의 모험이 외적 관계들의 면에서 정확히 묘사된, 확고하게 규정된 상태의 현실 한복판으로 [218] 삽입됨을 발견하며, 이런 관계로 그의 고귀한 본성 속에서 기사도는 광기로 화한다. 이 사실이 자기 스스로 질서 잡힌 지성적 세계와 이 질서와 안정을 자신과 기사도를 통해 —이를 통해서는 질서와 안정이 전복될 뿐일 것 같은데— 비로소 마련코자 하는 고립된 심정의 희극적 모순을 제공한다. 그러나 이러한 희극적인 탈선에도 불구하고 『돈키호

테』에서는 우리가 방금 전 셰익스피어에게서 칭송했던 바로 그 점이 완전히 보존되고 있다. 세르반테스 역시 그의 영웅을 근원적으로 고귀하며 정신적으로 다재다능한, 그리고 동시에 언제나 진정으로 흥미로운 본성으로 만들었다. 돈키호테는 광기 속에서 자신과 자신의 일에 완전히 확신하는 심정이니, 그가 자신과 자신의 일에 그토록 확신하며 또한 그렇게 머문다는 이 사실을 차라리 광기라고 할 것이다. 그의 행위가 내실 있고 성공할 것이라는 점에 관해 이러한 무반성적 평정심이 없었더라면 그가 진정 낭만적이지는 않았을 터, 그의 사명의 실체적 측면에 관한 이러한 자기확신은 극히 아름다운 성격적 특성들로 장식되어 철저히 위대하며 또한 천재적이다. 마찬가지로 전체 작품 역시 ―아리오스토의 경우에는 모험이 말하자면 단지 경망한 농담에 머무는 반면― 한편으로는 낭만적 기사도의 조롱이자 철두철미 진정한 반어이긴 하지만, 다른 한편 돈키호테가 벌이는 사건들은 소설의 기타 부분이 희극적으로 해체하는 것의 참된 가치가 보존되어 있음을 보이기 위해 일련의 낭만적 이야기Novelle들을 지극히 매력적으로 엮는 끈이 될 따름이다.

γ) 우리가 여기에서 기사도가, 심지어는 그 가장 중요한 관심사에서조차, 희극으로 변화함을 목도하는 것과 비슷하게 셰익스피어도 그의 고정된 개인적 성격들 및 비극적 상황과 갈등들 옆에 희극적 인물들과 장면들을 위치시키거나 전자의 성격들이 깊은 유머를 통해 자기 자신 및 조야하고 제한적이며 잘못된 자신의 목적들을 극복하게끔 만든다. 첫 번째 부류로서는 예컨대 팔스타프, 『리어왕』의 바보 광대, 『로미오와 줄리엣』의 음악가 장면이 있고 두 번째 부류로서는 리처드 3세가 있다. [219]

c. 소설적 이야기

지금까지 살펴본 낭만성의 이러한 해체형태에 마지막으로 뒤따르는 것은 셋째, 문자 그대로 현대적인 의미에서의 소설적 이야기das Romanhafte이니, 시간적으로 이것에 선행하는 것은 기사소설과 전원소설이다. ― 다시 진지해진, 즉 현실적 의미내용으로 되살아난 기사도가 이러한 소설적 이야기를 이룬다. 외적 현존재의 우연성은 시민사회와 국가의 확고하고 안정된 질서로 변화하였으며, 그리하여 이제는 기사가 품었던 망상적 목적들의 자리에 경찰, 법정, 군대, 국가정부가 들어선다. 이를 통해 최근 소설들에서 활약하는 영웅들의 기사정신도 마찬가지로 변화한다. 그들은 사랑, 명예, 야망이라는 주관적 목적들을 갖는, 혹은 세계 개조라는 이상을 갖는 개인들로서 모든 면에서 그들에게 난관이 되는 기존 질서와 현실의 산문에 맞선다. 누구라도 목도하는 것은 자신으로서는 퇴치해야만 할 극히 생경한 하나의 마계魔界, 즉 그에게 폐쇄되어 있으며 그 완고한 고착성은 그의 열정들에 관용을 베풀지 않고 오히려 아버지나 숙모의 의지, 시민적 관계들 등등을 장애로서 내세우는 세계인 까닭에, 이제 여기서는 이러한 대립 가운데서 주관적 소망과 요구들이 가늠이 안 될 정도로 높이 솟구친다. 특히 청소년들이 이러한 새로운 기사들인바, 이들은, 실체적 삶의 관계들 및 그 제한성들이 가슴속의 이상과 무한한 정당성에 끔찍하게 대립하는 까닭에, 자신들의 이상과 다르게 실현되는 세상사를 힘들게 통과해야만 하며, 또한 가족, 시민사회, 국가, 법률, 직무 등이 있다는 사실을 이제 불행으로 여긴다. 이제 사물들의 이러한 질서에 하나의 구멍을 뚫어 세계를 변화, 개선시키거나 그 질서에도 불구하고 거기에서 적어도 하나의 지상 낙원을 스스로 다듬는 일이 필요하다. 이상적인 소녀를 찾고 또 발견한다면, [220] 이제는 소녀를 나쁜 친척들이나 그 밖의 오해들에서 떼어 내고 멀리하고 또 막아 주어야만 하는 것이다. 그런데 이 싸움들은, 현대세계에서는 개인을 기존 현실에 맞추어 교육하는 수업시대Lehrjahre[90] 이상의 것이 아니며, 또한 이를 통해 그 참된 의의를 구한다. 왜냐하면 그러한 수업시대의 마지막은 주체가 방황 끝에 제정신을 차리고 기존 관계 및 그 이성원리에 그의 소망이나 생각들을 함께 맞추며, 세계의 연쇄 속으로 진입하고 그 속에서 적절한 입장을 획득한다는 사실에서 성립하기 때문이다. 한 사람이 세계와 아무리 두루 다투고 또 궁지에 빠졌다고 할지라도, 그는 대개 마지막에는 그의 소녀 및 일정한 직장을 얻고, 결혼하고, 다른 사람들 역시 그렇듯 속물이 된다. 여인은 가사를 돌보며 출산도 빠트리지 않고, 한때는 유일한 천사이자 흠모의 대상이었던 부인이 다른 여인들과 얼추 어슷비슷하게 행동한다. 직장은 골치 아픈 일거리를, 결혼은 가정이라는 십자가를 제공하며, 또한 으레 그렇듯 그 밖의 온갖 애환들이다. ― 여기에서 우리는 모험성과 유사한 성격을 보지만, 다만 이 모험성이 그 올바른 의미를 발견한다는 점, 또한 거기에 부수하는 환상적 요소는 필수적인 교정을 거쳐야만 한다는 점이 다를 뿐이다.

3. 낭만적 예술형식의 해체

이 시점에서 우리가 좀 더 자세히 밝혀야 할 마지막 사항은, 낭만적 예술이 즉자적으로는 이미 고전적 이상의 해체 원리인 까닭에, 이제 그것이 어떠한 입장에서 이 해체를 실제로 해체로서 명징하게 드러내느냐는 점이다.

그런데 여기서 무엇보다 즉각적으로 고찰되는 것은 예술 활동이 움켜잡고 형상화하는 질료의 완전한 우연성과 외면성이다. 고전적 조형예술에서는 주관의 내면이 외면에 긴밀하게 관계하니, 이 외면은 내면 자체의 고유형상으로 있으며, [221] 또한 내면으로부터 독립적으로 방출되지 않는다. 이에 반해 내면의 깊은 감정이 자신 안으로 되돌아가는 낭만적 예술에서는

---

90 역주: 헤겔은 이 용어를 사용함으로써 여기서 괴테의 『빌헬름 마이스터의 수업시대(*Lehrjahre*)』를 의중에 두고 있음을 은연중 내비친다.

외부세계의 전체 내용은 독자적으로 자신의 길을 가는 자유, 자신의 고유성과 특칭성의 면에서 자신을 보존하는 자유를 얻는다. 역으로 심정의 주관적 깊은 감정이 묘사의 본질적 계기로 될 경우에는, 심정이 어떤 특정 내용의 외적 현실로 구현되며 또한 어떤 특정 내용의 정신적 세계로 구현되느냐가 마찬가지로 우연한 일이다. 그러므로 낭만적 내면은 온갖 정황들에서 나타날 수 있고 수천수만의 상황, 상태, 관계, 오류 그리고 혼란, 갈등, 만족들 속에 산재할 수 있으니, 까닭인즉 오로지 추구되고 중시되는 것은 자신에 즉한 내면의 주관적 형성, 심정의 표현과 수용방식일 뿐, 객관적이며 즉자대자적으로 타당한 의미내용이 아니기 때문이다. 그리하여 낭만적 예술의 표현에서는 모든 것이, 즉 모든 생의 국면과 현상들, 엄청나게 크거나 작은 것, 엄청나게 높거나 미미한 것, 인륜적인 것, 비인륜적이며 사악한 것 등등이 한자리를 차지한다. 그리고 특히 예술이 세속화되면 될수록 그것은 점점 더 세계의 유한성들 속으로 거처를 옮기며, 그것들에 만족하며, 그것들에 완전한 타당성을 보장하며, 또한 예술가는 그것들을 있는 그대로 묘사함에 있어 그것들 속에서 흡족해한다. 그러므로 예컨대 셰익스피어의 경우에는 행위들이 대체로 극히 유한한 관계에서 시작하여 한 무리의 우연한 사건들로 개별화되고 쪼개지며 또한 모든 상태들은 나름대로 타당하니, 그런 관계로 우리는 그에게서 극히 고상한 영역과 아주 중요한 관심들 이외에도 극히 무의미하고 부차적인 관심들도 마찬가지로 보는 바, 마치 낭만예술의 종교적 권역에서 그리스도의 탄생과 동방박사들의 경배를 그린 그림에 황소와 당나귀, 구유와 지푸라기가 빠져서는 안 되는 것과 진배없이 우리는 예컨대 『햄릿』에서 궁정 외에도 초병을, 『로미오와 줄리엣』에서 하녀를, 그 밖에 다른 희곡들에서 바보, 시골뜨기, 일상의 갖가지 비루한 일들, 선술집, 마부, 요강, 벼룩들을 보는 바이다. [222] 이 점에서는 만사가 한결같으니, 나아가 예술에서도 "자신을 낮추는 자, 누구든 높아지리라"[91]는 말씀이 채워지는 셈이다.

한편으로는 내면 그 자체로서 비중 있는 내용을 위한 단순한 환경으로 묘사되기도 하지만 다른 한편으로는 독자적으로 묘사되기도 하는 대상들의 이러한 우연성 내부에서 우리가 위에서 이미 다루었던 낭만적 예술의 붕괴가 나타난다. 다시 말해 한편에서는 실제 현실이 이상의 입장에서는 산문적이라고 간주되는 객관성 속에서, 즉 인륜적이며 신적인 것을 포함하는 실체로 이해되는 대신 변화와 유한한 유전流轉으로 이해되는 매일의 일상적 삶의 내용 속에서 설정된다. 다른 한편 예술가의 주관성은 자신의 감각과 견해, 자신의 위트의 권리와 힘을 동원하여 스스로를 전체 현실의 대가大家로 높일 줄 안다. 이 주관성은 어떠한 것도 그 평소 관계 속에, 그리고 그것이 일상적 의식에 대해 갖는 타당성 속에 남겨 두지 않으며, 또한 이 영역으로 끌려 들어온 것이면 어떤 것이든 주관적 의견, 기분, 독창성이 그것에 부여하는 형상과 지위를 통해 내적으로 해체 가능한 것으로, 그리고 직관과 감각에 대해 해체되어 있는 것으로 증명되는 오직 그 한도에서만 만족한다.

그러므로 이런 면에서 우리는 첫째, 저 다양한 예술작품들의 원리를 논해야 하는데, 이것들이 평범한 현재 및 외적 실제를 표현하는 방식은 우리가 익히 자연의 모방이라고 불렀던 것에 가깝다.

둘째, 현대 예술에서 큰 역할을 하며 특히 많은 시인들의 작품에 기본 유형을 제공하는 유머를 논해야만 한다.

셋째, 우리에게 마지막으로 남는 것은 오늘날에도 여전히 예술을 작동시키는 원리가 되는 입장을 암시하는 일이다. [223]

---

91   역주: 「신약성서」 「마태복음」 23장 12절.

a. 현전하는 것의 주관적 예술모방

이 국면이 포괄할 수 있는 대상들의 권역은 무한정 확장될 터, 까닭인즉 예술이 내용으로 취하는 것은 내면 그 자체에서 필연적인 것이 ―이것의 구역은 내적으로 완결되어 있다― 아니라 형상과 관계의 면에서 무제한의 변양을 갖는 우연한 현실이며, 자연이며, 개별화된 형상물들이 벌이는 자연의 다채로운 유희이며, 인간이 그의 자연적 필요와 안락한 만족을 위해, 그리고 그의 우연한 습관, 처지, 가사 활동, 시민적 사업을 위해 갖는 일상적 행동과 충동들이며, 요컨대 외적 대상성의 무수한 변화상들이기 때문이다. 낭만적 예술이 많든 적든 전반적으로 초상화풍을 띠긴 하지만, 예술은 이를 통해 초상화풍에 그치는 것이 아니라, 조형예술, 회화에서든 아니면 시문학의 묘사에서든 초상화의 표현으로 완전히 용해되어 자연의 모방으로, 즉 그 자체로 보면 비미적이고 산문적인 직접적 현존재에 대한 의도적 접근으로 되돌아간다. ― 그러므로 과연 그러한 산물들 일반을 여전히 예술작품이라고 부르는 것이 가능할까 하는 의문이 그럴싸해 보인다. 이 경우 만일 우리가 본연의 예술작품이라는 개념을 이상이라는 의미에서 ―이상은 한편으로는 내면 자체로서 우연하거나 일시적이지 않은 내용을, 다른 한편으로는 모름지기 그러한 의미내용에 상응하는 형상화 방식을 중요시하는데― 본다면, 우리가 처한 현 단계의 산물들은 그러한 작품들과 비교하여 물론 많이 모자란 것일 수밖에 없다. 그렇지만 예술은 특히 여기에서 본질적으로 중요한 또 다른 계기, 즉 개인적 재능의 측면인 예술작품의 주관적 이해와 제작이라는 계기를 지니는바, 이 재능은 자연 내면의 실체적 생명에 충실하며, 이 생명이 미치는 우연성의 극단적 말초들에서조차 정신의 형상들에 충실하고, [224] 또한 그 자체로서는 무의미한 것을 이러한 진리를 통해, 그리고 극히 놀라운 표현 솜씨를 통해 의미 있는 것으로 만들 줄 안다. 여기에 덧붙여 주관적 생명력이 추가되니, 예술가는 그의 정신과 심정을 동원하여 형상과 현상의 모든 내, 외적인 면에 걸쳐 그러한 대상들의 현존재에 생명력을 잔뜩 불어넣으며, 또한 이를 생기 있게 가시화한다. 이러한 측면들을 고려할 때 우리는 이 권역의 산물들에 대해 예술작품이라는 이름을 유보해서는 안 될 것이다.

이제 좀 더 자세히 보자면, 특수한 예술들 가운데서는 주로 시문학과 회화가 그러한 대상들에도 잘 적용하였다. 왜냐하면 한편 내용을 제공하는 것은 내면 그 자체에서 특칭적인 심정이며, 다른 한편 여기서 표현의 형식으로 되어야 할 것은 외적 현상의 우연적인, 하지만 그 권역 내에서는 진정한, 고유성이기 때문이다. 건축이나 조각 혹은 음악이 그러한 과제를 채우기에는 부적합하다.

α) 시문학에서는 정직성, 삶의 지혜 그리고 당대의 도덕을 실체로 삼는 평범한 가정적 삶이 일상적인 시민적 분규나 중·하위 신분들의 풍경 및 인물들 속에서 표현되고 있다. 프랑스인들의 경우에는 특히 디드로가 이러한 의미에서 현존하는 것의 모방과 자연성을 촉구하였다. 이에 반해 우리 독일인들 중에는 자신들의 청년기에 한층 높은 의미에서 비슷한 길로 접어들었으되 이렇듯 생생한 자연성과 특칭성의 내부에서 한층 깊은 의미내용과 흥미진진한 본질적 갈등들을 추구하였던 괴테와 실러가 있고, 그런가 하면 특히 읽고 씀에 있어 피상적이고 성급한 코체부와, 비교적 진지하고 꼼꼼하되 소시민적 도덕성에 갇혀 있는 이플란트도 있으니, 그들은 자기 시대의 일상을 한층 협소한 산문적 관점에서 본연의 시문학을 위해서는 별 의미 없이 [225] 허울만 그럴듯하게 그리고 있다. 오랜 기간 우리에게 예술은 많든 적든 무언가 밖에서 받아들인 것, 우리 자신에서 비롯하지 않은 것이었기 때문에 우리의 예술은 이러한 풍조를 가장 늦게 받아들였지만, 그럴망정 전반적으로 이 풍조를 가장 호의적으로 받아들였으며 그 속에서 일가 —家를 이루었다. 이제 눈앞의 현실로 접어드는 이 길목에 예술을 위한 소재

가 내재적이며, 토착적이어야 한다는 필요성, 즉 그것이 시인과 대중의 민족적 삶이어야 한다는 필요성이 놓여 있다. 모름지기 내용과 표현의 면에서 우리 것이 되는, 또한 미와 이상성을 희생해서라도 우리의 터전으로 삼는, 예술의 그러한 전유專有를 향한 충동이 일게 됨으로써 저러한 표현이 나오게 된 것이다. 다른 민족들은 그러한 권역들을 오히려 경멸하였으니, 이제야 겨우 매일의 일상적 현존재라는 소재에 비교적 활발하게 관심을 쏟는 중이다.

β) 하지만 이런 면에서 성취 가능한 가장 놀라운 것을 주목하고 싶다면, 우리는 최근 네덜란드인들의 장르화로 눈길을 돌려야만 할 것이다. 일반적인 정신의 면에서 그것이 출현한 실체적 기초가 무엇인가를 나는 이미 제1부에서 이상 자체를 고찰하는 가운데(제1권, 222쪽 이하) 다루었다. 다른 민족들에게는 자연이 그냥 주다시피 한 것을 그들은 온갖 고난과 역경을 통해 얻어야 했으며, 또한 지리적 한계로 인해 극히 사소한 것조차도 귀중히 여기며 성장했다. 지극히 평범하고 미미한 것을 누리면서도 그들이 삶의 현재에 만족하는 것은 이 사실에서 유래한다. 다른 한편 그들은 어부, 뱃사람, 시민, 농민들의 민족이며, 이를 통해 이미 원래부터 크고 작은 것들의 필수, 유용한 가치에 주의를 기울였으며, 또한 그것을 주도면밀한 근면성을 통해 마련할 줄 알았다. 하나의 중요한 측면을 이루는 것은 네덜란드인들이 종교적으로 프로테스탄트였다는 점이니, [226] 삶의 산문 속으로 완전히 둥지를 틀어 그 산문을 그 자체로서, 종교적 관점과 무관하게 십분 타당시하고, 또한 무제한의 자유 속에서 자신을 육성하는 일은 프로테스탄티즘에만 유일하게 속하는 것이다. 다른 환경하의 어떤 다른 민족에게도 네덜란드 회화가 우리에게 보여 주는 바의 대상들을 그토록 탁월하게 예술작품의 내용으로 삼으려는 생각은 떠오르지 않았을 것이다. 그러나 이러한 온갖 관심사들 속에서 살면서도 네덜란드인들은 예컨대 현존재의 궁핍이나 정

신의 압박과 같은 것 속에 살지 않았으며, 자신들의 교회를 스스로 개혁하였으며, 종교적 전제주의 및 스페인의 세속적 힘과 위용을 이겨 냈으며, 그들의 활동, 근면성, 용감성, 절약정신을 통해 스스로 터득한 자유의 느낌 속에서 복지, 풍요, 정직성, 용기, 쾌활함에, 심지어는 명랑한 일상적 현존재에 대한 자만심에 이르렀던 것이다. 이 점이 그들의 예술대상의 선택을 정당화하고 있다.

내면 자체로서 참된 의미내용을 향하는 한층 깊은 의의를 그러한 대상들이 만족시키는 것은 아니다. 그러나 심정과 사상이 설사 만족하지 않는다고 해도, 그리기와 그리는 자의 기술이 필경 우리를 기쁘게 하고 황홀하게 만드는 것을 보면, 보다 내밀한 직관은 그들과 화해하고 있다. 그리고 실로 그리기가 무엇인가를 알고자 원한다면, 우리는 이러저러한 대가에 대해 "그 사람 그릴 줄 알지"라고 말할 수 있어야 하며, 이를 위해서는 이 조그만 그림을 응시해야만 하는 것이다. 그러므로 예술가가 제작을 할 경우에는 가령 예술작품을 통하여 그가 제시하는 대상의 표상을 우리에게 주는 것 따위는 전혀 문제시되지 않는다. 포도, 꽃, 사슴, 나무, 모래언덕 등에 관해, 바다, 태양, 하늘에 관해, 생활 가구류의 장식 및 문양에 관해, 말, 전사, 농부들에 관해, 흡연, 발치拔齒에 관해, 갖가지 종류의 집안 풍경에 관해 우리는 이미 사전에 아주 완벽한 직관을 갖고 있다. 그러한 것들은 자연에 충분히 있다. 우리를 매혹시키는 것은 내용과 그 실재가 아니라 [227] 대상의 면에서는 완전히 무관심적인 가상이다. 말하자면 미의 관점에서는 가상 그 자체가 독자적으로 확립되며, 또한 이 가상은 내적으로 심화되어 가는 외적 현상들의 가상인바, 예술은 그 속에 숨겨진 모든 비밀들을 표현하는 대가적 솜씨인 것이다. 특히 예술은 현전하는 세계의 특칭적인 ―그러나 가상의 보편적 법칙들과 조화하는― 생명성에서 그 현존재의 찰나적이며 변화무쌍한 특징들을 섬세한 감각을 동원하여 엿듣고, 또한 일순간 사라지는 것을 충실하고 참되게 붙드는 가운데 성립한다. 하나의 나무, 하나의 풍경은 이미 그 자체로 고정되고 상존하는 것이다. 하지만 금속의 반짝거림, 불빛에 비친 포도의 미광微光, 희미해져 가는 해와 달의 모습, 웃음, 흘깃 스쳐가는 심정상태의 표현, 우스꽝스러운 움직임, 자세, 표정 — 찰나에 스쳐 지나가는 이러한 것을 잡아내고 그 충만한 생명성을 지속적으로 가시화하는 일, 이것이 현 단계 예술의 주요 과제이다. 고전적 예술의 이상이 본질적으로 오직 실체적인 것만을 형상화한다면, 여기서 우리에게 고정되고 가시화되었던 것은 변화하는 자연의 무상한 표현들, 개울의 흐름, 폭포, 물거품 이는 파도, 유리잔과 접시 등의 우연한 광채를 담은 정물, 아주 특수한 상황에 처한 정신적 현실의 외적 형상, 불빛 아래서 바늘귀를 꿰는 여인, 우연히 행동하는 강도들의 한 장면, 금방 또다시 바뀌는 일순의 한 동작, 농부의 웃음과 야유 등이니, 이 분야의 대가로서는 오스타더, 테니르스, 스테인이 있다.[92] 이것은 일과성에 대한 예술의 승리이니, 그 속에서 실체적인 것은 이를테면 기만을 당하여 우연하고 순간적인 것에 대한 그 힘을 앗기는 것이다.

그런데 여기서 본격적인 내용을 제공하는 것은 대상들의 가상 자체이지만, 예술은 찰나적인 가상을 정지시킴으로써 한 걸음 더 나아간다. 즉 대상들을 차치하고서도, [228] 표현의 매체들 역시 그 자체로서 하나의 목적이 되어 주관적 솜씨와 예술매체들의 응용이 예술작품의 객관적 대상으로 격상되는 것이다. 옛 네덜란드인들은 벌써부터 색채의 물리적 속성을 철저하게 연구하였다. 반에이크, 멤링, 판스코렐은 금은의 광채, 보석, 비단, 벨벳, 모피 등의 광택을 극히 교묘하게 모사할 줄 알았다.[93] 색채의 마술과 그 마

92　이들은 모두 플랑드르 화가이다. Adriaen van Ostade(1610~1685), David Teniers the Younger (1610~1690), Jan H. Steen(1626~1679).

법의 비밀을 통해 극히 인상적인 효과를 만들어 내는 이 대가적 솜씨는 이제 하나의 독자적 타당성을 얻은 듯 보인다. 정신이 나름대로 사유와 개념 파악의 활동을 통해 세계를 표상과 사상들로 재생산하듯, 이제는 외면성을 대상 자체와 무관하게 색채와 조명이라는 감각적 요소 속에서 주관적으로 재창조하는 일이 주요 사안이다. 이것은 이를테면 객관적 음악, 색채들의 음이라고 할 터이다. 다시 말해 음악에서 개개의 음향이 독립적으로는 아무것도 아니며 오직 다른 음향과의 관계 속에서, 그 대립, 조화, 이행 그리고 융합 속에서 효과를 야기한다면, 여기서는 색채가 그런 것이다. 금처럼 광채가 나거나 불빛을 받은 금실 직물처럼 반짝이는 색채의 가상을 가까이서 관찰하면, 우리가 보는 것은 희거나 노란 획, 점, 채색된 평면들 따위뿐이다. 개개의 색채 자체는 그것이 야기하는 이러한 광채를 갖지 않는다. 조합이 비로소 이러한 반짝임과 빛남을 만든다. 예컨대 테르보르흐[94]가 그린 공단貢緞[95]을 보면, 각각의 색 자국은 그 자체로서는 다소간 흰빛, 푸른빛, 노란빛이 도는 무광의 회색이지만 일정 거리에서 보면 다른 색들과의 대비로 인해 실제 공단 고유의 아름답고 부드러운 빛을 발한다. 비단, 빛의 아른거림, 안개 같은 구름 등, 무릇 표현된 모든 것이 다 그렇다. 이 대상들에 즉해 표현되었으면 하는 것은 전적으로 주관적인 솜씨이지, 예컨대 풍경화들의 경우가 흔히 그렇듯 심정의 반사가 아니니, [229] 이 솜씨는 수단들 자체를 생생하고 효과적으로 사용하는 솜씨로서 그 자체를 통해 하나의 대상성을 생산할 수 있음을 이렇듯 객관적으로 공지한다.

γ) 그러나 이제 표현된 대상들에 대한 관심은 이로써 역전되어 자신을 드

---

93 J. van Eyck(1370~1441), H. Memling(1433~1494), J. van Scorel(1495~1562).
94 역주: Gerard Terborch(1617~1681), 네덜란드의 화가. 그는 공단치마를 입은 여인들을 즐겨 그렸다.
95 역주: 고급 비단의 일종.

러내고자 하는 예술가 본인의 순전한 주관성에 대한 관심으로 향하니, 이에 따라 그에게 중요한 것은 생산적 주관이 오직 자신만을 보면서 행하는 하나의 제작이지 독자적으로 완결되고 자체로서 실재하는 작품의 형상화가 아니다. 이 주관성이 더 이상 외적인 표현 수단들에 관여하지 않고 내용 그 자체에 관여하는 한에서, 예술은 이로 인해 기분과 유머의 예술이 된다.

b. 주관적 유머

유머에서 예술가의 인격이 산출하는 것은 자기 자신인데, 이 인격은 특칭적이면서도 더욱 깊어진 측면에 준하는 까닭에 여기서는 이러한 인격성의 정신적 가치가 관건이다.

α) 이제 유머는 하나의 내용을 그 본성에 따라 객관적으로 전개하여 형상화시키는 과제라든가 그 내용을 이러한 발전 속에서 그 자체의 속성에 따라 예술적으로 분류하고 마무리하는 과제를 자임하지 않고, 오히려 예술가 자신이 소재 속으로 들어가 버리는 까닭에, 자신을 객관화하여 현실의 확고한 형상을 얻고자 하는 일체의 것, 혹은 외부세계 속에 그 형상을 갖는 듯 보이는 일체의 것을 주관적 착상, 번뜩이는 생각, 빼어난 이해방식들의 힘을 통해 내적으로 붕괴시키고 해체하는 일이야말로 예술가의 주요 활동이다. 이를 통해 객관적 내용의 그 어떤 독립성이든, 사태를 통해 주어진 형상들 내의 확고한 관계든 간에 스스로 무화된다. 또한 서술은 단지 대상들에 대한 희롱, 소재의 교란과 전도, 좌충우돌 오락가락하는 주관적 표현, 견해, 태도들로서만 존재하니, 이로써 작가는 자신의 대상들은 물론 제 스스로까지 방치한다. [230]

β) 이 경우에는 자기 자신이나 현존하는 것을 우스꽝스럽게 만들고 익살을 부리는 것이 아주 쉬운 일인 것처럼 보는 자연스러운 환상이 있으니, 그런 이유로 유머러스한 것의 형식이 자주 애호된다. 그러나 두서없이 연결

되어 무슨 소린지 모르게 늘어지는, 그리고 극히 이질적인 것들을 종종 고의로 괴상망측하게 결부시키는 착상과 농담들의 우연에 주관이 빠질 경우, 유머가 진부하게 되는 일도 못지않게 자주 일어난다. 그러한 종류의 유머에 대해 비교적 관대한 나라들도 있고 비교적 엄격한 나라들도 있다. 프랑스인들에게서 유머러스한 것은 일반적으로 별 성공을 거두지 못했고, 우리의 경우는 그보다는 나으며, 게다가 우리는 되지 못한 것에 대해서도 비교적 관대하다. 그런고로 예컨대 장 파울은 객관적으로 극히 동떨어진 것들을 바로크풍으로 결합하고 철저히 어떤 주관적인 것에 의해서만 관계가 맺어지는 대상들을 뒤죽박죽 섞어 놓는 점에서 타의 추종을 불허하는 정도지만, 그럼에도 그는 우리에게 애독되는 유머작가로 있는 것이다. 줄거리, 즉 사건들의 내용과 과정은 그의 소설들에서 가장 흥미 없는 부분이다. 모든 내용을 단지 그의 주관적 위트를 돋보이게 만들려는 심산에서 사용할 뿐인 옹송망송한 유머가 주업이다. 세계의 전 지역과 현실의 모든 영역들에서 긁어모은 소재들을 이런 식으로 관계 맺고 연결하는 가운데 유머러스한 것은 이른바 상징성으로 —여기서도 마찬가지로 의미와 형상은 분리되어 있다— 되돌아간다. 다만 소재 및 의미에 관해 명령하고 그들을 맞지 않는 질서 속에 함께 꿰는 것이 이제는 시인의 단순한 주관성이라는 점이 다를 뿐이다. 그러나 특히 종종 뭔지 모를, 시인에게 우연히 떠올랐던 조합들에 우리의 표상을 순치시킬 것을 핍박받는다면, 그러한 일련의 착상들은 쉬이 지루해진다. 특히 장 파울의 경우에는 은유, 위트, 농담, 비유란 것이 다른 사람을 죽을 지경으로 몰아가며, 보건대 되는 일은 전혀 없고 뭐든지 소리만 요란하지 결과가 없다. 하지만 줄거리가 해결을 보려면 사전에 그것이 전개되고 준비되어 있어야만 하는 것이다. 다른 한편 [231] 주관이 내적으로 참된 객관성으로 채워진 심정의 중핵과 줏대를 구비하지 않을 경우, 유머는 쉬이 감상적이고 유약한 것으로 넘어가니 장 파울은 이 점에서도 마찬가지로 하나의 실례를 제공하고 있다.

γ) 그러므로 이러한 기형들로부터 초연하기를 원하는 참된 유머에는 정신의 깊이와 풍부함이 크게 속하니, 이는 그저 주관적일 뿐인 가상체를 진정 표현적인 것으로 끌어올리기 위함이며, 또한 그 우연성 자체와 단순한 착상들에서 실체적인 것을 출현시키기 위함이다. 표현의 과정에서 시인에게 허락된 자기용인은 스턴[96]이나 히펠[97]의 경우처럼 아주 소박하고 경쾌하고 보일락 말락 한, 미미하면서도 최고의 깊은 개념을 주는 가벼운 산책이어야만 한다. 그리고 여기서는 개별 세목들이 무질서하게 뿜어 오르니, 바로 그런 이유로 내적인 관계는 그만큼 더 깊숙이 놓여야 하며 또한 개체적인 것 그 자체에서 정신의 광원이 드러나야만 한다.

이와 더불어 우리는 낭만적 예술의 끝인 근래의 입장에 도달하였으니, 그 고유성은 예술가의 주관성이 더 이상 즉자 그 자체로서 규정된 내용 및 형식의 권역에 주어진 기존 조건들에 의해 지배되지 않는다는 점, 오히려 내용과 그 형상화 방식이 완전히 그의 권능과 선택에 맡겨진 관계로 그가 자신의 질료와 자신의 제작을 넘어선다는 점에서 발견될 수 있다.

c. 낭만적 예술형식의 종언

지금까지 우리가 고찰해 온 예술은 의미와 형상의 통일성, 예술가의 주관성과 그의 의미내용 및 작품의 통일성을 근거로 삼았다. 좀 더 자세히 말하자면, 이러한 특정 종류의 통일이 내용 및 그에 상응하는 표현에 대해 일체의 형상물들에 관류하는 실체적 규준을 제공했던 것이다.

---

96 Laurence Sterne(1713~1768), 영국의 작가. 1760~1768년에 걸쳐 간행된 전 9권의 미완성작 『신사 트리스트럼 샌디의 생애와 의견(The Life and Opinions of Tristram Shandy, Gentleman)』이 유명하다.

97 Theodor Gottlieb von Hippel(1741~1796), 독일의 유머작가. 대표작으로는 『결혼에 대하여(Über die Ehe)』(1774), 『여인들의 시민교육(Über die bürgerliche Verbesserung der Weiber)』(1792) 등이 있다.

이 관계에서 우리는 예술의 시작인 [232] 동방에서는 아직 대자적으로 자유롭지 못한 정신을 발견했다. 그 정신은 그에 대한 절대자를 아직 자연적인 것에서 탐색하였으며, 따라서 자연적인 것을 즉자 그 자체로서 신적인 것으로 이해하였다. 나아가 고전적 예술의 직관은 그리스의 신들을 소박하고 영혼을 지닌 개인들로 표현하였으되, 이들은 본질적으로 인간적 자연형상을 긍정적 계기로서 삼았던 까닭에 그에 얽매여 있기도 하였다. 그리고 낭만적 예술이 비로소 정신의 고유한 내면성을 심화시켰으니, 이에 대해 이제 육체적, 외적 실재와 세속성 일반은, 비록 정신성과 절대성이 오로지 이러한 요소들에서 현상할 수밖에 없었음에도 불구하고, 처음에는 허무한 것으로 정립되었으나, 끝내는 다시 타당성을 점차 긍정적으로 얻게 되었다.

α) 이러한 여러 방식의 세계관들은 여러 민족과 시대들의 종교와 실체적 정신을 형성하며 또한 예술을 통해, 그뿐만 아니라 각 시대마다의 그 밖의 모든 영역들의 생생한 현재를 통해 벌어 간다. 정말이지 모든 이가 그 시대의 소산으로서 정치적, 종교적, 예술적, 학문적 활동을 하듯이 그리고 그 시대의 본질적 의미내용과 이에 따르는 필연적 형상을 분명히 해야 할 과제를 갖듯이, 예술의 규정 역시 한 민족의 정신을 위하여 예술적으로 적합한 표현을 발견한다는 점에 있다. 그런데 예술가가 그러한 세계관 및 종교의 규정성과 직접적 동일성으로, 굳은 믿음으로 얽혀 있는 한, 그런 한 그는 이러한 내용과 그 표현을 진정 진지하게 대할 터, 즉 이 내용은 그에게 그의 고유한 의식의 무한성이자 진리로, 그의 가장 내밀한 주관성이 근원적인 통일을 이루며 살아가는 하나의 의미내용으로 머문다. 이에 반해 예술가로서의 그에게 대상들 일반의 절대성과 영혼을 가시화하는 최종적이며 필연적인 최고의 방식은 그 내용이 드러나는 형상이다. 그는 자신에게 내재하는 그의 소재의 실체를 통해 특정 방식의 표현에 묶이게 된다. 왜냐하면 이

경우 예술가는 소재나 [233] 여기에 적합한 형식을 그의 현존재의 고유한 본질로서 직접 자신 안에 지니기 때문인바, 그는 이 본질을 나름대로 상상하는 것이 아니라 자신이 그것으로 존재하며, 따라서 다만 이 참된 본질적 요소를 스스로 객관화하고 그것을 자신으로부터 생생하게 표상하고 형상화해 내는 작업을 할 뿐이다. 오직 이렇게 하여 예술가는 완전하게 그의 내용과 표현을 위해 영감을 얻고, 또한 그의 고안들은 자의적 산물이 되지 않고 오히려 그의 안에서, 그로부터, 이 실체적인 토대로부터, 이 바탕으로부터 발원하는바, 그 내용은 예술가를 통해 자신의 개념에 적합한 개별적 형상에 도달하기 이전까지는 쉼 없이 움직인다. 반면 이제 우리가 그리스 신이나 오늘날의 개신교도로서 성모 마리아를 조각작품이나 회화의 대상으로 삼고자 할 경우, 우리는 그러한 소재를 진정 진지하게 대하지는 않는다. 비록 신앙심으로 충만했던 시대의 예술가조차 우리가 보통 독실한 사람이라고 부르는 바로 그런 자일 필요는 없다지만, 하물며 도대체 예술가라는 사람들이 매번 최고로 경건한 사람들은 아니었다지만, 이 경우 우리에게는 속 깊은 믿음이 결여되어 있다. 유일하게 요구되는 것이 있다면, 내용이 예술가에게 그의 의식의 실체적 요소를, 가장 내면적인 진리를 형성하고, 또한 표현양식의 필연성을 제공해야 한다는 점 정도이다. 왜냐하면 제작에 임한 예술가는 동시에 자연존재이기도 하기 때문이며, 그의 솜씨는 자연적 재능이기 때문이다. 또한 그의 작업은 순수한 개념 파악의 행위, 즉 그 소재에 완전히 맞서는, 그리고 자유로운 사상과 순수한 사유 속에서 그 소재와 하나가 되는 행위가 아니라, 아직 자연적 측면으로부터 해방되지 못한 관계로 대상과 직접 합일하는 행위, 즉 대상을 신봉하며 또한 가장 고유한 자아의 면에서 대상과 동일적인 행위이기 때문이다. 이 경우 주관성은 완전히 객체 안에 놓인다. 마찬가지로 예술작품은 미분화未分化된 내면성과 천재의 힘으로부터 전적으로 야기되고, 제작은 견고하고 흔들림 없으며 또한

충만한 강렬함이 그 속에 간직된다. 이것이 예술 본래의 모습이 현전하기 위한 기본 관계이다. [234]

β) 반면, 우리는 예술의 발전 과정 속에서 예술에게 그 지위를 지정해야만 했으나, 이 지위에서 전체 관계가 완전히 달라졌다. 하지만 우리는 이 사실을 시대의 궁핍, 산문적 감각, 관심의 결여 등을 통해 예술이 외부로부터 당했던, 순전히 우연한 불행으로 간주해서는 안 된다. 오히려 그것은 예술 자체의 작용이자 진행이니, 즉 예술은 자신에게 내재하는 소재를 대상적으로 가시화하는 까닭에, 이 길 자체에서 각각의 발전을 통해 자기 자신을 표현된 내용으로부터 해방시키는 데 기여하는 것이다. 우리가 예술 혹은 사유를 통해 우리의 감각적, 정신적 눈앞에 대상으로서 갖는 것이 그 의미내용이 남김없이 드러날 만큼, 즉 일체가 드러나서 어둡고 내적인 것은 더 이상 아무것도 남아 있지 않을 만큼 그토록 완벽하다면, 여기에서 절대적 관심은 사라진다. 왜냐하면 관심은 당면한 활동에서만 발생하기 때문이다. 정신은 대상들 속에 비밀스럽고 드러나지 않은 것이 있는 한에서, 오직 그런 한에서 대상들에 대해 두루 힘쓴다. 이것은 소재가 여전히 우리와 동일적인 한에서의 경우이다. 그런데 예술이 그 개념에 들어 있는 본질적 세계관들을, 그리고 이러한 세계관들에 속하는 내용의 권역을 모든 면에 걸쳐서 드러내었다면, 예술은 한 특수한 민족, 한 특수한 시대를 위해 제각각 규정된 이러한 의미내용에서 벗어나 있는 것이며, 또한 그것을 다시 채택하려는 진정한 욕구는 지금까지 유일하게 타당했던 의미내용에서 등을 돌리려는 욕구에 의해서만 환기될 뿐이다. 그리스의 경우 예컨대 아리스토파네스는 자신의 현세에 대해, 루키아노스는 그리스의 전체 과거에 대해 들고 일어났고, 이탈리아와 스페인에서는 중세가 저물 무렵, 아리오스토와 세르반테스가 기사도에 등을 돌리기 시작하였다.

예술가가 그의 민족성과 시대의 덕에 그의 실체에 알맞게 한 특정 세계관과 그 의미내용 및 표현형식들의 내부에 서 있는 시기와는 대조적으로 이제 우리가 [235] 발견하는 것은 최근에야 비로소 그 완전한 육성이 중시되고 있는 하나의 정반대 입장이다. 우리 시대에 거의 모든 민족들에게서 예술가들을 지배했던 것은 반성의 도야와 비판이며, 우리 독일인들의 경우에는 사상의 자유 역시 한몫 거들었으니, 이것들은 또한 낭만적 예술형식의 필수적인 특수 국면들을 거친 후 제작의 소재와 형상의 면에서 그들을 말하자면 하나의 백지상태tabula rasa로 만들었다. 한 특수한 의미내용에 대한 예속과 오직 이러한 소재에 적합한 종류의 표현은 오늘의 예술가들에게는 일종의 과거사이며 또한 예술은 이를 통해 예술가가 그의 주관적 솜씨에 맞추어 종류를 불문하고 그 어떤 내용에 관해서도 균일하게 사용할 수 있는 하나의 자유로운 도구가 되었다. 이와 더불어 예술가는 특정의 신성한 형식과 형상화들 너머에 서 있으며, 또한 자유로이 독자적으로, 즉 보통은 의식의 눈앞에 신성, 영원한 것을 제공했던 의미내용과 직관방식에서 독립적으로 움직인다. 어떠한 내용도, 어떠한 형식도 더 이상 예술가의 깊은 감정, 본성, 무의식적인 실체적 본질과 직접적으로 동일하지 않다. 매 소재는, 여하간 아름답다는 그리고 예술적으로 취급 가능하다는 형식적 법칙에만 모순되지 않는다면, 그에게 무차별적일 수 있다. 오늘날에는 어떠한 소재도 즉자대자적인 면에서 이러한 상대성 너머에 있다고 할 수 없으며, 또한 설혹 그것이 그 너머로 고양되어 있다손 처도, 적어도 그것이 예술에 의해 표현되어야 하리라는 절대적 필연성은 현전하지 않는다. 그러므로 극작가가 자신과 다른 이질적 인물들을 제시하고 진열하는 것과 비슷하게 예술가는 전체적으로 보아 그런 식으로 자신의 내용에 대해 관계한다. 그가 지금도 여전히 그의 천재를 주입한다는 것, 그의 고유한 소재를 뒤져 짠다는 것은 사실이지만, 그로부터 짜는 것은 단지 일반적인 혹은 완전히 우연적인 사항일 뿐이다. 이에 반해 더 이상의 세부적인 개별화는 그의 몫이 아니니, 이 관계에서 그는 비축된 이미지들, 형상화 양식들, 전 시대의 예술형식들을 사용하는바, 이것들은 그 자체로 보면 그에게 무차별적이며 [236] 다만 이러저러한 소재를 위해 정녕 최적인 것으로 나타나는 경우에 한에서만 그에게 중요할 뿐이다. 더욱이 대부분의 예술들, 특히 조형예술들에서는 대상이 외부로부터 예술가에게 주어진다. 그는 주문받은 대로 작업을 하며, 성스러운 혹은 세속적인 이야기들, 장면들, 초상들, 교회 건물들 등의 경우 그 주문에서 만듦 직한 것이 무엇인가를 간파하면 된다. 왜냐하면 그가 제아무리 자신의 심정을 주어진 내용 속에 꾸며 넣을지라도, 그것은 언제나 그 자신에게는 의식의 실체적 요소가 아닌 소재로 남기 때문이다. 과거의 세계관들을 다시, 말하자면 실체적으로, 체득하려는 것은, 즉 예컨대 가톨릭교도가 됨으로써 이러한 여러 방식의 관점들 중 하나에 굳게 귀의하려는 것은 ―최근 많은 사람들은 예술을 위하여 그들의 심정을 공고히 하고 그들 표현의 특정한 한계가 그 자체로서 무언가 즉자대자적인 것으로 되게 하려는 심산에서 이러한 행동을 했는데― 여기서 더 이상 아무 도움이 되지 못한다. 예술가에게 그의 심정을 정화하고 그의 고유한 영혼의 구제를 염려해야만 하는 일은 더 이상 필수적일 수 없다. 그의 위대하고 자유로운 영혼은 그가 제작을 행하기 이전에 애초부터 영혼의 자리를 알고 또 소유해야만 하며, 영혼을 확신하고 내면에서 신뢰해야만 한다. 그리고 특히 현금의 위대한 예술가는 특정 형식들의 직관과 표현에 제한되어 있는 일체의 미신과 신앙을 단순한 측면이자 계기들로 격하시키는 정신의 자유로운 육성을 필요로 하니, 자유로운 정신은 그것들에서 자신의 노정과 형상적 양식화를 위한 즉자대자적인 신성한 조건들을 보지 않음으로써, 그리고 한층 높은 의미내용을 통해서만 ―그는 이 의미내용을 재창조 과정에서 그들에게 적합한 것으로 그들 속에 주입한다― 그것들에게 가치를 귀속시킴으로써, 자신을 그것들을 관장하는 장인으로 만든다.

이렇게 하여 그 재능과 천재가 독자적으로 특정 예술형식에 대한 이전의 제한으로부터 해방된 예술가에게는 이제 모든 형식 및 모든 소재가 봉사하며 또한 그 휘하에 들게 된다. [237]

γ) 그런데 끝으로 우리가 일반적 입장의 면에서 이 단계에서 독특하다고 간주할 수 있는 내용과 형식들에 관해 묻는다면, 다음의 것들이 드러난다.

보편적 예술형식들은 무엇보다 예술이 도달한 절대적 진리와 연관되었으며, 또한 그들의 특수한 차이들의 기원을 의식에게 절대자로 간주되었던 것 및 그 형상화 방식의 원리를 내면 자체에 지녔던 것의 특정한 이해 속에서 발견하였다. 이 관계에서 우리는 상징적 예술형식에서는 자연의미가 내용으로서, 자연물 및 인격화가 표현형식으로서 등장함을 보았었다. 고전적 예술형식에서는 정신적 개별성이 등장함을, 그러나 육체적이며 내면화되지 않은 현재로서 등장함을 보았고, 이 현재 위에는 운명이란 추상적 필연성이 서 있었다. 낭만적 예술형식에서는 그 자체로 내재적인 정신성의 주관성이 등장하였고, 그 내면성에 대해 외적 형상은 우연적인 것으로 머물렀다. 이전의 예술형식들에서도 그렇지만 이 마지막 예술형식에서도 신적인 것이 절대적으로 예술의 대상이었다. 그런데 이 신적인 것은 자신을 객관화하고 규정해야만 했으며 또한 이로써 자신으로부터 벗어나 주관성의 세속적 의미내용으로 나아가야만 했다. 우선은 인격의 무한성이 명예, 사랑, 신 안에 놓여 있었고, 다음으로는 특수한 개성 안에, 인간적 현존재의 특수한 의미내용과 융합된 특정 성격 안에 놓여 있었다. 마지막으로 일체의 규정성을 흔들고 해체할 줄 알았던 유머는 내용의 그런 특수한 제한성과의 유착을 다시 지양했으며, 이를 통해 예술로 하여금 자신을 초극하도록 만들었다. 하지만 이러한 자기초극 안에서 예술은 인간의 자신 안으로의 회귀, 자신의 고유한 가슴속으로의 침잠으로도 존재하니, 이를 통해 예술은 특정 권역의 내용과 이해에 국한된 일체의 견고한 제한성을 자신으로부터 떨쳐 내며 또한 인간적 심정 그 자체의 심연과 정점들, [238] 보편적 인간성의 기쁨과 슬픔, 그 노력, 행동 그리고 운명들을 대변하는 후마누스를 새로운 성자로 삼는다.[98] 이와 함께 예술가는 자신의 내용을 그 자신에게서 얻으며 또한 실제로 자기 자신을 규정하는, 그리고 그의 감정과 상황들의 무한성을 고찰하고 명상하고 표현하는 인간정신으로 존재하는바, 그에게는 인간의 가슴속에 살 수 있는 것은 어떠한 것도 더 이상 낯설지가 않다. 이것은 즉자대자인 면에서 예술적으로 결정되어 머무는 의미내용이 아니라 오히려 내용과 외형화의 규정성을 자의적 고안에 위임하지만 그 어떤 관심도 배제하지 않는 의미내용이니, 까닭인즉 예술은 더 이상 단지 그 특정 단계들 중 하나에 절대적으로 본향本鄕을 두는 것만을 표현할 필요는 없으며 오히려 인간 일반이 본향일 수 있는 것 모두를 표현해야 하기 때문이다.

이러한 폭과 다양성을 갖는 소재에 대해 이제 무엇보다 제기되는 것은 그 취급방식 전반에 걸쳐 오늘날 정신의 현재성이 동시에 드러나야 한다는 요구이다. 현대의 예술가는 고대 및 이전 시대의 예술가들에게 물론 잇닿을 수 있다. 설혹 최후의 추종자일지라도, 호메로스의 추종자로 있다는 것은 아름다운 일이며 또한 낭만적 예술의 중세적 용례用例를 반영하는 형상물들은 그 공로를 인정받을 것이다. 그러나 한 소재의 이러한 보편타당성, 깊이 그리고 고유성은 하나이고 그 취급방식은 또 다른 하나이다. 우리 시대에는 호메로스, 소포클레스 등이나, 단테, 아리오스토 혹은 셰익스피어가 등장할 수 없다. 그토록 위대하게 노래로 불린, 그토록 자유롭게 내뱉은 그

---

98 역주: humanus는 '인간적인'이란 뜻의 라틴어인데, 헤겔은 여기서 이 단어를 'Humanus'로 의인화하고 있다. 괴테의 미완성 서사시 「비밀(Die Geheimnisse)」에는 "그 성자, 현인의 이름은 후마누스, 내가 눈으로 본 최고의 인물"이라는 구절이 있는데, 여기서도 후마누스는 같은 뜻으로 사용되고 있다.

것은 내뱉어 버려지고 말았다. 이 소재는 더 이상 노래로 불리지 않으며, 이런 소재를 관찰하고 파악하는 방식들이 있을 따름이다. 오직 현재만이 생생하며, 다른 것은 빛이 바래고 더욱 바래 간다. ─ 우리는 프랑스인들이 그리스와 로마의 영웅들, 중국인과 페루인들을 프랑스의 왕자와 공주들로 묘사했던 점을 두고, 또한 이들에게 루이 14세와 15세 시대의 동기와 견해들을 부여했던 점을 두고, 그들에게 역사적 사실면에서 비난을 가하고, 또한 미와 관계하여 비판을 행해야 함이 사실이다. 하지만 이러한 동기와 견해들이 내면 자체에서 좀 더 깊이 있고 좀 더 아름다웠더라면, [239] 예술이 벌이는 현재로의 이러한 아전인수는 꼭 나쁘다고 할 일이 아니었을 것이다. 그와는 반대로 일체의 소재들은, 그것들이 어떠한 시대와 국가에서 유래해도 좋으나, 오직 이러한 생생한 현재성으로서만 그들의 예술진리를 유지하니, 그들은 이러한 현재성 속에서 인간의 가슴, 그의 반성을 채우며, 또한 우리에게 진리를 감응, 표상케 한다. 불멸하는 인간성의 무수한 의미와 다방면에 걸친 그 무한한 발전을 현상케 하고 작동시키는 일, 이것이야말로 이제 인간적 상황과 감응들이라는 그릇에 담기는, 우리들 예술의 절대적인 그 의미내용이 형성되도록 하는 그것이다.

이제 현 단계의 고유한 내용에 대한 이 일반적인 확언에 준해서 우리가 낭만적 예술의 해체형식들로서 마지막에 고찰했던 것을 돌아볼 것이다. 특히 부각되었던 것은 예술의 붕괴, 즉 한편으로는 외적 객체가 갖는 형상의 우연성의 모사이고, 다른 한편으로는 유머에서 보는 바, 내적 우연성에 따르는 주관성의 해방이다. 끝으로 우리는 방금 시사된 소재 안에서 여전히 낭만적 예술의 그러한 극단들의 합병을 주목할 수 있다. 즉 상징적 예술이 고전적 예술로 발전함에 있어 이미지, 비유 그리고 풍자 등의 과도기적 형식들이 고찰되었던 것과 같이, 여기서 우리는 낭만적 예술에서 그와 유사한 형식들에 관해 언급해야만 한다. 전자의 이해방식들에서 요점은 내적 의미와 외적 형상의 분열, 부분적으로 예술가의 주관적 활동을 통해 지양되었던, 그리고 특히 풍자시에서, 가능한 한 동일화로 전환되었던 분리였다. 그런데 낭만적 예술형식은 애당초 내적으로 만족하는 내면성의 한층 깊은 이분화로 있었으니, 도무지 내적으로 존재하는 정신에 객체적인 것은 완전히 상응하지 않는 까닭에, 이 내면성은 객체적인 것에 대해 단절된 채로, 혹은 무차별적으로 머물렀다. 이러한 대립은 낭만적 예술의 과정에서 우리가 우연적 외면성이나 마찬가지로 우연적인 주관성에 대한 관심에 유일하게 [240] 도달할 수밖에 없는 지경으로까지 발전되었다. 그런데 외면성 및 주관적 표현에서 얻는 이 만족이 낭만적 예술의 원칙에 걸맞게 심정의 대상 속으로의 침잠으로 고양된다면, 게다가 다른 한편 유머에서는 객체도, 주관적으로 반사된 객체의 형상화도 중요하다면, 이를 통해 우리가 얻는 것은 대상과의 친밀감, 말하자면 객관적 유머이다. 하지만 그런 식의 친밀감은 부분적일 수밖에 없으니, 가령 한 노래의 일정 음역 내에서만, 혹은 보다 큰 전체의 부분으로서만 표출될 뿐이다. 왜냐하면 만일 그러한 친밀감이 확대되어 객관성의 내부에서 성취되었을 것 같으면, 그것은 행위와 사건으로, 그리고 이것들의 한 객관적 표현으로 되어야만 했을 것이기 때문이다. 이에 반해 우리가 그러한 친밀감에 속한다고 계산해도 좋은 것은 그보다는 대상 속에서의 심정의 감수성에 찬 몰아沒我이니, 심정은 전개되기는 하겠으나 판타지와 가슴의 주관적이며 영감 어린 운동, 즉 착상으로 머문다. 그런즉 이 착상은 그저 우연적이거나 자의적인 것이 아니라 오히려 완전히 자신의 대상에 헌신하는, 그리고 그 대상을 관심과 내용으로서 간직하는 정신의 한 내적 운동인 것이다.

이러한 관계에서 우리는 그 같은 최후의 예술 개화開花들을 이러한 형식의 매우 단순한 초기 형상이 등장했던 고대 그리스의 풍자시와 대비할 수 있다. 여기서 의미되는 형식이 비로소 나타나려면, 대상을 언급한다는 것이 단순한 명명命名함이 아니어야 하고, 대상이 대관절 무엇이라는 것만을 말하는 비명碑銘 내지 비문碑文이 아니어야 하며, 오히려 하나의 깊은 감응, 정곡을 찌르는 위트, 의미 있는 반성과 판타지의 정신에 찬 운동이 ─이것들은 이해의 시를 통해 아주 미미한 것도 생동케 하고 확대한다─ 첨가되어야 한다. 임의의 것, 즉 하나의 나무, 물방아가 있는 시내, 봄 등을, 산 자와 죽은 자들을 거명하는 시들은 무진장 다양할 수 있으며 또한 여느 민족에게서도 나타날 수 있다. 하지만 그러한 시들은 하급의 것으로 남으며 또한 도대체가 쉬이 어설픈 것으로 되니, 까닭인즉 특히 반성과 언어가 잘 육성된 경우에는 대개의 대상과 관계들을 접할 때에 편지 쓰기를 할 줄 아는 정도라면 솜씨 있게 표현할 수도 있을 하나의 착상이 누구에게나 떠오르기 때문이다. [241] 우리들은 예의 일반적인, 아무리 새로운 뉘앙스들이 덧붙었다고는 하나 종종 되풀이되는 단조로운 노래에 곧 싫증을 낸다. 그러므로 이 단계에서 주로 문제시되는 것은 심정의 깊은 감정, 깊은 정신과 풍부한 의식이 상태, 상황 등으로 완전히 스며들어 그 안에 머무는가, 그리고 이를 통해 대상으로부터 무언가 새로운 것, 아름다운 것, 내면 자체로서 가치 있는 것을 만드는가 하는 점이다.

이 점에서는 특히 페르시아인들과 아랍인들이 하나의 빛나는 모범을 그들 이미지의 동방적인 찬란함 속에서, 그들의 대상들과 완전히 이론적으로 관계하는 판타지의 자유로운 지복 속에서 제공하는바, 이러한 모범은 심지어 현대와 현대의 주관적인 깊은 감정에 대해서도 적용된다. 스페인인들과 이탈리아인들도 이 점에서는 탁월한 성과를 거두었다.

클롭슈토크가 페트라르카에 관해 "페트라르카는 흠모하는 사람에게는 아름다운, 그러나 연인에게는 그렇지 않은 라우라의 노래들을 읊었다"고 말하지만, 클롭슈토크의 사랑의 송시는 그 자체가 불사不死의 행운을 위한 도덕적 반성, 비루한 동경 그리고 억지스러운 열정으로 가득 차 있는 반면,

우리가 페트라르카에게서 경탄하는 것은 내면 자체로 품위 있는 감응의 자유이니, 이 감응은 아무리 연인을 향한 욕구를 표현할지라도 내면 자체에서 만족을 얻은 것이다. 욕구와 욕망은 이러한 권역의 대상들에서 ―이 권역이 포도주와 사랑, 술집과 술잔에 한정되어 있다면― 빠질 수가 없으니, 그렇듯 예컨대 페르시아인들도 극도로 질탕한 이미지들을 지닌다. 그러나 판타지의 주관적 관심은 여기에서 대상을 실제적 욕구의 권역 바깥으로 완전히 떼어 낸다. 판타지는 오로지 이러한 판타지적 작업 속에 관심을 둘 뿐이니, 이 작업은 무수히 변화하는 용어와 착상들 속에서 가장 자유롭게 만족을 구하며, [242] 또한 지극한 영감으로 기쁨과 슬픔을 유희한다. 비교적 최근의 시인들 중에서는 『서동시집』의 괴테, 뤼케르트가 엇비슷하게 영감에 찬 자유의 입장을, 그러나 주관적으로는 한층 내밀하고 깊은 판타지의 입장을 취한다. 특히 『서동시집』에서의 시들은 괴테의 이전 시들과 본질적으로 구분된다. 예컨대 「환영과 이별Willkommen und Abschied」에서는 언어와 묘사가 실로 아름다우며 감응은 절절하나, 기타 상황은 완전히 일상적이고 결말은 진부하며 또한 판타지와 그 자유가 부언하는 것은 아무것도 없다. 『서동시집』에 들어 있는 「재회Wiederfinden」라는 제목의 시는 전혀 딴판이다. 여기서는 사랑이 완전히 판타지와 그 운동, 행복, 지복 속으로 전이되어 있다. 전반적으로 우리가 이러한 부류의 산물들에서 보는 것은 주관적 열망, 사랑의 탐닉, 욕망이 아니라 대상에 대한 순수한 애호, 판타지의 끝없는 자기표출, 각운과 기교적 운율을 희롱하는 악의 없는 유희와 자유이며, 또한 이에 더하여 자신의 내면에서 운동하는 심정의 깊은 감정과 기쁨이니, 이 기쁨은 형상의 명랑성을 통해 영혼을 현실의 제한에 얽힌 일체의 고통스러운 착종 너머로 높이 끌어올린다.

이와 함께 우리는 예술의 이상이 그 발전 과정 속에서 분화되어 가는 특수한 형식들의 고찰을 마감할 수 있다. 나는 이러한 형식들의 내용을 ―이 내용으로부터 표현양식도 유래하는데— 언급하려는 목적에서 그것들을 한층 광범위한 연구의 대상으로 삼았다. 왜냐하면 모든 인간의 작품에서 그렇듯 예술에서도 결정적인 것은 의미내용이기 때문이다. 예술은 그 개념에 따를 때, 내면에서 의미내용으로 가득 찬 것을 그에 적합하고 감각적인 현재로 드러내는 것 이외에 다른 소명을 지니지 않으며, 또한 그렇기에 예술철학은 이 의미내용으로 가득 찬 것과 그 아름다운 현상방식이 무엇인가를 사유적으로 파악하는 일을 자신의 주 임무로 삼아야 하는 것이다.

개별 예술들의 체계

서문

[245] 우리 학의 제1부[99]는 자연과 예술에서 나타난 미의 보편적 개념과 그 현실성을, 즉 참된 미와 참된 예술을, 이상理想을 다루었는데, 이상의 근본 규정들의 통일성 [예술형식들]은 아직 전개되지 않았으며 그 특수한 내용 및 상이한 현상방식들[개별 예술들]과도 무관하였다.

제2부[100]에서는 내적으로 견실한 예술미의 이 통일성이 자체 내에서 예술형식들의 총체성으로 전개되었는데, 그 규정성은 동시에 내용의 규정성이기도 하였으며, 내용을 이루는 것은 신적인 것과 인간적인 것에 대한 미적 세계관들이었으니, 예술정신은 내적으로 분화된 미적 세계관들의 체계를 스스로의 힘으로 형성해야 했다.

이 두 국면에는 외면성 자체를 요소로 삼는 현실성이 여전히 빠져 있다. 왜냐하면 우리는 이상 자체를, 그리고 상징적, 고전적, 낭만적 예술의 특수한 형식들을 다루면서 내적인 것으로서의 의미와 외적, 현상적인 것으로서의 그 형상화의 관계 및 양자의 완전한 매개에 관해 늘 언급하였지만, 이상의 이러한 실현으로 간주되었던 예술생산은 그 자체가 아직은 내적인 것

---

99   역주: 『미학 강의』 제1권, 「제1부. 예술미의 이념 혹은 이상」
100 역주: 『미학 강의』 제1권, 「제2부. 예술미의 특수한 형식들을 향한 이상의 전개」

이었을뿐더러, 보편적 세계관들의 —예술생산은 이 세계관들에 맞추어 분화, 확장된다— 권역 속에 있는 것이었기 때문이다. 그런데 자신을 직접적 직관, 감관과 감각적 표상에 대해 외적으로, 예술작품으로서 객관화한다는 점, 그리하여 미는 자신에 속하는 이 현존재를 통해서만 비로소 진정 그 자체로 미가, 그리고 이상이 된다는 점이 미 자체의 개념에 들어 있는 관계로, 제3부에서 우리는 감각적인 것을 요소로 삼아 실현되는 예술작품의 이 권역을 조감해야만 한다. 왜냐하면 이러한 후자의 형상화를 통해 비로소 예술작품은 진정 구체적으로, 즉 실제적인 동시에 내적으로 완결된 개별적 개체로 존재하기 때문이다. [246]

이상은 객관화된 세계관들 모두에 들어 있는 미의 이념인 까닭에, 오로지 이상만이 미학의 이 세 번째 영역의 내용을 형성할 수 있다. 그러므로 예술작품은 지금도 여전히 내적으로 지절화된 총체성으로서, 즉 유기체로서 파악되지만, 그 차별성들은 —제2부에서는 이것들이 이미 본질적으로 상이한 세계관들의 권역으로 특화되었다면— 이제 개체화된 지절들로 산개散開하니, 각 지절은 자체로서 독자적 전체가 되며, 또한 이 개체성 속에서 상이한 예술형식들의 총체성을 재현할 수 있다. 개념적으로 보면 예술의 이 새로운 현실성의 총화가 즉자적으로 하나의 총체성에 속하는 것은 사실이다. 그러나 이 총체성이 감각적 현재의 영역에서 실현되는 관계로, 이제 이상은 그 계기들로 해체되며, 비록 그것들이 서로를 향해 다가가고 본질적으로 서로 연관하고, 또한 서로를 보전補塡한다고 해도, 그것들 각각에 독자적인 존립을 부여한다. 이러한 실제 예술계가 개별 예술들의 체계이다.

총체성으로 간주되는 특수한 예술형식들이 상징적 예술에서 고전적 예술과 낭만적 예술로 향하는 발전과 전개를 내포하듯이, 예술형식들 자체가 바로 개별적 예술들을 통해 현존재를 얻는 한, 우리는 한편으로 개별적 예술들에서도 이와 유사한 발전을 발견한다. 하지만 다른 한편 개별적 예술들은 그들이 객관화하는 예술형식들과는 무관하게 내면 자체에서 하나의 형성이자 과정이 되니, 이러한 비교적 추상적인 관계에서 보자면 이 과정은 모든 예술들에 공통적이다. 각 예술은 예술로서의 완성된 발전의 개화기를 가지며 또한 그 앞뒤로 완성 이전기와 완성 이후기를 갖는다. 왜냐하면 모든 예술의 산물들은 정신의 작품이며 따라서 자연의 형상물들처럼 그 특정 영역 안에서 직접적으로 만료되는 것이 아니라 시작, 발전, 완성, 종말을, 즉 성장, 개화, 소멸을 겪기 때문이다. [247]

비교적 추상적인 이러한 차별성들의 과정은 모든 예술들에 적용되는 관계로, 우리는 여기에서 출발 삼아 간략하게 이를 언급하고자 한다. 우리는 보통 그러한 차별성들을 엄격한 양식, 이상적 양식, 쾌적한 양식이라는 이름하에서 상이한 예술양식들로 표시하곤 한다. 그 양식들은 주로 일반적인 직관방식 및 표현방식과 연관한다. 그것들은, 즉 한편 외적 형식과 그 부자유, 자유, 단순성, 개별적 사항들의 과잉 등의 점에서 대저 내용의 규정성을 외적 현상으로 발현시키는 모든 측면들과 연관하며, 다른 한편 예술이 그 의미내용을 현존재화하는 감각적 질료의 기술적 가공의 측면과 관계한다.

예술이 단순하고 자연적인 것에서 출발했다는 것은 일상적인 편견이다. 우리는 어떤 의미에서는 분명 이 점을 인정할 수 있다. 즉 거칠고 조야한 것은 예술의 순정한 정신과 비교하여 물론 더욱 자연적이며 더욱 단순한 것이다. 그러나 미적 기술로서의 기술의 자연성, 생명성 그리고 단순성은 이와는 다른 것이다. 예의 출발들은 조야함이라는 의미에서 단순하고 자연적인데, 예를 들어 아이들이 단순한 형태를 만들고 아무렇게나 몇 줄을 그어 인간형상, 말 등을 표시하는 경우가 그렇듯, 그것들은 아직 예술과 미에 전혀 속하지 않는 것이다. 반면 정신의 작품으로서의 미 자체는 이미 그 출발들을 위해 발전된 기교, 반복된 시도와 연습을 요구하며, 또한 미의 단순성으로서의 단순함, 즉 이상적 비례는 차라리 다면적 매개를 거친 후 비로

소 도달한 결과인데, 여기서는 다양함, 잡다함, 혼란스러움, 과다함, 곤란함
이 극복되고, 바로 이 승리 속에서 모든 사전 작업과 및 준비가 감춰지고 말
소되어 자유로운 미가 막힘 없이 단번의 주조로 산출된 양 보이는 것이다.
이는 자신의 언행 일체에서 아주 단순하고 자유롭고 자연스럽게 행동하되
[248] 이 단순한 자유를 처음부터 소유하는 것이 아니라 완성된 각고의 자기
형성의 결과로서 비로소 획득한 교양 있는 인간의 행동과도 같다.

　그러므로 차라리 초창기의 예술은 이치理致의 면에서나 실제 역사의 면에
서 종종 부수적인 것을 상세하게 다루고 겉치레와 같은 주변적인 것에 대
한 세세한 작업에 공을 들이는 인위적이며 난삽한 것으로 나타난다. 그리
고 이 외부적 사항이 복합적이며 잡다할수록 본격적으로 표현해야 할 것은
그만큼 더 단순하게 있으니, 곧 진정 자유롭고 생생한 정신성의 표현은 그
형식과 운동의 면에서 그만큼 더 빈약하게 남는 것이다.

　따라서 이 면에서 보면 최초, 최고最古의 예술작품들은 그 모든 개별적 예
술들에서 내적으로 극히 추상적인 내용을, 즉 시로 표현된 단순한 이야기
들, 추상적 사상과 그 불완전한 발전이 마구 뒤섞인 신통기神統記, 돌이나 나
무로 된 개별 성인聖人들을 제공한다. 또한 표현은 어색하고 단조롭거나, 혼
돈되고 경직되고 건조한 것으로 머문다. 특히 조형예술에서는 표정이 무딘
채로, 정신적이며 깊은 내적 사념의 고요가 아닌, 텅 빈 동물적 고요에 잠긴
채로 있거나 역으로 성격적 특징의 면에서 날카롭고 과장된 채로 있다. 또
한 신체형식들과 그 운동도 마찬가지로 죽어 있으니, 예컨대 팔들은 몸통
에 달려 있고 다리들은 오므려 있거나 어색하고, 모나고, 각이 지게 운동하
며, 그 밖에 형태들도 비형상적이어서, 작달막하게 서로 붙어 있거나 과하
게 가늘고 길쭉한 모습을 하고 있다. 반면 의복, 머리, 무기 그리고 기타 장
식물과 같은 부대사항들에는 사랑과 노력이 다량 투입되지만, 예컨대 의복
의 주름들은 ―성처녀와 성인들의 초기 상들에서 종종 볼 수 있듯이― 체

형에 맞지 않고 뻣뻣하게 따로 놀며, 부분적으로는 단조롭게 규칙적으로 나열되며, 부분적으로는 여러 겹 과하게 각을 이루어 꺾이며, 흐르지 않고 평퍼짐하게 몸을 감싼다. 최초의 시들도 마찬가지로 생뚱맞고, 맥락이 없고, 단조롭고 그저 하나의 표상이나 [249] 감응에 의해 추상적으로 지배되거나 조야하고, 과격하고, 개별 사항은 불투명하게 뒤엉키며, 또한 전체는 아직 견고한 내적 유기체로 결속되지 않고 있다.

그러므로 우리가 여기서 고찰해야 할 양식은 [첫째로] 그러한 예비 과정 이후의 진정한 예술과 더불어 비로소 출발한다. 그러한 예술에서도 양식은 초기에는 마찬가지로 여전히 거칠지만 그것은 이미 엄격함으로 한층 아름답게 누그러져 있다. 이 엄격한 양식은 의미 있는 것에 천착하여 그 대강을 표현하고 묘사하며, 미관과 우아함을 경멸하고, 주제가 유일하게 지배토록 하며, 또한 특히 부수사항들에는 노력과 공을 그리 많이 쏟지 않는다. 그러면서도 엄격한 양식은 현전하는 것의 모사를 추구하기도 한다. 즉 엄격한 양식은 한편으로는 내용의 면에서 표상 및 묘사와 관련하여 예컨대 목하의 성스러운 종교적 전통과 같은 기존의 것에 의거하지만, 다른 한편 그것은 외적 형식을 위해 자신의 고유한 고안보다는 사태事態[실태實態]가 단순히 보존되게끔 두려고도 한다. 왜냐하면 그것은 사태가 그대로 있다는 일반적인 대大효과에 만족하며, 또한 이로써 표현을 함에 있어서도 존재하고 현존하는 것을 따르기 때문이다. 그러나 주관성의 자의와 자유가 틈입하는 듯 보임을 막기 위해 이 양식은 마찬가지로 일체의 우연적인 것에서 거리를 두기도 한다. 동기들이 단순하고 표현된 목적이 별것 없으니, 그러므로 자태, 근육, 운동의 세세함 역시 그리 대단한 다양성을 보이지 않는다.

둘째, 이상적인, 순전히 아름다운 양식은 사태의 실체적 표현과 즐거움을 향한 일탈의 중간을 맴돈다. 우리가 이 양식의 특징으로서 지칭할 수 있는 것은 피디아스의 작품들과 호메로스에게서 경탄해 마지않는, 미적인 고요한 위대함을 갖는 최고의 생동성이다. 이것은 모든 점들, 형식들, 구절들, 운동들, 지절[마디]들에 있는 생명성인바, 그 안에서는 어떠한 것도 무의미하고 비표현적이지 않으며 오히려 일체의 것은 능동적이며 효과적이고 또한, [250] 어느 점에서 예술작품을 고찰하든 간에, 자유로운 삶 자체의 감동과 맥박을 보여 준다. 그러나 이것은 본질적으로 다만 어떤 하나의 전체를 표현하는, 하나의 내용, 하나의 개성과 행위를 표현하는 생명성이다.

이 경우 우리는 그러한 참된 생명성에서 전체 작품에 감도는 우미優美의 숨결을 동시에 발견한다. 우미는 엄격한 양식을 비웃으며 청자와 관조자에게 호소한다. 하지만 카리스와 그라티아[101]가 아무리 상대에 대한 감사와 호의인 것으로 증명될 뿐이라고 해도, 그녀는 [즉 우미는] 이상적 양식에서는 만족을 주려는 각종 시도로부터 철저히 자유롭게 머문다. 우리는 이 점을 좀 더 사변적으로 다음과 같이 설명할 수 있다. 사태는 자체로서 완결되고 집중화된 실체성이다. 그러나 사태가 예술을 통해 현상에 발을 들이고 이로써, 말하자면 타자를 위해 현존하려는, 즉 자신의 단순성과 내적 견실성에서 벗어나 특수화, 분할 그리고 개별화로 이행하려는 노력을 기울이는 관계로, 타인들을 위해 실존으로 향하는 이 진행은 말하자면 사태가 베푸는 호의로 간주될 수 있으니, 까닭인즉 사태는 그 자체로는 이러한 보다 구체적인 현존재를 필요로 하지 않는 듯 보임에도 불구하고 우리들을 위해 자신을 완전히 현존재로 주조하기 때문이다. 하지만 그러한 우미는 이 단계에서 자족적인 것으로서의 실체성이 동시에 그 현상의 우미를 괘념하지 않고서도 현존할 경우에만 주장될 수 있으니, 그것은 겉으로만, 즉 일차적 종류의 잉여로만 개화할 뿐이다. 자신의 현존재에 대한 내적 확신의 이 무차

---

101 역주: 카리스(Charis)와 그라티아(Gratia)는 그리스 신화와 로마 신화에 각각 등장하는 우미의 3여신들 중 하나이다.

별성, 내면 자체의 이 고요가 바로 우미의 아름다운 냉담을 형성하니, 이것은 자신의 이 현상에 직접 가치를 두는 것이 아니다. 바로 여기에서 미적 양식의 고상함이 동시에 발견된다. 아름답고 자유로운 예술은 외적 형식을 염려하지 않으니, 그것은 고유한 반성, 목적, 의도성이 거기서 인지되게끔 만들지 않으며 오히려 각각의 표현과 구절 속에서 이념과 전체의 영혼을 지시할 따름이다. 이상은 오로지 이를 통해 거칠거나 엄격하지 않은, [251] 오히려 이미 미의 명랑성으로 부드러워진 아름다운 양식을 유지한다. 어떠한 표현이나 부분도 강압당하지 않았으며, 각 지절은 독자적으로 현상하며, 자신의 고유한 실존을 즐기며, 그럼에도 동시에 스스로 겸양하여 오로지 전체의 계기로서 존재한다. 오로지 이것이 개성과 성격의 깊이와 규정성에 생기 넘치는 우미를 부여한다. 한편으로는 오로지 사태가 지배한다. 그러나 현상을 극히 규정되고 판명하고 생생하고 현재적인 것으로 만드는 특징들의 상세함, 명료하고도 충만한 다양함 속에서 관조자는 사태의 구체적 삶과 완벽하게 조우하며, 그런 한에서 그는 말하자면 사태 자체로부터 해방된다.

그런데 이상적 양식이 현상의 외적 측면으로의 이러한 전향을 계속 추구한다면, 그것은 즉시 이 마지막 [세 번째] 점을 통해 즐거운 양식, 쾌적한 양식으로 이행한다. 여기서는 본체 자체의 생명성과는 또 다른 의도가 즉시 고지된다. 기쁨, 대외 효과Wirkung nach außen 목적으로서 공언되며, 또한 그 자체로 관심거리가 된다. 예컨대 유명한 벨베데레의 아폴로는 그 자체가 즐거운 양식에는 속하지 않지만 적어도 고상한 이상에서 매력적 양식으로의 이행에는 속한다. 그러한 종류의 즐거움에서는 외적 현상 모두가 더 이상 유일의 사태 자체로 환원되는 것은 아니며, 그리하여 특수성들은, 비록 처음에는 사태 자체로부터 출현하고, 또한 그것을 통해 필연적으로 있음에도 불구하고 점차 독립된다. 사람들은 그것들이 장식, 의도적 삽화들로서 추가, 삽입되었다고 느낀다. 하지만 그것들은 사태에 대해 우연성들로 머물며 또한 그 본질적 규정을 관조자나 독자와의 연관 속에서만 가지니, 바로 그 이유로 인해 그것들은 작품을 감상하는 주관성에 아첨한다. 이 점에서는 예를 들어 베르길리우스와 호라티우스가 그러하니, 그들은 다면적 의도와 기쁨을 위한 노력이 묻어나는 세련된 양식을 통해 즐거움을 준다. 건축, 조각, 회화에서는 즐거움으로 인해 [252] [주관의 시선에서] 크나큰 단순한 덩어리가 사라지고, 도처에 있는 소소한 소형물들이, 즉 장식품, 장신구들, 뺨의 보조개, 우아한 머리장식, 미소, 의복의 다양한 주름들, 매혹적인 색채와 형태들, 어렵지만 억지스럽지 않게 운동하는 자세들 등이 독자적으로 나타난다. 예컨대 소위 고딕 건축, 혹은 즐거운 양식이 가미된 독일식 고딕 건축에

벨베데레의 아폴로상(바티칸 미술관)

서 우리는 끝없이 다듬어진 우아함을 발견하는바, 전체는 순전히 작은 기둥들이 겹쳐 있는 것으로, 그것들이 극히 다양한 장식들, 작은 탑과 첨두尖頭들 등과 —이것들은 자체로서 기쁨을 주지만 그렇다고 비할 수 없이 큰 덩어리들이 주는 인상을 훼손하지는 않는다— 조합된 것으로 보인다.

그런데 예술의 이 전체 [세] 단계가 외적인 것의 표현을 통해 대외 효과를 기하는 쪽으로 매진하는 한, 우리는 그 또 하나의 보편성으로서 효용Effekt을 들 수 있는데, 여기에서는 불쾌한 것, 긴장된 것, 거대한 것 —예를 들어 위대한 천재 미켈란젤로는 종종 이 방향으로 질주하였다—, 과격한 대비 등이 인상의 수단으로 이용된다. 효용은 일반적으로 대중을 향해 있는 것이니, 형상물은 더 이상 자체로서 고요하고 자족적이고 명랑하게 표현되지 않고 오히려 자신을 드러내 보인다. 말하자면 관조자를 자신에게 오도록 부르고, 또한 표현방식 자체를 통해 그와 관계를 맺고자 한다. 내면의 고요와 구경꾼에 대한 호소, 이 양자는 예술작품에 현전해야 하되 이 두 측면은 가장 순수한 균형을 이루어야 한다. 만일 엄격한 양식의 예술작품이 관조자에게 말을 건넬 뜻이 없이 완전히 자신 안에만 갇혀 있다면, 그것은 차갑게 된다. 만일 그것이 지나치게 자신을 벗어나 관조자를 향한다면, 그것은 기쁨을 주되 견실함이 없거나, 아니면 그 기쁨은 내용의 견실함, 그 단순한 이해 및 표현에 의한 것이 아니다. 이 경우 이러한 일탈은 현상의 우연성에 속하며 또한 형상물 자체를 하나의 우연성으로 만드니, 그 속에서 우리가 인식하는 것은 더 이상 사태 [253] 및 그 자신에 근거하는 사태의 필연적 형식이 아니라 주관적 의도들, 만듦새, 제작 솜씨의 면에서 본 시인과 예술가이다. 이를 통해 대중은 완전히 사태의 본질적 내용에서 벗어나며, 또한 작품을 통해서는 그저 예술가와 환담하는 처지에만 놓이니, 까닭인즉 이제 관건은 예술가가 무엇을 의도하였으며 그것을 얼마나 교묘하고 솜씨 있게 공략, 제작하였는가를 통찰하는 일이기 때문이다. 가장 심한 아첨은 예술가와 더불어 통찰 및 판단의 이러한 주관적 공동체를 이루는 것이니, 예술작품이 독자, 청자, 관조자를 이러한 주관적 예술심판자로 초빙하여 그의 수중에 의도와 관점들을 건넬수록, 그는 시인, 음악가, 조형예술가를 그만큼 더 쉽사리 경탄하고 또한 자신의 허영심이 충족됨을 그만큼 더 기꺼워한다. 반면 엄격한 양식에서는 말하자면 관객에게 양도되는 것이 전무하며, 의미내용의 실체는 그 표현에서 주관성을 엄격, 단호하게 물리친다. 물론 이 거부의 주체가 종종 예술작품에 의미의 깊이를 더하려는, 그러나 사태를 자유롭고, 경쾌하고, 밝게 표출하지 않으며, 관조자를 의도적으로 어렵게 만들려는 예술가의 단순한 우울증일수도 있다. 그런데 그러한 마음의 병은 자체가 다시 거짓 중세이자 예의 즐거움에 대한 잘못된 대립에 불과하다.

특히 프랑스인들은 그들 작품의 본래적 가치를 그들이 관심을 두는, 그리고 그들이 영향을 행사하고 싶은 다른 사람들의 만족에서 찾기 때문에, 그들은 알랑거리는, 매력적인, 그리고 효용이 가득한 것을 위해 작업하며 또한 그런 까닭에 대중에 대한 이러한 즐김 위주의 경박한 호소를 주 사안으로 발전시켰다. 이 성향은 그들의 극시에서 특히 표가 난다. 예를 들어 [장 프랑수아] 마르몽텔은 자신의 『폭군 드니』[1784]의 상연과 관계하여 [254] 다음의 일화를 이야기한다. 결정적 동기는 폭군들에게 던지는 물음이었다. 이제 이 물음을 던져야 했던 클레론은 결정적 순간이 다가오매 관객들을 향하는 동시에 드니에게 대사를 함으로써 관객들에게도 말을 건넨다. ─ 그리고 이 동작을 통해 전체 작품의 호평이 결정되었다.

이에 반해 우리 독일인들은 예술작품으로부터 의미내용을 지나치게 요구하는 까닭에 예술가는 대중을 신경 쓰지 않고 예술작품의 깊이에서 자족하며, 대중은 자신이 원하는 만큼, 할 수 있는 만큼 관람하고, 노력하고, 자조自助해야 할 따름이다.

분류

모든 예술들에 공통적인 양식차별성들에 관한 이 일반적 언급에 이어 이제 제3부의 분류를 좀 더 자세히 살펴보자. 일면적 오성은 개별 예술들과 예술 종류들을 분류하기 위해 각양각색의 근거들을 찾아 배회했을 따름이었다. 그러나 진정한 분류는 전체 장르들에서 그들의 고유한 개념에 들어 있는 전체 측면 및 계기들을 전개하는 예술작품의 본성에서만 도출될 수 있다. 이 면에서 우선적으로 중요하게 제시되는 것은 예술은, 그 형상물들이 이제는 감각적 실제를 향해 나아간다는 규정을 갖는 까닭에, 감관들을 위해서도 존재하며 그런고로 이 감관들 및 그에 상응하는, 예술작품을 객관화하는 질료의 규정성도 개별 예술들의 분류 근거를 제공해야 하리라는 관점이다. 그런데 감관은 감관인 까닭에, 즉 질료적이며 상호 외재적이며 자체로서 다중적인 것에 관계하는 까닭에, 그 스스로가 촉각, 후각, 미각, 청각 그리고 시각으로 다양하게 존재한다. 여기서 이 총체성과 그 분화의 내적 필연성을 증명하는 것은 우리의 관할이 아니라 [255] 자연철학의 일이다. 우리의 물음은 이 모든 감관들이 그 개념의 면에서 예술작품의 이해를 위한 기관으로서의 능력을 갖는지, 그리고 만일 아니라면 그들 중 어떤 것이 그런 능력이 있는지에 관한 연구에 한정된다. 이 면에서 우리는 이미 앞에서(제1권, 60쪽 이하) 촉각, 미각 그리고 후각을 제외했었다. 뵈티거[102]가 여신상들의 부드러운 대리석 부분을 쓰다듬는 것은 예술 관조나 예술 향유에 속하지 않는다. 왜냐하면 감각적 개체로서의 주관은 촉각을 통해 단지 감각적 개체와 그 무게, 단단함, 부드러움, 물질적 저항에 관계할 뿐이나 예술

---

102 Karl August Böttiger(1760~1835), 고문헌학자.

작품은 그냥 감각적인 것이 아니라 감각적인 것에서 현상하는 정신이기 때문이다. 마찬가지로 예술작품은 예술작품인 까닭에 맛으로 아는 것이 아니니, 미각은 대상을 그 자체로 자유롭게 두지 않고 실로 실천적으로 그것과 관계하고, 그것을 용해하고, 먹어 치우기 때문이다. 미각을 가꾸고 세련되게 만드는 것은 음식과 그 재료, 혹은 대상의 화학적 특질의 관점에서만 가능하고 또한 요구될 뿐이다. 그러나 예술의 대상은 그 자체로 자립적인 객관성 속에서 직관되어야 한다. 이 객관성은 주관에 대해 존재하되 실천적 방식이 아니라 이론적, 지성적 방식으로만 존재하며, 욕구와 의지에 대한 일체의 관계를 배제한다. 후각에 관해서 보자면 이것도 마찬가지로 예술 향유의 기관이 될 수 없으니, 까닭인즉 사물들은 자체적으로 과정 속에 있는 한에서, 그리고 공기와 그 실제적 영향을 통해 발산되는 한에서 후각에 제공되기 때문이다.

반면 시각은 빛을, 말하자면 이 비물질적 물질을 ―이것은 나름으로도 객체들을 자유롭게 자립적으로 두며, 그것들을 가상하거나 현상하게 만들며, 그러면서도 알아차리든 못하든 간에 불이나 공기처럼 그것들을 실천적으로 소실시키지 않는다― 매개로 하여 순수 이론적으로 대상에 관계한다. 무욕無慾의 바라봄에는 [256] 공간상 물질로서 상호 외재적으로 존재하는 일체의 것이, 그러나 그것이 자신의 본래 모습으로 온존溫存하는 한에서, 오로지 그 형상과 색채의 면에서 고지될 뿐이다.

또 하나의 이론적 감관은 청각이다. 여기서는 반대의 것이 나타난다. 청각은 형상, 색채 등과 관계하는 대신 음, 물체의 진동과 관계하니, 이 진동은 후각이 요구하는 바의 용해 과정이 아니라 객체가 손상을 입지 않고 보존되는 대상의 단순한 떨림이다. 눈이 형상이나 색채를 이해할 때와 마찬가지로, 귀는 울림을 통해 단순한 주관성, 물체의 영혼을 표출하는 이 추상 관념적 운동을 이론적으로 이해하며, 이로써 대상의 내면이 내면 자체에 대해 파악할 수 있도록 한다.

이 두 가지 감관에 제3의 요소로서 개별적 직관을 통해 의식되는, 여기서는 보편성들 아래 포섭되고 상상력을 통해 보편성들과 연관, 통일되는, 이미지들의 감각적 표상, 기억, 보존 등이 덧붙어, 이제 한편으로는 외적 실재 자체가 내적이며 정신적인 것으로 존재하고, 반면 다른 한편으로는 정신적인 것이 표상 속에서 외적인 것의 형식을 취하고 또한 상호 외재적이며 병렬적인 것으로서 의식된다.

이 3중의 이해방식이 [첫째로] 자신의 내용을 외적, 객관적 형상과 색채로 가시화하여 제작하는 조형적 예술, 둘째로 음의 예술인 음악, 셋째로 음을 단순히 기호로 사용하는 언어적 예술로서의 시문학이라는 —시문학은 음을 통해 정신적 직관, 감응, 표상의 내면에 호소한다— 잘 알려진 분류를 예술에 제공한다. 하지만 우리가 이러한 감각적 측면을 궁극적인 분류 근거로 삼으려 한다면, 분류의 근거들이 사태 자체의 구체적 [257] 개념보다는 그저 사태의 극히 추상적인 측면으로부터 도출된 까닭에, 우리는 좀 더 상세한 원칙들과 관계하여 즉시 혼란에 빠진다. 그러므로 우리는 좀 더 깊게 파고드는 분류방식을 다시 살펴보아야 할 텐데, 이것은 이미 서문에서 제3부의 참된 체계적 목차로서 언급되어 있다. 예술은 정신 속에 존재하는 바의 진리를 그 총체성에 따라 감각적으로 가시화하되 객관적, 감각적인 것과 화해된 것으로 가시화한다는 것 이외의 다른 소명을 갖지 않는다. 이제 이 단계에서는 이것이 예술형상물의 외적 실재라는 요소 속에서 일어나야 할 테니, 그런 한도에서 여기서 절대자의 진리인 총체성은 상이한 계기들로 분할된다.

여기서 중심을, 본연의 견실한 핵심을 이루는 것은 절대자의 표현, 즉 자신의 독자성 속에서 자체로서 아직 운동과 차이로 전개되지 않은, 그리고 행위와 자신의 특수화로 나아가지 않은, 오히려 위대한 신적 안정과 고요 속에서 스스로 완결된 신 그 자체의 표현, 다시 말해 즉자 그 자체에 합당하게 형상화된 이상이니, 이 이상은 자신의 현존재 속에서 자기 자신과 상응하는 동일성에 머문다. 이러한 무한한 독자성으로 현상할 수 있으려면, 절대자는 정신으로서, 주관으로서, 그러나 동시에 즉자 그 자체에서 자신에게 적합한 외적 현상을 갖는 주관으로서 파악되어야 한다.

그런데 현실적 실재성으로 발현하는 신적 주관으로서의 주관은 자신에 대면하는 하나의 외적 환경적 세계를 갖는바, 이 세계는 절대자에 알맞게 그와 조화하는, 절대자에 의해 관류된 현상으로서 격상되어야만 한다. 그런데 이 환경적 세계는 한편으로는 객관적인 것 자체, 외적 자연이라는 토대이자 울타리이니, 이러한 자연은 자체로는 어떠한 정신적, 절대적 의미도, 어떠한 주관적 내면도 갖지 않는다. 그런 까닭에 자연이 미로 변형되어 정신적인 것의 울타리로서 현상하더라도, 그것은 정신적인 것을 암시적으로 표현할 수 있을 뿐이다.

마주하여 주관적 내면, 인간적 심정은 이 절대자의 현존재 및 그 현상을 위한 요소로서 외적 자연과 마주한다. [258] 이러한 주관성과 함께 즉시 각양각색의 개별성, 특수화, 차이, 행위와 전개, 한마디로 다채로움으로 가득 찬 정신의 현실세계가 나타나니, 절대자는 그 안에서 인식되고, 소원되고, 감응되고, 활동한다.

이 암시를 통해 이미 밝혀지는바, 예술의 전체 내용이 분화되는 차별성들은 우리가 제2부에서 상징적, 고전적 그리고 낭만적 예술형식인 것으로 고찰했던 것과 이해와 서술의 면에서 본질적으로 합치한다. 왜냐하면 상징적 예술은 내용과 형식의 동일성에 이르는 대신 양자의 친족성 및 내적 의미의 단순한 암시에 —이러한 암시에서는 내적 의미가 자신과 자신이 표현해야 할 내용에 대해 외적으로 현상한다— 이를 뿐이며, 이에 따라 객관적인 것 그 자체, 즉 자연환경을 정신의 아름다운 예술 울타리로 돋우어 외관에서 정신적인 것의 내적 의미를 암시적으로 상상하게 만드는 과제의 예술을 위해 기본 전형을 제공하기 때문이다. 이에 반해 고전적 이상은 절대자 자체를 독자적으로 자기기인적인 외적 실재성 속에서 표현하며, 반면 낭만적 예술형식은 무한성 및 유한한 특칭성을 갖는 심정과 감응의 주관성을 내용과 형식으로 삼는다.

이러한 분류 근거에 따라 개별 예술들의 체계는 다음과 같이 나뉜다.

첫째, 사태 자체에 근거할 때 우리 앞에 출발로서 있는 것은 건축이다. 건축은 예술의 출발이니, 까닭인즉 무릇 예술은 초기에는 그 정신적 의미내용의 표현을 위해 적합한 질료나 적당한 형식들을 발견하지 못했으며, 따라서 내용과 표현방식의 참된 적합성의 단순한 탐색 및 양자의 외면성에 만족할 수밖에 없기 때문이다. 이 최초 예술의 재료는 [259] 즉자 그 자체로서 비정신적인 것, 오로지 중력의 법칙에 의거하여 형상화될 수 있는 질량적 질료이다. 그 형식은 외적 자연의 형상물들인데, 이것들은 규칙적, 균제적으로 결합되어 정신의 단순한 외적 반영 및 한 예술작품의 총체성으로 된다.

두 번째 예술은 조각이다. 조각은 고전적 이상으로서의 정신적 개별성을 원칙과 내용으로 삼는다. 그리하여 내면과 정신성은 정신에 내재하는 신체적 현상에서 자신의 표현을 발견하니, 예술은 여기서 이러한 신체적 현상을 현실적 예술 현존재로 표현해야 한다. 그러므로 조각이 질료를 단순히 질량과 그 자연조건들의 관점에서 유기체나 비유기체의 형식에 따라 규칙적으로 형태화하거나, 가시성의 면에서 외적 현상의 단순한 가상으로 격하시키거나, 본질적으로 질료를 자체 내에서 특수화하는 것은 아니지만, 조각도 마찬가지로 공간적 총체성을 갖는 질량적 질료를 여전히 재료로서 붙들고 있다. 그러나 내용 자체를 통해 규정된 형식은 여기서 정신의 실제적 생명성, 인간적 형상 그리고 정신의 숨결이 스민 그 객관적 유기체로서 존재하니, 이 유기체는 고결한 안식과 고요한 위대성을 갖는 신적인 것의 독자성을 행위의 분규와 제한, 갈등과 고난에 의한 훼손 없이 적절한 현상으로 형상화해야 한다.

셋째, 우리는 주관적인 것의 내면성을 형상화할 소명이 부여된 예술들을 마지막의 총체성 속에 총괄해야 한다.

회화는 외적 형상 자체를 완전히 내면의 표현으로 변환시키는 까닭에 이 마지막 전체의 출발을 이루는바, 내면은 이제 환경적 세계의 내부에서 절대자의 이상적 자기완결성을 표현할 뿐만 아니라 절대자의 정신적 현존재, 의지, 감응, 행위를, 그의 행동 및 타자 관계를, 따라서 고난, 고통, 죽음을, 그리고 열정과 만족의 모든 순환을 이제 즉자적으로 주관적인 것으로서 가시화하기도 한다. [260] 그러므로 회화의 대상은 인간적 의식의 객체로서의 신 자체가 더 이상 아니라 이 의식 자체이다. 그것은 주관적으로 생동하는 행위와 고난의 현실 속의 신이거나 교회공동체의 정신으로서의 신이며, 자신의 부재, 희생에서, 속세에서 벌어지는 삶과 작용의 지복과 기쁨에서 자신을 감응하는 정신적, 심정적 존재로서의 신이다. 회화는 형상과 관계하여 이 내용의 표현 수단으로서 외적 현상 일반을, 즉 자연 자체뿐만 아니라 인간의 신체 역시, 이것이 자신을 통해 정신성을 명료하게 내비치는 한, 사용할 수 있다. ― 반면 회화는 질량적 질료성과 공간적으로 완전한 그 실존을 질료로서 사용할 수 없으며 오히려, 회화가 형상과 관계하는 방식을 보건대, 이 질료를 즉자 그 자체에서 내면화해야 한다. 이러한 면에서 감각적인 것이 정신에 다가가는 첫걸음은 한편으로는 실재적, 감각적 현상의 지양에서 성립하니, 현상의 가시성은 예술의 단순한 가상으로 변화한다. 다른 한편 그것은 색채에서 성립하니, 그 차별성들, 명암, 혼합들을 통해 이 변화가 달성된다. 그러므로 회화는 내적 심정의 표현을 위해 공간 차원의 삼원성을 외형의 최초의 내면성인 평면으로 축소하고 또한 공간적 거리와 형상들을 색채를 통해 표현한다. 왜냐하면 회화가 관계하는 것은 가시화하기 일반이 아니라 자신을 내적으로 특수화하는, 그리고 내면화된 가시성이기 때문이다. 조각과 건축에서는 형상들이 외부의 빛에 의해 가시화된다. 반면 회화에서는 내면 자체로서는 어두운 질료가 자체 내에 자신의 내면적, 추상관념적 요소인 빛을 지닌다. 그런데 빛과 어둠의 통일 및 일체화는 색채이다. [261]

이제 [회화에 이어] 둘째로 동일한 국면에서 회화에 대립하는 것은 음악이다. 음악 본연의 요소는 내적인 것 그 자체, 자체로서는 형상이 없는 감응인바, 이 감응은 외적인 것과 그 실재성에서 나타나는 것이 아니라 표현되자 신속히 사라지는 자기지양적 외면성에서 나타난다. 그러므로 음악의 의미내용을 이루는 것은 정신적 주관성의 직접적, 주관적인 내적 통일성, 인간적 심정, 감응 그 자체이며, 그 질료를 이루는 것은 음이며, 그 형태를 이루는 것은 대위법, 화음, 분할, 연결, 대립, 불협화음, 음들 상호 간의 양적 차이들과 예술적으로 처리된 박자에 따르는 전조轉調이다.

마지막으로 회화와 음악에 이은 제3의 것은 언어[말]의 예술, 시문학 일반, 정신의, 즉 정신을 그 자체로 표현하는 그런 절대적이며 참된 예술이다. 왜냐하면 의식이 이해하는, 그리고 그 고유한 내면에서 정신적으로 형상화하는 일체의 것을 수용, 표현하고 또한 표상케 할 수 있는 것은 언어가 유일하기 때문이다. 그러므로 내용적으로는 시문학이 가장 풍부하고 가장 무제한적인 예술이다. 하지만 시문학은 정신적인 견지에서 얻는 것을 감각적인 견지에서는 마찬가지로 다시 잃는다. 즉 시문학은 조형예술들처럼 감각적 직관을 위해 작업하거나 음악처럼 단순히 추상관념적인 감응을 위해 작업하지 않으며, 오히려 내면에서 형상화된 그 정신적 내용들을 오로지 정신적 표상과 직관 자체를 위해서만 제작하고자 하는 까닭에, 시문학을 알리는 질료는, 그것이 아무리 예술적으로 다루어진들, 정신에 호소하는 정신의 표현 수단으로서의 가치를 시문학에 대해 지닐 뿐이며, 또한 정신적 의미 내용이 자신에게 상응하는 실재성을 발견할 수 있는 감각적 현존재로서는 간주되지 않는다. 종래에 고찰된 것들 중에서는 상대적이나마 정신에 가장 적합한 질료로서의 음[어조]이 이러한 수단일 수 있다. 하지만 여기서 음은, 음악에서와는 달리, [262] 이미 그 자체로서 타당성을 간직하는 것이 아니라 —혹 그랬었다면, 예술의 유일한 본질적 목적은 음의 형상화에서 완전히 드러났을 것이다— 반대로 전적으로 정신적 세계 및 표상과 직관의 특정 내용으로 채워지며 또한 이 의미내용의 단순한 외적 명칭으로서 현상한다. 이제 시의 형상화 방식에 관해 보자면, 시는 자신의 분야에서 기타 예술들의 표현방식을 반복한다는 면에서 총체적 예술로 나타나며, 회화와 음악은 상대적으로 그러할 뿐이다.

즉, [첫째로] 시는 한편으로 서사적이며, 서사시는 그 내용에 객관성의 형식을 부여한다. 여기서 객관성은, 비록 조형예술들에서처럼 그 역시 외적 실존을 갖는 것은 아니지만, 표상에 의해 객관적 형식으로 파악된 세계로서, 그리고 내적 표상에 대해 객관적으로 표현된 세계로서 존재한다. 이것이 본연의 언어 자체를 구성한다. 언어는 자신의 내용 자체에, 자신을 통한 그 내용의 표현에 자족하는 것이다.

하지만 [둘째로] 다른 한편 시는 반대로 주관적 언어, 내면으로 발현되는 내면, 즉 감응과 심정에 한층 깊이 파고들기 위해 음악에 도움을 청하는 서정시이기도 하다.

마지막으로 셋째, 시는 내실 있는 행위의 내부에서 언어화되기도 하는데, 이 행위는 객관적으로 표현될 뿐만 아니라 객관적 현실의 내면을 표출하며, 그리하여 음악과 몸짓, 표정, 춤 등과 결연結緣할 수도 있다. 이것이 극시 예술이니, 여기서는 전인적 인간이 인간에 의해 생산된 예술 작품을 재생산적으로 표현한다.

이 다섯 가지의 예술들[건축, 조각, 회화, 음악, 시문학]이 내적으로 규정되고 분류된 실제의 현실적 예술의 체계를 이룬다. 이것들 외에도 물론 정원술, 춤 등 여타의 불완전한 예술들이 있긴 하지만, 그들에 관해서는 기회가 닿으면 언급할 것이다. 왜냐하면 철학적 고찰은 오로지 개념차별성들에 천착하여 [263] 그것들에 적합한 참된 형상화들만을 전개, 파악해야 하기 때문이다. 물론 자연 및 현실은 대체로 이 특정한 [종種의] 구획에만 머물지 않고 분방하게 이로부터 벗어나며, 이 면에서 볼 때 천재적인 산물들은 그러한 변종變種들을 능가할 것임에 틀림없다는 찬양을 우리는 수도 없이 듣는다. 그러나 자연에서 종간잡종種間雜種들, 양서兩棲하는 종들, 과도기의 종들이 자연의 탁월성과 자유를 공표하기는커녕 사태 자체에 정초된 본질적 차별성들을 견지하지 못하는, 저것들을 외적 조건이나 영향에 의해 위축되도록 하는, 자연의 그러한 무기력만을 공표하는데, 그러한 중간 종들을 갖는 —비록 이것들이 딱히 완성된 것은 아니지만 즐겁고 우아하고 값진 많은 것들을 이룰 수 있다고 해도— 예술에서도 사정은 마찬가지이다.

이러한 서론적 언급과 개관에 뒤이어 개별 예술 자체의 한층 세부적인 고찰로 향하려는 지금 우리는 즉시 또 다른 면에서 혼란을 겪는다. 왜냐하면 종전에 예술 그 자체, 이상, 이상이 자신의 개념에 따라 전개하는 보편적 형식들을 다루었다면, 그 이후 우리는 이 시점에서 예술의 구체적 현존재, 이와 더불어 경험적 요소들로 진입해야 하기 때문이다. 그런데 이 점은 자연에도 거의 해당되니, 자연의 보편적 권역들의 필연성이 어찌 개념화된다고 해도 그 현실적, 감각적 현존재의 면에서는 개별 형상물들과 그 종들이 —그것들이 실존하는 형태와 우리의 고찰에 제공되는 그것들의 측면 모두에서— 너무도 풍부한 다양성을 갖는다. 그런 관계로 한편으로는 그에 대해 무궁무진한 방식의 관계 맺음이 가능하고, 다른 한편으로는 철학적 개념이, 만일 우리가 그 단순한 차별성의 척도를 적용하려 든다면, 충분치 않아서 개념파악적 사유는 이러한 충만함 앞에서 숨조차 쉴 수 없을 듯이 보인다. 그러나 만일 우리가 [264] 단순한 서술과 외적 반성들에 만족한다면, 이것은 다시 학문적, 체계적 전개라는 우리의 목적과 합치하지 않는다. 게다가 예술 감식의 애호가 점증함에 따라 그 포괄 영역도 점점 풍부하고 광범위하게 된 까닭에, 지금은 각각의 개별 예술들이 자체로서 이미 나름의 학문을 요구한다는 또 하나의 어려움이 이 모든 것에 추가된다. 그런데 사람들이 진리와 절대자를 발견하는 고유한 종교가 예술에 있다는 둥, 예술은 추상적인 것이 아니라 이념을 포함하되 실재성 속에서, 구체적 직관과 감응을 위해서 포함한다는 이유를 들어 철학보다 한층 높이 있다는 둥 주장하려 한 이후로, 우리 시대에는 이러한 호사가적 애호가 한편으로는 철학 자체를 통해 유행되었다. 다른 한편 오늘날에는 그러한 끝없는 세부 지식의 과잉에 힘쓰는 것이 예술을 잘 알고 있다는 표지標識에 속하는바, 이를 위해 누구든 무언가 새로운 것을 언급하라는 요구를 받는다. 그러한 예술 감식가적 용무란 것은 특별한 쓸모는 없는 학식의 추구인데, 그것을 그렇게 떨떠름하게 볼 필요는 없다. 왜냐하면 예술작품을 관상하고, 그 경우 나타날 수 있는 사상과 반성들을 이해하고, 이때 다른 사람이 가졌던 관점들을 숙지하고, 그리하여 스스로 판단자와 감식가가 되고, 또한 그렇게 있는 것은 매우 유쾌한 일이기 때문이다. 그런데 각인은 동시에 무언가 독특하고 고유한 것도 밝혀내고자 하며, 또한 이를 통해 지식과 반성이 풍부해지면 질수록 이제 각 특수한 예술은, 나아가 그 낱낱의 가지는, 자체가 그만큼 더 완벽하게 취급될 것을 요구한다. 이 밖에도 이 경우에는 역사적 요소가 필히 도입되니, 이것은 전적으로 예술작품의 고찰과 평가라는 사안을 한층 박학다식한 것으로 만든다. 마지막으로 우리는 예술 분야의 개별 사항들에 관해 한마디 하려면 많은 것을, 대단히 많은 것을 보고 또 보았어야 한다. 그런데 내가 많은 것을 보았다 한들 질료의 완전한 [265] 세부사항을 다루기 위해 필수적이라 할 모든 것을 본 것은 아니다. ─ 우리는 아래의 간단한 해명을 통해 이 모든 어려움들에 대응할 것인바, 즉 우리의 목적상 중요한 것은 예술 감식을 가르치고 역사적 학식을 이야기하는 것이 아니라 사태의 본질적 보편적 관점 및 예술의 감각적 요소에서 실현되는 미의 이념에 대한 그 관계를 철학적으로 인식하는 것일 뿐이다. 그리고 방금 언급한 예술형상물들의 여러 측면들은 우리를 이러한 목적의 면에서 궁극적으로 방해해서는 안 될 것이니, 까닭인즉 여기서도 이러한 잡다함에도 불구하고 개념에 적합한 사태 자체의 본질이 길잡이 역할을 하기 때문이다. 또한 그러한 본질이 아무리 그 실현의 요소로 인해 누차 우연성들 속에서 실종된다고 해도, 그에 못지않게 그것이 분명히 발현하는 점들이 있으니, 철학이 수행해야 할 과제는 이 측면들을 이해하고 철학적으로 발전시키는 것이다. [266]

제1편

건축

예술은 그 의미내용을 특정 실존을 갖는 현실적 현존재로 발현시킴으로써 특수한 예술이 되며, 그리하여 우리는 이제야 비로소 실제적 예술에 관해, 이와 더불어 예술의 현실적 출발에 관해 이야기할 수 있다. 그러나 특수성이 미 이념의, 그리고 예술의 객관성을 성취하는 한, 특수자와 더불어 개념적인 면에서 곧바로 특수자의 총체성이라는 것이 현전한다. 그러므로 여기서 특수한 예술들의 권역에서 건축이 우선적으로 취급된다면, 이것이 의미해야 할 바는 건축이 개념규정을 통해 처음 고찰되어야 할 예술로서 제시된다는 사실이며, 또한 이에 못지않게 드러나야 할 바는 건축이 실존의 면에서 최초의 예술로서 취급된다는 사실이다. 하지만 예술이 개념과 실재의 면에서 어떠한 출발을 취하였는가 하는 물음에 답변함에 있어 우리는 경험에서 얻은 이야기뿐만 아니라 이에 관해 대단히 경솔하고 잡다하게 횡행할 수 있는 외적 반성, 추측과 자연적 표상들 역시 철저히 배제해야 한다.

즉 출발은 하나의 사태가 드러나는 가장 단순한 방식인 까닭에, 우리는 보통 사태를 그 출발 속에서 보려는 충동을 갖는다. 이 경우 우리는 이 단순한 방식이 사태의 개념과 근원을 알려 주리라는 모호한 생각을 배후에 두며, 그런즉슨 나아가 본격적으로 문제시되는 단계에 이르는 그 출발의 발전도 진부한 사고 범주를 통해 마찬가지로 경솔하게 이해하여 이러한 진행이 예술을 점차 그 단계로 가져갔다고 말한다. 그러나 단순한 출발은 그 의미내용의 면에서 철학적 사유에게 [267] 철저히 우연적인 것으로 비칠 수밖에 없으며, 아무리 이런 식의 발생이 바로 그 이유로 일상적 의식에는 더욱 개념적인 것으로 간주된다고 하더라도, 그것은 자체로는 무의미한 것이다. 예컨대 회화의 근원을 설명하기 위하여 사람들은 잠자는 연인의 그림자 윤곽을 따라 그렸다고 하는 한 소녀의 이야기를 거론한다. 그런 유의 출발들은 자체로서 이해 가능하며 그리하여 발생은 또 다른 설명을 필요로 하지 않는 듯 보인다. 특히 그리스인들이 예술의 출발뿐만 아니라 윤리적 제도와 기타 삶의 관계들의 출발을 위해서도 최초의 발생을 표상하려는 욕구를 충족하는 격조 있는 이야기들을 많이 고안하였다. 그러한 출발들은 역사적인 것이 아닐뿐더러 발생방식을 개념으로부터 이해시키려는 목적을 가져서도 안 되는 것이니, [예술의 근원에 대한] 설명방식은 응당 역사적 도정의 내부에 머물러야 한다.

이제 우리는 출발을 예술의 개념으로부터 천명해야 하는데, 예술의 첫 번째 과제는 즉자 자체로 객관적인 것, 자연의 토대, 정신의 외부 환경을 형상화하고, 그럼으로써 내면성이 결여된 그것에 외적인, 즉 객관적인 그것 자체에 내재하지 않는 까닭에 외적인 의미와 형식을 그것에 접목하는 데 있다. 이것을 과제로 삼는 예술은 이미 보았듯이 건축이니, 건축은 조각, 회화, 음악보다 먼저 그 최초의 형태를 갖추었다.

이제 건축의 첫출발을 살펴보자면, 초창기의 것으로 간주될 법한 최초의 것으로는 인간의 주거로서의 움집, 신과 그 교구[신앙공동체]를 에워싼 것으로서의 사원이 있다. 다음으로 이러한 출발을 좀 더 자세히 규정하기 위해 사람들은 건축에 쓰인 재료의 차별성을 위주로 건축의 시작이 목조인가 —비트루비우스[103]는 그렇게 생각했으며 히르트 씨도 같은 주장을 염두에 두었다— [268] 아니면 석조인가를 다투었다. 그런데 이러한 대립은 얼핏 외

---

103 역주: Lucius Vitruvius Cerdo(B.C. 80?~15). 고대 로마의 건축가로서 10권으로 된 『건축서』를 남겼다.

적 재료에만 관계하는 양 보이지만 건축의 기본 형식 및 그 장식방식도 본질적으로 이와 관련하기 때문에 중요성을 갖는다. 하지만 그렇더라도 우리는 이러한 모든 차별성을 대개 경험적이고 우연적인 것에 관련된 종속적일 뿐인 측면으로서 접어 두고 한층 중요한 점으로 눈을 돌릴 수 있다.

즉 주택, 사원 그리고 기타 건물들의 경우 여기서 중요시되는 본질적 계기는 그러한 건축물들이 외적인 목적을 전제하는 단순한 수단일 뿐이라는 점이다. 움집과 사원은 인간, 신상神像 등의 거주자를 전제하며, 그것들은 이들을 위해 축조되었다. 그러므로 우선적으로 하나의 욕구가, 그것도 예술 외적인 욕구가, 그 합목적적 충족이 예술과는 전혀 무관하여 하등 예술 작품을 야기하지 않는 욕구가 현전한다. 인간은 물론 뜀뛰고 노래하면서 즐거워하며 언어로 소통할 필요도 있지만, 그렇다고 해서 말하고 경중거리고 외치고 노래하는 것이 곧바로 시가무詩歌舞가 되는 것은 아니다. 설사 건축술의 합목적성 내에서 특정한 ―때로는 일상적 삶의, 때로는 종교적 의식이나 국가의― 욕구의 만족을 위해 예술적 형상 및 미를 향한 충동이 생겨난다 한들, 이러한 종류의 건축에서는 곧장 [목적과 수단의] 구분이 있게 된다. 한편에는 인간, 주관, 신상이 본질적 목적으로서 있고, 다른 한편에는 건축이 이를 위해 다만 환경, 에워쌈 등의 수단을 제공한다. 출발은 직접적이며 단순한 것이지 그 같은 관계성, 즉 [목적과 수단이라는] 본질적 연관이 아닌 까닭에, 우리는 이러한 내적 분할에서 출발할 수 없으며, 오히려 그러한 차별성이 아직 발현하지 않은 지점을 탐색해야 할 것이다. [269]

이 면에서 나는 이미 앞에서 말하였던바, 건축 일반은 환경의 외적 요소에서 그 속에 이식된 의미들을 단지 암시할 뿐이므로 건축은 상징적 예술 형식에 해당하며, 또한 이 형식의 원칙을 특수한 예술로서 가장 전형적으로 실현한다. 그런데 출발에서 인간이나 사원 이미지 속에 독자적으로 현전하는 에워쌈의 목적과 이 목적의 충족으로서의 건물 사이에 아직 차별성이 발생해서는 안 된다면, 우리는 말하자면 조각작품과 같이 자체로서 독립적으로 서 있으며, 또한 그 의미들을 다른 목적과 욕구보다는 자기 자신 안에 지니는 건축들을 살펴보아야 할 것이다. 이것은 매우 중요한 점인데, 비록 그것이 사태의 개념에 들어 있고 또한 잡다한 외적 형상화들에 관한 정보와 건축적 형식들의 미로를 통과하는 실마리를 유일하게 줄 수 있다고 해도, 나는 아직 어떤 곳에서도 그것이 발현된 것을 발견하지 못했다. 그런데 그런 식의 독자적 건축예술이 건축으로서 생산하는 것은 그 의미가 내면 자체에서 정신적, 주관적인 것이 아닌, 그리고 내면에 철저하게 적합한 현상의 원칙을 즉자적으로 갖지 않는 형상물들이라는 점에서, 또한 외적 형상에 의미를 다만 상징적으로 각인하는 작품들이라는 점에서 다시 조각과 구분되기도 한다. 그러므로 이런 종류의 건축은 내용의 면에서나 표현의 면에서나 본격적인 상징적 종류의 것이다.

이 단계의 표현양식 또한 그 원칙과 마찬가지이다. 여기서도 목조와 석조의 단순한 차이는 충분하지 않을 터, 왜냐하면 주택, 궁전, 사원 등의 경우가 그렇듯 그 차이는 특수한 종교적 내지 기타 인간적 목적들을 위해 규정된 공간의 경계 설정과 에워쌈을 지적할 뿐이기 때문이다. 그러한 공간은 그 자체로 이미 굳고 단단한 덩어리를 파낸 굴窟일 수도 있고 혹은 둘러싼 벽과 [270] 천장을 마감함으로써 생긴 공간일 수도 있다. 독자적 건축예술은 둘 중 어떤 것에서도 시작하지 않는다. 이것은 독자적으로 존재하는 형상물을 쌓아 올리되 이 경우, 이를테면 정신의 자유로운 미와 현상의 목적 같은 것을 그에 적합한 신체적 형상 속에서 추구하지 않고 대체로 단지 즉자적으로만 하나의 표상을 지시하고 표현하는 상징적 형식을 세울 뿐인 까닭에, 독자적 건축예술은 비유기적 조각으로 표기될 수 있다.

하지만 건축은 이러한 출발점에 머물 수 없다. 왜냐하면 건축의 소명은 독자적으로 이미 현전하는 정신, 인간, 혹은 인간에 의해 객관적으로 형태를 갖춘 신상들에 외적 자연을 하나의 울타리로서 세우되 이것을 정신 자체에서 연원하는 예술을 통해 미의 형상으로 제고한다는 바로 그 점에 있기 때문이니, 이러한 울타리는 그 의미를 더 이상 자신 안에 지니지 않고, 그것을 제3의 것, 즉 인간과 그의 필요 및 가정생활, 국가, 제례 등의 목적에서 발견하는 관계로 건물로서의 독자성을 포기한다.

이런 면에서 우리는 건축의 진행을 설정할 수 있으니, 건축은 [첫째로] 위에서 이미 시사했던 목적과 수단의 차별성을 분명하게 드러내며 또한 [둘째로] 인간을 위해, 혹은 조각을 통해 객관적으로 제작된 인간 형상의 개별적 신들을 위해 그들의 의미에 유비적인 건축학적 건물, 즉 궁전이나 사원 등을 건립하는 것이다.

셋째로 마지막에는 두 계기를 통일하여 이러한 분리의 내부에서 동시에 자체로서 독자적인 것으로 현상한다.

이러한 관점은 사태 자체의 개념차별성뿐만 아니라 그 역사적 발전도 포함하는 다음의 구분을 건축예술 전체의 분류로서 제공한다.

첫째는 본격적인 상징적 혹은 독자적 건축이며 [271]

둘째는 고전적 건축이니, 이것은 개별적 정신성을 그 자체로 형상화하는 반면 건축예술의 독자성을 박탈하는데, 건축예술은, 제 스스로 독자적으로 실현하게 된 그 정신적 의미를 감싸는, 예술적 형태의 비유기적 환경으로 전락한다.

셋째는 무어양식, 고딕이나 독일적 양식의 낭만적 건축이니, 여기서도 마찬가지로 주택, 교회 그리고 궁전들은 시민적, 종교적 욕구와 정신의 과업을 위한 주거와 회당으로서 있기도 한 반면 그것들은 말하자면 이러한 목적들과 상관없이 그 자체가 독자적으로 형상화되고 건립되기도 한다.

그러므로 건축은 근본 성격상 철저히 상징적 종류의 것으로 머물지만, 그럼에도 불구하고 좀 더 자세히 규정하자면 그것은 본격적인 상징성, 고전성 및 낭만성으로 이루어지니, 이 형식들은 기타 예술들의 경우보다 건축에서 한층 더 중시된다. 왜냐하면 조각에서는 고전적 예술형식이, 음악과 회화에서는 낭만적 예술형식이 이 예술들의 원칙 전체를 깊숙이 관류하여 다른 예술형식들에 속한 전형의 발전을 위해서는 다만 다소간 협소한 유희공간만을 남기기 때문이다. 끝으로 시[시문학]가 비록 일련의 예술형식들 전체를 가장 완벽하게 예술작품으로 표출할 수 있다고는 하지만, 그럼에도 우리가 시에서 분류를 행할 경우에는 상징적, 고전적, 낭만적 시의 차별성에 따라서는 안 되며 오히려 특수한 예술로서의 시 특유의 서사시, 서정시 및 극시 예술의 구분에 따라야 한다. 반면에 건축은 외적인 것에 즉한 예술이니, 여기서는 이 외적인 것이 즉자 자체로서 의미를 갖는가, 그것과는 다른 목적을 위한 수단으로서 취급되는가, 혹은 이러한 봉사 가운데서도 동시에 독자적인 것으로 나타나는가에 따라 본질적 차이가 성립한다. 첫 번째 경우는 상징적 예술형식 그 자체와 일치하며, 두 번째는 고전적 예술형식과 일치하니, 여기서는 고전적 예술의 원칙이 그렇듯 본격적 의미가 그 자체로 [272] 표현되고 이로써 상징적 예술형식은 단지 외적인 환경으로서만 첨가될 수 있는 까닭에 그러하다. 하지만 양자의 합일은 낭만적 예술형식과 평행하니, 낭만적 예술이 외면적인 것을 표현 수단으로서 사용하는 것은 사실이지만 그것은 이 실재성에서 벗어나 내면으로 철수하며, 그리하여 외적 현존재를 독자적 형상화를 위해 다시 풀어 줄 수도 있는 까닭에 그러하다.

제1장
독자적, 상징적 건축

　예술이 필요한 일차적, 근원적 이유는 표상과 사상이 정신에서 일고, 인간에 의해 작품으로 생산되고 전시된다는 점에 있으니, 이는 언어 속에 표상들이 있고 인간이 그것들을 전달하고 타인에게 이해시키는 것과 비슷하다. 하지만 언어의 전달 수단은 기호에, 따라서 완전히 자의적인 외면성에 불과하다. 이와 달리 예술은 단순한 기호만을 사용해서는 안 되며, 그와는 반대로 의미들에게 하나의 상응하는 감각적 현재를 부여해야 한다. 그러므로 감각적으로 현전하는 예술작품은 한편 내적 의미내용의 거처居處가 되어야 하며, 다른 한편 이 의미내용을 표현하되, 의미내용 자체와 그 형상이 단순히 직접적 현실의 실재가 아니라 오히려 표상과 그 정신적 예술활동의 산물이라는 점이 인식되도록 해야 한다. 예를 들어 현실의 살아 있는 사자를 볼 경우, 사자의 개체적 모습은 모사된 사자와 마찬가지로 나에게 사자의 표상을 준다. 하지만 모사 속에는 더욱 많은 것이 들어 있다. 그것이 보여 주는 바는, 형상이 표상 속에 있었다는 점, 그 현존재의 근원을 인간 정신 및 그 생산적 활동 속에서 발견하였다는 점, 그리하여 우리가 이제 갖는 것은 더 이상 한 대상의 표상이 아니라 [273] 인간적 표상의 표상이라는 점이다. 그런데 예술을 위한 근원적 욕구는 한 사자나 나무 자체, 혹은 어떤 다른 개체적 대상을 이렇듯 재생하기 위해 현전하는 것이 전혀 아니다. 이와는 반대로 예술은, 특히 조형예술은, 그러한 대상들에서 가상 제작의 주관적 솜씨를 증명하려 들 경우, 바로 그것들의 표현과 더불어 끝나 버림을 우리는 보았다. 근원적 관심은 근원적, 객관적 직관들과 보편적, 본질적 사상들을 자신과 타인에게 가시화하는 방향을 향한다. 하지만 그러한 민족적 직관들은 일단은 추상적이고 내적으로 규정되지 않은 것이니, 이제 인간은 그것들을 자신에게 표상하기 위하여 내적으로 마찬가지로 추상적인 것, 질료적인 것 자체, 육중한 물질적인 것을, 즉 규정되긴 하였으되 내적으로 구체적이지 않으며 진정 정신적인 형상이 될 수 없는 것을 붙잡는다. 이를 통해 내용과 감각적 실재의 ―내용은 이 실재를 거쳐 [대상의] 표상으로부터 나와 [인간적] 표상으로 진입해야 할 터인데― 관계는 단지 상징적 종류의 것이 될 수밖에 없다. 그러나 이와 동시에 이제 하나의 보편적 의미를 타인들에게 반포해야 하는 건축이 있다. 이것은 더 고상한 저것[의미]을 내적으로 표현하려는 목적 이외의 다른 목적에서 서 있지 않으며, 또한 그리하여 다른 정신들에 대해 오로지 본질적이고 보편타당한 한 사상의 독자적 상징으로서, 소리가 없을지언정 그 자체로 인해 현전하는 언어로서 존재한다. 그런고로 이러한 건축의 생산들은 그 자체로서 사유되어 보편적 표상들을 일깨워야 하는 것이지, 이미 달리 독자적으로 형상화된 의미들의 단순한 덮개나 환경으로 있어서는 안 된다. 그런데 우리는 그런 까닭에 자신을 통해 그러한 하나의 의미내용을 내비치는 형식을, 예컨대 우리의 경우 사람들이 망자亡者들에게 십자가를 세우거나 전장의 기억을 위해 돌무덤을 쌓는 경우가 그렇듯, 단순히 표시로서만 간주해서는 안 될 일이다. 왜냐하면 이런 종류의 표시가 표상을 일깨우기에는 적합하겠으나, 십자가나 돌무덤은 [274] 환기의 목적인 표상을 그 자체를 통해 지시하지 않으며, 마찬가지로 많은 다른 것들도 상기시킬 수 있기 때문이다. 이것이 이 단계의 일반적 개념을 형성한다.

　이런 면에서 모든 민족들은 그들의 종교, 가장 심오한 욕구를 오로지 축조를 행함으로써 혹은 특히 건축적으로 표현함으로써 인식하였다고 말할 수 있다. 하지만 이미 상징적 예술형식을 고찰하는 기회에 밝혀졌듯이, 이것은 본질적으로 동방에만 적용되는 사례이다. 그리고 특히 바빌로니아인, 인도인 그리고 이집트인들의 비교적 오래된 예술구조물들은 ―이것들은 모든 시대와 혁명들에 맞설 수 있었던, 그리고 순전한 환상적 요소뿐만 아니라 거창하고 장대한 요소로 인해 우리를 아연실색하게 만드는 폐허들로 일부 현전한다― 이러한 특성을 완벽하게 갖거나 대개 그 특성으로부터 출현했다. 특정 시대들에서는 이 작품들의 건립이 민족들의 전체 활동과 삶을 형성하는 것이다.

　하지만 우리가 이 장章의, 그리고 이에 속하는 주요 형상물들의 좀 더 자

초가 잔빌(Tchogha Zanbil). 고대도시 '두르 운타시'의 지구라트(© Alireza Heydear)

세한 분류에 관해 묻는다면, 이 건축의 경우에는 고전적 건축 및 낭만적 건축의 경우와는 달리 특정 형식들에서, 예컨대 주택형식과 같은 것에서, 출발할 수 없다. 왜냐하면 여기서 원칙으로서 거론될 수 있는 것은 그 자체로 확정된 내용도, 이로써 또한 확정된 형상화 방식도 아니기 때문인바, 그런즉 이 원칙은 차후의 발전 속에서 여러 작품들의 권역과 관계를 맺는다고 할 것이다. 즉 내용으로 취해지는 의미들은, 상징성 일반의 경우가 그렇듯, 말하자면 형태 없는 보편적 표상들로, 자연적 삶의 원소적인, 복잡다단하게 이합집산하는 추상들로, 정신적 현실의 사상들과 혼합된 것으로 남을 뿐, 한 주관의 계기들이 될 만큼 추상관념적으로 집약되는 것은 아니다. 이러한 흩어짐은 의미들을 지극히 잡다하고 가변적으로 만드니, 건축의 목적은 때로는 이 측면을, 때로는 저 측면을 |275| 직관에 가시적으로 제시하고, 의미들을 상징화하고, 또한 인간의 노동을 통해 그것들을 떠올리도록 만드는 점에서 성립할 뿐이다. 그러므로 내용의 이러한 다면성 때문에 설령 그에 관해 의견을 언급한다고 해도 여기서는 그것이 철저할 수도, 체계적일 수도 없으니, 나로서는 가장 중요한 사항만을 가능한 한 이성적으로 분류하여 관계 지을 도리밖에 없다.

지침이 되는 관점들은 요약하자면 다음의 것이다.

우리가 내용으로서 요구했던 것은 개인과 민족들에게 그들 의식의 구심점과 통일점을 제공하는, 순전히 보편적인 직관들이다. 그러므로 자체로서 독자적인 그런 유의 건축물의 일차적 목적도 국가 혹은 국민들을 통합하는, 그들을 집결하는 장소인 작품 하나를 건립하는 것이 아닐 수 없다. 하지만 좀 더 자세히 보면 여기에는 또 하나의 목적이, 즉 대체 사람들을 통합하는 요소가 무엇인지를 형상화 방식 자체를 통해 제시하려는 목적이 결부되어 있다. 여러 민족들의 종교적 표상들이 그것이니, 이를 통해 그러한 작품들은 자신의 상징적 표현을 위한 한층 규정된 내용을 동시에 얻는다.

그러나 나아가 둘째로 건축은 이러한 초기의 총체적 규정에 갇혀 있을 수 없다. 상징적 형상물들은 개체화되며, 그 의미의 상징적 내용은 좀 더 세밀하게 규정된다. 또한 이를 통해 그 형식들 역시, 예컨대 여러 남근상들, 오벨리스크들 등에서처럼, 비교적 확실하게 서로 차이를 갖는다. 다른 한편 건축은 그러한 개별화된 독자성 속에서 스스로가 발전하여 조각으로 이행하고, 동물형상이나 인간 모습의 유기적 형태를 수용함으로써, 그것들을 거대하게 질량적으로 확장하고, 일렬로 세우고, 벽, 담, 문, 회랑들을 덧세우고, 또한 이를 통해 거기에서 조각적인 것을 사뭇 건축적으로 취급한다. 이를테면 이집트의 스핑크스, 멤논상, 거대한 사원 건축들 등이 여기에 속한다.

셋째, 상징적 건축은 조각을 자신으로부터 배척하고 스스로가 직접 건축적으로는 표현되지 않는 제삼의 의미를 위한 구조물이 되기 시작하는 관계로, [276] 고전적 건축으로의 이행을 가리키기 시작한다.

이 단계를 좀 더 분명하게 보이고자 나는 몇몇 유명 걸작들을 환기할 것이다.

1. 민족 통합을 위해 건립된 건축작품들

괴테는 언젠가 한 이행시에서 "신성함은 무엇인가?"라고 묻고 "수많은 영혼들을 함께 묶는 것, 그것이 신성함이다"라고 답한다. 이러한 의미에서 우리는 이 결속을 목적으로 삼는, 그리고 이러한 결연으로서 존재하는 신성함이 독자적 건축의 첫 번째 내용을 형성하였다고 말할 수 있다. 이에 대한 익숙한 실례로 바벨탑의 건축 설화를 들 수 있다. 인간이 광활한 유프라테스의 평원에 거대한 건축작품을 세운다. 그는 그것을 공동으로 세우며, 또한 동시에 건축의 공동성이 작품 자체의 목적과 내용이 된다. 게다가 사회적 유대의 이러한 창설은 단순히 애국적인 단합에 그치는 것이 아니다. 그와는 반대로 단순한 가족통일성은 곧바로 지양되며, 또한 구름 속으로 올라간 건축은 이 해체된 구통합의 자기객관화이자 확장된 새로운 합일의 실현이다. 당시의 모든 민족들이 이에 매달려 일하였으며, 또한 그들 모두는 이 거창한 작품의 실현을 위해 함께 모였던바, 파헤쳐진 대지坐地(집터로서의 땅)와 바닥을 통해, 쌓아 올린 석괴를 통해, 그리고 말하자면 대지大地의 건축학적 축조를 통해 그들을 묶어 준 유대가 —우리의 경우에는 관습, 관례 그리고 국가의 헌법이 그 역할을 한다— 그들 활동의 산물이었던 것이다. 그러한 건물의 본질은 유대이다. 그런데 그것은 형태와 형상의 면에서 신성함을, [277] 즉자대자적으로 인간들을 통합하는 요소를 다만 외적으로 표현할 수 있는 까닭에 유대의 암시에 그칠 뿐이니 동시에 상징적이다. 그런데 여러 민족들이 그러한 작품을 향한 통합의 중심점에서 벗어나 다시 분열된다는 사실도 이 전통에서 마찬가지로 이야기된다.

또 다른 한층 중요한, 비교적 확실한 역사적 근거를 갖는 건축품은 헤로도토스(『역사』 I, 181)가 전하는 벨로스의 탑이다. 여기서는 그것이 성경에 나오는 그 탑[바벨탑]과 어떤 관계인지에 관해 논하지 않겠다. 오늘날의 말뜻으로 보면 우리는 이 전체 건축을 사원이라기보다는 차라리 각 면이 400미터 남짓이며 입구에 청동 현관이 있는 사각형태의 사원 경내라고 불러야 할 것이다. 이 거대한 작품을 보았던 헤로도토스의 전언에 따르면, 이 성소의 중심에는 빈 공간 없이 쌓아 올린 (내부가 비지 않고 한 덩어리인) 탑πύργος στερεός이 건립되어 있는데, 그 길이와 폭은 200미터 남짓이며 그 위에 다른 탑이, 다시 그 위에 또 다른 탑이 도합 8층으로 서 있다. 길은 외벽을 나선형으로 돌아 정점으로 이어진다. 그리고 정점의 중간쯤에 탑을 오른 사람들의 휴식을 위해 긴 의자들을 갖춘 쉼터가 있다. 그런데 마지막 탑 위에는 큰 신전이 있으며, 신전 속에는 커다랗고 잘 짜인 푹신한 침상이 있고, 그 앞에는 황금 탁자가 있다. 하지만 입상은 사원 안에 설치되어 있지 않으며 또한, 신의 사제들인 칼데아인들의 말에 따르면, 밤에는 신이 그곳의 모든 여인들 중에서 스스로 선택한 한 여인을 제외하면 아무도 거기 머물 수 없다. 사제들은 또한 주장하건대(『역사』 I, 182), 신은 스스로 신전에 와 침상 위에서 휴식을 취했다고 한다. 헤로도토스는(183) 성소 내의 아래편에도 또 하나의 신전이 있고 그 안에는 거대한 황금 신상이 황금 탁자 앞에 좌정하고 있다고 전언하며 또한 동시에 제물을 진설하였던 신전 외부의 커다란 두 제단에 관해서도 말한다. 하지만 그럼에도 불구하고 우리는 이 거대 건축을 그리스적 의미나 [278] 현대적 의미에서의 사원과 등치할 수 없다. 왜냐하면 첫 일곱 육면체들은 완전히 덩어리로 있고 맨 위의 여덟 번째만이 비가시적인 신의 거소居所이며, 또한 그 위에서는 신이 사제나 공동체 측에서 드리는 경배를 누릴 수 없기 때문이다. 신의 입상은 건물의 외부 아래편에 있었으니, 고로 전체 작품은, 비록 그것이 더 이상 단순한 추상적 통합처가 아니라 성소이기는 하지만, 본래 독자적으로 그 자체로서 세워진 것이지 예배의 목적들에 소용되는 것이 아니다. 형식은 여기에서 여전히 우연성에 맡겨져 있거나 단지 안정성이라는 물질적 이유에서 육면체 덩어리로 규정되지만, 동시에 전체적으로 볼 때 작품에 대해 한층 자세한 상징적 규정을 공여할 수 있는 하나의 의미를 추구해야 한다는 요구가 나타난다. 비록 헤로도토스는 명시하지 않지만, 우리는 이러한 상징적 규정을 덩어리층들의 수에서 발견해야만 할 것이다. 7이라는 층수가 그것인데, 그 위에 8층 째가 신의 야간 거소로서 있다. 그런데 7이라는 숫자는 아마도 일곱 별들과 일곱 천공을 상징할 것이다.

헤로도토스의 전언에 따르면(I, 98), 메디아에도 그러한 상징성을 위주로 건립된, 예컨대 일곱 겹의 벽들을 두른 에크바타나와 같은 도시들이 있었다고 하니, 각 벽은 부분적으로는 벽이 건립된 사면의 융기 때문에, 또 부분적으로는 의도적, 기술적 이유로 인해 바깥쪽의 벽보다 높았으며, 또한 성벽은 여러 가지 색으로 채색되었다. 첫 번째 성벽에는 흰색이, 두 번째에는 검은색이, 세 번째에는 보라색이, 네 번째에는 푸른색이, 다섯 번째에는 붉은색이 칠해졌으며, 여섯 번째는 은색으로, 일곱 번째는 금색으로 입혀졌다. 이 마지막 성벽의 안쪽에는 왕성과 보물이 있었다. 크로이처 씨는 그의 『상징론』(I, 469)에서 이러한 건축방식에 관해 "메디아인들의 도시 에크바타나는 중심에 있는 왕성, 일곱 겹의 원형성벽들, 일곱 가지 색깔로 칠해진 그 위의 성첩들과 더불어 천공들이 옹위하는 태양궁을 표현한다"고 말한다. [279]

2. 건축과 조각 사이에 속하는 건축작품들

이 시점에서 우리가 앞으로 고려해야 할 첫 번째의 것은 건축이 한층 구체적인 의미들을 내용으로 삼는다는 사실, 또한 대개 상징적인 표현에 더해 구체적 형식들에도 손을 뻗는다는 사실인데, 이 형식들이 개별적으로 사용되든 거대 건물들에 부속되든 간에 건축은 그것들을 조각의 방식이 아니라 자신의 고유한 독자적 영역 안에서 건축적으로 사용한다. 우리는 이 단계에서 이미 한층 세부적인 것으로 진입해야 한다. 그렇더라도 여기서 완전성이나 선험적 발전을 거론할 수는 없으니, 이는 예술이 작품들 속에서 광범위한 현실적, 역사적 세계관과 종교적 표상들로 발전한다지만, 또한 우연적인 것에 매몰되어 사라지기도 하는 까닭이다. 그 근본규정은 다만, 건축이 결정적인 것이겠으나, 조각과 건축이 혼합된다는 사실뿐이다.

a. 남근상 등
앞에서 상징적 예술형식을 다루는 기회에 언급했던바, 동방에서는 자연의 보편적 생명력이, 정신성과 의식의 힘이 아니라 생식의 생산적 힘이 누차 강조되고 숭배되었다. 이러한 경배는 특히 인도에서 일반적이었으며 또한 위대한 여신 및 다산의 여신의 상像을 통해 프리기아와 시리아로도 전파되었는데, 심지어 그리스인들도 이 생각을 수용하였다. 좀 더 자세히 보면 보편적, 생산적 자연력이라는 관점은 이제 동물적 생식기들인 팔루스와 링감104의 형상으로 표현되고 신성시되었다. 이러한 제의祭儀는 주로 인도에서 확산되었으나 헤로도토스의 전언에 따르면(II, 48) 이집트인들 역시 그에 낯설지 않았다. 적어도 디오니소스축제들에서는 비슷한 것이 나타난다. 헤로도토스는 말하기를 "그러나 남근들 대신 이집트인들은 끄는 줄이 달린 1큐빗 길이의 다른 상들을 고안하였는데, 여인들이 그것들을 끌고 돌아다니면 이때 그 밖의 신체 부위보다 그리 작지 않은 그 치부가 언제나 들어 올려진다." [280] 그리스인들도 마찬가지로 비슷한 예배를 행하였으니, 헤로도토스는 분명히 보고하건대(II, 49), 이집트의 디오니소스 봉헌 축제를 모르지 않았던 멜람푸스가 공경을 목적으로 신에게 운반되는 남근상을 도입했다고 한다. 그런데 특히 인도에서는 생식기 형태로 표현되는 이런 식의 생식력 경배에서 이 형상과 의미를 띤 건축이 또한 시작되었다. 그것은 거대한 기둥형태의 석조물들인데, 탑처럼 덩어리로 축조되었으며 하부가 상부보다 넓었다. 이것들은 원래 그 자체가 목적이자 경배의 대상들이었으며, 후일 비로소 사람들은 거기를 파내어 공간을 만들고 신상을 안치하기 시작했는데, 이것은 그리스의 휴대용 신전神殿인 주상柱像들에서 여전히 유지되고 있었다. 하지만 인도에서는 남근 기둥들이 초기에는 속이 비어 있지 않았는데, 후일 비로소 외부와 핵심부로 나뉘어 파고다들이 된다. 왜냐하면

---

104 역주: 팔루스(Phallus)는 남근을 뜻하며 링감(Lingam)은 시바신의 상징으로서의 남근을 뜻한다.

후일의 이슬람교의 모방 등과 본질적으로 구분되어야 하는 진정한 인도식 파고다들은 구조상 집의 형태에서 출발한 것이 아니라 가늘고 뾰죽하며 예의 기둥식의 축조물을 최초의 기본 형식으로 삼기 때문이다. 같은 의미와 형식은 판타지에 의해 확장된 메루산의[105] 모습에서도 재발견되는데, 이 산은 은하수 속의 소용돌이로 표상되며 세계가 이로부터 만들어진다. 비슷한 기둥들을 헤로도토스 역시 언급하는데, 일부는 남근의 형태를 갖고 일부는 여성의 치부(음부)의 모습을 하고 있다. 그는 이집트의 왕 세소스트리스가 이 기둥들을 건립하였다고 말하는데,[106] 세소스트리스는 그가 출정하여 정복한 모든 민족들에게 이것들을 세웠다고 한다. 하지만 헤로도토스의 시대에는 대부분의 기둥들이 더 이상 서 있지 않았으며, 그는 다만 시리아에서 그것을 스스로 목도하였을 뿐이다. [281] 하지만 헤로도토스가 이 모든 것을 세소스트리스에게 돌린 이유는 오로지 그가 추적했던 전통 때문이었을 것이다. 게다가 그가 완전히 그리스적 의미로 이것들을 설명하는 까닭은 이것들이 갖는 자연적 의미를 인륜적인 것과 연관된 의미로 변조했기 때문이다. 그리하여 그는 설명하기를 "세소스트리스는 출정 중 용감히 싸우는 민족들과 맞닥뜨린 곳에서는 그들의 땅에 그의 이름과 그의 나라와 그가 이 민족들을 예속시켰음을 가리키는 비문을 적은 기둥들을 세웠다. 반면 그가 저항 없이 승리한 곳에서는 이 기둥들 위에 이러한 비문 이외에도 이 민족들이 전쟁에서 비겁하였음을 널리 알리기 위해 여성의 치부를 표시하였다."

---

105 역주: 고대 인도의 우주관에서 세계의 중심에 있다는 상상의 산. 수미산이라고도 한다.
106 역주: 「미학 강의」 원문에서는 이 출처가 II, 162로 표기되어 있으나 이것은 편집상의 실수이다.

b. 오벨리스크 등

나아가 건축과 조각 사이를 오가는 비슷한 작품들이 주로 이집트에서 발견된다. 예를 들어 오벨리스크들이 여기에 속하는데, 이것들은 유기적이며 살아 있는 자연에서, 식물, 동물 또는 인간 형태에서 그 형식을 얻는 대신 매우 규칙적인 형상을 하고 있지만, 그럼에도 마찬가지로 주택이나 사원 용도의 목적을 지니기보다는 자유롭게 스스로 독자적으로 있으며 또한 태양빛이라는 상징적 의미를 갖는다. 크로이처 씨가 『상징론』에서(제1권, 469) 말하는바, "메디아인 혹은 페르시아인인 미트라스가 이집트의 태양 도시On-Heliopolis를 통치하는데, 그는 그곳에서 이른바 돌로 된 태양빛인 오벨리스크를 짓고 그 위에 이집트문자라고 불리는 글자를 새기는 꿈을 상기한다." 이미 플리니우스가 오벨리스크들의 이러한 의미를 거론한다(『자연사 [Naturalis historia]』 XXXVI, 14; XXXVII, 8). 이것들은 태양의 신성에 헌정된 것으로, 그 빛줄기들을 포착하는 동시에 표현해야 한다. 페르시아의 기념비들에서도 기둥들 밖으로 치솟는 화광들이 나타난다(크로이처, 제1권, 778).

오벨리스크들에 이어 우리는 특히 멤논 거상들을 언급해야 한다. [282] 테베[107]에 있는 두 멤논 거상은 인간의 형상을 띤다. 스트라본[108]은 괴석塊石을 깎은 이들 중 하나가 아직 온전히 보존되어 있음을 보았는데, 태양이 떠오를 때 울렸던 다른 거상은 그의 시대에는 이미 쪼개져 버렸다. 그것들은 그 장엄함과 거대함으로 인해 조각적이라기보다는 비유기적이며 건축적인, 두 개의 거대한 인간좌상이었다. 그러므로 그 멤논 기둥들은 또한 열주列柱 형태로 나타나며 또한 오직 그러한 동일한 질서와 크기 속에서만 타당성을 갖는 까닭에 조각의 목적에서 벗어나 완전히 건축의 목적으로 하강한다.

---

107 역주: 현재 지명은 룩소르이다.
108 역주: Strabōn(B.C. 64?~A.D. 23?), 고대 그리스의 지리학 및 역사학자. 『지리지』를 저술하였다.

멤논 거상 사진(1856, 미국 의회도서관)

히르트 씨는[109] 소리 나는 거대한 입상[110]이 ―파우사니아스는 이집트인들이 그것을 파메노프의 상으로 간주했다고 말한다― 신성이 아니라 오시만디아스와 같은 이처럼 이곳에 자신의 기념비를 가졌던 한 왕이라고[111] 해석한다. 하지만 이 위대한 구조물들은 규정적이든 혹은 비규정적이든 한 보편자에 관한 표상을 제공했을 터이다. 이집트인들과 에티오피아인들은 여명의 아들인 멤논을 숭상했으며, 또한 해가 첫 번째 햇살을 던지고 이를 통해 거상이 자신의 음성으로 경배자들에게 인사를 건넬 때 그들은 그에게 제물

---

109 Aloys Hirt, 『고대 건축사(Geschichte der Baukunst bei den Alten)』, 전 3권, Berlin 1820~1827. 위의 내용은 제1권 69쪽에 서술되어 있다.

110 역주: 아침에 해가 뜰 때 이 거상이 스스로 우는 소리를 냈다는 이야기가 전해진다.

111 역주: 파메노프는 테베인이라는 설도 있고 이집트왕 세소스트리스라는 설도 있다.

을 바쳤다. 그리하여 그 거상은 목소리를 내는 것으로서 단순히 형태의 면에서만 중요성과 관심을 갖는 것이 아니며, 있음 자체가 생동적이고, 의미 있고 또한, 아무리 상징적 암시일 뿐이라고는 해도, 계시적이다.

나는 이미 앞에서 스핑크스들을 상징적 의미의 면에서 거론하였는데, 이 것들도 거대한 멤논상들과 같은 사실관계를 갖는다. 이집트에서 발견되는 스핑크스들은 셀 수 없이 많을 뿐 아니라 놀랄 만큼 거대하다. 가장 유명한 스핑크스들 중 하나는 카이로의 피라미드군 근처에 있다. 전체 길이는 148 피트, 발톱부터 머리까지의 높이는 65피트, [283] 전방을 향한 발들은 가슴에 서 발톱 끝까지 57피트, 발톱의 높이는 8피트이다. 그런데 이 거대한 암괴 는 말하자면 먼저 조각된 후 현재 차지하고 있는 자리로 옮겨진 것이 아니 다. 사람들은 그 기초까지 파본즉 바닥이 석회암으로 되어 있음을 발견하 였고, 그리하여 그 전체 거대한 작품이 한 암괴의 일부이며 또한 그것에서 조각된 것임이 드러났다. 이 거창한 형상물은 극히 거대한 척도를 갖는 본 격적 조각에 더욱 근접하고 있지만, 하나 스핑크스들도 마찬가지로 회랑형 태로 열 지어 나란히 세워졌으며, 이로써 곧 완벽한 건축적 특성을 유지하 고 있다.

c. 이집트의 사원건축물들

그런데 그 같은 독자적 형태들은 대체로 개별적인 것으로만 머물지 않고 거대한 사원 건축물들, 미로들, 지하 통로들을 위해 복제되고, 다량으로 이 용되고, 담으로 둘러싸이기도 한다.

첫째, 이집트의 사원 경내에 관해 보자면, 최근 주로 프랑스인들 덕분에 비교적 자세히 알려진 이 거대한 건축물의 주 특성은 격벽들 사이에, 특히 주랑형태의 현관들과 전체 기둥 숲들 사이에 지붕, 문, 통로들이 없는 열린 구조들이라는 점, 최대의 용적과 내적 다면성을 갖춘 작품들이라는 점에 있다. 개별적 형태와 형상들이 자체로서 지대한 관심을 요구하듯 이 작품들도 못지않게, 신이나 기도하는 공동체의 거주와 보호에 소용되지 않더라도, 척도와 크기의 거대함을 통해 자체의 독자적 효과의 면에서 경이롭다. 왜냐하면 이것들은 사뭇 보편적인 의미들을 위한 상징들로서 건립되었거나, 혹은 의미들이 그 형상화 방식을 통해 알려지지 않고 표면에 새긴 글들이나 상형문자들을 통해 알려지는 한에서는, 서적들을 대신하기 때문이다. [284] 한편으로 우리는 이 거대한 건축물들을 조각상들의 모음으로 부를 수 있지만, 그것들은 대개 하나의 동일한 형상이 다수 반복되어 열을 이루며, 또한 오로지 이 열과 질서 속에서 바로 그 건축으로의 규정을 유지한다. 그러나 이 질서는 다시 하나의 자체적 목적으로 존재하는 것이지 단순히 들보와 서까래 따위를 지탱하는 것이 아니다.

이 종류의 비교적 큰 건축물들의 시작은 포장된 도로인데, 스트라본에 따르면 그것은 넓이가 100피트이며 길이는 그 서너 배에 달했다. 이 통로 δρόμος의 양편에는 20~30피트 높이인 50에서 100기의 스핑크스들이 도열하였다. 이제 상부가 하부보다 좁은 거창한 의전儀典현관πρόπυλον, 탑문塔門들, 인간의 키보다 10배 내지 20배 높은 거대한 열주들이 뒤따르는데, 일부는 자유롭고 독립적이며 일부는 담과 장대한 벽들 안에 있다. 이 벽들도 마찬가지로 자유롭게 독립적으로, 50~60피트 높이로, 하부가 상부보다 넓게, 비스듬히 치솟으며, 횡벽과 연결되거나 들보를 지탱하여 하나의 집을 이루지 않는다. 도리어 그것들은 무엇보다 지탱이라는 규정을 암시하는 수직 벽들과는 달리 자신이 독자적 건축에 속함을 보여 준다. 그러한 벽들 곳곳에 멤논상들이 기대어 있는데, 그 벽들은 통로를 이루기도 하며, 또한 상형문자나 거대한 석벽화로 뒤덮여 있어 최근 이를 접했던 프랑스인들에게는 마치 인쇄된 사라사[112]처럼 보였다. 우리는 그 벽들을 책장들인 양 간주할 수 있는데, 이것들은 그 공간적 경계를 통해 종소리처럼 정신과 심정을 규정됨

없이 놀라움, 사념, 사유 등으로 일깨운다. 문들이 수차 연속적으로 나오고 또한 여러 열列의 스핑크스들로 대체된다. 혹은 주벽으로 둘러싸인 공개된 광장이 이 벽들 앞에 있는 주랑들과 더불어 열린다. 다음으로 기둥 숲의 비주거용 지붕 광장이 나타나는데, 그 기둥들이 받치는 것은 궁륭이 아니라 편석扁石이다. [285] 본연의 사원인 성소聖所, σηκός는 이러한 스핑크스 회랑들, 열주들, 상형문자로 뒤덮인 벽들을 지나, 익랑들을 —그 앞에는 오벨리스크들이 건립되고 사자들이 웅크려 있다— 갖춘 전면을 지나 그 전체와 연결되거나, 아니면 내정內庭들을 지난 후에 비로소 연결되거나 비교적 좁은 회랑들로 둘러싸인 채 연결되는데, 스트라본에 따르면 그 크기는 보통이었으며 그 안에는 신의 그림이나 하나의 동물형상이 있었을 뿐이다. 예를 들어 헤로도토스가(『역사』 II, 155) 부토의 사원에 관해 설명하듯, 신성을 위한 이 거소는 종종 하나의 돌로 되었으니, 그것은 사방이 일정하게 40엘레[113] 크기인 하나의 덩어리에서 높이와 길이가 다듬어졌으며, 그 위에는 다시 4엘레 넓이의 차양과 함께 하나의 돌이 지붕 마감재로서 놓여 있다. 그러나 일반적으로 성소들은 한 공동체가 그 안에 자리할 수 없을 만큼 매우 협소하다. 하지만 공동체는 사원에 속하며, 그렇지 않다면 사원은 그저 하나의 상자, 보물함, 성상들의 보관소 등에 불과할 뿐이다.

그렇듯 그러한 건축물들은 때로는 성기게, 때로는 촘촘하게 도열한 동물형상들, 멤논상들, 거대한 문들, 벽들, 극히 장대한 차원의 열주들, 그리고 개별적 오벨리스크들 등과 더불어 길게 뻗어 있는데, 사람들은 그 일부가 제례의 여러 행사들에서 보다 한정된 목적에 겨우 쓰이는 그 거대하고 놀

---

112 역주: 포르투갈어 saraça에서 유래한 말로, 오채(五彩)로 날염한 인물, 조수(鳥獸), 화목(花木) 또는 기하학적 무늬의 피륙이나 그 무늬를 뜻한다.

113 역주: 독일의 옛 길이 단위. 1엘레는 66센티미터이다.

라운 인간의 작품들 사이를 쏘다니면서 이 높이 쌓은 돌 더미에 관해 신성이 무엇이라는 등 말하고 또한 그것이 계시되어 있는 것처럼 말한다. 왜냐하면 좀 더 자세히 말해 이러한 건물들 도처에는 상징적 의미들이 동시에 산재하여, 스핑크스와 멤논의 수효, 기둥들과 통로의 위치는 한 해의 날들, 열두 천궁, 칠성七星, 달의 공전의 주요 시기 등과 관계하기 때문이다. 여기서 조각은 한편으로 아직 건축에서 분리되지 않았으며, 다른 한편으로 건축 본연의 것, 즉 척도, 간격, 기둥 숫자, 벽들, 계단들 등은 재차 이 관계들이 [286] 자신 안에서, 즉 균제, 조화 그리고 아름다움 속에서 고유의 목적을 발견하는 대신 상징적으로 규정되게끔 취급된다. 이를 통해 이러한 건축과 건설은 대자적 목적으로, 그 자체가 민중과 왕이 통일되는 하나의 예식으로 나타난다. 운하, 뫼리스의 호수, 혹은 급수시설 일반 등과 같은 여러 작품들은 경작과 나일강의 범람에 관계된 것이긴 하다. 헤로도토스가 보고하는 바에 따르면(『역사』 II, 108), 예를 들어 세소스트리스는 전에는 걷거나 타고 다녔던 모든 토지를 마실 물 때문에 운하들로 가로지르고 이를 통해 말과 수레를 무용지물로 만들었다고 한다. 그러나 주 작품들은 역시 앞서 말한 종교적 건축물들이었는데, 이집트인들은 벌이 벌집을 짓듯 본능적으로 그 건물들을 쌓아 올렸다. 그들의 재산은 그 밖의 이해관계들과 마찬가지로 균분되었으며[114] 대지는 무한히 풍요로워 힘들게 경작할 필요가 없었으니 노동은 거의 파종과 수확으로 족하였다. 민중들이 기타 수행할 바의 다른 관심사와 행동들은 거의 없었다. 항해에 관한 보고들은 세소스트리스의 해양사업들에 대한 사제들의 설명을 제외하면 발견되지 않는다. 전반적으로 자신들의 땅에서 이집트인들은 축조와 건설에 매진했다. 즉 그들의 거

---

114 역주: 세소스트리스는 일정량의 동일한 토지를 모든 이집트인들에게 나누어 주었다. 참조.『역사』 II, 149.

대한 작품들에서는 인간의 내면, 정신성의 목적들, 외부 형상들이 아직 자체로서 파악되거나 자유로운 활동의 객체와 산물로서 제작되지 않았기 때문에, 여기서는 독자적인 상징적 건축이 주요 전형을 제공한다. 자의식은 아직 영글거나 자체로서 완성되지 않았으니, 그것은 전진하고 탐색하고 예감하고 끝없이 생산적이었으나 절대적 만족을 찾지 못했으며, 또한 그런 까닭에 안녕이 없었다. 왜냐하면 정신에 적합한 형상에서 비로소 만족하는, 또한 그 구현 속에서 자신의 경계를 찾는 정신은 내적으로 완성된 정신이기 때문이다. 이에 반해 상징적 예술작품은 하여간 그러한 경계를 갖지 않는다.

이제 이집트 건축술의 그러한 형상물들에는 소위 미궁들, 즉 벽들 사이의 길들이 사방에 수수께끼처럼 얽힌 주랑 통로들을 갖는 전당들 역시 속하는데, 그 길들이 얼크러진 까닭은 출구의 발견이라는 [287] 어리석은 과제 때문이 아니라 상징적 수수께끼들 사이를 의미심장하게 배회하기 위함이다. 왜냐하면 이 길들의 경로는, 이미 앞에서 암시한 바와 같이, 천체의 경로를 모방하여 표상하도록 지어졌기 때문이다. 그 길들은 때로는 지상에, 때로는 지하에 건설되었으며 또한 통로 이외에도 상형문자가 벽들을 뒤덮은 거대한 방과 회당들이 들어서 있다. 헤로도토스가 직접 보았던 가장 커다란 미궁은 뫼리스 호수에서 멀지 않은 곳에 있었다. 그는 말하기를(『역사』 II, 148), 그가 보기에 그 크기는 글로 다 묘사할 수 없을 정도였으며 심지어 피라미드들을 능가하였다. 그는 그 건축을 열두 왕의 업적으로 돌리면서 다음과 같이 서술한다. 하나의 동일한 벽에 둘러싸인 전체 건물은 지상과 지하의 두 층으로 이루어졌다. 그것은 각 층마다 1,500실室씩 도합 3,000실을 지녔다. 헤로도토스에게는 상층의 시찰만이 허용되었는데, 그것은 병렬해 있는 열두 회당으로 나뉘어 있었고, 여섯은 북향이고 여섯은 남향인 서로 맞보는 문들을 가졌으며, 또한 각 회당은 정확하게 다듬은 흰 암석의 주랑으로 둘러싸여 있다. 더 나아가 헤로도토스는 말하기를, 전각들은 여러 실들로 이어지고, 실들은 회당들로, 회당들은 다른 방*들로, 또한 실들은 전각들로 이어진다고 한다. 이 마지막 사실에 대한 헤로도토스의 언급은 실들이 우선 회당들과 붙어 있음을 좀 더 자세히 규정하기 위함이라고 히 르트 씨는(『건축사』 I, 75) 생각한다. 미궁의 통로들에 대해 헤로도토스는 말 하기를, 지붕으로 덮인 방들과 회당들 사이의 다양한 굽이들을 거치는 많 은 통로들이 그를 수천 번 놀라게 했다고 한다. 플리니우스는(XXXVI, 19) 그 통로들을 어둡고, 그 굽이들로 인해 낯선 이를 지치게 만드는 것으로, 그리 고 문들을 열 때는 그 속에서 굉음이 발생하는 것으로 서술하며, 또한 헤로 도토스와 더불어 목격자로서 중요한 의미를 지니는 스트라본의 서술에서 도[115] 마찬가지로 미로들이 회당들 주위를 둘러싸고 있음이 밝혀진다. [288] 이집트인들이 특히 그러한 미궁들을 지었지만, 이집트 미궁의 모방으로서 비록 소규모이되 비슷한 것이 모레아와 몰타에서뿐만 아니라 크레타에서 도 발견된다.

그런데 이러한 건축은 한편으로는 방들과 회당들이 있음으로써 이미 주 택풍에 가까워지지만 다른 한편으로는, 헤로도토스의 진술에 의하면, 그에 게 입장이 허용되지 않았던 미궁의 지하 부분은 건립자들과 성스러운 악어 들의 무덤으로 규정되어 여기서는 본격적인 독자적 상징성이 미로들을 형 성하는 관계로, 우리들이 이 작품들에서 발견할 수 있는 것은 스스로가 이 미 고전적 건축에 접근하기 시작하는 상징적 건축형식으로의 이행이다.

---

115 역주: 스트라본, 『지리지』, 17. i. 37.

3. 독자적 건축에서 고전적 건축으로의 이행

방금 고찰한 건물들이 아무리 굉장하더라도, 그럼에도 틀림없이 우리에게는 동방의 민족들에게 다분히 공통적인 인도인과 이집트인들의 지하건축이 그보다 한층 거창하고 놀랄 만한 것으로 보일 것이다. 이 점에서는 지상의 건물이 아무리 위대하고 찬탄할 만한들, 그 어느 것도 인도의 살세테, 엘로라, 북부 이집트, 누비아의 지하에 현전하는 것에 비견되지 않는다. 에워쌈의 좀 더 자세한 규정은 이러한 놀라운 발굴들에서 처음 나타난다. — 인간은 절박한 필요에서 동굴에서 보호를 구했으며, 거기에 거주했으며, 또한 어떠한 민족도 다른 주거를 갖지 않았다. 유대 땅의 산속에는 여러 층의 그러한 혈거穴居들이 수천 개가 있었다. 람멜스베르크에 있는 고슬라 인근의 하르츠산 속에도 사람들이 그 안으로 기어들어가 예비 물자를 감추었던 방들이 있었다. [289]

a. 인도와 이집트의 지하건축물들

그러나 앞서 거론한 인도와 이집트의 지하건축물들은 이와 전혀 다른 종류이다. 한편으로 그것들은 집회장소, 지하성당으로 쓰였으며, 또한 종교적 경이와 정신의 회합을 목적으로 상징적 종류의 시설과 암시들, 주랑, 스핑크스, 멤논, 코끼리, 거대한 신령상들을 갖춘 구조들이다. 바위에서 깎아낸 이것들은 다듬지 않은 전체 암괴와 한 덩어리였을뿐더러 기둥들은 이 지하공간들에서 생략되었다. 종종 이 건물들은 바위벽 전면이 완전히 열려 있었으며, 일부의 다른 건물들은 완전히 어두워 횃불로써만 밝힐 수 있었고 일부는 간혹 위쪽이 트여 있었다.

그러한 지하공간들은 지상의 건축물들보다 전대의 것으로 보이며, 그리하여 우리는 거대한 지상의 시설들을 단지 모방이자 지하에서 피어난 지상의 개화로 간주할 수 있다. 왜냐하면 지상에서는 지하건물이 긍정적으로 지어져 있는 것이 아니라 다만 부정적으로 생략되어 있기 때문이다. 땅속에 보금자리를 만들고, 파 들어가는 것은 파서 일구고, 처음으로 자재를 구하고, 한데 쌓아 모양을 만드는 것보다 더욱 자연적이다. 우리는 이 면에서 동굴이 움집보다 먼저 생긴 것으로 생각할 수 있다. 동굴은 경계 짓기가 아니라 넓히기이다. 혹은 동굴은 에워쌈이 이미 현전하는 가운데 경계 짓고 에워싸는 넓히기이다. 그러므로 지하의 집짓기는 현전하는 것에서 출발한다고 보는 편이 맞으며 또한, 그것이 주된 덩어리를 있는 그대로 두는 한도에서, 지상의 형상물 만들기만큼 그렇게 자유롭게 고양되지 않는다. 그러나 이 건물들이 아무리 상징적 종류의 것이라고 해도, 그것들은 더 이상 그리 독자적, 상징적인 것으로 있지 않고 오히려 이미 에워쌈, 벽, 천장의 목적을 갖는 까닭에 우리의 입장에서 보면 이미 한 걸음 나아간 단계에 속하는데, 그 내부에는 한층 상징적인 형상물들이 자체로서 세워져 있었다. [290] 여기서는 그리스적 의미와 보다 근대적인 의미에서 사원 같기도 하고 집 같기도 한 것이 가장 자연적인 형식으로 나타난다.

나아가 여기에 산입될 수 있는 것으로는, 비록 전혀 다른 지역에서 발견되기는 하지만, 미트라스 동굴들이 있다. 미트라스 숭상과 예배는 페르시아 지방에서 유래하지만 로마 제국에서도 유사한 의식이 퍼져 있었다. 예컨대 파리의 박물관에는 황소 목에 단도를 꽂는 소년을 묘사하는 매우 유명한 저부조가 있다. 그것은 로마의 언덕에 있는 주피터 신전의 깊숙한 지하석굴에서 발견되었다. 이러한 미트라스 동굴들에서도 궁륭, 회랑들이 발견되는데, 이것들은 일면 별자리의 경로를, 또한 일면, 비록 그 의미가 건축이 주를 이루었을 법한 작업과는 다른, 조각 등속의 작업에서 더욱 표현되어 있긴 하지만, [오늘날에도 사람들이 여러 복도를 지나는, 프리메이슨 결사단에서의 광경을 볼 경우처럼] 영혼이 자신을 정화함에 있어 통과해야 하는 길들을 상징적으로 암시하도록 규정된 듯하다.

이와 비슷한 면에서 우리는 또한 로마의 카타콤들을 언급할 수 있는데, 그 기저에는 애초부터 분명 상수도, 묘지 혹은 하수도용과는 전혀 다른 개념이 있었다.

b. 망자의 거처, 피라미드 등

둘째, 우리는 망자亡者의 거처로 사용된 건축물들에서 독자적 건축에서 봉사적 건축으로의 이행을 한층 규정적으로 발견할 수 있다. 이 건축물들의 일부는 지하로 들어갔으며 일부는 지상에 건립되었다.

보이지 않는 자의 왕국은 무릇 이집트에서 처음 발원하고 발견되는바, 특히 이집트인들의 경우에는 지하 및 지상의 건물들이 망자의 왕국과 연계된다. 인도인은 시신들을 화장하거나 아니면 그 뼈를 그냥 땅에서 썩게 둔다. 인도의 관점에 따르면 인간들은 신 혹은, 그렇게 말하고 싶다면, 신들이거나 그러한 존재가 되며, [291] 또한 산 자를 죽은 자 그 자체로부터 가르는 이러한 확고한 구분은 나타나지 않는다. 그러므로 인도의 건물들은, 그 기원이 이슬람교에 있지 않다면, 망자를 위한 거처가 아니며 또한, 앞서 언급한 놀라운 [인도의] 지하공간들이 그러했듯, 전반적으로 비교적 이른 시대에 속하는 것으로 보인다. 그러나 이집트인들의 경우에는 산 자와 죽은 자의 대립이 강하게 강조된다. 정신적인 것이 비정신적인 것으로부터 분리되기 시작한다. 구체적, 개별적 정신이 형성되고 부상한다. 그러므로 죽은 자들은 개별자로서 그대로 남으며 따라서 자연적인 것, 즉 사라짐과 해체라는 일반적 부유浮游 과정으로의 합류라는 생각과 달리 영구화되어 보존된다. 정신은 오직 개인으로서, 인격으로서 실존할 수 있는 까닭에, 개체성은 정신적인 것을 독자적인 것으로 생각하게 만드는 원리이다. 그러므로 시신의 이러한 존중과 보존은 정신적 개별성의 실존을 위한 최초의 중요한 계기로서 간주되어야 할 터, 까닭인즉 육체는 최소한 이러한 자연적, 직접적 개별성으로 평가되고 존중되어야 하는 관계로, 여기서는 개체성이 폐기되는 대신 간직되어야 할 것으로 나타나기 때문이다. 이미 전술하였듯이 헤로도토스의 보고에 따르면 이집트인들은 인간의 영혼이 불멸임을 최초로 이야기했는데, 이 생각 및 육체의 향유香油 처리에는 육체로부터 분리된 대자존재와 신체적 개별성을 고정하려는 생각이 ―죽은 자가 인간의 육체 속으로 다시 들어오려면 3,000년에 걸쳐 육상, 수중 그리고 공중 동물들의 전체 순환을 거쳐야 하며, 그런 한에서 여기서 정신적 개별성에 집착하는 것이 매우 불완전하긴 해도― 포함되어 있다.

그러므로 건축에서 정신적인 것이 말하자면 그 자체로 표현되는 내적 의미로서 분리된다는 점, [292] 반면 신체라는 겉껍질은 단순히 건축술적 에워쌈으로서 그 주위를 두른다는 점은 여기서도 중요하다. 이로써 이 의미에서 보면 이집트인들의 죽은 자의 거처들은 최초의 사원들이다. 경배의 본질적 중심점은 개별적 대상으로서의 주관인바, 이것은 그 자체가 의미를 갖는 것으로 나타나며, 자신 스스로를 표현하며, 단순히 봉사적인 겉껍질로 축조된 자신의 거처와 구분된다. 집이나 궁전이 지어진 까닭은 현실적 인간의 욕구 때문이 아니다. 오히려 욕구 없는 죽은 자들, 왕들, 신성한 동물들이 주위에 어마한 건축물들을 두르고 있는 것이다.

한곳에 붙박인 재산을 제공하는 경작이 유목민의 방랑을 정착시키듯이, 무릇 묘지들, 묘석들 그리고 망자를 위한 의식은 사람들을 하나로 묶으며, 아울러 보통은 정처定處와 일정한 재산을 소유하지 않는 그들에게 방어해야 하고 떠나고 싶지 않은 회합장소들, 성소들을 제공한다. 헤로도토스가(II, 126 이하) 전하듯, 유목민족인 스키타이인들은 다리우스에 앞서 전면 퇴각하였는데 다리우스가 그들의 왕에게 전령을 보내어 스스로가 저항할 수 있을 정도로 강하다고 본다면 전장에 나서야 할 것이며, 그렇지 않다면 다리우스를 주인으로 인정하라고 말했다. 이때 이단티르수스는 다음과 같이 대답한다. 그들은 방어해야 할 도시와 경작지, 그리고 그 어떤 것도 갖고 있지 않아서 다리우스가 초토화할 만한 것은 아무것도 없다. 그러나 다리우스가 살육에 관심을 둔다면, 그들에게는 조상들의 무덤들이 있는데, 혹 다리우스가 진격하여 감히 훼손하려 들면 그때 그는 그들이 그것들을 위해 싸울 것인가 아닌가를 보게 될 것이다.

이제 우리는 이집트에서 피라미드라는 가장 오래된 웅장한 능묘들을 발견한다. 이 놀라운 구조물들을 볼 때 우선 그 엄청난 크기가 경탄을 일으키는데, 이것은 즉시 그러한 거대한 건축물들을 완성하는 데 드는 기간과 인력의 다양함, 풍부함 그리고 끈질김에 관한 반성으로 이어진다. [293] 반면 그것들이 형식의 면에서 제시하는 것은 우리의 관심을 별로 붙들지 못한다. 전체를 조감하고 파악하는 일은 몇 분 걸리지 않는다. 그럴진대 형상의 이러한 단순성과 규칙성으로 인하여 사람들은 그 목적에 관해 오랫동안 논쟁하였다. 예를 들어 이미 헤로도토스와 스트라본 같은 고대 그리스인들이 피라미드들의 실제 사용 목적에 관해 언급했지만, 고금의 여행자들과 문필가들도 마찬가지로 우화적이며 비논리적인 많은 이야기들을 지어내었다. 아랍인들이 피라미드에 수장된 보물들을 찾으려는 희망에서 폭력을 동원하여 입구를 찾았지만, 이 만행은 목적을 달성했다기보다는 실제의 통로와 방들에는 도달하지 못한 채 많은 부분들을 파괴했을 뿐이다. 피라미드들의 내부를 비교적 정확히 아는 작업은 근래 유럽인들에게서 ─그들 중에서는 특히 로마 출신의 벨조니가, 다음으로는 제노아 출신의 카빌리아가 뛰어나다─ 드디어 성공을 거두었다. 벨조니[116]는 체프렌의 피라미드에서 왕의 묘

---

116 Giovanni Battista Belzoni(1778~1823), 이집트학 학자.

혈을 발견했다. 피라미드의 입구들은 모나게 깎은 돌들로 매우 단단하게 폐쇄되어 있는데, 이집트인들은 설혹 입구의 존재가 알려지더라도 그것을 다시 열기 어렵게 만드는 장치를 이미 공사 당시에 꾀했던 것으로 보인다. 이 점은 피라미드들이 폐쇄되어 있었으며, 또한 재사용이 불허되었다는 사실을 증명한다. 이제 내부에는 방들, 사후 영혼의 윤회와 환생이 지나는 길들을 암시하는 복도들, 큰 전당들, 때로는 아래를 향하고 때로는 위를 향하는 지하 수로들이 발견된다. 예컨대 벨조니가 발견한 왕의 묘혈은 이런 식으로 깎은 암석 속을 한 시간 동안 들어가며, 주전당에는 땅속으로 내려앉은 화강암 관이 있는데 사람들은 거기서 한 미라의, 아마도 아피스[117]의, 동물 뼈 잔재를 발견했을 뿐이다. 그러나 그 전체는 망자의 주거로 쓰인다는 [294] 목적을 명약관화하게 보여 주었다. — 피라미드들은 연대, 크기, 형태의 면에서 제각각이다. 가장 오래된 것들은 그저 피라미드처럼 쌓아 올린 돌무더기라고 하는 편이 나을 것이다. 후일의 것들은 규칙적으로 축조되었다. 몇몇은 상부가 얼마간 평평하며 다른 것들은 끝까지 뾰족하다. 또 다른 것들에서는 단段들이 발견되는데, 우리는 케옵스[쿠푸]의 피라미드에 관한 헤로도토스의 서술에 따라(II, 125) 이 단들을 이집트인들의 축조방식에 의거하여 설명할 수 있다. 여기에 근거하여 히르트 씨는(『건축사』 I, 55)[118] 케옵스[쿠푸]의 피라미드도 또한 완성되지 않은 것으로 치부한다. 프랑스인들의 최근 보고에 따르면 비교적 오래된 피라미드들에서는 방들과 복도들이 한층 복잡하며 또한 비교적 후기의 것에서는 한층 간단하되 완전히 베끼려면 수년은 족히 걸릴 상형문자들로 뒤덮여 있다고 한다.

---

117 역주: 고대 이집트 신화에 나오는 신성한 소.
118 역주: 독일의 고전주의 고고학자 Aloys Hirt(1759~1837)가 쓴 『고대 건축사(*Die Geschichte der Baukunst bei den Alten*)』(1820~1827)를 가리킨다. 원문 282쪽 주석 참조.

이리하여 피라미드들은 자체로는 놀랍지만 단순한 수정 그릇, 껍데기에 불과하다. 이것들은 분리된 정신이라는 낟알을 품으며 또한 그 불후의 신체성과 형상의 보존에 소용된다. 그러므로 일체의 의미는 이 분리된, 독자적인 것으로 표현되는, 망자들에 귀속한다. 건축은 종래에 건축으로서의 그 의미를 독자적으로 자기 자신 안에 지녔다. 그러나 건축은 이제 그로부터 분리되고, 또 이 분열 속에서 봉사적인 것으로 되며, 반면 조각이 ―비록 우선은 아직 개인의 모습이 미라로서의 그 고유한 직접적 자연형상 속에 고정될망정― 본격적 내면의 형상화라는 과제를 얻는다. 따라서 이집트의 건축을 전반적으로 고찰해 보면, 우리는 한편 독자적 상징적 건물들을 발견하지만, 다른 한편 특히 능묘들과 관계된 일체의 것에서는 단순한 에워쌈으로 존재한다는 건축 전유專有의 규정이 이미 명백하게 부각된다. 그런데 여기에는 건축이 땅을 파고들어 지하공간을 짓는다는 사실뿐만 아니라, 건축이 그 목적으로 인해 필요시되는 곳이 있다면 그곳에 사람 손에 의해 세워진 비유기적 자연으로서 나타난다는 사실이 본질적으로 속한다. [295]

다른 민족들 역시 그 같은 망자의 기념물들을, 죽은 시신 위에 그 거처로서 솟은 성스러운 건물들을 건립하였다. 예를 들어 카리아 지방에 있는 마우솔루스 영묘, 그리고 후대의 것으로 로마에 있는, 현재는 천사의 성城인 하드리안 묘는 망자를 배려한 구조의 궁전으로서 고대에도 이미 유명한 작품들이었다. 망자의 기념비들의 한 부류는 시설과 환경의 면에서 신들에게 헌정된 비교적 소규모의 사원들을 모방했는데, 우덴[119]의 서술에 따르면 (볼프와 부트만이 엮은 『박물관』[120] 제1권, 536쪽) 이것들 역시 여기에 속한다. 그러

---

119 Wilhelm Uhden(1763~1835), 프로이센의 관리이자 예술 감정가이다.
120 『고대학의 박물관(*Museum der Altertumswissenschaft*)』(Berlin, 1807/1810). Karl Philipp Buttmann과 Friedrich August Wolf의 편저. 제2권.

한 사원은 정원, 정자, 샘, 포도밭 그리고 예배당들을 구비하였는데, 그 안에는 신들의 형상을 한 인물상들이 세워져 있었다. 특히 [로마의] 황제시대에는 그러한 기념비들이 아폴로, 비너스, 미네르바와 같은 신의 모습을 한 죽은 자들의 조각상과 함께 건립되었다. 이를 통해 이러한 인물들 및 전체 건축물은 신격화라는 의미와 망자의 사원이라는 의미를 동시에 얻었는데, 이는 이집트인들에게서 향유 처리, 문장紋章, 석관이 망자가 오시리스로 되었음을 나타내는 것과 마찬가지이다.

그런데 이러한 종류의 구조물들 중에서는 이집트의 피라미드들이 장대하며 또한 가장 단순하다. 여기서는 건축 고유의 본질적 선인 직선이, 대저 형태들의 규칙성 및 추상화가 나타난다. 왜냐하면 그저 에워싼 것에 불과한 건축, 즉 그 자체로 개별화되지 않은, 생명과 영혼을 불어넣을 정신이 부재한 비유기적 자연으로서의 건축은 형상을 단지 자기 외적인 것으로 —이 외적 형식은 유기적이지 않고 추상적, 오성적이다— 가질 뿐이기 때문이다. 그러나 아무리 피라미드가 거처라는 규정을 이미 얻기 시작했더라도, 그 경우에는 본격적인 집의 경우와는 달리 직각이 아직 철저히 지배적이지 않으며 [296] 오히려 단순한 합목적성에 봉사하지 않는 하나의 규정을 독자적으로 지니니, 피라미드가 곧바로 기단부에서 시작하여 차츰 정점으로 수렴하는 선을 자체적으로 갖는 것도 그런 연유이다.

c. 봉사적 건축으로의 이행

이로부터 우리는 독자적 건축에서 벗어나 봉사적인 본격적 건축으로 이행할 수 있다.

후자를 향한 출구로는 두 가지가 거론되니, 하나는 상징적 건축이고 다른 하나는 필요성 및 이에 봉사하는 합목적성이다. 우리가 앞서 고찰하였듯, 상징적 형상물들에서는 건축술상의 합목적성이 단순한 부차적 사안이

자 외적 질서에 불과하다. 상징적 건축과 정반대의 것은 주택이며, 주택이 우선적으로 필요시하는 것은 목재 기둥이나 똑바른 벽들, 그 위에 직각으로 놓인 대들보, 그리고 지붕이다. 이러한 본격적 합목적성의 필요가 자동적으로 나타난다는 점에는 의문의 여지가 없다. 그러나 머지않아 고전적 건축으로 간주될 본격적 건축이 단지 그러한 필요에서 시작하는가 아니면 자진하여 봉사적 건축으로 인도되는 독자적 상징적 건축들에서 도출될 수 있는가의 차이, 이것이 본질적으로 물어야 할 점이다.

α) 앞의 필요성은 건축에서 오성에 속하는, 완전히 합목적적일 뿐인 직선, 직각, 수평면 등의 형식들을 야기한다. 왜냐하면 봉사적 건축에서 본격적 목적을 형성하는 것은 독자적인 것으로, 즉 조각상이나 좀 더 가깝게는 인간적 개인들로서, 교회공동체, 민족으로서 ─이들은 더 이상 물리적 욕구의 만족을 지향하지 않고 오히려 종교적이거나 정치적인 보편 목적들을 위해 회동한다─ 현존하기 때문이다. 특히 일차적으로 필요시되는 것은 신들의 그림과 조상, 혹은 자체로서 가치 있으며 현재 사용 가능한 성스러운 것 일반을 위해 [297] 에워쌈을 형상화하는 일이다. 예를 들어 멤논 거상들, 스핑크스들 등은 노지霉地나 풀숲에, 자연이란 외적 환경 속에 서 있지만, 앞의 형상물들은, 그리고 더더욱 인간적 모습의 신들은 직접적 자연과는 다른 영역에서 발원하였다. 그것들은 표상의 영역에 속하며 또한 인간의 예술적 행위를 통해 현존재화되었다. 그러므로 그것들은 단순한 자연환경에 만족하지 않으며, 오히려 동일한 원천을 갖는, 즉 마찬가지로 표상으로부터 출현하고 예술적 생산을 통해 형상화되는 하나의 토대와 에워쌈을 그 외면성을 위해 필요로 한다. 신들은 그들에게 적합한 요소를 예술로부터 유래하는 환경 속에서 비로소 발견한다. 그런즉 이 외형물은 여기서 그 목적을 자기 자신 안에 갖지 않으며 오히려 그 본질적 목적이 되는 또 다른 목적에 봉사하는 까닭에 합목적성의 지배를 받는다.

그런데 우선은 단지 목적봉사적일 뿐인 이 형식들이 미로 고양되려면, 그것은 자신의 일차적 추상에 머물러서는 안 되며 비례와 균제 이외에도 유기적이며 구체적인 것, 내적으로 완결된 다양함으로 다가가야 한다. 이 경우에는 이를테면 여러 차이들 및 규정들에 대한 반성이 일며, 또한 단순한 합목적성을 위해서는 전혀 필요 없는 여러 측면들이 뚜렷하게 부각되고 형태화된다. 예컨대 대들보는 한편으로는 직선적으로 뻗어 나가지만 동시에 두 끝에서 그친다. 마찬가지로 대들보나 천정을 지탱하는 지주는 땅 위에 서 있으며 또한 자신 위에 대들보를 얹는 지점에서 끝난다. 봉사적 건축은 그런 부류의 차별성들을 강조하여 예술적으로 형상화하지만, 반면 식물이나 인간 같은 유기적 형상물은 그 역시 상부와 하부로 형상화되어 있어도 애초부터 유기적으로 형상화되어서 자체가 머리와 발들로, 혹은 식물의 경우에는 뿌리와 열매로 구분된다. [298]

β) 역으로 상징적 건축은 다소간 스핑크스나 멤논 등에서 보이는 유기적 형상화에서 출발하지만, 그것은 또한 담, 문, 대들보, 오벨리스크 등에 있는 직선적, 규칙적 요소를 완전히 배제할 수 없다. 그리고 상징적 건축이 앞의 조각형태의 거대 조형물들을 하여간 건축적으로 벌여 세우고자 할 경우, 균일한 크기와 사이간격, 똑바른 열, 한마디로 건축 고유의 질서와 규칙성에서 도움을 구해야 한다. 이로써 상징적 건축은 두 가지의 원칙을 자신 안에 지니며, 그 합일은 합목적적이면서도 아름다운 건축을 성사시키지만, 이 두 측면은 상징적 건축에서 하나를 이루지 않고 여전히 상호 외재적으로 있을 뿐이다.

γ) 그러므로 우리는 [봉사적 건축으로의] 이행을 두 측면에서 파악할 수 있다. 일면 종래의 독자적 건축은 유기체의 형식을 오성에 맞게 규칙성으로 수정하여 합목적성으로 넘어가야 하며, 반면 역으로 형식들의 단순한 합목적성은 유기체의 원리에 접근해야 한다. 이 두 가지 극단이 함께 만나 상호

삼투하는 곳에서 본연의 아름다운 고전적 건축이 성립한다.

　이러한 합일은, 말하자면 그 현실적 성립은, 우리가 종래의 건축에서 이미 기둥으로 간주했던 것의 초기적 변형에서 분명하게 인식된다. 즉 에워쌈에는 벽들이 필수적이지만, 이미 위에서 실례를 들어 제시하였듯이, 벽들은 에워쌈의 완성과 무관하게 ―이러한 완성에는 측면공간의 에워싸기는 물론이며 상부의 지붕도 본질적으로 속한다― 독자적으로도 서 있을 수 있다. 그런데 그 지붕은 지탱되어야 한다. 이를 위해 가장 단순한 것은 기둥인데, 이 점에서는 본질적인 동시에 엄밀한 기둥의 규정이 지탱 자체에서 성립한다. 그러므로 [299] 단순한 지탱이 문제시된다면 벽들은 정녕 하나의 과잉이다. 왜냐하면 지탱은 기계적 관계이며 또한 중력법칙의 영역에 속하기 때문이다. 여기서 중력은, 즉 물체의 무게는 그 무게중심에 집중되고 또한 이 속에서 지지되며, 그리하여 물체는 떨어지지 않고 수평을 유지한다. 기둥은 이 역할을 하며, 이 경우 지지력은 최소한의 외적 수단에 한정되어 현상한다. 벽이 많은 경비를 들여 성사시키는 것, 그것을 몇 안 되는 기둥들이 행하니, 대들보의 하중과 그 위에 놓이는 것의 지탱을 위해 실제 필요 이상의 기둥들을 세우지 않는 것은 고전적 건축의 큰 아름다움이다. 본격적 건축에서 단순한 장식으로서의 기둥들은 참된 아름다움에 속하지 않는다. 그러므로 기둥들이 순전히 그 자체가 독자적으로 서 있다면, 그것들은 또한 자신의 임무를 충족하지 못한다. 사람들은 유명한 트리아누스 황제의 개과 나폴레옹의 개선문처럼 승리의 기둥들을 건립하기도 했으나, 이것들 역시 말하자면 조각들의 받침대이며, 게다가 영웅의 추모와 찬양을 위해 조각품들을 두르고 있다. 그 기둥들은 영웅의 입상을 지탱하는 것이었다.

　이제 기둥의 경우 그것이 건축술의 발전 과정에서 구체적 자연형상으로부터 벗어나야만 비로소 아름다우면서도 합목적적인, 한층 추상적인 형상을 얻는다는 사실은 특히 주목할 만하다.

αα) 독자적 건축은 유기체의 형태에서 출발하는 까닭에 인간의 형상을 이용한다. 예를 들어 이집트에서는 인간의 형태들이, 이를테면 멤논상들이 일부 기둥으로 사용되었다. 하지만 본격적 지탱이 멤논상의 규정이 아닌 이상 이것은 하나의 단순한 과잉이다. 이와 달리 그리스인들에게서는 자신 위에 하중을 얹는 일에 한층 간결하고 한층 엄격하게 쓰이는 여상주女像柱들이 나타나지만, 그것들은 작은 규모에만 적당할 수 있다. 게다가 인간형상을 그러한 하중으로 짓누르는 것은 하나의 학대로 간주될 수 있으니, 결국 여상주들도 [300] 이러한 억눌림의 성격을 지닌다 할 것이며 또한 그들의 의복은 그러한 하중의 지탱을 부담하는 노예 신분을 암시한다 할 것이다.

ββ) 그러므로 무언가를 지탱해야 할 지주와 기둥들의 한층 자연스러운 유기체적 형상은 나무, 식물 일반, 둥치, 수직으로 솟고자 애쓰는 연약한 꽃대 등이다. 나무의 둥치는 즉자대자적으로 이미 수관樹冠을 지탱하며, 줄기는 이삭을, 꽃대는 꽃을 지탱한다. 아직 의도들을 추상적으로 표현할 만큼 자유롭지 않았던 이집트의 건축 역시 이 형식들을 직접 자연에서 취택한다. 이 면에서 이집트 궁전이나 사원양식의 장엄함, 열주들의 거대함, 그 많은 수효는 예로부터 관람자들을 놀라움과 경탄으로 몰고 갔다. 여기서 사람들은 기둥들이 형형색색의 식물 모습을 하고 있음을, 연꽃 식물들과 또 다른 나무들이 위로 솟고 서로 벌어 서서 기둥들을 이루고 있음을 본다. 예를 들어 열주들에서는 모든 기둥들이 단일 형상을 갖는 것이 아니라 하나씩, 둘씩 혹은 셋씩 순차로 바뀐다. 드농은 이집트의 탐사에 관한 그의 저술에서[121] 그러한 형태들을 다량 수집, 정리했다. 전체는 아직 오성적인 규칙적 형태가 아니며, 기단은 뿌리에서 잎사귀들이 갈대처럼 돋아나는 양

---

121 Dominique Vivant Denon(1747~1825), 『상하 이집트의 탐험(Voyage dans la Basse et Haute Egypte)』, 2 Bde., Paris 1802. 그는 루브르 박물관의 초대 관장이었다.

알람브라 궁전의 아라베스크(© José Luiz Bernardes Ribeiro)

파 형태이거나 아니면 다른 식물들의 경우처럼 뿌리잎사귀들이 뭉친 형태이다. 다음으로 이 기단에서 연약한 줄기가 위로 벋거나 얼기설기 엮여 기둥으로 솟으며 또한 기둥머리도 꽃처럼 잎사귀와 가지들로 갈라진다. 하지만 모방은 자연에 충실하지 않으며 식물형태들은 건축학적으로 변형되어 원통형, 오성적인 것, 규칙성, [301] 직선형에 근접하며, 그리하여 이 전체 기둥들은 보통 아라베스크[122]라고 불리는 것과 비슷하게 보인다.

γγ) 개념적으로 보면 아라베스크는 자연적 형상, 즉 건축에 사용된 유기

---

122 역주: 아라비아풍이란 뜻. 이슬람 미술에서 잎이나 꽃, 열매 등의 모티브를 덩굴과 같은 우미한 곡선으로 연결한 독특한 장식무늬를 의미한다. 식물문, 기하학문, 문자문 등으로 구분된다.

적 형상에서 건축 본연의 한층 엄격한 규칙성으로의 이행에 정확히 속하는 까닭에, 이 자리에서 우리는 동시에 아라베스크를 전반적으로 논할 것이다. 그러나 건축이 그 규정의 면에서 자유롭게 된다면, 건축은 아라베스크 형식들을 장식과 치장으로 격하시킨다. 이때 아라베스크 형식들은 주로 왜곡된 식물형상들, 식물로부터 자라나고 이리하여 식물과 뒤엉켜 있는 동물 및 인간 형태들, 혹은 식물로 이행하는 동물형상들로 존재한다. 이것들이 상징적 의미를 간직하기 위해서는 여러 자연영역들 간의 이행이 통용될 수 있어야 하며, 또한 그러한 의미가 없다면 이것들은 무수한 자연형상물들의 조합, 결합, 분기分岐를 야기하는 판타지의 유희일 뿐이다. 그러한 건축학적 장식을 고안함에 있어 판타지는 집기와 의복에서조차 목재, 석재 등 온갖 종류의 극히 다양한 테두리 장식으로 이행할 수 있어야 하는데, 이러한 장식을 위해서는 식물, 잎사귀, 꽃, 동물들이 오성적, 비유기적인 것에 근사하게 있어야 한다는 것이 주요 규정이자 기본 형식이다. 그러므로 우리는 아라베스크들이 유기적인 것에 불충실한 경직된 것으로 되었음을 종종 발견하며, 이를 이유로 그것들을 자주 책하고 또한 그러한 것들을 사용한다는 점을 들어 예술에, 특히 회화에 ―비록 라파엘로가 스스로 아라베스크들을 대폭적으로, 지극한 우아함, 풍부한 정신성, 다양성 그리고 매력을 갖는 것으로 그리고자 기도했지만― 비난을 가했다. 물론 아라베스크들은 유기적인 것의 형식들뿐만 아니라 기계론의 법칙들에 비추어도 반자연적이지만, 이러한 종류의 반자연성은 예술의 한 영역이자 나아가 건축의 의무이기도 하니, 까닭인즉 오로지 이를 통해 보통은 건축에 부적합한 살아 있는 형태들이 진정 건축학적인 양식에 적합하게 되며 또한 그 양식과 조화를 이루기 때문이다. [302] 이러한 적합성에 가장 근접한 것은 특히 식물군인데, 이것들은 동방에서도 아라베스크들에 무수히 사용되었다. 식물들은 아직 감응하는 개체들이 아니며 또한 비, 일광, 바람을 막는 보호막과 그늘을 이루며 전체적으로 지성의 합법칙성에서 벗어난 선들의 자유로운 흔들림을 지니는 까닭에, 그것들은 건축학적 목적들에 자발적으로 자신을 제공한다. 자체가 이미 규칙적인 식물 잎사귀들은, 건축술에 사용될 경우, 더욱 규정적인 둥근 곡선이나 직선으로 규제되며, 이를 통해 식물형상들의 왜곡, 부자연스러움, 경직성으로 간주될 법한 일체의 것이 근본적으로 본격적 건축술에 맞는 적합한 변형으로서 간주될 수 있다.

그리하여 기둥에서 본격적 건축은 단순한 유기체적 형상을 벗어나 오성적 합목적성으로, 또한 합목적성에서 벗어나 유기체적 형상의 가까이로 건너간다. 건축의 본격적 필요성과 합목적성을 배제한 건축의 독자성이라는 이 이중의 출발점에 관한 언급은 여기서 불가결하였는바, 까닭인즉 진리는 그 두 원칙의 합일이기 때문이다. 아름다운 기둥들은 자연형태로부터 출발하는데, 이 형태는 차후 지주로, 형식의 규칙성과 오성적 법칙성으로 개조된다.

제2장
고전적 건축

　건축이 그 개념에 맞는 특유의 지위를 얻는다면, 그 작품은 건축에 내재하지 않는 목적과 의미에 봉사한다. 건축은 하나의 비유기적 환경, 중력법칙들에 따라 정돈, 축조된 하나의 전체가 되며, 그 형식들은 엄격한 규칙성, 직선, 직각, 원형, [303] 특정한 수와 수효의 관계들, 자체적으로 제한된 척도와 정해진 법칙성에 맡겨진다. 건축의 아름다움은 이러한 합목적성 자체에서 성립하는바, 유기적, 정신적, 상징적인 것과의 직접적 혼합으로부터 해방된 이 합목적성은 비록 봉사적이되 그럼에도 자체로 완결된 하나의 총체성을 구성하니, 이 총체성은 일체의 형태들을 통해 건축의 유일한 목적이 내비치도록 만들며, 또한 그 관계들의 음악 속에서 단순 합목적적인 것을 미로 돋우어 형상화한다. 그런데 건축은 이 단계에서 그 본연의 개념에 상응하는바, 까닭인즉 건축은 정신적인 것을 즉자대자적으로 그에 합당한 현존재로 옮길 수 없으며 그리하여 다만 외적이며 비정신적인 것을 정신적인 것의 반영으로 개조할 뿐이기 때문이다.

　아름다운 동시에 봉사적인 이러한 건축을 고찰함에 있어 우리는 다음의 경로를 택할 것이다.

　첫째, 우리는 건축의 일반적 개념과 성격을 좀 더 상세히 밝혀야 하며,

둘째, 고전적 예술작품의 건립 목적에서 부각되는 건축적 형식들의 특수한 근본규정들을 거론해야 한다.

셋째, 우리는 고전적 건축이 발전해 가는 구체적 현실을 살필 것이다.

하지만 나는 이 가운데 어떤 것도 세세하게 다루지는 않을 것이며 다만 상징적 예술의 경우보다 비교적 단순한 일반적 사항들에 국한하여 이야기할 것이다.

1. 고전적 건축의 일반적 성격

a. 특정 목적을 위한 봉사

이미 누차 언급한 바와 같이, 본격적 건축의 기본 개념이 성립하는 까닭은 정신적 의미가 전적으로 건축작품 자체에 [304] 실리고 이를 통해 건축이 내면의 독자적 상징으로 되기 때문이 아니라 거꾸로 이 의미가 이미 건축 외부에서 자신의 자유로운 현존재를 얻었기 때문이다. 이 현존재는 두 종류일 수 있는데, 더욱 발전한 다른 예술이 —본격적 고전예술에서는 주로 조각이— 의미를 그 자체로서 형상화하여 내놓을 경우가 하나이고, 인간이 자신의 직접적 현실에서 그것을 생생하게 내면에 담고 행동할 경우가 다른 하나이다. 더욱이 이 경우에는 이 두 측면이 만날 수도 있다. 그런고로 바빌론, 인도, 이집트인들의 동방 건축이 때로는 이 민족들에게 절대적이며 참된 것으로 간주되었던 것을 그 자체로서 타당한 형상물로 상징적으로 형상화하며, 또 때로는 죽어서도 보존된 그들의 외적 자연형상을 둘러싸고 있었다면, 예술을 통해 있든 직접 살아 있는 존재 안에 있든 간에, 이제는 정신적인 것이 건축에서 떨어져 그 자체로서 현존하며, 또한 건축은 본연의 의미와 특정의 목적을 형성하는 이 정신적인 것에 봉사하는 처지에 놓인다. 이를 통해 이제는 이 목적이 작품 전체를 통치하고 작품의 근본형상을,

말하자면 골조를 규정하는 지배자가 되며, 질료적 소재 및 판타지와 자의에는 상징적 건축에서와 달리 자체의 독자적 활약이 허락되지 않을뿐더러 또한 낭만적 건축에서와 달리 합목적성을 벗어나 잡다한 부분과 형태들을 과하게 발전시키는 것도 허락되지 않는다.

b. 건물의 목적 적합성

이제 이러한 종류의 건축물에서 일차적 물음은 그 목적과 규정 및 그 건립을 가능케 하는 환경들에 관한 물음이다. 이것들에 적합하게 건물을 구조화하는 것, 기후, 입지, 경관과 자연환경을 존중하는 것, 이 모든 점들을 합목적적으로 고려하면서도 동시에 [305] 자유로운 통일성으로 결합된 전체를 산출하는 것, 이것이 일반적 과제이며, 건축예술가의 감각과 정신은 그것을 완벽하게 충족하는 가운데서 드러나야 한다. 그리스인들의 경우에는 낮 동안 휴식을 취하거나 소요할 수 있는 공공건물들, 사원들, 주랑들 그리고 회당들, 예컨대 아테네의 아크로폴리스로 향하는 유명한 언덕길과 같은 거리들이 주로 건축의 대상들이었으며, 반면 개인주택들은 매우 간소하였다. 반대로 로마인들의 경우에는 개인주택들, 주로 저택들의 호화로움이 현저하며, 황제의 궁전들, 공중목욕탕들, 극장들, 서커스, 원형경기장들, 수도시설들, 분수들 등의 사치스러움도 매한가지이다. 그러나 그러한 건물들에서는 효용성이 철저히 주도적, 지배적 요소인바, 아름다움을 위해서는 장식으로서의 공간이 얼마간 할애될 뿐이다. 그러므로 이 국면에서 가장 자유로운 목적은 종교의 목적, 즉 하나의 주관을 —이 주관은 스스로가 예술에 속하며, 또한 조각에 의해 신상으로 세워진다— 둘러싸기 위한 신전이다.

c. 기본 전형으로서의 주택

이제 이러한 목적들을 보면 본격적 건축은 자연에서 찾은 유기적 형태들에 매달리는 전 단계의 상징적 건축보다 한층 자유로운 것인 양, 심지어 현전하는 인간형상을 필히 수용해야 하고 또한 그 형상과 형상에 주어진 일반적 관계들에 구속되는 조각보다도 더욱 자유로운 것인 양 보이지만, 실은 고전적 건축의 형식과 형태는 내용적으로는 정신적 목적들로부터, 형상의 면에서는 직접적 전형 없이 인간 오성으로부터 고안된다. 이러한 한층 큰 자유란 것이 상대적으로 인정될 수는 있지만 그 영역은 제한적으로 머물며, 또한 고전적 건축의 논의는 그 형식의 오성적 법칙성으로 인해 전체적으로 무언가 추상적이며 건조한 것으로 남는다. 프리드리히 폰 슐레겔은 건축을 얼어붙은 음악이라고 불렀는데, 실제로 두 예술은 [306] 수數로 환원되는, 그리하여 기본 특징들이 쉽게 파악 가능한 관계들의 조화에서 기인한다. 이미 언급했듯이, 이러한 기본 특징들과 그 단순한 관계들을 위해―이것은 비교적 진지하고 거창할 수도 있고, 비교적 우아하고 고상할 수도 있다― 주된 규정을 제공하는 것은 주택이다. 주택은 담, 기둥, 서까래들을 극히 오성적인 결정형結晶形의 형식들로 조합한다. 그런데 관계들의 본성이 정확한 수치와 척도로 환원되는 것은 아니지만, 장방형의 경우에는 동등성 속에 부등성도 있는 까닭에, 직사각형은 정사각형보다 한층 마음에 든다. 너비라는 하나의 차원이 길이라는 다른 하나의 차원의 반 크기이면 유쾌한 관계이지만, 길쭉하고 가는 것은 불쾌하다. 그러나 동시에 이 경우 지탱하는 것과 지탱되는 것의 기계론적 관계는 그 순수한 척도와 법칙 속에서 유지되어야 한다. 예를 들어 무거운 서까래가 가늘고 약한 기둥 위에 놓여 있어도, 혹은 반대로 끝부분에 그저 무언가 가벼운 것만을 올려놓을 요량으로 커다란 지탱시설들을 만들어서도 안 될 것이다. 건물의 길이 및 높이에 대한 너비의 비율, 기둥의 간격 및 수량, 장식의 종류 및 그 다양성 내지 단순성, 벽의 많은 돌림띠 및 테두리 장식의 크기 등, 이 모든 관계들에서 고대인에게 은연중에 하나의 균제가 지배하는데, 이것을 밝혀낸 것은 특히 그리스인들의 올바른 감관이니 그들은 개별 사항에서는 때때로 이로부터 일탈을 행했으나 전체적으로는 미에서 벗어나지 않기 위해 기본 관계를 필히 고수했다.

2. 건축적 형식들의 특수한 기본 규정들

a. 목조건물과 석조건물에 관하여

목조건물이 효시인가 석조건물이 효시인가, [307] 자재의 이러한 차이에서 건축학적 형식들도 유래하였는가, 이 사실을 두고 오랫동안 논쟁이 있어 왔음은 이미 앞서 언급한 바이다. 본격적 건축이 합목적성의 측면을 주창하고, 또한 주택의 기본 전형을 미로 발전시키는 한, 본격적 건축에서는 목조건물이 한층 근원적인 것이라고 가정하는 사람이 있다.

히르트 씨는 비트루비우스에 의거하여 이런 가정을 했으며 그로 인해 누차 공격당했다. 나는 이 논쟁거리에 대한 나의 견해를 간단하게 말하고자 한다. 보통의 고찰방식은 전제된 목전의 구체적 대상에 대해 추상적인 단순한 법칙을 발견하는 것이다. 이런 의미에서 히르트 씨도 그리스 건물들에 맞는 기본 모형을, 말하자면 이론, 해부학적 구조를 찾으며 또한 그것을 ―형식 및 그와 결부된 자재의 면에서― 주택과 목조건물에서 발견한다. 그런데 주택 자체는 주로 주거용으로, 폭풍, 비, 뇌우, 동물, 인간들을 막는 보호용으로 지어지며 또한, 가족이나 보다 큰 규모의 인간공동체가 폐쇄적으로 그들끼리 모이고 그들의 욕구와 행동들을 이 폐쇄성 속에서 추구할 수 있도록, 하나의 전체적인 에워쌈을 요구한다. 주택은 인간에 의해, 인간적 목적들을 위해 산출된 그야말로 합목적적인 구조물이다. 인간은 그 일을 함에 있어 많은 염려와 관심을 기울인다. 구조는 안전성과 견고성을 위해 짜맞춤과 밀림의 다양한 기계론적 관계에 따라 세분화된다. 이 경우 조건이 되는 것은 첫째로 중력이며, 둘째로 건물을 안정시키고, 외부와 차단하고, 서까래를 지지하고, 그것도 단순히 지탱할 뿐만 아니라 그것이 가로놓인 곳에 그대로 있도록 유지하며, 벽감과 모서리 아래에서 맞붙는 것을 결합해야 하는 등의 필요성이다. 주택은 전체적인 에워쌈도 —이를 위해서는 담장들이 가장 쓸모 있고 확실한 것이다— 요구하는 것이 사실이며, 이 면에서는 석조건물이 더욱 합목적적으로 보인다. 그러나 어떤 벽은 그 위에 들보들이 놓이는 병렬적 [308] 지주들로 건립되기도 하는데, 들보들은 동시에 그들을 받치고 지탱하는 수직의 지주들을 결합하고 안정시키는 역할을 한다. 마지막으로 여기에 천정과 지붕이 추가된다. 그 밖에도 신전에서 중점적으로 문제시되는 것은 에워쌈이 아니라 지탱과 지탱됨이다. 이 기계론적 사안에 대해서는 목조건물이 최우선적인 것이자 자연에 가장 합당한 것으로 나타난다. 왜냐하면 여기서 기본 규정을 이루는 것은 지탱하는 것으로서의 지주인데, 지주는 결합재를 필요로 하며 동시에 가로대들보를 이 결합재로 삼아 위에 이는 것이기 때문이다. 그런데 이러한 내적 분리와 결합 및 이 측면들의 합목적적 구조화는 본질적으로 필수 자재를 직접 나무에서 구하는 목조건물에 속한다. 나무는 복잡하고 어려운 작업을 거치지 않고서도 지주와 들보로 쓰인다. 왜냐하면 목재는 그 자체가 이미 개별적인, 다소 장방형인 직선형 조각들로 구성된 특정 형태를 지니며, 이 조각들은 직접 직각, 예각 그리고 둔각으로 조합될 수 있고 그리하여 모서리 기둥, 받침 기둥, 가로대들보, 지붕을 제공할 수 있기 때문이다. 이에 반해 석재는 애당초 그런 확실한 특정 형태를 갖는 것이 아니라 나무에 비하면 무형태의 덩어리인데, 이것을 나란히 혹은 상하로 쌓아 다시 조합할 수 있으려면 우선 목적에 맞게 조탁해야 한다. 석재가 형태를 갖고 쓸모 있게 되려면 —목재는 이것을 이미 즉자대자적으로 지닌다— 사전에 다중적인 조작이 요구된다. 그 밖에도 석재는 그것이 큰 덩어리를 이루는 곳에서 그냥 가져오기보다는 캐내야 하며, 또한 애당초 비교적 무형태의 것으로서 대체로 모든 형태에 가능하게 쓰인다. 이로써 석재는 상징적 건축뿐 아니라 낭만적 건축 및 그 한층 판타지적인 형태들에 들어맞는 자재로서 밝혀지는 반면, 목재는 직선적 둥치라는 그 자연형태로 인해 [309] 고전적 건축이 출발하는 예의 비교적 엄격한 합목적성과 오성원리에 직접 유용한 것으로서 증명된다. 이렇게 보면, 석조건물은 주로 독자적 건축에서 주류를 이룬다. 하지만 이집트인들의 경우에도 예컨대 수평대가 얹힌 주랑들에서는 목조건물로써 한층 수월하고 근원적으로 충족될 수 있는 요구가 나타나는 것이 사실이다. 그러나 역으로 고전적 건축은 이른바 목조건물에 머무는 것이 아니라, 그것이 미로 발전하는 곳에서는, 반대로 건물들을 돌로도 축조한다. 한편으로는 목조건물 자체에 속하지 않는 규정들이 추가되기도 하지만, 다른 한편으로는 여전히 목조건물의 근원적 원리가 건축술의 형식들에서 인지되는 것이다.

b. 신전의 특수 형식들

주택은 신전의 기본 전형이기도 하다. 이제 주택에 들어있는 특수한 주요 사항들에 관해 보자면, 여기서 언급될 수 있는 가장 본질적인 것은 간략히 다음의 것으로 한정된다.

주택이 자신에 대해 갖는 기계론적 관계를 좀 더 자세히 보자면, 방금 언급하였듯이 한편으로는 건축적으로 형상화된 지탱하는 덩어리, 다른 한편으로는 지탱되는 덩어리가 있되, 양자는 버팀과 안정성을 위해 결합된다. 여기에 세 번째로 가로, 세로, 높이의 3차원에 따라 에워쌈과 공간 구획이란 규정이 덧붙는다. 이제 하나의 구조가 상이한 규정들을 서로 내적으로 결합하는 것이라면, 그것은 하나의 구체적 전체이며, 또한 자기 자신에 즉해서도 이 사실을 드러내야 한다. 그러므로 여기서는 본질적인 차이들이

—이 차이들은 그들의 특수화와 전문적 발전 속에서 현상할 뿐만 아니라 그 오성적 결합 속에서도 현상해야 한다— 발생한다.

α) 이 관계에서 우선적으로 중요한 것은 지탱과 연관된 것이다. 지탱하는 덩어리에 관해 논하는 즉시, 우리는 보통 작금의 필요성에 준해 벽을 지탱을 위해 가장 굳건하고 가장 안정된 것으로 떠올린다. [310] 그러나 이미 보았듯이 벽은 지탱 그 자체를 유일한 원칙으로 삼는 것이 아니라 본질적으로 에워쌈과 결합에 소용되며 그리하여 낭만적 건축에서 우위의 계기를 이룬다. 그러므로 그리스 건축의 독특함은 건축이 이 지탱 자체를 형상화하는 점, 그리고 이를 위해 기둥을 건축술적 합목적성의 기본 요소로서뿐만 아니라 아름다움의 기본 요소로서도 사용하는 점에서 곧바로 성립한다.

αα) 기둥은 지탱을 유일한 규정으로 가지며, 또한 비록 직선으로 도열한 일련의 기둥들이 경계를 구획하기는 해도, 그것은 견고한 담이나 벽처럼 에워싸는 것이 아니고, 오히려 본연의 벽에서 현저하게 앞으로 튀어나와 자유롭게 독립적으로 세워진다. 그런데 지탱이라는 이 유일의 목적에서는 기둥이 위에 놓이는 하중과의 관계에서 외관상 합목적적이어야 한다는 점, 그리하여 너무 강해서도 너무 약해서도 안 된다는 점, 짓눌린 모습으로 나타나서는 안 된다는 점, 마치 자신의 하중과 유희라도 하듯 공중으로 너무 높고 가볍게 솟아서는 안 된다는 점이 무엇보다 중시된다.

ββ) 그런데 기둥은 일면 에워싸는 벽이나 담과 구분되지만, 일면 단순한 지주支柱와도 구분된다. 즉 지주는 땅에 직접 박히며 또한 그 위에 하나의 하중이 놓여 있는 곳에서 마찬가지로 직접 그친다. 이를 통해 지주의 특정한 길이, 그 시작과 그침은 말하자면 타자에 의한 부정적 제한으로서, 자신에게 대자적으로 속하지 않는 하나의 우연한 규정성으로서 나타날 뿐이다. 그러나 지탱하는 기둥이라는 개념 자체에는 시작과 그침이라는 규정들이 들어 있다. 그러므로 그것들은 기둥 자체에서 그 고유한 계기들로서 나

타나야만 한다. 바로 이러한 이유로 인해 발전된 아름다운 건축은 기둥에 주각柱脚과 주두柱頭를 첨가한다. 토스카나 기둥양식에는 주각이 없기 때문에 기둥이 [311] 직접 땅에서 솟는데, 이 경우에 그 길이는 눈으로 보기에 다소 우연적이다. 기둥은 위에 실린 덩어리의 무게에 의해 땅속에 박혀 있을 터인데, 그 깊이가 어느 정도인지 우리는 알지 못한다. 기둥의 시작이 애매하고 우연적인 것으로 보이지 않으려면, 기둥은 의도적으로 부여된 주각을 —기둥은 이 주각 위에 얹히며 또한 이때 기둥의 시작은 명백히 시작으로 인식될 수 있다— 가져야만 한다. 이를 통해 예술은 한편으로 기둥의 시작이 여기임을 말할 것이며, 다른 한편으로 견고성, 안정성을 눈으로 알 수 있게 만들고, 또한 이 면에서 이를테면 눈에 편할 것을 의도한다. 같은 이유로 예술은 기둥이 주두에서 그치도록 하는바, 주두는 지탱의 고유한 규정을 나타낼 뿐만 아니라 기둥이 여기에서 그침을 또한 말하는 것이다. 의도적으로 만들어진 시작과 그침에 관한 이러한 반성은 주각과 주두의 한층 깊은 본격적 근거를 제공한다. 그 반성은 확실한 종결이 결여된 음악의 카덴차[123]에 대한 반성이나, 종지부 없이 끝나며 첫 번째 철자를 대문자로 쓰지 않고 시작하는 책에 대한 반성과 같다. 그런데 책의 경우 특히 중세에는 시작과 그침을 객관적으로 보여 주기 위해 장식된 대문자가 글머리에 놓이고 끝에도 마찬가지로 장식이 사용되었다. 그러므로 주각과 주두가 아무리 단순한 필요성을 넘는 경우라고 해도, 우리는 그것들을 불필요한 장식으로 간주하거나 식물의 형태를 본뜬 이집트 기둥을 전형으로 삼는 것으로 보아서는 아니 될 것이다. — 조각은 그 형상물들을 동물적이면서도 인간적인 형상으로 표현하는데, 이러한 유기적 형상물들은 그 시작됨과 끝남을 자신

---

123 역주: Cadenza. 곡이 끝나기 직전 자유롭게 전개되는 무반주 솔로. 종지형(終止形)이라고도 한다.

의 자유로운 모습 속에 갖는다. 왜냐하면 이성적 유기체는 스스로가 내면이 우러나도록 형상의 경계를 설정하는 것이기 때문이다. 반면 건축은 기둥과 그 형태를 위해 지탱, 그리고 기단과 지탱되는 하중이 기둥을 그치게 만드는 지점 사이의 공간적 거리라는 기계론적 규정만을 갖는다. [312] 그러나 이 규정에 내재하는 특수한 측면들은 기둥에 속하는 것이므로, 예술은 이것들 역시 드러내어 형상화해야 한다. 그러므로 기둥의 특정한 길이, 상단과 하단의 이중적 경계 및 지지력은 단지 우연하게, 그리고 다른 것을 통해 기둥 속에 들어오는 듯 나타나서는 안 되며 오히려 그것들도 기둥 자체에 내재하는 것으로서 표현되어야 한다.

주각과 주두 이외의 기타 기둥형상에 관해 보자면, 기둥은 첫째, 자유롭게 그 자체로서 완결되어 있어야 하는 까닭에 둥글고 원형적이다. 원이야말로 내적으로 가장 단순하고, 확실하게 완결되어 있고, 오성적으로 규정되어 있고, 가장 규칙적인 선인 것이다. 이로써 기둥의 형상은 이미 다음의 사실을 증명하는바, 즉 병렬한 직각 단면의 지주들이 담과 벽을 이루는 것과는 달리 기둥은 촘촘하게 병렬하여 평평한 평면을 이루도록 규정된 것이 아니며, 오히려 그 유일한 목적은 자신의 한계 속에서 지탱을 행함이다. 둘째, 기둥 몸체는 보통 위쪽으로 높이의 삼분의 일 부분에서 가늘어지고 둘레와 직경이 줄어드는데, 왜냐하면 아랫부분들은 다시 윗부분들을 지탱해야 하며, 또한 이 기계론적 관계가 기둥 자체에서도 드러나고 인지되어야 하기 때문이다. — 끝으로 기둥들은 종종 수직 방향의 홈을 갖는데, 한편으로는 자체 내의 단순한 형상을 다양화하기 위함이며, 다른 한편으로는 그렇게 분할함으로써 기둥들이 필요한 곳에서는 한층 굵게 보이도록 하기 위함이다.

γγ) 그런데 기둥이 비록 낱개로 독립적으로 세워지긴 하지만, 그럼에도 기둥이 있는 까닭은 그 자신 때문이 아니라 그것이 지탱해야 하는 덩어리

때문이라는 사실이 나타나야 한다. 이제 주택은 사방에 경계를 필요로 하는 관계로, 낱개의 기둥으로는 충분치 못하며 오히려 또 다른 기둥이 그 옆에 세워지니, 이로써 기둥이 여럿 세워져 하나의 열을 이룬다는 사실이 본질적 규정으로 된다. 그런데 여러 기둥들이 동일한 것을 지탱한다면, 그것들이 공동으로 지탱하는 것, 즉 들보는 동시에 공통적으로 동일한 기둥들의 높이를 규정하는 것이자 그것들을 서로 결합하는 것이기도 하다. [313] 이 점은 우리를 지탱 자체로부터 그 반대 요소, 즉 지탱되는 것으로 인도한다.

β) 기둥들이 지탱하는 것은 위에 놓인 들보이다. 이 점에서 나타나는 첫 번째 관계는 직각성이다. 지탱하는 것은 대지(坐地)뿐만 아니라 들보에 대해서도 직각을 이루어야 한다. 왜냐하면 중력의 법칙에 의하면 수평상태가 내적으로 유일하게 안정적이고 적절한 상태이며, 또한 직각이 유일하게 확정된 각인 반면, 예각과 둔각은 불확정적이며 그 각의 크기가 가변적, 우연적이기 때문이다.

이제 들보를 구성하는 부분들은 다음과 같이 좀 더 자세히 분류된다.

αα) 직선으로 나열된 동일한 높이의 기둥 위에 주 들보인 대들보[아키트레이브]가 직접 놓이는데, 이것은 기둥들을 서로 결합하며, 기둥들을 공통적으로 누른다. 대들보가 단순한 들보로서 필요로 하는 것은 모든 차원에서 직각으로 맞붙은 평평한 네 평면의 형상 및 그 추상적 규칙성뿐이다. 그러나 대들보는 한편으로는 기둥에 의해 지탱되며 다른 한편으로는 여타의 들보를 위에 얹어 다시 지탱의 과제를 스스로 떠맡는다. 그런 까닭에 많이 발전한 건축은 윗부분에서 돌림띠 등등을 통해 지탱 기능을 표시함으로써, 대들보에 부과된 이 이중의 규정도 보여 준다. 그러므로 이 점에서 대들보는 지탱하는 기둥과 관계할 뿐만 아니라 그 위에 얹히는 또 다른 하중들과도 관계하는 것이다.

ββ) 이것들은 우선 소벽(小壁)[프리즈]을 형성한다. 소벽은 일면 대들보에 얹

히는 지붕받침대들로, 일면 그것들의 사이공간들로 구성된다. 이로써 소벽은 이미 대들보보다 한층 본질적인 차이들을 내포하며 따라서 이것들을 한층 날카롭게 부각한다. 건축이 [314] ―비록 그 작품들을 석조로 제작하더라도― 목조건물의 기본 전형을 비교적 엄격하게 준수할 경우에는 특히 그렇다. 이 점이 트라이글리프와 메토프의 차이를 낳는다.[124] 즉 트라이글리프는 삼중으로 홈이 파인 지붕받침대이며 메토프는 각개의 트라이글리프들 사이의 사각공간이다. 아주 초기에는 아마도 메토프들이 비어 있었을 것이나 후기에는 채워지고, 심지어 부조들로 덧씌워지고 장식되었을 것이다.

γγ) 이제 대들보 위에 얹히는 소벽은 다시 추녀돌림띠나 처마돌림띠[코니스]를 지탱한다. 이것은 꼭대기 전체를 갈무리하는 덮개를 받치기 위한 것이다. 여기서 이 마지막 경계설정은 어떠한 종류이어야 하는가 하는 물음이 즉각 생긴다. 왜냐하면 이 관계에서는 직각적, 평면적 경계설정과 예각 혹은 둔각으로 경사진 경계설정이라는 두 가지 종류의 경계설정이 나타날 수 있기 때문이다. 단지 필요성만을 감안한다면, 비와 폭풍에 의한 고난을 거의 겪지 않는 남국의 사람들은 태양으로부터의 보호를 필요로 할 뿐이어서 그들에게는 수평적, 직각적 지붕의 집이면 충분할 것으로 보인다. 반면 북국의 사람들은 빗물이 흘러들어 오지 않도록, 눈이 무겁게 짓누르지 않도록 자신을 보호해야 하는 관계로 경사진 지붕을 필요로 한다. 하지만 미적 건축에서는 필요성이 유일하게 결정인자일 수 없으며 오히려 그것은 예술로서 미와 쾌적함이라는 한층 깊은 요구들도 만족시켜야 한다. 대지에서 공중으로 솟는 것은 [즉 기둥은] 그것을 얹는, 그리고 그 받침으로 쓰이는 기단 및 주각과 함께 생각되어야 한다. 그밖에도 본격적 건축의 기둥과 벽들

---

124 역주: Triglyph는 도리스 양식에서 보이는 세 줄기 세로홈 장식이며, Metope는 도리스 양식에서 2개의 트라이글리프 사이에 끼어 있는 네모진 벽면이다.

은 우리에게 지탱을 질료적으로 가시화한다. 이에 반해 상부는, 즉 지붕은 더 이상 지탱해야 할 필요가 없으며 다만 지탱되어야 할 뿐으로, 그것은 더 이상 지탱하지 않는다는 이 규정을 제 스스로 보여 주어야 한다. 즉 그것은 더 이상의 지탱이 가능하지 않도록, 그리하여 예각이나 둔각으로 끝나도록 구성되어야 하는 것이다. 그러므로 또한 고대의 사원들은 수평지붕이 아니라 [315] 둔각으로 만나는 두 개의 지붕면들을 갖는데, 건물이 그렇게 마감된다는 사실은 미에 적합한 것이다. 왜냐하면 수평면은 그 위에 여전히 무언가를 지탱할 수 있는 관계로 ―경사진 지붕면들이 만나서 이루는 선에서는 그것이 더 이상 가능하지 않다―, 수평 지붕면들은 내적으로 종결된 전체의 모습을 보장하지 않기 때문이다. 이런 관계로 예를 들어 회화에서도 피라미드 형태가 인물들의 군집群集을 위해 만족스러운 형태인 것이다.

γ) 우리가 살펴보아야 할 마지막 규정은 에워쌈, 즉 담과 벽들에 관한 것이다. 기둥들이 지탱작용을 하고 경계설정을 하는 것은 맞지만, 그것들은 에워싸는 것이 아니며 오히려 벽들로 사면이 닫힌 내부와 정면으로 대립하는 것이다. 그러므로 그렇듯 완벽하게 가두어야만 할 경우에는 두껍고 견고한 벽들이 또한 세워져야 한다. 이것은 사원 건축에서 실제로 있는 사례이다.

αα) 이러한 벽들의 관점에서는 뭐니 뭐니 해도 이것들이 직선적이고 평평하고 수직적으로 세워져야 한다는 사실이 언급되어야 하니, 까닭인즉 예각이나 둔각으로 비스듬히 솟는 벽들은 붕괴될 듯 위태롭게 보이기 때문이며, 또한 그것들이 바로 이러저러한 둔각이나 예각으로 올라감은 우연적인 것으로 나타날 수 있고 그런 까닭에 딱히 확정된 방향을 갖지 않기 때문이다. 오성적 규칙성과 합목적성은 여기서도 다시 직각을 요구한다.

ββ) 기둥들의 본연의 임무가 단순한 지탱에 국한되는 반면, 이제 벽들은 지탱할 뿐만 아니라 에워쌀 수도 있어야 한다. 지탱과 에워쌈이라는 두 가

지 다른 필요성이 만족되려면, 기둥들이 세워지고 촘촘하게 칸을 막아 그것들이 서로 벽으로 통일되어야 하니, 반半기둥들은 이로부터 비로소 성립하였으리라는 생각이 근사해 보인다. 예를 들어 히르트 씨는 비트루비우스에 의거하여 최초의 건축은 네 모서리기둥에서 시작한다고 본다. [316] 그런데 에워쌈의 필연성을 충족하려면, 기둥들은 —무엇보다 사람들이 그것들을 동시에 요구할 경우에는— 벽들 속에 끼워져야 하는데, 이는 반기둥들이 아주 오래되었다는 사실도 증빙한다. 예컨대 히르트 씨는(『고대인들의 근본 원리에 따르는 건축』, Berlin 1809, 111쪽) 반기둥의 사용은 건축 자체만큼이나 오래되었다고 말한다. 또한 그는 기둥과 지주들이 천장과 지붕을 받치고 지탱하되 태양과 악천후를 막기 위해 간벽들이 필요시되었다는 사실에서 반기둥의 성립을 도출한다. 그런데 이미 기둥들이 자체적으로 건물을 충분히 떠받치는 까닭에 벽을 견고한 자재를 써서 기둥만큼 두껍게 지을 필요가 없었으며, 그리하여 기둥들이 대개 밖으로 돌출되었다는 것이다. — 이 성립 근거가 혹 옳을지도 모르지만, 이를 따르면 두 가지의 상반된 목적들이 내적인 필연성 없이 병렬하여 혼재하는 까닭에, 반기둥들은 거슬리는 것에 지나지 않는다. 만일 기둥을 엄격하게 목조건물에서 출발하는 것으로 본다면, 이때는 기둥 자체가 에워쌈의 근본적 요소로 되는 관계로, 우리는 반기둥들을 확실히 옹호할 수 있을 것이다. 그렇다고는 하나 담들이 두꺼울 경우에는 기둥이 더 이상 의미를 갖지 않으며 지주로 격하된다. 왜냐하면 본격적인 기둥은 본질적으로 원형이며, 내적으로 완결되어 있으며, 또한 바로 이 완결성으로 인해 그것이 평평한 면으로 이어져 담으로 되기를 전적으로 거부하기 때문이다. 그러기에 우리가 담을 받치는 버팀대들을 원한다면, 그것들은 평평해야, 즉 둥근 기둥들이 아니라 바로 벽으로 연장될 수 있는 면이어야 한다.

그리하여 괴테는 이미 1773년에 쓴 그의 청년기 논문 「독일 건축에 관하여」에서 다음과 같이 열정적으로 외친다. "그대 최신 프랑스 철학 이념의 전문가여, 필요에 부응하여 무언가를 고안하는 최초의 인간이 네 기둥을 박아 세우고 그 위에 네 통나무를 결합하고 가지와 이끼들을 위에 덮었다는 것이 대관절 어떻다는 말인가?[125] … 게다가 너의 오두막이 세계에서 최초로 탄생했다는 것도 틀린 말이다. [317] 꼭대기에서 교차하는 나무토막이 전면에 둘, 후면에 둘, 그리고 용마루로 가로지르는 나무토막이 하나, 이것들은 그대가 매일 들판과 포도밭의 오두막들에서 인식할 수 있듯 대단히 원초적인 고안이며, 또 그런 것으로 머물 터이니, 이로부터 그대는 그대의 돼지우리를 위한 원리조차 추상해 내지 못할 것이다." 즉 괴테는 단순한 에워쌈이라는 본질적 목적을 갖는 건물들에서는 벽들 속에 끼인 기둥들이 부조리임을 증명하려는 것이다. 이는 그가 혹여 기둥의 아름다움을 인정하지 않으려 함이 아니다. 오히려 그는 기둥을 대단히 찬양하여 다음과 같이 덧붙인다. "기둥을 어디에 부수하는 것으로 사용하지 않도록 조심할지어다! 기둥의 본성은 자유자재이다. 기둥의 날렵한 형태를 둔탁한 벽에 두드려 맞춘 참상들을 슬퍼할지어다!" 여기에서 출발하여 다음으로 그는 본격적인 중세와 당대의 건축으로 나아가 다음과 같이 말한다. "기둥은 우리의 가옥의 구성 부분이 전혀 아니다. 오히려 그것은 모든 우리의 건물들의 본질과 모순된다. 우리의 주택들은 네 모서리에 있는 네 기둥들에서 성립하지 않는다. 그것들은 사방의 네 벽들에서 성립하며, 이 벽들은 어떤 기둥을 갖는다기보다는 일체의 기둥들을 배척하며, 또한 벽에 기둥이 끼어 있더라도 그것들은 성가신 과잉이다. 사소한 드문 경우를 제외하면, 우리의 궁전들, 교회들이 바로 이렇다." 사실에 합당한 자유로운 통찰이 낳은 이 언급에

---

125 역주: 18세기 프랑스 학자들이 이것을 말했을 가능성도 있지만, 그들은 비트루비우스를(II. ii. 3~4) 따르고 있었다.

서 기둥의 올바른 원리가 표명되고 있다. 기둥은 벽보다 앞서는 것이며, 또한 벽과 무관하게 독자적으로 출현해야 한다. 근래의 건축에서 우리는 종종 벽기둥들이 사용됨을 보지만, 이것들은 이전 기둥들의 반복되는 잔영으로 간주되었으며, 또한 원형이라기보다는 평면으로 만들어졌다.

γγ) 이로부터 다음의 사실이 밝혀질 터, 즉 벽들 역시 지탱작용을 할 수 있지만 지탱 임무는 이미 기둥들을 통해 독자적으로 성취되므로 발전된 고전적 건축에서 벽들 나름의 본질적 목적은 오직 에워쌈뿐이다. 만일 벽들이 기둥들과 똑같이 지탱작용을 한다면, 즉자적으로 구분되는 이 규정들이, [318] 요구되는 바와 달리, 구분되는 부분들로서 수행되지 않으니 벽이 성취해야 할 바가 어떤 것이라는 생각도 애매모호해진다. 우리는 신전 건축에서 중앙 전당의 상부가 종종 터져 있음을 보는데, 이것 역시 신상을 모신 중앙 전당의 주된 목적이 신상의 에워쌈이기 때문이다. 그러나 덮개지붕이 요긴할 경우, 그것은 한층 고차적인 아름다움에 속하려면 독자적으로 지탱되어야 한다. 왜냐하면 에워싸는 벽들 위에 들보와 지붕을 직접 얹는 것은 그저 궁여지책일 뿐 자유로운 건축술적 아름다움이 아니기 때문이다. 고전적 건축에서는 지탱을 위해 벽이나 담들이 필요하지 않으며, 오히려 이것들은 이미 위에서 보았듯이 지탱을 위해 필수적이라기보다는 꾸밈과 과다한 낭비를 조장하며 그런 한에서 합목적적이지 않다.

이것이 고전적 건축의 특화 속에서 세분될 법한 주요 규정들일 것이다.

c. 전체로서의 고전적 신전

단언컨대 방금 약술한 차이들은 분리되어 현상해야 함이 기본 법칙이지만, 그럼에도 다른 한편 그것들이 하나의 전체로 통합된다는 사실도 못지않게 필수적이다. 건축에서는 이 통합이 무엇보다 병렬, 결합, 일관적인 균제로만 존재할 수 있는데, 우리는 마지막으로 이에 관해 간략하게 살펴보고자 한다.

일반적으로 그리스의 신전건축물들은 만족스러운, 아니 만족 이상의 모습을 제공한다.

α) 어떤 것도 유별나지 않으며, 전체는 튀어나오는 것이 없이 넓게 죽 번고 확장된다. 정면을 내다본다고 해서 일부러 시선을 높일 필요가 거의 없으며 오히려 너비에 매혹되는 자신을 발견한다. 반면 중세 독일의 [319] 건축은 대개 대중없이 위로 치솟아 공중에 들뜬다. 고대인들에게는 견고하고 편안한 지상의 기초로서의 너비가 주안점이다. 높이는 다소 사람의 높이를 참작하였으며 또한 건물의 너비와 폭이 증대됨에 따라 증대될 뿐이다.

β) 나아가 장식들은 단순성의 인상에 해가 되지 않을 만큼 도입되었다. 왜냐하면 장식방식에도 많은 것이 좌우되기 때문이다. 고대인들은, 특히 그리스인들은, 이 점에서 최상의 아름다운 척도를 지킨다. 예컨대 극히 단순하고 거대한 면과 선들이 이 미분화未分化된 단순성으로만 있다면, 그것들은 거기에 약간의 다양성이, 즉 단절이 도입될 때만큼 그리 크게 보이지 않는다. 한층 규정된 척도는 이 단절을 통해 비로소 눈에 보이는 것이다. 그러나 만일 이러한 분할과 그 치장이 아주 사소한 것으로 발전되어 오로지 다수성과 그 소품들만 우리 앞에 있게 되면, 큰 관계들 및 차원들 역시 조각나고 파괴된 것으로서 현상한다. 그런데 전체적으로 보면 고대인들은 그들의 건물들과 그 척도들이 그러한 수단들을 통해 실제보다 마냥 크게 현상하게끔 작업하지 않으며, 또한 중단과 장식을 통해 전체를 잘게 나누지도 않는다. 후자의 경우에는 모든 부분들이 작으며, 또한 그 모두를 다시 포괄하는 결정적 통일성은 결여된 까닭에 이제 전체 역시 마찬가지로 작게 현상한다. 그들의 완성된 아름다운 작품들은 단순히 덩어리로 바닥에 눌려 있거나 그 너비와 대비해 과도하게 높이 솟거나 하지 않고, 오히려 이 점에서도 아름다운 중용을 유지하며, 또한 동시에 그 단순성 속에서도 적절한 다

양성을 위해 필요한 유희공간을 제공한다. 그러나 모든 부분들을 통해 여실히 빛나면서도, 개별적 형상화를 관장하는 것은 무엇보다 전체 및 전체의 단순한 특수성들의 기본 특징이다. 이는 고전적 이상에서 보편적 실체가 자신의 생동성을 담지하는 우연자와 특수자를 지배하면서도, 그것들을 자신과 조화시킬 만큼 힘 있는 것으로 머무는 것과 꼭 마찬가지이다. [320]

γ) 이제 사원의 배치와 각 부분에 관해 보자. 이 면에서는 많은 단계의 발전이 한편으로 주목되지만, 다른 한편 적지 않은 것이 전통에 머물러 있었다. 여기서 우리가 관심을 둘 만한 주요 규정들은 벽들로 둘러싸인, 신상이 있는 성소ναός[나오스], 나아가 성소의 전실前室[πρόναος], 후실後室[ὀπισθόδομος] 그리고 전체 건물을 두르는 주랑들에 한정된다. 비트루비우스가 암피프로스틸로스ἀμφιπρόστυλος라고 부르는 부류의 것은 처음에는 전방에 열주가 있는 전실과 후실을 가졌으며, 다음으로 페립테로스περίπτερος에서는 열주가 사면에 배치되고, 끝으로 절정기에 이르러 딥테로스δίπτερος에서는 이 열주가 전체 사원을 2열로 두르며, 또한 히파이트로스ὕπαιθρος에서는 성소의 내부에도 아래위로 겹쳐진 이층 기둥의 주랑들이 통행을 위해 벽에서 떨어져 사면에 추가되는데, 이는 외부 주랑들의 경우도 마찬가지이다. 이 사원양식의 전형으로서 비트루비우스는 아테네에 있는 여덟 기둥의 미네르바 사원과 열 기둥의 올림포스의 제우스 사원을 든다(히르트, 『건축사』 III, 14~18쪽; II, 151쪽).

우리는 여기서 열주들의 수효, 그것들 서로 및 그것들과 벽 사이의 거리와 관계된 세부적 차이를 건드리지 않을 것이며 다만 열주, 현관 등이 그리스 사원건축 일반에 대해 갖는 고유한 의미만을 주목할 것이다.

이러한 전주식前柱式 건물과 양면 주랑식柱廊式 건물에서, 즉 직접 야외로 통하는 이러한 단일 주랑과 이중 주랑에서 우리가 보는 것은 개방적이고 자유롭게 돌아다니는, 흩어져 있거나 우연히 무리 지어 있는 사람들이다.

왜냐하면 대저 열주들이란 무언가를 가두는 것이 아니라 오히려 순전히 통행을 위한 경계이니, 사람들은 안에도 밖에도 있으며, 또한 적어도 어디서나 직접 야외로 나갈 수 있기 때문이다. 열주들 뒤의 긴 벽들도 이와 마찬가지이다. 복도가 붐비면 시선은 중심을 향할 수도 있는데, 이 벽이 그리로 [321] 몰려드는 것을 불허하니, 오히려 눈길은 반대로 그러한 통일점에서 벗어나 사방으로 흩어진다. 그리고 우리는 어떤 목적을 위한 회합의 표상을 보는 대신 외부를 보며, 진지하지 않고, 명랑하고, 한가롭고, 떠들썩한 머무름의 표상을 얻을 뿐이다. 에워싸인 내실에서는 비교적 깊은 진지함이 있을 것으로 추정되지만, 여기서조차, 그리고 특히 최고도로 발전된 건물에서는, 다소간 외부를 향해 완전히 개방된, 진지함이 그리 엄격하게 생각되지 않고 있음을 암시하는 환경이 발견된다. 또한 그러므로 이러한 사원들의 인상 역시 단순하고 위대하되 동시에 명랑하고 개방적이고 유쾌한 것으로 남는다. 왜냐하면 전체 건물은 사방을 닫고 외부를 차단한 집중화된 내부 모임의 회합보다는 둘러서거나 이리저리 배회하거나 오락가락하는 일에 더욱 중점을 두고 건립되었기 때문이다.

3. 고전적 건축의 여러 건조방식들

마지막으로 고전적 건축에서 결정적 유형을 제공하는 여러 건축형식들을 일별해 보면, 다음과 같은 차별성들이 비교적 중요한 것으로 부각된다.

a. 도리스식, 이오니아식, 코린트식 열주 양식

이 점에서 우선 주목되는 것은 건조建造방식들인데, 그 상이성이 열주들에서 가장 현저하게 나타나는 까닭에 나 역시 여기서 여러 열주들의 주요한 특성적 표징들만을 거론할 것이다.

가장 알려진 열주 양식은 도리스, 이오니아, 코린트 양식인바, 이전과 이
후를 막론하고 그 건축적 아름다움과 합목적성을 능가하는 것은 더 이상
[322] 고안되지 않았다. 왜냐하면 토스카나 건축방식은, 혹은 히르트 씨에 따
르면(『건축사』 I , 251쪽) 초기 그리스의 건축방식 역시, 그 장식 없는 질박함
의 면에서 본래의 단순한 목조건축에는 속하되 아름다운 건축에는 속하지
않으며, 또한 소위 로마의 열주양식이라는 것도 코린트 장식을 그저 확대
한 것으로서 본질적인 것이 아니기 때문이다.

이제 여기서 문제시되는 대목은 열주의 높이와 그 두께의 관계, 다양한
종류의 기단과 주두, 그리고 마지막으로 열주들 상호 간의 크고 작은 간격
이다. 첫 번째 점에 관해 보자면, 열주는 높이가 지름의 네 배에 이르지 않
으면 둔하고 짓눌린 듯 보이며, 높이가 지름의 열 배를 넘는다면 지탱의 합
목적성에 어울리기에는 지나치게 얇고 가늘게 보인다. 그런데 열주들 상
호 간의 간격은 그 높이 및 두께와 밀접한 관계를 갖는다. 왜냐하면 열주들
이 한층 두껍게 보여야 할 경우라면 그것들은 서로 가까이 세워져야 할 것
이며, 반면 한층 가늘고 얇게 보여야 할 경우라면 거리는 보다 넓어질 수 있
기 때문이다. 기단의 유무, 주두의 높낮이, 장식의 유무도 열주의 전체 성격
을 변화시키기 때문에 마찬가지로 중요하다. 기둥 몸체는 일관되게 동일한
두께로 솟지 않고 하부와 중간부보다 상부로 갈수록 약간 가늘어지고 이를
통해 불룩함이 생기는데, 이것은 거의 지각되지 않지만 있어야만 하는 것
이다. 그러나 기둥 몸체와 관련해서는, 꾸밈과 장식이 없어야 한다는 규칙
이 통용된다. 사람들은 후일 중세 말에 기독교적 건축에 고대의 열주형식
들을 다시 적용함에 있어 꾸밈없는 기둥 몸체가 너무 삭막하다고 생각하여
화환들로 그 주위를 감기도 하고 열주가 나선형으로 돌아 올라가게 만들기
도 하였다. 하지만 이것은 있을 수 없는 일이며 참된 취미에도 반하는 것이
니, 까닭인즉 열주는 [323] 지탱의 임무 이외의 어떤 것도 담아서는 안 되며,

또한 이 임무에 준해 견고하고 곧게 독자적으로 솟아야 하기 때문이다. 고대인들이 열주 몸체에 유일하게 가한 것은 홈파기였는데, 이미 비트루비우스가 말했듯 열주들은 이를 통해 완전히 꾸밈이 없을 때 한층 넓게 보인다. 그러한 홈파기는 매우 광범하게 발견된다.

도리스식, 이오니아식 그리고 코린트식 열주양식 및 건축방식의 좀 더 상세한 차이들에 관해서는 다음의 요점들만을 거론할 것이다.

α) 최초의 구조물들은 건물의 안전을 기본 규정으로 삼는데, 이 규정에 머무르는 건축은 아직 날씬한 비례와 그로 인한 한층 대담한 경쾌함을 감행하는 대신 둔중한 형식들에 만족한다. 도리스 건축방식이 이 경우이다. 여기서는 질료의 하중이 여전히 가장 큰 영향력을 지니며, 특히 너비와 높이의 관계 속에서 이를 현상한다. 건물이 경쾌하고 자유롭게 솟아 있다면, 무거운 덩어리의 부담은 극복된 것으로 보이며, 반면 건물이 가로 낮게 누워 있다면, 도리스 건축양식이 그렇듯 중력의 지배를 받는 견고성과 안정성이 주요 요소인 듯 보인다.

후자의 특성에 맞는 도리스 열주들은 그 밖의 양식들과 대비하여 가장 넓고 가장 낮은 것이다. 비교적 오래된 도리스 열주들은 높이가 하부 지름의 여섯 배를 넘지 않으며, 또한 종종 지름보다 단지 네 배 높을 뿐인데, 그것들의 묵직함은 파이스툼과 코린트에 있는 신전들이 보여 주듯 진지하고, 단순하고, 꾸밈없는 남성성의 모습을 제공한다. 하지만 후기의 도리스 열주들은 높이가 지름의 7배까지 달하며, 또한 비트루비우스는 신전 이외의 다른 건물들에 대해서는 지름의 1/2을 더 인정했다. 그러나 전반적으로 도리스 건축방식을 특징짓는 것은, [324] 그것이 비록 토스카나 건축방식보다 장식과 치장을 더욱 잘 수용할 수 있더라도 여전히 목조건물의 원초적 단순성에 가깝다는 사실이다. 하지만 열주들은 거의 일률적으로 기단 없이 직접 기초 위에 서 있으며 또한 주두는 극히 단순하게 단지 대접받침과 접시판으로 구성되었을 뿐이다. 기둥 몸체는 때로는 반드럽기도 하였고 때로는 종종 아래의 1/3은 편편하고 위의 1/3은 깊이 팬 스무 줄의 홈이 있기도 하였다(히르트, 『고대인들의 기본원칙에 따르는 건축』, 54쪽). 열주들의 간격에 관해 보자면, 비교적 오래된 기념물들에서는 간격이 열주 두께의 두 배 너비를, 아주 드물게는 지름의 두 배에서 두 배 반 사이의 너비를 갖는다. 도리스 건축방식을 목조건축의 전형에 가깝도록 만드는 또 다른 고유성은 트라이글리프와 메토프에서 성립한다. 양자는 소벽Fries을 구성한다. 트라이글리프가 각이 지게 깎인 것은 대들보Architrav에 얹힌 지붕받침대들이 지붕을 이는 머리임을 암시하기 위함이며, 반면 메토프는 한 받침대와 다른 받침대 사이의 공간을 채우는 것인데 이것은 도리스 건축방식에서 아직 정사각형을 유지한다. 메토프들은 장식을 위해 종종 부조로 덮였으며, 반면 트라이글리프들 아래의 대들보와 위의 처마돌림띠 아랫면에는 여섯 개의 작은 원뿔형 물체들이, 즉 물방울들이[126] 장식되어 있다.

β) 이제 이미 도리스 양식이 쾌적한 견고성의 특징으로까지 나아갔다면, 이오니아식 건축은 아직은 단순할망정 날렵함, 우아함, 고상함의 전형으로 상승한다. 열주들의 높이는 하부 지름의 일곱 배에서 열 배 사이의 치수를 오가며 특히 열주 간격의 사이너비로부터 규정되는 바, 까닭인즉 비트루비우스의 가정에 따르면 열주들은 사이공간이 클 경우에는 보다 가늘고 날씬하게, 좁을 경우에는 보다 굵고 낮게 보이며, 따라서 건축가는 지나치게 가늘어지거나 둔중해지는 것을 피하기 위해 첫째 경우에는 필히 높이를 줄여야 하고 둘째 경우에는 [325] 늘여야 하기 때문이다. 그러므로 열주 간격이 3지름 이상이라면 열주의 높이는 그 8배를 넘어서는 안 되며, 반면 2와

---

126 역주: 이것을 물방울들(guttae)이라고 부른 사람은 비트루비우스이다. Vitruvius, 앞의 책, iv. 3.

1/4지름에서 3지름 사이라면 높이는 지름의 8과 1/2배에 달할 수 있다. 그러나 열주들이 단지 2지름 너비로 떨어져 있다면 높이는 지름의 9와 1/2배로, 그리고 1과 1/2지름의 좁은 간격일 경우에는 심지어 지름의 10배 높이로 상승할 수 있다. 하지만 이 후자의 경우들은 대단히 드물게 나타나며, 또한 현재 보존되어 있는 이오니아 건축방식의 기념비적 건물들에 준거해서 판단해 볼 때 고대인들은 보다 높은 기둥 비례를 거의 사용하지 않았다.

이오니아 양식과 도리스 양식의 더 나아간 차이들은 다음의 점에서 발견된다. 즉 이오니아식 열주들의 기둥 몸체는 도리스식과 달리 직접 하부구조로부터 솟지 않고 오히려 여러 겹의 기단 위에 세워지며, 또한 한층 깊이 파인 스물네 줄의 넓은 세로 홈과 더불어 점차 가늘어지면서 날씬한 높이로 경쾌하게 주두까지 솟는 것이다. 특히 에페소스에 있는 이오니아식 신전은 파이스툼에 있는 도리스식 신전에 비하여 이 점에서 탁월하다. 이오니아식 주두도 마찬가지로 다양성과 우아함을 갖는다. 그것은 대접받침, 염주쇠시리, 접시판을 가질 뿐만 아니라 좌우에는 달팽이 모양으로 감긴 부분을, 또한 측면에는 쿠션 모양의 장식을 지니는데, 이로 인해 그것은 쿠션 주두[127]라고 명명되었다. 쿠션에 붙은 달팽이 모양의 부분은 열주가 설령 한층 높이 올라갈 가능성이 있다고 해도 이 가능적 발전이 여기에서 자신 안으로 되돌아옴을 뜻하기 때문에 열주의 끝을 암시한다.

이러한 열주의 날렵한 매력과 장식으로 인해 이오니아 건축방식은 또한 비교적 덜 둔중한 대들보를 요구하며, 그런 까닭에 우아함의 증대를 꾀할 경우에도 적용된다. 이리하여 그것은 도리스식 건축방식과는 달리 그 유래가 더 이상 목조건물이 아님을 드러내며, 따라서 매끄러운 소벽에서 트라

---

127 역주: 쿠션(Polster) 모양이란 이오니아식 특유의 소용돌이 형태로 볼록하게 된 것을 뜻한다.

이글리프와 메토프들이 생략되는 반면 [326] 화관을 씌운 동물제물의 두개골들이 주 장식으로서 나타나고 또한 도리스식 처마장식 대신에 치아형태의 장식이 도입되었다(히르트, 『건축사』 I, 254쪽).

γ) 마지막으로 코린트 건축방식에 관해 보자면, 그것은 이오니아 건축방식의 기저를 유지하여 동일한 날렵함을 갖지만 후자는 이제 멋들어진 화려함으로 다듬어져 치장과 장식을 더할 나위 없이 풍성하게 펼친다. 그러니까 코린트 건축방식은 목조건물로부터 특정 여러 격벽들을 이어받았다는 사실에 만족하면서도, 목조건물에서 유래된 최초의 근원이 내보이지 않도록 그것들을 여러 종류의 장식들을 통해 강조하며 또한 돌출부와 들보에 붙은 크고 작은 다양한 돌림띠들, 낙수받이, 배수로, 다양하게 층진 주각들과 한층 화려한 주두들에서 매력적 차별성들에 들인 노고를 표현한다.

코린트식 열주는 이오니아식 열주와 같은 홈파기일 경우에는 보통 높이가 열주 하부너비의 단지 8배 혹은 8과 1/2배에 그치는 관계로 후자보다 높지 않지만, 그것은 한층 높은 주두로 인해 더욱 날렵하고, 또한 무엇보다 더욱 화려하게 보인다. 왜냐하면 주두는 하부지름의 1과 1/8배이며, 네 귀퉁이 모두에 쿠션장식을 제거한 비교적 가는 달팽이무늬를 가지며, 반면 그 아랫부분은 아칸서스 잎 모양으로 장식되어 있기 때문이다. 그리스인들에게는 이에 관해 맛깔스러운 이야기가 있다. 매우 아름다운 한 소녀가 죽었을 때 유모가 작은 바구니에 장난감들을 모아 무덤 위에 놓았더니 거기에서 아칸서스가 싹터 잎들이 곧 바구니를 휘감았다는 이야기인데, 열주의 주두에 대한 생각은 여기에서 얻어졌다는 것이다.

코린트 양식이 이오니아 및 도리스 양식에 대해 갖는 그 밖의 차이들에 관해서는 처마돌림띠 아래에 있는 예쁘게 둥글린 처마장식, 낙수받이의 돌출부, 주 처마돌림띠에 있는 치아무늬장식과 까치발 정도를 들 수 있다. [327]

b. 로마식 구조의 아치와 궁륭

이제 둘째, 로마 건축에서는 특히 아치와 궁륭이 적용되기 시작하며, 그런 한도에서 그것은 그리스 건축과 기독교 건축의 중간 형태로서 간주될 수 있다.

아치 구조가 언제 처음 고안되었는지는 정확히 알 수 없다. 하지만 이집트인들이 건축술의 면에서 아무리 진보하였더라도, 그들이 —또한 바빌로니아인, 이스라엘인, 페니키아인들 역시— 둥근 아치와 궁륭을 몰랐다는 점은 확실해 보인다. 적어도 이집트 건축의 기념비적 건물들은 오직 다음의 사실을 보여 줄 뿐이다. 즉 실내에서 지붕을 지탱하는 것이 문제시되었을 때 이집트인들은 거창한 열주들만을 쓸 줄 알았으며, 그 위에 들보로서 반석을 수평으로 얹었던 것이다. 그러나 둥근 형태의 넓은 입구들이나 교량의 아치들이 불가피할 경우, 이집트인들은 양 측면에 하나의 돌을 높이 세우고 이것이 다시 좀 더 앞으로 밀려 나온 돌을 지탱하며, 그리하여 위로 갈수록 옆 벽들이 점차 좁아져서 종국에는 마지막 열린 부분을 막기 위해 하나의 돌만이 필요하게 되는 방편 이외에는 어떤 것도 알지 못했다. 이러한 방편을 사용할 수 없을 경우, 그들은 큰 돌들을 역브이[∧] 형태로 마주 보게 하여 공간을 덮었다.

그리스인들의 경우에는 이미 궁륭구조가 적용된 기념비적 건축들이 발견되지만, 그 수는 매우 드물다. 그리스의 건축과 건축사에 관해 대단한 명저를 쓴 히르트 씨는 이 기념비적 건축들 가운데 페리클레스 시대 이전에 지어졌다고 단정할 수 있는 것은 전무하다고 언급한다. 즉 그리스 건축에서는 열주와 그 위에 수평으로 놓인 들보가 특징적으로 발전되었으니, 여기서는 열주의 사용이 들보를 지탱한다는 그 고유의 의미를 거의 벗어나지 [328] 않았다. 그러나 두 기둥 내지 열주들 위로 둥글게 올라간 궁륭아치와 돔형 천장에서는 열주들이 벌써 단순 지탱이라는 규정을 떠나기 시작하며,

이미 그 이상의 것을 포함한다. 왜냐하면 궁륭의 상승, 굽음, 하강은 열주 및 그 지탱작용과는 무관한 중심점과 관계하기 때문이다. 아치의 여러 부분들은 서로를 마주 지탱하고, 받치고, 서로를 연속적인 것으로 만들며, 또한 들보들보다 열주의 도움을 훨씬 덜 필요로 한다.

이미 언급했듯이, 이제 로마 건축에서는 아치구조와 궁륭이 대단히 일상적이다. 후일의 증언들을 전폭적으로 신뢰한다면, 실로 몇몇 유적들은 이미 로마 왕정시대의 것으로 보아야 한다. 궁륭을 가졌던 카타콤과 지하배수로도 이런 종류이지만, 이것들은 후일 복원된 것으로 간주되어야 할 것이다.

궁륭은 데모크리토스가(세네카, 『서한집(*Epistolae*)』, 90) 고안했을 가능성이 가장 높은데, 그는 다양한 수학적 과제에 몰두했고 석재 가공의 참안자로 여겨진다.

원형을 주 전형으로 갖는 로마 건축의 가장 탁월한 건물로는 복수의 유피테르Jupiter Ultor에게 봉헌된 아그리파의 판테온을 들 수 있는데, 이것은 유피테르 신상 이외에도 다른 여섯 신들, 마르스, 비너스, 신격화된 율리우스 카이사르 및 정확히 알려지지 않은 그 밖의 세 신들의 모습을 담은 거대한 벽감들을 포함하도록 되어 있었다. 이 벽감들의 양 측면에는 각각 두 개의 코린트식 열주들이 서 있었으며, 또한 전체 건물 위쪽으로는 천공을 모사하는 반구 모양의 장엄한 지붕이 있었다. 기술적인 면에서 주목해야 할 것은 [329] 이 지붕이 돌로 된 궁륭이 아니라는 점이다. 즉 로마인들은 그들 궁륭의 대부분에서 지으려는 궁륭형의 목조구조물을 먼저 만들고, 다음으로 그 위에 석회와 화산시멘트(이것은 가벼운 응회암 조각과 부서진 벽돌조각으로 이루어졌다)의 혼합물을 부었다. 이 혼합물이 굳으면 전체는 하나의 덩어리를 이루기 때문에 목조 틀을 제거하는 것이 가능했으며, 또한 궁륭은 재료의 가벼움과 결합의 단단함으로 인해 벽에 미약한 압력만을 가하였던 것이다.

c. 로마 건축의 일반적 특성

이러한 새로운 궁륭구조를 차치하더라도, 로마인들의 건축은 일반적으로 그리스의 건축과는 전혀 다른 외연과 특성을 갖는다. 그리스인들은 합목적성을 일관적으로 준수함에도 불구하고 고상함, 단순함 및 장식방식의 우아함을 탁월하게 예술적으로 완성하였다. 반면 로마인들은 기계적인 면에서는 숙련되었으며 그들의 건축은 한층 호화롭고 장대하지만 고상함과 우아함은 덜했다. 더구나 그들의 건축에서는 그리스인들이 알지 못했던 여러 다양한 목적들이 나타난다. 왜냐하면 이미 서두에서 언급했듯이, 그리스인들은 예술의 호화로움과 아름다움을 오직 공공건물에만 적용했으며 사저들에 대해서는 크게 마음을 쓰지 않았기 때문이다. 그러나 로마인들의 경우에는 공공건물의 ―그 구조의 합목적성은 극장들, 검투나 다른 위락시설들을 위한 공간들의 굉장한 화려함과 결합되었다― 범위가 늘어날 뿐만 아니라, 건축은 또한 사적인 측면에 부응하는 방향을 취하기도 한다. 특히 [기원전 1세기 말경 있었던] 내전 이후에는 대저택, 목욕탕, 대로, 계단 등이 엄청난 비용이 드는 최고의 사치품으로 지어졌으며 이를 통해 건축의 새로운 영역이 열렸다. 이 영역은 정원술마저도 끌어들였으며, [330] 매우 독창적이고 멋들어지게 완성되었다. 루쿨루스[128]의 대저택은 이를 위한 빛나는 사례이다.

로마 건축의 이러한 전형은 후일 이탈리아인들과 프랑스인들에게 누차 모범이 되었다. 독일에서는 사람들이 드디어 그리스인들에게로 향해 고대의 한층 순정한 형식을 전형으로 택하기 전까지는 오랫동안 이탈리아인이나 프랑스인들을 추종하였다.

---

128 역주: Lucius Licinius Lucullus. 그는 기원전 118년경에서 기원전 56년까지 살았다. 그러므로 이 저택은 헤겔이 가리키는 것보다 약간 앞선 시대에 지어졌다. 그는 소아시아에서 뛰어난 장군으로서 봉직한 후 로마에서 은퇴하였다. 그는 거부였는데, G. E. Stevens는 『죽은 자의 독백(*Monologues of the Dead*)』(London 1896)에서 사치스러운 그의 삶을 잘 그리고 있다.

제3장
낭만적 건축

본격적으로 낭만적인 건축의 특징적 중심점은 고딕 건축이다. 중세의 고딕 건축은 오랜 기간에 걸쳐, 특히 프랑스적 예술취미가 확산되고 득세한 이후에는, 무언가 거칠고 야만적인 것으로 간주되어 왔다. 근래 괴테는 프랑스인들과 그들의 원칙들에 대립하는 자신의 자연관 및 예술관의 청년다운 신선함으로 고딕 건축을 앞장서 복권시켰으며, 또한 사람들은 이제 이 위대한 작품들에서 기독교적 제의祭儀를 위한, 그리고 건축의 형태와 기독교의 내적 정신의 조화를 위한 고유한 합목적성을 평가하려는 노력을 배가하였다.

1. 일반적 성격

우리는 종교적 건축임을 특히 강조하는 이 건물들의 일반적 성격과 관계하여 여기서는 독자적 건축과 봉사적 건축이 통일되어 있다는 사실을 이미 도입부에서 보았다. 하지만 이 통일은 가령 동방과 [331] 그리스 건축형식들의 융합 따위에 본질을 두지 않는다. 그것은 한편으로는 주택이, 즉 에워쌈이 그리스의 사원 건물에서보다 더욱 기본 전형을 제공한다는 사실, 다른 한편으로는 [주택의] 단순한 효용성과 합목적성도 마찬가지로 지양된다는 사실, 그리고 주택이 이런 것과 무관하게 자체로 자유롭게 솟는다는 사실에서 찾을 수 있을 뿐이다. 그러므로 신의 주거인 이 건물들의 대다수가 이미 언급했듯이 제의 및 기타 사용에 전적으로 적합한 것으로 증명되긴 하지만, 그 본연의 성격은 정작 일체의 특정 목적을 초월한다는 점, 또한 내적으로 완결된 것으로서 독자적으로 현존한다는 점에서 기인한다. 그 작품은 독자적으로, 그리고 확고하고 영원하게 거기에 있는 것이다. 그러므로 전체에 보다 큰 성격을 부여하는 것은 단순한 오성적 관계가 아니다. 내부에는 사람들을 들일 요량으로만 지은, 그리고 신도석信徒席을 제외하면 마구간처럼 아무것도 없는 프로테스탄트 교회의 상자 같은 형태가 없으며, 외부로는 건물이 자유롭게 치솟아 정점을 이루니, 합목적성이 아무리 현전하더라도 그럼에도 그것은 다시 사라지고 전체에는 독자적 실존의 모습이 남는다. 그러한 건물은 어떤 것으로도 완전히 채워지지 않으며, 일체의 것은 전체의 위대함 속으로 상승한다. 그것은 하나의 특정한 목적을 갖고 또 나타내지만, 그 장엄함과 숭고한 고요는 단순한 목적효용성을 넘어 내면 자체의 무한성으로 고양된다. 유한성 너머로의 이러한 고양과 확고한 단순성이 성격의 한 측면을 형성한다. 다른 면에서 보면 바로 이 점에서 비로소 최고의 특수화, 분화 그리고 다양성이 고도의 유희공간을 얻는데, 그렇다고 총체성이 단순한 특수성이나 우연적 개별성으로 분열되는 것은 아니다. 반대로 예술의 위대성은 여기서 이러한 갈라짐과 분열됨을 철저히 예의 단순성으로 다시 돌려놓는다. 전체의 실체는 개별적 다양성들의 세계로 무한히 분리되고 갈라지고 분열되지만, 이러한 조감할 수 없는 잡다함을 단순하게 가르고, [332] 규칙적으로 분류하고, 비례적으로 배열하고, 극히 만족스러운 정중동靜中動의 균제로 정립하고, 이 무진한 오만 가지 개별성들을 극히 안정된 통일성과 극히 명료한 대자존재로 거리낌 없이 집약하는 것이다.

2. 특수한 건축술적 형상화 방식

이제 낭만적 건축 특유의 성격을 형성하는 특수한 형식들로 넘어가 보자. 위에서 이미 다룬 바 있지만, 여기서는 본연의 고딕 건축만을, 그것도 주로 기독교적 교회 건축을 그리스의 신전과의 차이 속에서 논하는 것이면 족하다.

a. 기본 형식으로서의 닫힌 주거

여기서 주된 형식으로서 기본이 되는 것은 닫힌 주거이다.

α) 즉 기독교적 정신이 내면성으로 집약되듯이, 건물은 사방이 막힌, 기독교 교구[신앙공동체]의 모임과 그 내적인 축적을 위한 장소가 된다. 공간적으로 닫혀 있다 함은 심정 내면의 축적을 의미한다. 그러나 기독교적 마음의 기도는 동시에 유한한 것 너머로의 고양이기도 한즉, 이제 이것이 신의 주거의 성격을 규정한다. 이를 통해 건축은 무한자로의 고양을 자신의 ─단순한 합목적성에 의존하지 않는─ 의미로 삼으며, 이것을 공간적 건축적 형식들을 통해 표현하도록 종용받는다. 그리하여 예술은 이제 그리스 사원의 명랑한 개방성과는 달리 한편으로는 외적 자연과 세속성 일반으로부터 떨어져 내면으로 집중하는 심정의 이러한 고요함의 인상을, 다른 한편으로는 오성적으로 제한된 것을 넘어가려 치솟는 엄숙한 숭고함의 인상을 산출해야 한다. 그러므로 고전적 [333] 건축의 건물들이 전체적으로 넓게 누워 있다면, 그와 반대되는 기독교적 교회의 낭만적 성격은 대지를 박차고 공중으로 치솟는 가운데 성립한다.

β) 닫힘은 외부의 자연과 유한성의 분분한 활동과 관심들을 이렇듯 망각하게 만드는데, 이 경우에는 나아가 세계와 통하는 개방 현관들, 열주들 등이 필히 생략되며, 대신 그 자리가 건물의 내부에 완전히 다른 방식으로 주

어진다. 태양빛도 마찬가지로 차단되거나 창문의 스테인드글라스를 통해 흐릿하게 비칠 뿐이니, 이것은 외부와의 완벽한 차단을 위해 필수적인 것이다. 여기서 인간이 필요로 하는 바는 외적 자연을 통해 주어지는 것이 아니라 오로지 그를 통해, 그리고 그를 위해, 그의 기도와 내면의 전념專念을 위해 만들어진 세계인 것이다.

γ) 그러나 우리가 일반적인 면에서든 특수한 면에서든 신의 주거가 취하는 결정적 전형으로서 확언할 수 있는 것은 아치형 혹은 직선형으로 꼭짓점을 향해 자유롭게 치솟는 첨탑들이다. 열주 내지 기둥들이 위에 놓인 들보들과 더불어 기본 형식을 이루는 고전적 건축에서는 직각성이, 이와 더불어 지탱이 관건이다. 직각으로 놓인 윗부분은 그것이 지탱되고 있다는 사실을 분명히 표시한다. 그리고 들보들 자체가 다시 지붕을 받치기는 하지만 지붕면들은 서로에 둔각으로 기운다. 여기서는 본격적 첨탑과 치솟음

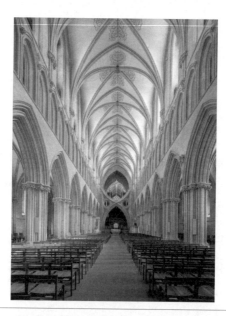

웰스 대성당 내부(© Michael D. Beckwith)

대신 정지와 지탱이 이야기되는 것이다. 둥근 아치는 하나의 열주와 다른 하나의 열주를 균일하게 굽은 선으로 이으며, 또한 하나의 동심同心으로부터 설명되지만, 이것 역시 지탱하는 받침대 위에 놓이기는 마찬가지이다. 그러나 낭만적 건축에서는 지탱 자체 및 이와 더불은 직각성이 더 이상 기본 형식을 제공하지 않는다. [334] 그것은 오히려 감싸는 벽들이 누름과 지탱의 명확한 구분 없이 내부와 외부에서 독자적으로 치솟아 첨탑으로 모여듦으로써 지양된다. 여기서는 이러한 압도적으로 자유로운 상승의 노력과 첨탑을 이루는 경사가 본질적 규정을 이루는바, 이를 통해 때로는 크고 작은 밑변의 예각 삼각형이, 때로는 뾰족한 아치가 생성된다. 이것이 가장 눈에 띄는 고딕 건축형식의 특성이다.

b. 내부와 외부의 형상

내적 기도와 고양이라는 임무는 제의로서의 여러 특별한 계기 및 측면

산 미겔 교회의 천장(© Diego Delso)

들을 갖는데, 이것들은 더 이상 야외에서, 열린 전당이나 사원 앞에서 수행될 수는 없으며 오히려 그 장소를 신의 주거의 내부에 둔다. 그러므로 고전적 건축의 사원에서는 외적 형상이 주안점이며, 또한 이것은 주랑들을 통해 내부의 구조와 별개의 것으로 있는 반면, 낭만적 건축에서는 전체가 정녕 하나의 에워쌈이어야 하므로 건물의 내부는 한층 본질적인 중요성을 지닐 뿐만 아니라 외부의 형상을 통해 비치기도 하고 외부의 형식과 배열을 한층 특수하게 규정하기도 한다.

이러한 관계에서 우리는 좀 더 상세한 고찰을 위해 먼저 내부로 입장하고, 다음으로 이로부터 외적인 형상을 자세히 밝힐 것이다.

α) 나는 이미 교회의 내부를 위한 최고의 주요 규정으로서 다음의 사실, 즉 교회는 교구와 내적 기도를 위한 ―이 기도는 때로는 악천후를, 때로는 외부세계의 분쟁거리들을 막아 달라는 등의 갖가지 방향을 취한다― 장소를 닫아야 한다는 사실을 언급했었다. 그러므로 그리스의 신전들이 개방된 복도와 전당들 이외에도 종종 개방된 독방들도 가졌던 반면, 교회 내부의 공간은 완전히 에워싸여 있다.

그런데 기독교의 기도는 현존재의 제한성을 극복하는 심정의 고양이자 [335] 주관과 신의 화해인 까닭에, 본질적으로 여기에는 차별적 측면들을 내적으로 구체화된 유일의 통일성으로 매개하는 계기가 들어 있다. 동시에 낭만적 건축이 축조하는 건물은 정신을 에워싸기 위해 현존하는데, 그것은 그 형태와 배열을 통해 정신의 내용이 최대한 건축학적으로 비치게 만들며 또한 외부와 내부의 형식을 그런 식으로 규정해야 한다. 이 과제로부터 다음의 것이 결과한다.

αα) 내부의 공간은 추상적으로 균일한 빈 공간, 어떠한 차별성들이나 이것들의 매개를 내적으로 전혀 갖지 않는 공간이어서는 안 되며 오히려 구체적인, 그런 까닭에 가로, 세로, 높이 및 이 세 가지 차원들의 형태가 구별

되는 형상을 요구한다. 둘러싸는 벽들과 지붕이 원형, 정사각형, 직사각형 일색이라면 그러한 것은 적절치 않을 것이다. 이러한 빈 균일한 사각형에서는 현세적인 것에서 무한한 것, 차안, 한층 고차적인 것으로 고양하는 심정의 운동, 구분, 매개가 건축학적으로 표현되지 않을 것이다.

ββ) 이와 직결되는 것이 있으니, 고딕 건축에서는 측벽들과 지붕을 통한 에워쌈 및 기둥과 서까래의 관점에서 본 주거의 합목적성이 전체와 부분들의 형상에 대해 부차적인 것으로 된다는 사실이다. 위에서 이미 상술했듯이, 이를 통해 한편 누름과 지탱의 엄격한 구분이 사라지고, 다른 한편 더 이상 마냥 합목적적이지 않은 직각성의 형식이 지양되어 자연과 유사한 형식으로 다시 돌아가매, 자유롭게 상승하는 거룩한 회합과 에워쌈의 형식은 이러해야만 하는 것이다. 중세 돔의 내부로 들어간다면, 사람들에게 떠오르는 것은 지탱하는 지주와 그 위에 얹힌 궁륭의 견고성 및 기계적 합목적성이 아니라 궁륭을 이루는 숲, [336] 즉 늘어선 나무의 가지들이 서로에게 기울어 하나로 모이는 숲일 것이다. 대들보는 견고한 지지支持점과 수평의 위치를 필요로 한다. 그러나 고딕 건물에서는 벽들이 독자적으로 자유롭게 솟으며, 이는 기주基柱들도 마찬가지인바, 기주들은 위를 향해 여러 방향의 갈래를 이루며, 또한 우연인 양 서로 만난다. 즉 궁륭을 지탱한다는 규정은, 비록 궁륭이 사실상 기주들 위에 놓여 있긴 해도, 명시적으로 강조되지도 않고 독자적으로 드러나지도 않는다. 기주들은 마치 지탱하지 않는 듯하다. 이는 나무에서 가지들이 둥치에 의해 지탱되는 것으로 보이지 않고 오히려 가볍게 굽은 그 형태의 면에서 둥치의 연장으로 보이며, 또한 다른 나무의 가지들과 더불어 잎사귀 지붕을 이루는 것과 비슷하다. 그러한 궁륭은 내면성을 위해 규정되었으며, 그 전율은 우리를 묵상으로 초대한다. 돔이 이것을 표현하려면, 벽들이, 그리고 무엇보다 기둥들이 자유로이 꼭짓점에서 합류해야 한다. 그렇다고 이와 더불어 고딕 건축형식의 현실적 전형

이 나무와 숲들임을 말하려는 것은 아니다.

이제 무릇 예각화가 고딕 건축의 기본 형식을 제공할진대, 교회 내부에서는 이것이 첨두아치란 특유의 형식을 취한다. 이를 통해 특히 열주들이 완전히 달리 규정되고 형상화된다.

넓은 고딕 교회들을 완전히 에워싸려면 지붕이 필요한데, 이것은 건물의 넓이에 준해 하중이 나가고 또 지지대를 필수로 삼는다. 그러므로 여기서는 열주들이 제격으로 보인다. 그런데 치솟음이 다름 아닌 지탱을 자유로운 상승의 가상으로 변환시키는 까닭에, 여기서는 고전적 건축의 의미에서의 열주들이 나타나지 않는다. 오히려 열주들은 기주로 변하여 대들보 대신 아치를 지탱하는데, 이리되면 아치들은 기주의 단순한 연속인 듯 보이며, 또한 의도라 할 만한 것 없이 하나의 정점에서 만난다. 우리는 서로 떨어진 두 개의 [337] 기주들이 하나의 정점으로 필히 마감되는 것을 두고 가령 모서리 기둥들 위에 박공지붕을 얹는 것과 비슷하게 생각할 수도 있다. 그러나 지붕면들에 관해 보자면, 이것들이 아무리 둔각으로 기주 위에 놓이고 또한 서로에 대해 예각으로 기운다 한들, 이 경우에는 한편으로는 하중의 표상이 다른 한편으로는 지탱의 표상이 부각될 것이다. 이에 반해 첨두아치는 얼핏 기주에서 일단 직선으로 올라가고, 또한 알게 모르게 아주 서서히 굽어 건너편 기주로 기우는 듯 보인다. 그리고 이것은 마치 기주 자체의 실제적 연속에 다름 아닐 것 같은, 하나의 기주가 다른 하나와 모여 아치를 이루는 듯한 표상을 처음으로 완벽하게 제공한다. 기주와 아치는, 비록 아치가 주두들 위에 놓이고 이로부터 솟긴 하지만, 열주와 들보의 경우와는 반대로 하나의 동일한 구조물로 보인다. 하지만 주두들은, 예컨대 다수의 네덜란드 교회들에서 그렇듯, 완전히 생략되기도 하며, 또한 이를 통해 양자가 분리되지 않은 앞서의 통일성이 분명히 가시화되기도 한다.

더욱이 치솟음이 주요 특징으로 선언되는 이상, 기주의 높이는 한눈에 더 이상 가늠이 안 될 정도로 그 기단의 폭을 넘어선다. 기주는 얇고 가늘어지며 위를 향해 치솟으니, 시선은 전체 형태를 단번에 조감할 수 없으며 오히려 아치들이 서로 만나 이루는 완만한 경사의 궁륭에 안착할 때까지 이리저리 치켜 끌린다 ― 이는 불안, 동요하는 심정이 그 기도 속에서 유한성의 대지를 떠나 스스로를 고양하여 오직 신 안에서 안녕을 찾는 것과 같다.

기주와 열주의 마지막 차이는 다음의 점이다. 독특한 고딕 기주들은 그 특유의 특성이 발전된 곳에서는 열주들과는 달리 원형이거나 내적으로 견고하거나 단일한 원기둥으로 머물지 않고 오히려 갈대와 비슷하게, 이미 그 기단에서부터 갈대처럼 여러 갈래가 다발이나 묶음을 이루며, 또한 이것은 위로 올라가면서 다양하게 펼쳐져 여러 연속체들로 사면팔방 벋어 간다. 그리고 [338] 이미 고전적 건축에서 둔중함, 견고함, 단순함으로부터 날씬함과 보다 장식적인 것으로의 발전이 보일진대, 기주에서도 이와 비슷한 것이 재차 나타나는바, 기주는 이렇듯 한층 더 가늘게 솟음으로써 지탱으로부터 점점 더 멀어지며, 또한 비록 상부는 닫혀 있더라도, 자유롭게 비상飛上한다.

기주와 첨두아치의 형태는 창문과 문에서도 동일하게 반복된다. 특히 창문들은, 측면 통로의 낮은 창문들뿐만 아니라 본당 신랑身廊과 내진內陣의 높은 창문들 역시, 거대한 크기를 갖는데, 이는 창들의 아랫부분에 머무는 시선이 한눈에 윗부분까지 포괄하지 못하도록 하기 위함이며 그리하여 아치의 경우처럼 치키도록 하기 위함이다. 이것은 바로 비상의 불안을 산출하며, 이는 보는 이에게 전달되어야 할 것이다. 게다가 창유리들은 이미 언급했듯 스테인드글라스들 탓에 다만 반투명할 뿐이다. 이것들은 성서의 이야기들을 묘사하거나 그저 어슴푸레함을 퍼뜨려 촛불의 광채를 더할 요량으로 색이 입혀졌을 뿐이다. 왜냐하면 여기서 빛을 주는 것은 외부 자연의 한낮이 아닌 또 다른 한낮이기 때문이다.

γγ) 이제 마지막으로 고딕 교회 내부의 전체 배치를 살펴보자. 우리는 이미 특수한 부분들이 높이, 넓이, 길이의 면에서 다종적이어야 함을 보았다. 여기서 먼저 보아야 할 것은 내진, 좌우 익부翼部, 본당의 긴 신랑과 주위를 두르는 측랑들의 차이이다.

이 마지막의 것은 외측으로는 건물을 둘러싸는 벽들을 통해 —기주들과 궁륭들은 이 벽들 앞쪽으로 나와 있다—, 내측으로는 기주들과 첨두아치들을 통해 형성된다. 이것들과 신랑은 그 사이에 벽을 갖지 않기 때문에 측랑들은 신랑을 향해 열려 있다. 이를 통해 측랑들은 그리스 신전의 주랑들과 반대 입장을 갖는다. 후자는 바깥쪽으로 열리고 안쪽으로 막힌 반면, 고딕 교회의 측랑은 중앙의 신랑을 향해 기주들 사이에 자유로운 통로를 열어 둔다. [339] 때로는 그러한 측랑이 2열로 병렬하고, 일례로 앤트워프의 성당은 신랑 양편에 심지어 3열의 측랑을 두고 있다.

신랑 자체는 측랑 위로 두 배 높게, 혹은 그보다 낮게 높낮이를 바꿔 가며 솟으며, 길고 거대한 창으로 구멍이 난 벽에 의해 사면이 닫혀 있다. 이를 통해 벽은 그 자체가, 말하자면 가는 기주가 되며, 이 기주들은 무릇 첨두아치를 향해 각기 갈라져 궁륭을 형성한다. 하지만 예컨대 뉘른베르크의 성 제발두스 교회 내에 나중에 지어진 내진에서처럼 측랑이 신랑과 같은 높이를 갖는 교회들도 있는데, 이것은 웅장하고 자유롭고 열린 날렵함과 우아함의 특성을 전체에 부여한다. 이런 식으로 전체는 기주열들을 —날아오르는 그 가지들은 숲과 같이 위에서 궁륭을 이루며 만난다— 통해 분할, 구분된다. 이러한 기주들의 수효에서, 그리고 숫자관계들 일반에서 사람들은 신비한 의미를 많이 찾으려고 했다. 물론 고딕 건축의 가장 아름다운 개화기, 예컨대 쾰른 성당의 건축에 즈음해서는 그러한 수의 상징에 커다란 중요성이 부과되었다. 왜냐하면 이성적인 것에 대한 다소 불투명한 견해가 쉽사리 이 같은 외면성들로 빠졌기 때문이다. 하지만 저급한 상징의 다소간 늘 자의적인 그러한 유희를 통해서는 건축예술작품이 한층 깊은 의미나 한층 고양된 아름다움을 지니지 못한다. 왜냐하면 그 본연의 의의와 정신은 수의 차이들이 갖는 신비한 의미와는 전혀 다른 형식과 형상화들 속에서 표출되기 때문이다. 그러므로 우리는 그러한 의미들을 탐색함에 있어 너무 멀리 나가지 않도록 매우 조심해야 할 것이니, 까닭인즉 지나치게 철저하여 아무데서나 한층 깊은 의미를 해석하려는 의지는 명료하게 언표, 서술된 깊이를 제대로 파악하지 못한 채 간과하는 맹목적 현학에 못지않게 사소하고 불철저하기 때문이다.

마지막으로 내진과 [340] 신랑의 좀 더 자세한 차이에 관해서는 다음의 것만을 언급하고자 한다. 제의의 본격적 중심점인 주 제단은 내진의 높은 곳에 있으며, 또한 설교단까지 자리한 신랑에 착석하는 교인들과는 반대로 성직자를 위해 내진이라는 그 장소가 봉헌된다. 계단들은 다소간 차이는 있지만 내진을 향해 높이 올라가니, 이 부분 전체와 그 안에서 진행되는 일이 어디서든 보인다. 그뿐만 아니라 내진부는 치장의 면에서 한층 장식적으로, 그러면서도 길이가 더욱 긴 신랑과는 달리, 설사 궁륭의 높이가 같을 경우에도, 한층 진지하고 장엄하고 숭고하게 보인다. 그러나 무엇보다 여기서는 전체 건물이 한층 두껍고 촘촘한 기주 배치와 더불어 —이를 통해 폭은 점점 사라지고 모든 것은 한층 고요하고 높이 오르는 듯 보인다— 궁극적으로 닫히는 반면, 좌우의 익랑들과 신랑은 출입구들을 통해 외부세계와의 관계를 자유롭게 한다. — 방위의 면에서 내진부는 동쪽으로 누우며, 신랑은 서쪽을 향하며, 익랑은 북향과 남향이다. 하지만 이중의 내진을 갖는 교회들도 있는데, 여기서는 내진이 아침과 저녁 방향을 잡고 있으며, 또한 주 출입구는 익랑들에 붙어 있다. — 세례를 위한, 교구에 가입하는 성례를 위한 성수반聖水盤은 교회로 들어가는 주 입구의 현관에 설치되어 있다. 마지막으로 한층 개인적인 기도를 위해서는 전체 건물 주위로, 주로 내진과 신랑 주위로 비교적 조그마한 예배소들이 설치되는데, 그것들은 말하자면 각각 자체로서 하나의 새로운 교회를 이룬다.

교회의 전체 배치에 관해서는 이쯤 해 두자.

그런데 그러한 돔에는 전체 민중을 위한 공간이 있다. 왜냐하면 한 도시 및 근교의 교구가 모이는 장소는 건물의 주위가 아니라 그 내부이기 때문이다. 그리하여 여기서는 삶의 온갖 다양한 관심들도, 그것들이 여하튼 종교적인 요소에 스치기만 한다면 나란히 자리한다. 열로 늘어선 신도석에는 넓은 공간을 가르고 좁히는 정해진 구분이 없으며, [341] 오히려 각인은 방해받지 않고 오가며, 잠시의 사용을 위해 한 좌석을 빌려 잡으며, 무릎을 꿇고, 기도를 올리고, 다시 떠난다. 장엄미사의 시간이 아니라면, 극히 다양한 일이 방해받지 않고 동시에 일어난다. 여기서 설교가 행해지고 저기서 병자가 들어오며, 그 사이를 한 행렬이 서서히 통과한다. 여기서 세례가 행해지고 저기서 시신이 교회를 거쳐 운구되며, 다시 한 곳에서는 사제가 미사를 드리거나 한 쌍의 결혼을 축복한다. 또한 민중은 어디서나 제단과 성상들 앞에서 유목민처럼 무릎을 꿇고 있다. 하나의 같은 건물이 이 모든 다중의 일들을 포용한다. 그러나 끊임없이 바뀌는 이 제반사는 건물의 폭과 넓이에 견주면 없는 것이나 진배없다. 어떠한 것도 전체를 채우지 못하며, 그 모든 것은 순식간에 지나가며, 개인의 활동들은 가뭇없고, 또한 이 웅장한 건물 속에서 점들처럼 분산되며, 순간적인 것은 그 스침 속에서 보일 뿐이며, 또한 그 위로는 거대하고 무한한 공간들의 견고하고 한결같은 형식과 구조가 솟아 있다.

이것이 고딕 교회의 내부를 위한 주요 규정들이다. 여기서 우리가 찾아야 하는 것은 합목적성 그 자체가 아니라 가장 내면적인 특칭성으로 침잠하여 일체의 개체적이며 유한한 것을 넘어서는 심정의 주관적 경배를 위한 합목적성이다. 그런즉 사방이 둘러싸인 공간들을 통해 자연과 분리된 이 건물들은 내부가 어두울뿐더러 미세한 부분까지 다듬어지며, 가량없이 치솟는다.

β) 이제 외부의 고찰로 눈을 돌리자. 이미 위에서 언급하였던바, 고딕 건축에서는 그리스 신전들과는 달리 외부가 오로지 내부의 에워쌈으로서만 현상해야 하는 관계로 외적 형상, 벽들의 치장과 배열 등의 규정이 내부에서 비롯한다. [342]

이러한 관계에서는 특히 다음의 점들이 부각된다.

αα) 첫째, 외부의 완전한 십자가형 기본 윤곽이 이미 내부도 같은 구조임을 ―이 구조는 내진 및 신랑을 익랑들과 교차시킨다― 알게 하며, 또한 그 밖에도 그것은 측랑들, 신랑, 내진의 서로 다른 높이 역시 분명하게 나타낸다.

좀 더 자세히 보자면, 신랑과 측랑들의 외부인 주 전면에서 내부구조에 상응하는 것은 현관들이다. 신랑으로 이어지는 비교적 높은 주 현관은 측랑들로 이어지는 비교적 작은 현관들 사이에 있으며 또한 입장入場을 이미 지화하기 위해 원근법적으로 축소되는데, 이것은 외부의 동행, 작아짐, 사라짐을 암시한다. 내부는 이미 가시화된 배후이며 또한, 심정이 내면성으로서의 자신 안으로 입장하려면 스스로를 심화해야 하듯, 외부는 이 배후를 향해 깊어진다. 다음으로 현관들이 첨두아치들을 향해 ―이것들은 관행적으로 내부 궁륭의 특수한 형식으로 쓰인다― 솟듯이, 측문들 위로도 거대한 창들이 내부와 매우 직접적인 관계를 맺으며 솟아 있다. 창들 사이에는 주 현관 위로 큰 원형의 장미창이 열려 있는데, 이것 역시 이 종류의 건축에 특유한, 오직 거기에만 어울리는 형식이다. 그러한 장미창이 없는 곳에서는 더욱 거대한 첨두아치의 창이 대신한다. ― 십자익랑들의 전면도 유사한 배치를 갖고 있으며, 반면 신랑, 내진, 측랑들의 벽들은 창들과 그 형식 및 그것들 사이의 내력벽들에서 전적으로 내부의 형상을 따르며, 또

노트르담 대성당의 장미창(© Zachi Evenor)

한 이것을 밖으로도 내보인다.

ββ) 그런데 둘째, 외부는 자신이 충족해야 할 고유의 과제들을 갖는 까닭에 내부의 형식 및 배치와의 이러한 긴밀한 결속 속에서도 [343] 독립적으로 되기 시작한다. 이 면에서 우리는 내력벽들Strebepfeiler을 언급할 수 있다. 이것들은 내부의 다양한 기주들을 대신하며, 또한 전체 건물의 올림과 안정을 위한 지지 거점으로서 필수적이다. 이것들은 비록 내부 기주들의 고유 형상을 모방하지 않으며 오히려 높이 올라갈수록 단계별로 내력耐力이 감소되긴 하지만, 동시에 다시 간격과 수효 등에서 내부 기주열들의 나뉨을 밖으로 분명히 보이고 있다.

γγ) 그러나 셋째, 완전한 내적 에워쌈은 내부에만 국한되는 관계로, 외부의 형상에서는 이 특성이 사라지고 치솟음이라는 단일 전형이 자리를 독점한다. 이를 통해 외부는 내부와 별개인 하나의 형식 역시 얻는바, 이것은 주

로 전방위적이고 뾰족뾰족하고 첨탑을 이루는 치솟음, 정점 위에 정점을 더하는 돌출로 나타난다.

이러한 치솟음에 속하는 것으로는 첨두아치와 현관들, 특히 주 전면의 현관들 위에서, 또한 신랑과 내진의 거대한 창문들 위에서 올라가는 높은 꼭짓점의 삼각형이 있다. 좁게 예각화된 지붕형식도 마찬가지인데, 그 박공은 주로 익랑들의 전면에서 나타난다. 다음으로는 내력벽들이 있는데, 이것들은 어디서나 작은 첨탑을 이루면서 올라가고 또한 이를 통해, 마치 내부의 기주열들이 기둥, 가지 그리고 궁륭들의 숲을 이루듯이, 여기 외부에서는 첨탑의 숲을 공중으로 벋게 한다.

그러나 가장 독립적으로 올라가는 것은 이 지극히 숭고한 정점으로서의 탑들이다. 즉 말하자면 건물의 전체 규모는 탑들로 집결되는데, 이는 건물이 그 주 탑들에서 고요함과 견고성의 특성을 상실함이 없이 눈으로 가늠할 수 없는 높이로 무한정 치솟게 하기 위함이다. 그러한 탑들은 주 전면에서는 양쪽 측랑들 위에 서 있거나 ―반면 제3의 한층 두꺼운 주 탑은 [344] 익랑, 내진 그리고 신랑의 궁륭이 만나는 곳에서 솟는다― 하나의 단일한 탑이 주 전면을 이루고, 또한 신랑의 전폭全幅 너비로 올라간다. 하여튼 이러한 것이 가장 일반적인 위치들이다. 기독교의 예배에는 특유하게 종소리가 속하는 까닭에, 탑들은 제의를 위해 종루鐘樓들을 제공한다. 단순하고 비규정적인 그 음[정조은 내면 자체를 엄숙하게 자극하되, 아직은 외부에서 오는 준비 신호일 뿐이다. 이에 반해 뚜렷이 분절화된 음은 감응과 표상들의 특정한 내용을 표현하며, 그 노래는 교회의 내부에서 비로소 울린다. 그러나 분절화되지 않은 울림은 건물의 외부에 자리할 수 있을 뿐이며, 또한 탑들에서 내려 퍼질지니, 까닭인즉 그것은 널리 땅에 스미는 순수한 하늘의 소리인듯 들려야 하기 때문이다.

c. 장식방식

셋째로 나는 장식방식에 관한 주요 규정들을 초장에 언급했다.

α) 첫 번째 강조점은 장식 일반이 고딕 건축에서 차지하는 중요성에 관한 것이다. 고전적 건축은 건물들의 장식에서 전반적으로 현명한 비례를 유지하고 있다. 그러나 고딕 건축은 그것이 축조하는 부피가 실제보다 더욱 크게, 무엇보다 더욱 높게 보일 것을 특히 중요시하는 까닭에, 그것은 단순한 평면에 만족하지 않으며, 오히려 평면을 철저히, 그것도 그 자체가 다시 치솟음을 지시하는 형식들로 분할한다. 이를테면 기주들, 첨두아치들 그리고 그 위로 솟는 예각 삼각형들이 장식들에서도 재등장하는 것이다. 이리하여 거대한 규모의 단순한 통일성이 분열되고, 또한 최후의 유한성과 특수성에 이르기까지 잘 다듬어지니, 이제 전체는 자체 내에서 극히 거대한 대립을 보여 준다. 눈은 일면 거대한 차원들의, [345] 하지만 분명하게 구획된 매우 알기 쉬운 윤곽선을 보지만, 또 일면 이를 데 없이 가득 차고 다양한 장식적 치장들도 보는바, 이로써 지극히 보편적이며 단순한 것에 대해 형형색색의 특수성이 대립한다. 이는 심정이 기독교의 기도와 반대로 유한성에도 잠기며 신변잡사에도 익숙해지는 것과 같다. 이 양분성은 관조를 자극할 것이며, 이 치솟음은 숭고함으로 초대한다. 왜냐하면 이러한 장식방식의 주안점은 윤곽선들이 변화무쌍한 다량의 장식을 통해 파괴되거나 은폐되도록 만드는 데 있지 않고 오히려 본질적인 것으로서 다양성에 완전히, 그리고 철저하게 스미도록 만드는 데 있기 때문이다. 특히 고딕 건물들에서는 오직 이 경우에만 장엄한 진지함의 경건성이 보존된다. 종교적 예배가 각인의 심정과 삶의 관계들이 갖는 형형색색의 독특함을 관류하여 가슴속에 보편적이며 확고한 표상들을 흔들림 없이 심어 주듯이, 단순한 건축학적 기본 전형들 역시 극히 다양한 격실들, 격벽들, 치장들을 언제나 앞의 주 윤곽선들 속으로 다시 흡수하여 이 선들과 대비할 때 가뭇없도

록 만들어야 한다.

β) 장식들이 갖는 두 번째 측면도 같은 식으로 낭만적 예술형식 일반과 관계한다. 낭만적 예술은 일면 내면성의 원리, 즉 추상관념성으로의 회귀의 원리를 내포하며, 또 일면 내면을 외적인 것 속에 반영하고 또한 그로부터 벗어나 자신을 자신에게로 되돌려야 한다. 건축은 감각적, 질료적, 공간적 덩어리를 사용하여 지극한 내면성 자체를 가능한 한 가시화한다. 그러한 질료의 경우에는 덩어리 자재의 질료성을 그대로 두어서는 안 되며 오히려 그것을 전면적으로 깨고 조각내어 거기에서 그 직접적 응집력과 독립성의 가상을 빼앗아야만 비로소 표현이 가능해진다. 이 면에서 장식들은, 특히 [346] 에워쌈 자체를 보여 줄 필요가 없는 외부에서는, 도처가 깨어진 것 혹은 평면 위에 맞추어 놓은 것이라는 특성을 간직하는데, 그토록 거대하고 무거운 돌덩어리들을 건고하게 맞추었음에도 불구하고 경쾌하고 장식적인 전형을 이토록 완전하게 보존한 건축은 없었다.

γ) 셋째, 장식들의 형상화 방식을 살펴보자면, 이에 관해서는 첨두아치들, 기주들, 원형들 말고도 형식들이 다시 진정한 유기성을 상기시킨다는 언급이면 족하다. 조각내기와 돌덩어리 다듬기가 이미 이 점을 암시한다. 그런데 좀 더 자세히 보면, 특히 나뭇잎들, 꽃 모양 장식들 그리고 때로는 실제적이며, 때로는 판타지에 의해 합성된 아라베스크풍의 동물 및 인간 형상들이 나타나며, 또한 이를 통해 낭만적 판타지는 건축에서도 그 풍부한 창안들과 이질적 요소들의 특이한 결합들을 보여 준다. 비록 다른 한편으로는, 적어도 가장 순수한 고딕 건축의 시기에는 가령 창의 첨두아치와 같은 장식들에서도 단순한 형식들의 꾸준한 귀환이 관찰되지만 말이다.

3. 낭만적 건축의 여러 건축방식들

마지막의 몇 가지 첨언은 시대에 따라 여러 가지로 발전된 낭만적 예술의 주요 형식들에 관한 것이되, 여기서 결코 이 예술의 발전사를 제공하려는 것은 아니다.

a. 고딕 이전의 건축

로마 건축으로부터 발전된 소위 고딕 이전의 [로마네스크] 건축은 방금 서술된 바의 고딕 건축과 뚜렷이 구분된다. ― 기독교 교회의 가장 오래된 형식은 바실리카 형식이다. 그 교회들은 제국의 공공건물들, [347] 즉 콘스탄티누스 대제가 기독교인들에게 허용한 목재 지붕구조의 큰 직사각형 회당들에서 성립하였다. 그러한 회당들에는 성직자가 예배 모임에서 찬송과 설교 혹은 강연을 위해 올랐던 설교단이 있었는데, 여기에서 추후 내진의 아이디어가 생겼을 것이다. 특히 서로마 제국의 경우 기독교 건축은 그 밖의 형식들을 ―가령 원형 아치와 열주들의 사용, 돔들 그리고 고전적 건축의 모든 전체적 장식방식들과 같은 것들을― 같은 식으로 수용하였으며, 동로마 제국에서도 유스티니아누스 시대까지는 동일한 건축방식에 충실하였던 것으로 보인다. 심지어 동고트족과 롬바르디아족이 이탈리아에서 세웠던 것도 본질적인 면에서는 로마의 기본 특성을 유지하였다. ― 하지만 비잔틴 제국의 후기 건축에서는 다층적인 변화가 등장한다. 중심점을 이루는 것은 네 개의 큰 지주 위에 놓인 돔인데, 여기에는 로마식과는 구분되는 그리스식 제의의 특수한 목적들을 위해 여러 종류의 구조물들이 부착되었다. 그런데 비잔틴 제국의 이 고유한 건축술과 이탈리아, 프랑스, 잉글랜드, 독일 등에서 12세기 말경까지 통용되었던, 일반적으로 비잔틴풍이라고 불리는 건축술이 혼동되어서는 안 된다.

b. 본격적인 고딕 건축

고딕 건축은 그 후 13세기에 특유의 형식으로 발전하였는데, 나는 그 주요 특징을 위에서 상세히 거론하였다. 오늘날 그것은 고트족과 무관한 것이 되었는바, 사람들은 그것을 독일적 혹은 게르만적 건축이라고 불렀다. 그렇지만 우리는 익숙한 옛 명칭을 그대로 둘 수도 있다. 즉 스페인에서는 매우 오래된 이 건축방식의 흔적들이 발견되는데, 이것들은 역사적 상황들의 관계를, 즉 고트족 왕들이 [348] 아스투리아 및 갈리시아 지방의 산속까지 쫓겨나 그곳에서 명맥을 유지했다는 사실을 가리키고 있다. 이렇게 보면 고딕 건축과 아라비아 건축의 가까운 친족관계가 근사한 것으로 보일지 모르지만, 양자는 본질적으로 구분된다. 왜냐하면 중세 아라비아 건축의 특

이글레시아 성당의 첨두아치(ⓒ Joe Mabel)

카이르완 대(大)모스크의 편자형 아치(© Rusty Clark)

징은 첨두아치가 아니라 이른바 편자형 아치이며, 또한 그 밖에도 완전히 다른 제의를 위해 규정된 건물들은 동방의 부와 찬란함, 식물형의 장식, 그리고 로마적인 것과 중세적인 것을 외적으로 섞은 기타 치장들을 보여 주기 때문이다.

c. 중세의 민간 건축

민간건축[세속적 건축]은 종교적 건축의 이러한 발전과 평행하며, 또한 교회 건축의 특성을 그 입장에 맞게 반복, 수정한다. 그러나 민간건축에서는 예술이 더욱 적은 유희공간을 갖는데, 왜냐하면 여기서는 다소 한정된 목적들과 다방면의 욕구들이 한층 엄격하게 충족될 것을 요구하며 또한 미를 위해서는 단순한 장식의 공간만을 할애하기 때문이다. 형식과 비례의 일반적 균형을 제외하면 예술은 주로 전면, 계단, 층계 공간, 창문, 출입문, 박공,

탑들 등에서 보일 뿐이며, 이 경우에도 합목적성이 이것들을 본격적으로 규정하고 결정하는 요소로 남는다. 중세에는 무엇보다 성과 같은 모습의 요새화된 주택들이 기본 전형이다. 산의 외진 곳이나 산정뿐만 아니라 도시들에서도 —예컨대 이탈리아에서는 모든 궁전과 사가私家들이 조그마한 요새나 성의 모습을 취하고 있었다— 이러한 주택들이 나타난다. 여기서는 담, 대문, 탑, 다리 등과 같은 것들이 필요에 의해 도입되었으며, 또한 예술을 통해 치장, 미화되었다. 개별 형식들과 그 관계는 생생한 개성과 장대한 찬란함을 갖지만 본질적 [349] 규정을 이루는 것은 견고성과 안정성인데, 그 자세한 분석은 우리를 너무 멀리 끌고 갈 것이기에 여기서는 생략한다.

마지막으로 우리는 부록 삼아 정원건축에 대해 약술할 것이다. 정원건축은 오로지 정신을 위해 하나의 환경을 제2의 외적 자연으로서 창출하되, 근본적으로 완전히 새롭게 창출하는 것은 아니며, 오히려 자연 자체의 풍경을 건물구조 속으로 끌어들여 건축술의 일환인 건물의 환경으로서 취급한다. 이에 관한 주지의 실례로는 장엄하기 그지없는 상수시 궁전의[129] 내정內庭을 들면 될 것이다.

본격적 원예와 관계하여 우리는 그 회화적 요소와 건축술적 요소를 잘 구분해야만 한다. 다시 말해 정원을 만드는 것은 본연의 건축술, 즉 자유로운 자연대상들을 사용하는 짓기가 아니라 그리기, 즉 대상들의 자연성을 그대로 둔 채 위대하고 자유로운 자연을 모방하려 애쓰는 그리기이다. 왜냐하면 풍경이 주는 일체의 즐거움은, 즉 거칠고 큰 규모의 괴석들, 계곡, 숲, 초원, 풀밭, 구불구불한 시내, 넓은 강과 생명이 깃든 기슭, 나무들로 싸인 고요한 호수, 소리 내며 떨어지는 폭포 등은 저마다 자연의 위대함과 자

---

129 역주: 이것은 포츠담에 있는 프리드리히 대왕의 여름 별궁이다.

유로움을 암시하며, 또한 하나의 전체로 집약되어 나타나기 때문이다. 이미 중국인들의 원예는 이렇듯 호수와 섬, 강, 풍광, 석정石庭 등으로써 전체 풍경을 구성하고 있다.

그런 식의 정원에서는 한편으로 모든 것이 자연 자체의 자유를 간직해야 마땅하지만 그럼에도 다른 한편 —특히 근래에는— 그것이 인위적으로 조작, 변형되고 또 기존의 지형에 의해 제약당하는바, 이로써 완전히 해결되지 않는 하나의 불일치가 나타난다. 이 면에서 보면, 의도가 없어야 할 것이 도처에서 의도성을 띠고, 강제되지 말아야 할 것이 강제되는 그러한 것보다 더 무미건조한 것은 없다. 그 밖에도 여기서는 정원에 적합한 본연의 특성이 상실된다. 왜냐하면 정원은 [350] 한 장소에서 즐겁게 거닐며 담소를 나누는 일에 소용된다는 규정을 갖는데, 이 장소라는 것이 더 이상 자연 자체가 아니라 인간에 의해, 스스로 하나의 환경을 만들려는 그의 욕구를 위해 변형된 자연이기 때문이다. 이에 반해 대규모의 정원은, 특히 그것이 중국풍의 탑들, 터키풍의 모스크들, 스위스풍의 산장들, 다리들, 암자들 그리고 그 밖의 이국적인 것들을 구비하고 있다면, 그 자체로서 이미 볼거리가 된다. 그것은 자체가 명소이며 또한 의미 있는 것이다. 하지만 즉각적인 만족을 주는 이러한 매력은 쉬이 사라지며 또한 우리는 그런 것을 두 번은 바라볼 수 없다. 왜냐하면 이러한 부속물은 결코 내적으로 존재하는 무한한 영혼을 가시화하지 않을뿐더러, 주위를 거닐며 즐기고 대화하기에는 그저 지루하고 성가신 것에 불과하기 때문이다.

정원 그 자체는 하나의 명랑한 환경이자 독자적으로 전혀 타당성을 가지려 하지 않는, 또한 인간을 인간적, 내적인 것으로부터 떼어 놓으려 하지 않는 단순한 환경일 뿐이다. 건축은 여기서 오성적 선들, 질서, 규칙성, 균형과 더불어 자리하며, 또한 자연대상들 자체를 건축술적으로 배열한다. 만리장성 너머와 티베트에 있는 몽고인들의 원예, 페르시아인들의 낙원들은 이미 이러한 전형을 더욱 따르고 있다. 거기에 있는 것은 영국식 정원들이 아니라 꽃, 샘, 분수들이며, 자연 안에서의 체류를 위한, 그리고 인간의 욕구와 안락함을 위해 찬란하고 장엄하고 호사스럽게 설비된 전각들과 궁전들이다. 그러나 건축술적 원칙이 가장 많이 실현되어 있는 것은 프랑스식 원예이다. 보통 대규모의 궁전들에도 부속되어 있는 프랑스식 원예는 나무들을 엄격한 질서 속에서 대로를 따라 나란히 심고, 잘 다듬고, 잘린 가장자리들로 일직선의 벽들을 형성하고 그리하여 자연 자체를 천공에 있는 하나의 넓은 주거로 바꾼다. [351]

베르사유 궁전의 정원(© Lionel Allorge)

제2편

조각

정신의 비유기적 본성은 그에 적절한 예술적 형상을 건축에서 구한다. 이 본성에 정신적인 것 자체가 대립하여 이제 예술작품은 정신성을 내용으로 삼고 또 표현한다. 이러한 진행의 필연성을 우리는 이미 살펴본 바 있다. 이 필연성은 객관성 자체와 주관적 대자존재로 나뉘는 정신의 개념 속에 들어 있다. 내면은 건축술적 취급을 통해 이 외면성[객관성]에 스며들지만, 그렇다고 객관적인 것을 완전히 관통하여 정신을 완전히 적절하게 표현하도록, 정신 자체만을 현상케 하도록 만들지는 못한다. 그러므로 예술은 비유기적인 것을 ―건축은 이것을 정신의 표현에 근사하게 만들고자 노력하지만 중력법칙에 매여 있다― 떠나 내면으로 회귀하는바, 이제 내면은 비유기적인 것과 혼재됨 없이 한층 높은 진리 속에서 독자적으로 등장한다. 물질적 질료를 떠나 자신 안으로 회귀하는 정신의 이 도정에서 우리는 조각을 만난다.

다만 이 새로운 영역의 첫 단계[조각]가 내면을 묘사할 때 오로지 추상관념적인 표현방식을 필요로 할 만큼 벌써 내면적 주관성 자체로 회귀한 것은 아직 아니다. 정신은 우선 여전히 신체성 속에서 표현되고 그 속에서 자신과 동질적인 현존재를 갖는 한에서만 자신을 파악한다. 따라서 이러한 관점의 정신성을 내용으로 취하는 예술은 질료 속에서, 그것도 그야말로 직접적인 질료 속에서 정신적 개별성의 현상을 형상화하도록 요구받는다. 말, 언어 역시 외면성을 통한 정신의 자기표출이긴 하지만, 이 객관성은 [352] 직접적인 구체적 질료로서 타당한 것이 아니라 다만 소리로서, 전全 신체, 공기 등의 추상적 요소의 운동과 진동으로서 정신을 전달한다. 이에 반해 직접적 신체성은 예컨대 3차원의 완전한 공간성을 갖는 석재, 목재, 금속, 점토와 같은 공간적 질료성이다. 그런데 이미 살펴보았듯이 정신에 적합한 형상은 그의 고유한 육체성이며, 조각은 이 육체성을 통해 정신적인 것을 공간적 총체성 속에서 현실화한다.

이 면에서 보면 조각이 감각적인 것 자체를, 즉 질료를 질료적, 공간적 형식으로 형상화하는 한, 그것은 아직 건축과 같은 단계에 있다. 하지만 조각은 건축으로부터 구분되기도 하는바, 까닭인즉 조각은 [건축과는 달리] 정신의 타자인 비유기적 물체를 정신에 의해 제작된 하나의 합목적적 환경으로 가시화하기 때문이다. 즉 자신의 목적을 자신의 외부에 두는 형식들로 변형하지 않고, 정신성 자체를, 즉 독자적인 합목적성 및 자립성을 개념적인 면에서 정신과 그 개별성에 속하는 신체적 형상에 투입하여 신체와 정신 양자를 불가분 하나의 동일한 전체로서 가시화하기 때문이다. 그러므로 건축이 단순 외적인 자연과 환경으로서 정신에 봉사한다는 규정을 갖는다면, 조각의 형상은 여기에서 탈피하여 자기 자신을 위해 현존한다. 그러나 이러한 탈피에도 불구하고 조각상은 그 환경에 본질적으로 관계한다. 조각상이나 군상은, 특히 부조는, 작품이 위치해야 할 장소를 고려하지 않고서는 제작될 수 없다. 우리는 조각작품을 우선 완성하고 난 다음에 그 안치장소를 고려해서는 안 되며, 그 구상에는 이미 특정한 환경, 공간의 형태, 장소의 상태에 대한 관계가 들어 있어야 한다. 이 면에서 조각은 특히 건축적 공간들과 끊임없이 관계한다. 왜냐하면 조각의 일차적 목적은 그것이 사원의 상들이라는 것, [353] 또한 격실 내부에 세워진다는 것이기 때문이다. 기독교 교회들에서 회화가 나름대로 제단화들을 제공하는 경우도 그렇다. 또한 고딕 건축 역시 조각작품들과 그 장소의 동일한 관계를 보여 주고 있다. 하지만 사원이나 교회만이 조각상, 군상 및 부조를 위한 공간이 되는 것이 아니며 회당, 계단, 정원, 공공장소, 대문, 개별 기둥들, 개선문들 등도 마찬가지로 조각상들과 더불어 생기가 돌고 말하자면 [조각상들로] 북적대며, 심지어 그러한 기타 환경들과 별도로 있을 경우에도 조각은 제 장소와 입지에 걸 맞은 자신만의 받침대를 요구한다. 이상이 조각과 건축의 관계 및 차이점 에 관한 것이다. 나아가 조각과 그 밖의 예술들을 비교하자면, 특히 시와 회 화가 눈에 띈다. 개별 조각 및 군상들은 완벽한 신체성을 갖는 정신적 형상 을, 인간을, 그가 있는 그대로 제공한다. 그러므로 조각은 정신성을 자연에 가장 충실하게 표현하는 양태인듯 보이며 반면 회화 및 시는 비자연적인듯 보이는바, 까닭인즉 회화는 인간형상을 비롯한 자연사물들이 실제로 차지 하는 공간의 감각적 총체성을 이용하는 대신 오직 평면만을 이용하기 때문 이며, 언어는 신체성을 더더욱 표현하지 않은 채 소리를 통해 그 표상들만 을 전달할 따름이기 때문이다.

그럼에도 불구하고 실상은 정반대이다. 조각상은 자연성 자체에서는 앞 선듯 보이지만, 무거운 재료를 통해 표현된 바로 이 신체적 외면성과 자연 성은 정신으로서의 정신의 본성이 아니다. 오히려 정신의 고유한 실존은 그 내면을 전개하는, 그리고 있는 그대로의 정신을 보여 주는 언어, 행동, 행위들 속에서 표현될 때 정신으로서 존재한다.

이렇게 보면 조각은 특히 시[시문학]를 위해 물러나야 할 것이다. 조형예 술에서는 신체성을 가시화하는 [354] 조형적 명료성이 대종을 이루는데, 시 역시 인간의 외형, 그의 머리칼, 이마, 뺨, 풍모, 복장, 자세 등을 묘사할 수 는 있지만, 그것은 물론 조각의 정확성과 세밀함에는 못 미친다. 하지만 여 기서 시의 결함은 판타지에 의해 보완된다. 그뿐만 아니라 판타지는 단순 한 표상을 위해 세세하게 확정된 규정성을 필요로 하지 않으며, 또한 무엇 보다 인간을 운명과 환경의 모든 동기 및 갈등, 그리고 그의 모든 감응, 언 사, 내면의 발견 및 외적 사건들과 더불어 행위하는 존재로서 우리 앞에 제 시한다. 조각은 이것을 전혀 할 수 없거나 한다고 해도 매우 불완전할 뿐이다. 왜냐하면 조각은 주관적 내면의 사적私的인 깊은 감정과 열정을, 혹은 시의 경우처럼 연속적인 표현들을 묘사할 수 없기 때문이며, 단지 신체를 통해 표현되는 한에서 개별성의 보편적 요소와 한 특정 순간에 한정된 불연속적인 것만을, 그것도 생동적인 행위의 진행을 배제한 채 비운동적으로 제공할 뿐이기 때문이다.

조각은 이 점에서 회화에 뒤처진다. 왜냐하면 회화에서는 정신의 표현이 안색과 그 명암을 통해 한층 규정된 압도적인 정확성과 생동성을 ―그것도 단지 질료적 정확성 일반이라는 자연적 의미에서가 아니라 무엇보다 인상과 파토스의 현상이라는 의미에서― 얻기 때문이다. 그러므로 사람들은 조각이 한층 완벽을 기하려면 그 공간적 총체성이라는 장점과 회화의 기타 장점들을 결합하면 된다고 우선 생각할지도 모른다. 그러나 이것은 회화적 채색을 자의적으로 포기하고자 작정한 것이며 이것이 아니라면 현실의 단 하나의 측면에만, 즉 질료적 형식에만 자신을 한정시키고 다른 것들은 사상하는 ―가령 실루엣 그림과 동판화 같은 것이 그러한 궁여지책이다― 제작의 빈곤과 미숙일 것이다. 하지만 참된 예술에서 그러한 자의는 논외이다. 조각의 대상은 형상이지만, [355] 이 형상은 사실상 구체적 인간 신체의 추상적 측면에 불과하다. 그 형식들은 특칭화된 색채와 행동들의 다양성을 갖지 못한다. 하지만 이것은 우연한 결함이 아니라 예술 자체의 개념을 통해 정립된 질료와 표현방식의 제한성이다. 왜냐하면 예술은 정신의, 그것도 한층 고차적인 사유하는 정신의 산물이며, 또한 그러한 작품이 주제로 삼는 것은 하나의 특정한 내용이자, 이로써 또한 다른 측면들을 사상하는 예술적 실현의 한 방식이기 때문이다. 이 점에서 예술은 여러 학문들과 다를 바가 없다. 기하학은 오로지 공간을, 법학은 오로지 법을, 철학은 오로지 사물들 속에 있는 영원한 이념 및 그 현존재와 대자존재의 해명을 대상으로 삼고, 또 이 대상들을 그 상이성에 따라 상이한 종류로 발전시켰을 뿐,

거론한 학문들 중 어떤 것도 일상적 의식의 의미에서 구체적, 현실적 현존재라고 불리는 것을 완벽하게 표상하지는 못한다.

이제 예술은 정신으로부터 형상화된 창조물이 되어 한 걸음씩 나아가면서 현존재에서는 분리되어 있지 않지만 개념 속에서, 사태 자체의 본성에서 분리되어 있는 [특칭적인] 것을 분리한다. 그러므로 예술은 그러한 단계를 그 자체로 확인하면서 그 특정한 고유성의 발전을 목표로 한다. 조형예술의 요소를 이루는 공간적, 질료적인 것의 개념에서 우리는 공간적 총체성으로서의 육체성, 그 추상적 형식인 신체형상 자체, 그리고 채색의 다양성과 연관하는 한층 상세한 그 생동적 특칭성을 구분하고 분리해야 한다. 조각은 인간형상을, 말하자면 입체적인 물체처럼, 즉 공간적 차원들로 나타나는 그의 형식의 면에서만 취급하는바, 이 면에서 조각은 [질료를 떠나 정신으로부터 예술이 형상화되는 도정에서] 저 첫째 단계에 멈춰 있다. 이제 감각적인 것의 요소에서 거니는 예술은 [356] 하나의 대타존재Sein für Anderes를 가져야 하며, 이와 함께 즉시 특칭화가 시작된다. 그러나 정신의 표현으로서 인간의 신체형태를 중시하는 첫 번째 예술은 이러한 대타존재 속에서 일차적이며 아직 일반적인 자연적 현존재의 양태에, 빛 일반이 낳는 단순한 가시성과 실존에 당도할 뿐, 어둠에 대한 빛의 관계는 —가시적인 것은 이 관계에 즉해서 자체 내에서 질료적으로 특칭화되어 색채가 된다— 그 묘사 속에 함께 수용되지 않는다. 조각은 예술의 필연적 과정 중에서 이 입장에 위치한다. 왜냐하면 시는 현상의 총체성을 표상이라는 유일무이의 요소로 집약하지만, 그럴 수 없는 조형예술은 이 총체성이 분리되도록 두어야 하기 때문이다.

이를 통해 우리는 한편 객관성을 얻지만, 이 객관성은 정신의 고유한 형상이 아니며 그런 한도에서 정신과 대조되는 비유기적 자연으로서 있다. 이러한 객관적 요소는 건축을 암시에 그칠 뿐인, 그리고 그 정신적 의미를 자신 안에 갖지 않는 상징으로 변화시킨다. 객관성 자체와 극단적으로 대립하는 것은 갖가지 동요, 분위기, 열정, 내적·외적인 운동과 행동들로 완전히 특칭화된 주관성, 심정, 감응이다. 양 극단의 중간에서 우리는 규정적이긴 하되 아직 주관적 심정의 내면성으로까지 심화되지는 않은 정신적 개별성을 만나는데, 여기서 우위를 점하는 것은 주관적 개체성이 아니라 정신과 그 목적 및 특징들의 실체적 보편성이다. 그러나 그것은 보편성의 면에서 아직 내면으로 완전히 회귀하여 순수 정신적인 단일체로서 존재하는 것이 아니다. 왜냐하면 이 중간으로서의 그것은 여전히 객관적, 비유기적 자연에서도 기인하며, 그리하여 자신에 즉해 스스로 육체성 자체를 정신의 현존재로서 갖기 때문이다. 이것은 정신에 속할 뿐 아니라 정신을 드러내기도 하는 몸으로서의 정신의 현존재이다. 정신적 개별성은 더 이상 내면과 단순히 대치하지 않는 이 외면성 속에서 표현되어야 하되, 항상 정신적 [357] 개체성이라는 통일점으로 환원되는 생동적 신체성으로서가 아니라 외적으로 표상되고 묘사된 형식으로서 표현된다. 정신은 그 속에 주입되어 있지만, 그렇다고 이 외재성에서 자신 안으로 철수하여 내면으로서 현상하는 것은 아니다.

　이로부터 위에서 이미 거론한 두 가지의 점이 규정된다. 조각은 그 표현을 위해 정신성을 암시할 뿐인 상징적 현상방식을 이용하는 대신 정신의 현실적 실존인 인간형상을 움켜쥔다. 그러나 이에 못지않게 조각은, 감정 없는 주관성과 내적으로 특화되지 않은 심정의 표현으로서, 형상 그 자체에 만족하며 주관성의 점은 그 속에서 흩어진다. 한편으로 이것은 조각이 정신을 왜 행위 속에서, 하나의 목적을 갖고 또 야기하는 일련의 움직임들 속에서, 성격이 드러나는 행동거지들 속에서 표상하지 않는가, 말하자면 객관적으로, 그런 까닭에 특히 형상의 고요함 속에 머무는 것으로서 표상하는가에 대한 이유이기도 하다. 이 고요함에서는 움직임과 군집화가 다만 행위의 일차적인 가벼운 시작으로 있을 뿐 내적, 외적 투쟁의 갖가지 갈등으로 찢긴, 혹은 외면성과 각양각태로 얽힌 주관성을 충분히 표현하지는 못한다. 그렇다고는 하나 조각형상에는 주관성이 현상하는 점, 영혼으로 집중화된 영의 표현, 눈의 시선이 또한 결여되어 있는데, 이유인즉 조각형상이 가시화하는 정신은 육체성에 잠긴, 그리하여 전체 형상에서 드러날 수밖에 없는 정신이기 때문이다. 이 점은 뒤에 가서 좀 더 자세히 밝혀질 것이다. 다른 한편 조각의 대상으로서 아직 다양하게 내적으로 특수화, 개체화되지 않은 개별성은 그 현상방식을 위해 회화적 색채마법을 아직 필요로 하지 않는다. 왜냐하면 색채마법은 그 섬세하고 다중적인 뉘앙스들을 통해 특수한 [358] 성격특징들의 전체 내용, 내면성으로서의 정신의 완전한 발현, 심정의 완전한 내적 집중을 영혼이 깃든 시선 속에서 가시화할 수 있기 때문이다. 조각은 그 특정 입장에 비추어 필요로 하지 않는 질료를 수용하지 말아야 한다. 그러므로 조각은 인간형상의 공간적 형식만을 사용할 뿐 회화적 채색은 사용하지 않는다. 조각상은 전체적으로 단색으로, 흰 대리석으로 조탁되는 것이지 여러 색깔로 다채롭게 마무리되지 않는다. 조각은 금속을 재료로 쓰기도 하는데, 이 원재료는 자기동일적이며 내적으로 분화되지 않은 것, 여러 색들의 대립과 조화가 없는 이를테면 응고된 빛과 같은 것이다.

그리스인들의 위대한 감각은 이러한 입장을 움켜쥐고 놓지 않았다. 우리가 주로 안중에 두어야 할 그리스의 조각에도 여러 색을 입힌 조상彫像들의 사례가 있지만, 이 점에서 우리는 예술의 초기와 말기를 그 예술이 순정한 정점에서 성취했던 것과 구분해야 한다. 마찬가지로 우리는 예술에 본격적으로 속하지 않음에도 종교의 전통을 통해 예술로 인입된 것을 고려하지 말아야 한다. 우리는 이미 고전적 예술형식을 논하면서 그것이 이상理想을 곧바로 직접 완성된 형태로 제시하지 않고 오히려 부적절하고 이질적인 많은 것을 제거한 후에야 비로소 제시하는 것을 보았는데, 이 점은 조각에도 해당된다. 조각은 완성에 이르기 전에 많은 사전 단계를 거쳐야 하며 또한 이 출발은 정점에 도달했을 때와는 전혀 다른 모습이다. 아주 오래된 조각작품들은 이집트의 우상들처럼 색을 입힌 목각인데. 그리스인들의 경우에도 비슷한 것이 있다. 그러나 조각의 기본 개념을 확정하는 것이 문제시될 경우, 우리는 그러한 것들을 본래의 조각에서 배제해야 한다. 그러므로 여기서 채색된 조상의 사례가 많이 나타난다는 사실이 결코 부인될 수는 없으나, [359] 예술취미가 순수해질수록 그만큼 더 "조각은 자신에 어울리지 않는 색채장식과 멀어졌다. 반면 조각은 관조자의 눈에 한층 큰 부드러움, 고요함, 명료함 및 만족감을 주기 위해 현명한 숙고와 더불어 명암을 사용하였다."[130] 대리석의 단순한 단색과는 대조적으로 많은 청동조각들이, 그뿐만 아니라 예를 들어 피디아스의 제우스[131]와 같이 더더욱 위대하고 탁월하기 그지없는 여러 색채의 작품들이 물론 거론될 수도 있다. 하지만 나 또한 무색의 그러한 극단적 추상에 관해 논하는 것이 아니다. 그러나 상아와 금의 빛은 여전히 회화적으로 사용된 색채들이 아니며 또한 대체로 한 특정 예술 장르의 작품들이 현실적으로 매번 기본 개념을 그 같이 추상적, 불변적으로 고수하는 것도 아니다. 왜냐하면 그것들은 잡다한 목적들과 살아

130 요한 하인리히 마이어(Johann Heinrich Meyer), 『그리스 조형예술의 역사(Geschichte der bildenden Künste bei den Griechen)』, [리머(Fr. W. Riemer)에 의해 속간됨], 제3권, Dresden 1824~1836.
     [역주: 그리스의 조각이 정점에 달했던 시대에는 채색 조상들의 제작이 그쳤다고 보는 헤겔의 생각은 마이어에 의해 오도된 잘못이다. "그리스 조각은 전 시대에 걸쳐 채색되었다. … 채색되지 않은 조각은 근래의 취미이다. … 채색되지 않은 인물들은 오직 르네상스 시기에만 제작되었다." 리히터(G. M. A. Richter), 『그리스의 조각과 조각가들(The Sculpture and Sculptors of the Greeks)』, New Haven and London 1950, 148~149쪽. 풍부한 도판들이 수록된 이 책은 헤겔의 조각이론을 연구하는 데 많은 도움이 된다.]
131 역주: 이 거상은 기원전 440년경 제작된 것으로 생각된다. 피디아스는 황금과 상아를 이용하는 방법을 개발하였는데, 우선 나무로 뼈대를 만들고 금속과 상아 판을 그 위에 덧씌웠다. 조각의 여러 부분들은 따로 제작된 후 신전 안에서 조립되었다고 한다.

있는 관계를 맺으며, 여러 장소에서 존속하며, 또한 이를 통해 본래의 기본 전형마저도 다시 수정하는 외적 환경들과 관계하기 때문이다. 조각상들은 종종 예컨대 금이나 상아 같은 고가의 소재들로 완성되었다. 그것들은 찬란한 의자에 앉거나 예술품과 호사스러운 사치품으로 가득 꾸민 받침대들 위에 서서 값비싼 장식들로 치장되었으니, 이로써 민중은 그 찬란한 작품들을 보면서 자신의 힘과 부를 즐겼다. 조각은 즉자대자적으로 이미 비교적 추상적인 예술이다. 그런 까닭에 특히 조각은 자신을 늘 이러한 추상 속에 가두지는 않으며, 오히려 어떤 때는 그 출처가 전통적, 국지적, 지역적인 여러 종류의 부수물들을 함께 지니고, 또 어떤 때는 민중의 생생한 욕구들에 헌신한다. 왜냐하면 활동적인 인간은 다양한 즐길 거리를 요구하며, 또한 자신의 직관과 표상이 여러 방향으로 [360] 동원되는 것을 원하기 때문이다. 이것은 그리스 비극들을 읽는 것과 ―이것 역시 비교적 추상적인 형태의 예술작품만을 우리에게 제공한다― 사정이 같다. 이 작품들의 외적 실존에는 독서 이외에도 살아 있는 인물들, 의상, 무대장식, 춤과 음악을 통한 상연이 추가된다. 이와 마찬가지로 조각상의 외적 실제에도 잡다한 부수물들이 없지 않다. 그러나 우리는 여기서 오직 본연의 조각작품 자체와 관계할 뿐인바, 까닭인즉 사태 자체의 극히 내적인 개념을 그 규정성과 추상 속에서 의식화함에 있어 그러한 외적 측면들이 우리를 방해해서는 안 될 것이기 때문이다.

이제 이 절의 좀 더 자세한 분류로 나아감에 있어, 조각은 그토록 고전적 예술형식 일반의 중심점이 되는 까닭에 여기서 우리는 건축의 고찰에서와는 달리 상징적, 고전적 그리고 낭만적 요소를 분류의 결정적 차이 및 근거로서 받아들여서는 안 된다. 조각은 고전적 이상 자체의 본격적 예술이다. 조각에도 예컨대 이집트에서처럼 상징적 예술형식에 사로잡힌 국면이 있긴 하다. 하지만 이것은 차라리 역사적 사전 단계일 뿐이며, 또한 본질상 조각 본연의 개념과 관계하는 차이들이 아니다. 왜냐하면 이 형상물들은 그 건립 및 사용방식의 면에서 조각 본래의 목적에 속하기보다는 건축에 속하기 때문이다. 이와 비슷하게 낭만적 예술형식이 그 안에 표현될 경우에도 조각은 자신을 초월하며 또한 그리스 조각을 모사함으로써 비로소 그 고유의 조형적 전형을 다시 얻을 뿐이다. 그러므로 우리는 다른 식의 분류를 모색해야 한다.

앞서 말한 바에 따르자면, 우리는 고찰의 중심점을 고전적 이상이 조각을 통해 그 최적의 현실성을 [361] 얻어 가는 방식에 두어야 한다. 그러나 이상적 조각상의 이러한 발전으로 다가가기 전에, 우리는 먼저 어떤 내용과 어떤 형식이 특수한 예술로서의 조각에 고유하게 속하는가, 그리하여 조각으로 하여금 고전적 이상을 정신이 스민 인간형상 및 그 추상적, 공간적 형식 속에서 표현하도록 만들었는가를 보여 주어야 한다. ― 다른 면에서 보면 고전적 이상은 실체적인, 그러나 또한 내적으로 특수화된 개별성에서 기인하는바, 조각이 내용으로 삼는 것은 인간 형상 일반의 이상이 아니라 특수한 이상이며, 또한 이를 통해 조각은 여러 표현방식들로 갈라진다. 이러한 차별성들은 때로는 이해 및 표현 자체와, 때로는 그것이 현실화되는 질료와 ―이것은 그 상이한 성질에 따라 예술 자체에 다시 새로운 특수함을 도입한다― 관계하며, 다음으로 여기에 마지막 차별성으로서 조각의 역사적 발전의 국면이 잇닿는다.

이 점에서 우리의 고찰은 다음의 과정을 거칠 것이다.

첫째, 우리는 조각 개념에서 밝혀지는 내용과 형식의 본질적 본성을 일반적으로 규정할 것이다.

둘째, 고전적 이상이 조각을 통해 그 가장 최고의 예술적 현존재에 도달하는 한, 이상에 대한 보다 자세한 분석이 관건이다.

셋째, 마지막으로 [다룰 것은] 조각에서 부각되는 특수한 종류의 표현 및 질료가 있으며, 고전적 예술형식이 진정한 조형적 중심이기는 해도 상징적 예술형식과 낭만적 예술형식 또한 그 나름의 측면에서 타당성을 갖게 해 줄 여러 작품들의 세계가 펼쳐져 있다[는 점이다]. [362]

제1장
본격적 조각의 원칙

일반적으로 조각은 정신이 완전히 질료적인 것에서 자신을 구상하고 이 외면성을 형태화하는 기적, 그리하여 그 속에서 스스로 현재하며 또 거기에서 자신의 고유한 내면에 합당한 형상을 인식하는 기적을 보여 준다. 이 면에서 우리가 고찰해야 할 것은,

첫째, 어떠한 방식의 정신성이 단순 감각적이며 공간적인 형태의 이 질료 속에서 표현될 수 있는가 하는 문제이다.

둘째, 아름다운 신체적 형상에서 정신적 요소가 인식되려면 공간성의 형식들이 어떻게 형태화되어야 하는가의 문제이다.

조각에서는 정신적 내면이 오직 그 육체적 현존재에서 표현되는 한, 우리가 무릇 보아야 할 것은 외연적 사물의 질서ordo rerum extensarum와 관념적 사물의 질서ordo rerum idearum의 통일, 영혼과 육체의 최초의 아름다운 합일이다.

이 합일은 셋째, 우리가 이미 고전적 예술형식의 이상으로 알고 있었던 것에 상응하며, 그런즉슨 조각의 조형성은 고전적 이상을 표현하는 본연의 예술로 밝혀질 것이다.

1. 조각의 본질적 내용

이미 보았듯이 조각이 그 형상물을 실현하는 요소는 일차적이며 아직 일반적인 공간적 질료의 현존재이다. 이 질료가 갖는 특수성들 중에서 예술적 목적으로 사용되는 것은 일반적, 공간적인 차원들과 이 차원들을 고도로 아름답게 형상화할 수 있는, 보다 세부적이며 공간적인 형식들이 전부이다. 감각적 질료라는 이 비교적 추상적인 측면에는 내면에서 기인하는 정신의 객관성이 내용으로서 각별히 상응한다. [363] 왜냐하면 정신은 자신의 보편적 실체뿐 아니라 신체성이라는 그 현존재와도 구분되지 않았으며, 따라서 그 고유한 주관성의 대자존재로 아직 회귀하지 않았기 때문이다. 여기에는 두 가지가 구분될 수 있다.

a) 정신으로서의 정신은 언제나 주관성, 그 자기自己의 내적 본질이다. 그런데 이 자기의 지식, 의지, 표상, 감응, 행위 그리고 실행은 정신의 보편적이며 영원한 의미내용을 형성하는 것과 분리되어 그 특수한 고유성 및 우연성에 연연할 수 있다. 이때 드러나는 것은 주관성 자체이다. 왜냐하면 주관성은 정신의 참된 객관적 내용을 포기하고 정신으로서 의미내용 없이 단지 형식적으로 자신과 관계할 뿐이기 때문이다. 예를 들어 자기만족의 경우, 한편으로 나는 매우 객관적인 태도를 취할 수 있고 또한 윤리적 행위로 인해 나에게 만족할 수 있지만, 그럼에도 불구하고 나는 스스로에게 만족하는 자로서 이미 행위의 내용에서 벗어나며, 또한 나와 보편성을 비교하기 위해, 개체로서의 나, 이 하나의 자기로서의 나를 정신의 보편성에서 떼어낸다. 이 비교에서는 내 자신에 대한 나의 수긍이 자기만족을 제공하며 그 안에서 이 규정된, 바로 이 하나의 자아는 자기 자신에게 스스로 기뻐한다. 인간이 알며, 뜻하며, 실행하는 모든 것에 고유한 자아가 존재함은 사실이지만 이러한 지식과 행위에서 중요한 것이 그의 특칭적 자아인가 아니면

의식의 본질적 내용을 형성하는 것인가, 인간이 그의 자아에 의해 오롯이 이 내용에 몰입하는가 아니면 언제나 그의 주관적 인격성에 매달려 살아가는가는 현격한 차이를 낳는다.

α) 실체적인 것이 이렇듯 홀대받는다면 주관적인 것 자체는 경향성의 추상적 특수성에, 감응과 충동들의 자의와 우연성에 빠지며, 이로써 특정 행동과 행위들의 추이에서 특정 환경들 및 그 변화에 의존하게 되어 무릇 [364] 타자에 결부된 상태를 벗어날 수 없다. 이와 더불어 주관은 단순히 유한한 주관성으로서 참된 정신성에 대립한다. 그럼에도 불구하고 만일 주관이 알고 뜻함에 있어 자신의 의식과 이렇듯 대립하여 자기 자신에만 매달린다면, 주관은 망상과 공허한 자기반영에 빠지는 것은 물론이거니와 나아가 추악한 열정과 성격, 부덕과 죄악, 사특함, 악의, 잔인함, 앙심, 질투, 만용, 교만 및 인간적 본성의 그 밖의 모든 이면과 그 내용 없는 유한성에 빠진다.

β) 주관적인 것의 이 모든 국면들은 조각의 내용에서 즉각 배제되어야 한다. 왜냐하면 조각은 오로지 정신의 객관성에만 속하기 때문이다. 여기서 객관성이라 함은 실체적인 것, 순정한 것, 일과적이 아닌 것, 즉 정신의 본질적 본성, 우유성과 일과성 속에서 거닐지 않는 것을 —반면 단순히 자신에게만 관계하는 주관은 자신을 이러한 것에 내맡긴다— 의미한다.

γ) 그렇긴 하나 정신으로서의 객관적 정신성 역시 대자존재 없이는 실제성을 갖지 못한다. 왜냐하면 정신은 오로지 주관으로만 존재하기 때문이다. 그러나 이 주관적인 것이 조각의 정신적 내용 속에 자리한다면, 그것은 그 자체로서 표현되지 않고 오히려 예의 실체에 의해 완전히 삼투된 종류의 것으로, 그리고 형식의 면에서는 그로부터 내면으로 다시 반성되지 않은 종류의 것으로 나타난다. 그러므로 [조각의] 객관성은 자기인식이자 자기의지에 불과한 대자존재를 갖지만, 이것은 자신을 채우는 의미내용에서 벗어나지 않으며 오히려 이와 불가분하게 통일되어 있다.

내면 자체로서 실체적이며 참된 것이 이렇듯 완전히 독자적으로 완결되어 있다면, 우리는 그러한 정신적 대상을, 이 무애無碍의 특칭화되지 않은 정신의 존재를 신성이라고 부르는데, 이것은 우연적 현존재로, 그리고 분리와 가변적 운동 속으로 분산되는 유한성과 대립한다. 이 면에서 보면 조각은 신적인 것 그 자체를 [365] 무한히 고요하고 숭고하게, 무시간적, 무운동적으로 표현해야 하며, 순전히 주관적일 뿐인 인성과 행위 내지 상황의 분규는 배제되어야 한다. 그리고 이제 조각은 인간적 형상과 성격을 좀 더 상세하게 규정하는 방향으로도 발전하는데, 여기서도 조각은 이 규정성의 불변적, 상존적 실체만을 포착해야 하며, 또한 우연적이며 덧없는 것이 아닌, 오로지 이것만을 내용으로 택해야 한다. 왜냐하면 객관적 정신성은 아직 이 가변적, 순간적 특수성으로 ―이것은 자신을 개체로서 파악하는 주관성에 의해 도입된다― 나아가지 않기 때문이다. 예컨대 한 개인의 다양한 우연, 사건 그리고 행동들을 이야기하는 일대기에서는 이 잡다한 분규와 자의성들의 과정이 보통 이 광범위한 세부 사항들을 "타당한, 정당한, 용감한, 지성이 뛰어난" 등의 일반적 속성으로 요약하는 인물 총평과 더불어 끝을 맺는다. 그러한 술어들은 한 개인의 상존적 요소인 반면, 그 밖의 특칭성들은 다만 그의 우연적 현상에 속할 뿐이다. 조각도 바로 이 항존적 요소를 개성의 유일한 존재이자 현존재로서 표현해야 한다. 하지만 조각은 가령 그러한 보편적 특질들 등속의 단순한 유비가 아니며 오히려 내적으로 완성된 존재로서의 개인들을 객관적 정신성 속에서, 독립적 고요 속에서, 타자에 대한 관계로부터 벗어나서 포착하고 형상화한다. 조각에서는 매 개성마다 언제나 실체적인 것이 본질적 기초를 이루며, 주관적 자기인식과 자기감응 혹은 피상적, 가변적 특수성이 하여간 우세해서는 안 되며, 신들과 인간들의 영원성이 자의와 우연적 이기심을 벗은 채 그 맑은 명료성에 따라 표상되어야 한다.

b) 우리가 언급해야 할 또 하나의 점은, 질료가 3차원의 공간 속에서 외적으로 표현될 것을 요구하는 까닭에, [366] 조각의 내용도 정신적인 것 자체일 수 없다는 사실이다. 즉 그것은 오로지 자기 자신과 합치할 뿐인, 자신 안에 잠긴 내면성일 수 없으며 오히려 자신의 타자인 육체적인 것 속에서 비로소 대자적으로 존재하는 정신성이어야 한다. 외적인 것의 부정은 이미 내적 주관성에 속하는 까닭에, 그것은 신적인 것과 인간적인 것의 객관적 특성을 내용으로 삼는 조각에서 나타날 수 없는 것이다. 그리고 내면으로 침잠된 이 객관적 요소가 내적 주관성 자체는 아니지만, 오로지 그것만이 외면성의 모든 차원들에 자유통행을 허락하며, 또 이 공간의 총체성과 결합되어 있다. 그러므로 조각은 정신의 객관적 의미내용으로부터 오로지 외적이며 육체적인 것 속에서 완벽하게 표현되는 것만을 대상으로 삼는바, 까닭인즉 그렇지 않다면 조각은 그 질료가 더 이상 수용할 수 없는, 그리고 적절한 방식으로 현상시킬 수 없는 하나의 내용을 선택하는 폭이기 때문이다.

2. 아름다운 조각형상

그러한 내용이 주어진다면, 이제 둘째, 그것을 새겨야 할 임무를 띤 신체형상의 형식들이 문제시된다.

고전적 건축에서는 주택이, 이를테면 기존하는 뼈대와 같은 것이고 예술이 이것을 좀 더 세부적으로 다듬는다면, 조각의 입장에서는 인간형상이 그 조형을 위한 기본 전형으로 놓여 있다. 그런데 주택 자체가 인간의 —아직 예술적이지는 않은— 창안이라면, 반면 인간형상이라는 조각은 인간과 별개인 자연산물인 것으로 나타난다. 그러므로 기본 전형은 조각에 주어져 있는 것이지 조각에 의해 고안된 것이 아니다. 그런데 인간형상이 자연에

속한다는 것은 대단히 모호한 표현이어서, 우리는 이것을 좀 더 면밀하게 이해해야 한다. [367]

이미 자연미의 고찰에서 보았듯이, 이념은 자연 속에서 자신에게 최초의 직접적 현존재를 부여하며, 또한 동물적 생명성과 그 완전한 유기체에서 자신에게 적격인 자연실존을 갖는다. 동물의 몸이라는 유기체는 고로 내적으로 총체적인 개념의 산물인데, 이 개념은 신체적 현존재에서는 영혼으로 실존하지만, 동물적 생명성으로서는 동물의 몸을 형형색색의 특수성으로 —각개의 특수한 전형이 언제나 개념에 의해 규제되긴 하지만— 변형시킨다. 그런데 개념과 신체적 형상이, 좀 더 자세히는 영혼과 신체가 서로 상응한다는 사실, 이 사실을 파악하는 것은 자연철학의 사안이다. 자연철학에서는[132] 상이한 내적 구조, 형상, 상호 관계를 갖는 동물적 몸의 체계들, 그리고 신체적 현존재의 부분을 이루는 보다 특정한 기관들이 개념의 계기들과 일치한다는 사실이 드러날 것이며, 그리하여 여기서 실현되는 것이 어느 한도에서 영혼 자체의 필연적, 특수적 측면들인가 하는 점이 밝혀질 것이다. 하지만 이 자리에서 우리의 직분은 이러한 일치를 증명하는 것이 아니다.

그런데 인간의 형상은 동물의 형상과 달리 그저 영혼의 신체성이 아니라 정신의 신체성이다. 즉 정신과 영혼은 본질적으로 구분된다. 왜냐하면 영혼은 신체적인 것 그 자체의 이 단순하고 추상관념적인 대자존재에 불과하나, 정신은 의식적이며 자의식적인 생명의 대자존재로서 그것은 이 의식적 현존재가 갖는 일체의 감응, 표상 그리고 목적들을 수반하기 때문이다. 단순 동물적인 생명성과 정신적 의식의 이 지대한 차이를 고려할 때, 정신

---

132 역주: 헤겔의 『자연철학』, 350쪽 이하 참조.

적 신체성, 인간의 몸이 그럼에도 동물의 몸과 그토록 동질적인 것으로 나타난다는 점은 의아하게 보일 수 있다. 우리가 그러한 동류성에 의아해하지 않으려면, 정신의 고유한 개념을 생동적인 것으로, 그리하여 즉자적으로 영혼이자 동시에 자연실존인 것으로 결정하도록 만드는 규정을 상기하면 된다. [368] 이제 생동적 영혼으로서의 정신성이 동물의 영혼에 내재하는 것과 같은 개념을 통해 자신에게 몸을 부여하니, 이 몸은 근본성격의 면에서 생동적인 동물유기체 일반과 다를 바 없는 것이다. 그러므로 정신이 단순한 생명체보다 아무리 높은 것이라 한들, 정신은 스스로 자신의 몸을 만들며, 이 몸은 동물의 몸과 더불어 하나의 같은 개념을 통해 지절이 나뉘고 영혼이 깃든 것으로 나타난다. 그런데 나아가 정신은 현존하는 이념, 자연성과 동물적 생명으로서의 이념에 그치지 않고 독자적으로 그 고유하고 자유로운 내면의 요소 속에서 이념으로 존재하는 이념인 까닭에, 정신성은 감각적 생명체의 저편에서도 자신의 고유한 객관성을 완성하니, 이것이 바로 사유 자체의 실제성 이외에는 어떠한 실제성도 갖지 않는 학學, Wissenschaft이다. 하지만 정신은 사유와 그 철학적, 체계적 활동 이외에도 감응, 경향성, 표상, 판타지 등으로 충만한 삶을 영위하니, 이 삶은 영혼 및 신체성으로서의 정신의 현존재와 가깝든 멀든 관계를 맺으며, 그런고로 인간의 몸도 그 하나의 실제성에 속한다. 정신은 그 자신에 속하는 이 실제성 속에서 자신도 마찬가지로 살아 있도록 만들며, 그 속으로 비쳐지며, 그것을 관류하며, 또한 그것을 통해 다른 사람들에게 알려진다. 그러므로 인간의 몸은 그런 한에서 단순한 자연실존에 머물지 않으며, 오히려 그 형상과 구조 속에서 자신을 마찬가지로 정신의 감각적, 자연적 현존재로서, 그럼에도 한층 고차적인 내면의 표현인 까닭에, 아무리 인간의 몸이 일반적으로 동물의 신체성과 일치한다고 해도, 이것과는 구분되는 것으로서 반포해야 한다. 그러나 정신은 스스로가 영혼이며 생명이며 동물적인 몸인 까닭에, 존재하며,

또 존재할 수 있는 것은 살아 있는 몸에 내재하는 정신이 이 신체성 속으로 들이는 변양들뿐이다. 그러므로 정신현상으로서의 인간형상은 이 변양들의 면에서 동물적 형상과 상이하다. 비록 동물의 영혼이 무의식적 활동 속에서 그 몸을 형성하듯이 인간의 기관과 동물적 기관의 차이들도 [369] 정신의 무의식적 창조에 속하지만 말이다.

여기에서 우리는 이것을 출발점으로 삼아야 한다. 예술가에게는 정신의 표현으로서의 인간형상이 주어져 있다. 게다가 인간형상은 그에게 그저 일반적으로 주어지는 것이 아니다. 오히려 정신적 내면의 표현을 위한 전형은 신체의 형태, 특징, 자세 그리고 태도 속에 특수하게 세부적으로 전제되어 있다.

그런데 정신과 몸의 좀 더 자세한 연관성을 정신의 특수한 감응, 열정 그리고 상태들과 관련하여 확고한 사유규정들로 환원하는 것은 매우 어렵다. 사람들은 감정학鑑定學, Pathognomik과 인상학에서 이 관계의 학문적 서술을 시도했지만, 아직까지 제대로 된 성과는 없었다. 우리에게 중요한 것은 인상학뿐이다. 왜냐하면 감정학은 특정한 감정과 열정들이 어떤 특정 기관들에서 신체화되는가 하는 문제에만 몰두했기 때문이다. 예를 들어 분노는 쓸개 속에, 용기는 피 속에 자리한다고 일컬어진다. 지나는 길에 말하자면 이것은 아주 잘못된 표현이다. 아무리 특수한 기관들의 활동이 특수한 열정들에 상응하더라도, 분노는 쓸개에 자리하지 않으며, 오히려 분노가 신체에 영향을 줄 때, 그 현상이 특히 쓸개에서 일어나는 것이다. 이미 말했듯이, 이러한 감정학적 요소는 여기서 우리와 무관한 것이다. 왜냐하면 조각이 관계하는 것은 오로지 정신적 내면으로부터 형상의 외면성으로 이행하는, 또 그곳에서 정신이 신체화, 가시화되도록 만드는 요소일 뿐이기 때문이다. 내부기관과 감응하는 심정의 동조적 공명은 조각의 대상이 아니니, 조각 역시 외적 형상으로 나타나는 많은 것, 예컨대 분노의 분출에서 보이는 손이나 전체 신체의 떨림, 입술의 경련 등을 수용할 수 없는 것이다. 인상학과 연관해서 [370] 나의 언급은 다음에 그칠 것이다. 즉 인간형상을 기초로 삼는 조각작품은 신체성이 이미 그 신체적 형식의 면에서 어떻게 정신 일반의 신적, 인간적 실체성을 표현하는지, 그뿐만 아니라 이러한 신성 속에서 어떻게 특정 개인의 특수한 특성도 표현하는지를 보여 주어야 할 것이며, 또한 그것을 완벽하게 설명하려면 우리는 신체의 어떤 부분, 특징 그리고 모습들이 특정한 내면성에 완전히 적합한가를 서술해야 할 것이다. 고대의 조각작품들은 우리를 그러한 연구로 이끈다. 이 작품들에서 신적인 것과 특수한 신들의 특성이 표현되어 있음은 실로 인정되어야 하지만, 그렇다고 정신적 표현과 감각적 형식의 일치가 무언가 즉자대자적인 것이 아닌, 단지 우연성과 자의의 사안일 뿐이라는 점이 주장되는 것은 아니다. 이점에서 무릇 각 기관은 단순 육체적 측면과 정신적 표현의 측면이라는 두 관점에서 고찰되어야 한다. 물론 이 경우에는 정신을 하나의 단순한 해골더미 같은 것으로 보는 갈[133]의 방식을 따라서는 안 될 것이다.

a. 특칭적 현상의 배제

조각의 소명은 의미내용의 표현인바, 이 의미내용에 준해 실체적인, 또한 이 보편성 속에서도 동시에 개별적인 정신성이 어떻게 신체적 요소에 스며드는가, 그리고 그 속에서 어떻게 현존재와 형상을 얻는가에 대한 탐구를 넘지 않는 선에서 발전되어야 할 것이다. 즉 순정한 조각에 적합한 내용을 통해 한편으로는 정신적인 것에서든 육체적인 것에서든 외적 현상의 우연적 특칭성이 배제된다. 조각작품은 인간의 육체적 형식의 상존적, 보

---

133 Franz Joseph Gall(1758~1828), 의사이자 해부학자이며 골상학의 정초자이다.

편적, 합법칙적 요소만을 표현해야 한다. [371] 물론 눈앞에 놓여야 하는 것
은 추상적 법칙에 그치는 것이 아닌, 오히려 이것과 아주 긴밀하게 융합된
개별적 형식이며, 이를 위해서는 보편적 요소가 개별화되어야 한다는 점이
요구되지만 말이다.

b. 표정표현의 배제

이미 살펴보았듯이 다른 한편으로 조각은 우연적 주관성과 독자적인 그
내면의 표현으로부터 자유로워야 한다. 이로 인해 예술가는 얼굴 모습과
연관하여 표정의 표현으로 나아가려 해서는 안 된다. 왜냐하면 표정은 감
응, 표상 그리고 의지의 주관적인 내적 고유성 및 그 특칭성이 드러나는 것
에 불과하기 때문이다. 인간이 —그가 단지 자기 자신과 관계하든 외부의
대상들이나 다른 주관들과의 대립적 관계 속에서 내적으로 반성하든 간
에— 그의 표정들에서 표현하는 것은 바로 이 하나의 우연한 주관으로서
갖는 내적인 감응에 불과하다. 우리는 예컨대 거리에서, 특히 작은 도시들
에서 많은, 아니 대부분의 사람들이 오직 자기 자신에만, 그들의 청결과 의
복에만, 대저 그들의 주관적 특수성이나 그 밖의 일시적인 것들 및 그 드문
희소성과 진기성들에만 진력한다는 사실을 그들의 거동과 표정에서 본다.
이를테면 거만, 시기, 자기만족, 경멸 등의 표정이 여기에 속한다. 그러나
나아가 표정의 근거에는 실체적 존재의 감응, 이것과 나의 특수한 처지의
비교 등도 놓여 있다. 겸손, 불손, 위협, 협박, 공포가 이런 종류의 표정들이
다. 그러한 비교에서는 이미 주관 그 자체와 보편적인 것의 분리가 나타나
며, 또한 실체적인 것에 대한 반성은 언제나 내성內省을 위해 주관으로 되돌
아오는 까닭에, 우위의 내용으로 남는 것은 주관이지 실체가 아니다. 그러
나 전자의 분리와 후자의 주관적인 것의 우세는 어떤 것도 조각의 원칙에
엄격히 충실한 형상을 표현하지 못한다. [372]

끝으로 인상의 표현은 본격적인 표정들 이외에도 순간적 미소, 갑자기 치켜뜨는 분노의 부라림, 금세 사라지는 조롱의 표정 등과 같이 인간의 얼굴과 자세 위로 흘깃 스치는 많은 것들을 포함한다. 이 면에서는 특히 입과 눈이 여러 뉘앙스의 정조情調들을 가장 기민하게 수용하고 나타낼 수 있다. 그러한 가변성은 회화에는 적합한 대상을 제공하지만 조각형상은 이것을 배제해야 한다. 반대로 조각형상은 정신적 표현의 상존적 특징들로 눈을 돌려야 하며, 또한 이것들을 얼굴과 자세 및 신체형태들 속에 견지하고 재현해야 한다.

c. 실체적 개성

그런고로 조각형상의 과제는 실체적 정신성을, 그러나 아직 내면에서 주관적으로 특칭화되지 않은 개성으로서의 정신성을 인간형상 속에 심어야 한다. 또한 그것이 개성과 화합해야 한다는 점에서 본질적으로 성립하는 바, 이 조화에서도 정신성에 상응하는 육체형식들의 보편적, 상존적 요소만이 강조될 뿐이며, 반면 우연적, 변화적 요소는 ―아무리 형상에서 개성이 빠져서는 안 된다고 해도― 제거되어 나타난다.

조각이 달성해야 하는 내면과 외면의 완벽한 일치는 이제 우리를 앞으로 다룰 제3절로 이끈다.

3. 고전적 이상의 예술인 조각

종래의 고찰에서 우선적으로 결과하는 것은 조각이 다른 예술들보다 더욱 각별히 이상理想을 지향한다는 사실이다. 즉 조각은 한편 정신으로 파악되는 내용의 명료성에 있어서뿐만 아니라 [373] 이 의미내용과 표현의 완벽한 적합성의 면에서도 상징적 예술을 벗어나 있지만, 다른 한편 외부형상에 대해 무차별적인 내면의 주관성으로는 아직 이행하지 않았다. 그러므로 조각은 고전적 예술의 중심점을 형성한다. 건축의 상징성과 회화의 낭만성 역시 고전적 이상에 적합한 것으로 나타났지만, 이상 본연의 국면이 이 예술 및 예술형식들의 최고의 법칙인 것은 아니니, 까닭인즉 이것들은 조각과는 달리 즉자대자적으로 존재하는 개성, 완전히 객관적인 성격, 아름답고 자유로운 필연성을 그 대상으로 삼지 않기 때문이다. 반면 조각의 형상은 철저하게 순수한 정신에서, 즉 정신적 주관성과 신체형식이 갖는 일체의 우연성을 사상하는 사유적 상상력에서 출현해야 하며, 또한 고유성에 대한 주관적 편애, 감응, 쾌, 다양한 자극들 및 기발한 착상 등을 멀리해야 한다. 왜냐하면 이미 보았듯 조각가는 그의 최고의 형상물들을 위해 정신적인 것의 육체성만을 —이것은 인간형상의 구조와 기관에 속하는, 그러나 그 자체가 오로지 보편적일 뿐인 형태들을 갖는다— 사명으로 받들기 때문이며, 또한 조각가의 창안도 마찬가지로 일면 내면과 외면의 보편적 일치에, 일면 실체성에 은연중 다가가 그것과 함께 직조되는 개별적 현상에 한정되기 때문이다. 신들이 그들의 고유한 영역에서는 영원한 이념들에 따라 창조하되 그 밖의 현실에서는 기타의 것을 피조물의 자유와 이기심에 위임하듯, 조각은 그런 식으로 형상화되어야 한다. 신학자들 또한 신의 역사役事와 인간의 우매한 소행 사이에 차이를 둔다. 하지만 조형적 이상은 그러한 문제들 너머에 있으니, 까닭인즉 그것은 이 지복과 자유로운 필연성의 중간에 서 있으며, 이에 대해서는 보편적인 것의 추상도 특수한 것의 자의도 타당성과 의미를 지니지 않기 때문이다. [374]

신적인 것과 인간적인 것의 완전한 조형을 위한 이러한 감각은 특히 그리스를 본향으로 삼는다. 우리가 조각의 이상에 대한 통찰을 이해의 관건으로 삼지 않는다면, 또 이러한 조형예술의 입장에서 서사적, 극적 영웅들 및 현실적 정치가와 철학자들의 모습들을 고찰하지 않는다면, 우리는 그리스의 중심점을 그 시인, 연사, 역사 서술가 그리고 철학자들에서 포착할 수 없다. 왜냐하면 그리스의 아름다운 전성기에는 시인이나 철학자와 같은 실행력 있는 인물들도 보편적이면서도 개별적인, 내면과 외면이 동일한 이러한 조형적 성격을 지니기 때문이다. 그들은 위대하고 자유롭게, 그들의 특수성을 ―이것은 내면 자체에서 실체적인 것이었다― 토대로 삼아 독립적으로 성장한바, 자신을 스스로 산출하고, 또 그들의 본질과 의지를 향해 자신을 형성해 갔던 것이다. 특히 페리클레스의 시대는 페리클레스 자신과, 피디아스, 플라톤 그리고 누구보다 소포클레스, 더하여 투키디데스, 크세노폰, 소크라테스와 같은 그러한 인물들로 가득했는데, 각자는 자기의 방식을 따르되 하나의 방식이 다른 사람의 방식에 의해 폄하되는 일이 없었으며, 오히려 이 특출한 천생의 예술가들은 정녕 모두가 자신들의 이상적 예술가이며, 한번에 빚은 개인들이며, 시간적이며, 운명적인 것을 전혀 모르는 영생불멸의 신성들처럼 서 있는 예술작품들이다. 올림픽 경기 승자의 신체를 표현하는 예술작품들, 아니 심지어 아름답기 그지없는 여인으로서 바다에서 모든 그리스인들 앞에 알몸인 채로 떠오른 프리네[134]의 모습 역시 같은 조형성을 갖는다.

---

134 역주: Phryne. 기원전 4세기 아테네의 여인. 비너스 여신에 버금가는 아름다움으로 여신처럼 숭배받았다. 불경죄로 법정에 섰으나 '아름다운 것은 모두 선하다'는 심판관들의 의견에 따라 죄를 용서받았다. 프락시텔레스가 조각한 〈크니도스의 비너스〉는 프리네를 모델로 한 작품으로 현재 원본은 전하지 않고 49점의 모각작품만이 남아 있다.

제2장
조각의 이상

조각의 본격적인 이상적 양식의 고찰로 넘어감에 있어 완전한 예술에는 [375] 불완전한 예술이, 그것도 단순히 기교의 —이것은 여기서 일단 우리와 아무 상관없는 것이다— 면에서뿐만 아니라 보편적 이념, 구상 그리고 이를 이상적으로 표현하는 방식의 면에서 역시, 필연적으로 선행해야 함을 우리는 한 번 더 상기해야 한다. 우리는 탐색적 예술을 무릇 상징적 예술이라고 칭했던바, 순수한 조각도 상징적 예술의 단계를 그 전제로서 갖는데, 이것은 가령 건축과 같은 상징적 예술 일반의 단계가 아니라 상징적 예술의 특성이 여전히 내재하는 조각을 가리킨다. 우리는 차후 제3장에서 이집트의 조각이 이 경우에 속하는 것을 볼 수 있을 것이다.

우리는 여기서 개개의 특정 예술들의 불완전성 일반을, 예를 들어 인간의 모습을 그리거나 밀랍과 점토로 그것을 반죽하는 아이들의 시도와 같은 것을, 이상의 입장에서 극히 추상적, 형식적으로나마 그 예술의 상징성으로 간주할 수 있다. 아이들의 결과물은 표현대상인 생명성의 암시에 그칠 뿐, 대상과 그 의미에는 전혀 충실하지 않으며, 그런 한에서 그것은 단순한 상징이다. 예술은 처음에는 상형문자와 같은 것이어서, 표상에 대해 우연하고 자의적인 기호는 아니되 대상의 어렴풋한 그림으로 존재한다. 이를 위해서는 한 형태가 아무리 저열하더라도 거기에서 자신이 의미하려는 형상이 환기된다면 그것으로 충분하다. 이와 비슷하게 경건함 역시 저열한 그림들로 만족하며 또한 마구 그린 인물화라고 해도 그 안에서 여전히 그리스도, 마리아, 혹은 그 밖의 성자를 ―비록 그 형상들이 예컨대 등불, 석쇠, 맷돌[135] 등의 특수한 속성들을 통해서만 누구라는 것으로 밝혀지긴 해도― 숭배한다. 왜냐하면 경건함은 어떻든 신앙의 대상이 환기되기만 하면 그것으로 만족하며, 또한 아무리 불충실한 초상일망정 그럼에도 이를 통해 대상의 표상으로 가득 차게 된 심정이 나머지의 것을 덧붙이기 때문이다. 여기서 요구되는 것은 현재의 살아 있는 표현, [376] 즉 그 자체로 인해 우리를 타오르게 만드는 현재적인 것이 아니며, 오히려 예술작품은 그 형상들이 비록 대상에 상응하지 않더라도 그것을 통해 대상의 보편적 표상이 자극된다면 그것으로 이미 만족한다. 그런데 표상은 언제나 이미 추상적이다. 나는 예컨대 주택, 나무, 인간과 같은 주지의 것을 수월하게 표상할 수 있을 것이다. 그러나 표상이 여기서 극히 특정한 대상에 정통하더라도, 표상은 아주 일반적인 특징들에 머물며 또한 무릇 구체적 직관으로부터 마냥 직접적인 대상의 개체성을 제거하여 그 직관을 단순화했을 때 비로소 본래적 의미에서의 표상으로 존재한다. 이제 예술형상을 환기하도록 규정된 표상이 신적인 것에 관한 표상이려면, 그리고 이것이 모든 사람들과 전체 민족에게 인식 가능해야 한다면, 무엇보다 이 목적은 표현방식에서 전혀 변화가 나타나지 않음으로써 달성된다. 이를 통해 예술은 한편으로는 인습적인 다른 한편으로는 완고한 것이 되니, 고대 이집트의 예술뿐 아니라 그리

---

135 역주: 예를 들어 등불은 성 루시아 및 성 구들라(그녀의 교회는 브뤼셀에 있다)와, 석쇠는 성 로렌스(그는 그 위에서 태워졌다)와, 맷돌은 꽤 일관적으로 나타나지만 특히 성 플로리안 및 성 빈센트(이들은 맷돌을 목 주위에 걸고 다녔다)와 연관된다.

스와 기독교의 비교적 오래된 예술들도 마찬가지였다. 예술가는 특정 형식들에 매달려 그 전형을 반복해야만 했었다.

그러므로 우리는 예술가가 자유로이 그의 이념에 따라 형상화를 행하는 곳에서, 천재의 섬광이 전래의 것을 뚫고 들어가 표현에 신선함과 생명성을 부여하는 곳에서 비로소 아름다운 예술의 소생으로의 위대한 이행을 찾을 수 있다. 이때야 비로소 정신의 음이 예술작품 위로 퍼져 가니, 예술작품은 더 이상 그저 하나의 표상을 대충 의식화하는 일에, 또는 감상자가 보통 자신 안에 벌써 지니고 있는 얼마쯤 깊은 의미를 환기하는 일에 그치지 않고, 오히려 이 의미가 완전히 개별적 형상에서 살아 있고 현재하는 것으로서 표현하며, 또한 그리하여 형식들의 단순한 피상적 보편성에 머물지도, 혹은 다른 한편으로 보다 세부적인 규정성의 면에서 눈앞의 통상적 현실이 갖는 특징들에 매달리지도 않는다. [377]

그런데 이 단계에 이르는 과정은 이상적 조각의 성립을 위한 필연적 전제이기도 하다.

이와 관련하여 우리는 여기서 다음의 관점들을 확언해야 한다.

방금 언급된 단계들에 대해서는 첫째, 이상적 형상과 그 형식들의 일반적 특징이 문제시된다.

둘째, 우리는 얼굴의 특징, 의복, 자세 등의 종류와 관련하여 중요성을 갖는 비교적 특수한 측면들을 언급해야 한다.

셋째, 이상적 형상은 미 일반의 단순 보편적인 형식이 아니며 오히려 생명력 있는 순정한 이상에 속하는 개별성의 원칙을 통해 특수화의 측면 및 그 규정성 역시 본질적으로 내포하는바, 이로 인해 조각의 권역은 일군의 개별 신상들, 영웅들 등으로 확장된다.

1. 이상적 조각형상의 일반적 특징

우리는 이미 앞에서 고전적 이상의 일반적 형식이 무엇인가를 비교적 자세하게 살펴보았다. 그러므로 여기서는 다만 조각을 통해 이 원칙을 인간형상의 모습으로 실현할 수 있는 방법이 문제시된다. 이와 관련하여 인간의 용모 및 자세가 동물의 그것에 대해 갖는 차이는 다소 고차적인 비교의 관점을 제공할 수 있을 터, 전자가 정신을 표현한다면 후자는 항상 자연필요성과 연관된 혼이 깃든 자연생명성 및 그 만족을 위한 동물유기체의 합목적적 구조를 단순히 표현할 뿐이다. 하지만 이 척도 역시 여전히 모호할 것이니, 까닭인즉 육체형식이나 정신적 표현으로서가 아닌 인간형상 그 자체는 이미 본래가 철저히 이상적인 종류의 것이기 때문이다. 이에 반해 조각이상은 그 형상들을 정신적으로 아름답게 표현하며, 우리는 그 성과를 그리스 조각의 아름다운 걸작들에서 비교적 자세하게 [378] 지각할 수 있다. 이에 관한 지식, 열렬한 애착과 통찰의 면에서는 빈켈만이 발군이었는데, 그는 영감 깃든 재생적 직관 및 사려 깊은 이해와 더불어 세부의 형식들을 낱낱이 규정적으로 특징지음으로써 그리스적 아름다움의 이상에 관해 모호하게 떠벌이는 작태를 추방했다. 물론 그가 결론지은 것에 관해서는 많은 개별적인 예리한 언급들, 예외들 등이 추가될 수 있겠으나, 그럼에도 우리는 그러한 기타의 세부사항 및 그가 범한 개별적인 오류들을 빌미로 그가 천명했던 주요 측면들을 망각하는 일이 없도록 조심해야 한다. 지식들이 제아무리 확장되더라도 그의 결론은 언제나 본질적인 것으로서 선행해야 한다. 그럼에도 불구하고 빈켈만의 사후 고대 조각품들의 지식은 비단 수적으로 대폭 증가했을 뿐만 아니라 이 작품들의 양식 및 그 아름다움의 평가와 관계해서도 한층 공고한 입장을 얻게 되었음을 부인할 수 없다. 빈켈만은 이집트와 그리스의 입상들이라는 큰 권역을 안중에 두었지만, 최근에는 아이기나섬의 조각들, 그리고 일부는 피디아스의 것인, 또 일부는 그 시대에 그의 아래서 제작되었을 것으로 인정받는 걸작들을 바라보는 좀 더 상세한 관점도 추가되었다. 간단히 말해, 현재 우리는 그리스 예술의 최전성기에 속하는 다수의 조각, 입상, 부조들을 이상적 양식의 엄격함이라는 면에서 한층 규정적으로 숙지하게 되었다. 우리는 주지하듯 그리스 조각의 이 놀라운 기념비적 작품들을 엘진Elgin 경卿의 노력 덕분에 보고 있는데, 그는 터키 주재 영국 대사로서 아테네의 파르테논 신전과 그 밖의 많은 [379] 그리스의 도시들로부터 매우 위대한 아름다움을 지닌 입상과 부조들을 영국으로 실어 날랐다. 사람들은 이러한 노력을 사원 약탈이라고 표현하고 신랄하게 비난했지만, 엘진 백작은 사실상 이 예술품들을 유럽을 위해 제대로 구출하여 그 전체적인 몰락을 막았으니, 이는 결단코 인정받아야 할 기획이었다. 게다가 이를 기회로 모든 예술 전문가들과 애호가들의 관심이 보다 견고한 양식적 엄격함을 통해 이상 본연의 위대한 정점을 이루었던 그리스 조각의 한 시기와 표현방식으로 돌려졌다. 이 시기의 작품들에서 이구동성으로 평가되는 것은 형식과 자세의 매력과 고상함이 아니며, 피디아스 이후의 시대에서처럼 이미 외부를 향하는, 그리고 감상자 측면의 만족을 목적으로 삼는 표현의 우아함이 아니며, 제작의 섬세함과 대담함 또한 아니며, 오히려 일반의 찬사가 주목하는 것은 이 형상들이 갖는 독립성과 자기기인성이다. 그리고 특히 자연적, 질료적인 것을 완전히 꿰뚫고 지배하는 자유로운 생명성을 통해 경탄은 정점으로 치달았으니, 예술가는 이 지배 속에서 대리석을 유연하게 만들고, 살리고, 또 그것에 영혼을 부여하였던 것이다. 특히 찬사가 다하여 잦아들었을 때도, 고대로부터 보존된 최고의 아름다움에 속하는 누운 강신江神의 형상[136]에는 각종의 찬사가 늘 거듭 돌아온다.

a) 이 작품들의 생동성은 그것들이 예술가의 정신으로부터 자유롭게 산

출되었다는 점에서 기인한다. 이 단계의 예술가는 일반적이며 개략적인 윤곽, 암시, 표현들을 통해 그가 묘사하려는 대상의 표상을 그저 일반적으로 제공하는 데 만족하지 않으며, 다른 한편 그가 외부로부터 우연히 감응했던 형식들과 같은 것을 개별적, 개체적인 것과 관계하여 수용하지도 않는다. 그러므로 그는 형식들을 이 우연적인 것에 충실하도록 재현하지도 않으며, 오히려 [380] 자유롭고 고유하게 창조하여 특칭적으로 현전하는 것들의 경험적 개체성을 인간형상의 보편적 형식들과 조화시킬 줄 아니, 그 자체가 다시 개별적인 이 조화에서는 자신의 본분을 다하는 예술가에 의해 정신적 의미내용이 현상으로 배어날 뿐 아니라 이러한 의미내용을 통해 예술가의 생명력, 구상 및 영혼이 드러난다. 내용의 보편적 요소는 예술가에 의해 창조된 것이 아니다. 인간형상의 보편적 내지 개체적 요소가 그에게 기존하는 것과 마찬가지로, 내용의 보편적 요소는 신화와 전설을 통해 그에게 미리 주어져 있다. 그러나 그가 모든 부분에서 행하는 자유롭고 생동적인 개별화는 그의 고유한 직관이자 작품이며 공로이다.

b) 이러한 생동성과 자유의 마법 같은 효과는 일체의 개별 부분들을 완성하는 정확성과 정직한 성실성에 의해 결과할 뿐이며, 또한 여기에는 이 부분들의 성상性狀에 —이것이 정적인 상태이든 동적인 상태이든 간에— 대한 매우 분명한 지식과 견해가 속한다. 여러 지절들이 온갖 정지와 운동 상태에서 취하는 자세, 즉 몸을 눕히거나 접거나 펴는 자세의 방식은 극도로 정확하게 표현되어야 한다. 고대의 작품이라면 그 무엇이든 일체의 개별 부분들이 철저한 연구를 통해 제시되었음을 알 수 있는바, 더할 나위 없이 세심하게 진상에 접근함으로써만 [작품에] 영혼이 깃들게 되는 것이다. 눈은 그

---

136 역주: 이것은 아마도 엘진 백작이 파르테논 신전의 서편 박공에서 옮겨 온 일리수스의 형상을 가리키는 듯하다.

러한 작품을 봄으로써 우선은 많은 차이들을 분명하게 인식할 수 없다. 그것들은 빛과 그림자를 좀 더 강하게 대조시키는 일정한 조명 아래서 비로소 분명해지거나 촉각을 통해 인식 가능하게 된다. 이러한 섬세한 뉘앙스들이 비록 첫눈에는 인지되지 않더라도, 그것들이 야기하는 일반적 인상은 소멸하지 않는다. 때로는 관람자의 위치가 바뀜으로써 그것들이 드러나며, 또 때로는 그로부터 모든 지절과 그 형식들의 유기적 유동성에 대한 느낌이 본질적으로 결과한다. [381] 이 생명의 향기, 이 질료적 형식들의 영혼은 각 부분이 특수성의 면에서 독자적으로 완벽하게 현존한다는 점, 그러나 못지않게 풍부하기 그지없는 이행들을 통해 바로 옆의 것뿐 아니라 전체와도 늘 연관한다는 점에서 기인한다. 이를 통해 형상은 그 모든 점들에서 완벽하게 생명을 얻어, 지엽 말단의 것도 합목적적으로 존재하며, 일체의 것은 자신의 차별성, 고유성 그리고 탁월성을 소유한다. 그러하되 그것은 끊임없이 유동하며 전체 속에서만 타당하게 살 뿐이니, 편린들에서도 전체가 인식되며, 또 그렇듯 고립적인 부분이 온전한 총체성의 관조와 향유를 보장한다. 비록 지금은 대부분의 입상들이 손상되고 궂은 날씨에 의해 그 표면이 닳아 없어졌지만, 피부는 부드럽고 탄력 있게 나타나며, 또한 예컨대 탁월하기 그지없는 그 말머리에서는[137] 불같은 생명력이 대리석을 뚫고 여전히 타오른다. 유기적 윤곽들의 이 조용한 상호 이행이 —이것은 매우 용의주도하게 제작되며 또한 규칙적 평면이나 단순한 원형 내지 요철凹凸의 형태를 갖지 않는다— 비로소 예의 생명성의 향기, 전체 부분들의 부드러움과 이상성 등을, 그리고 영혼이 깃든 정신적 숨결이 전체로 퍼지는 그 조화를 제공한다.

---

137 역주: 이것은 아마도 파르테논 신전의 소벽에 있는 말머리들 중 하나를 가리키는 듯하다.

c) 그런데 형식들이 개별적 내지 일반적으로 아무리 충실하게 표현되어 있더라도, 이 충실함은 자연적인 것 자체의 복사가 아니다. 왜냐하면 조각은 언제나 형식의 추상과 관계할 뿐이며, 그리하여 한편으로는 육체성 속에 있는 아예 자연적인 요소를, 즉 단순 자연기능들을 가리키는 것을 육체성으로부터 제거해야 하며, 다른 한편으로는 아주 외적인 특칭화로 나아가기보다 오히려, 예컨대 머리카락의 경우와 같이, 다소 일반적인 형식들을 파악하고 표현해야 하기 때문이다. 오로지 이리하여 조각 속에 존재하는 바의 인간형상은 단순한 자연형식이 아니라 정신의 형상이자 표현인 것으로 나타난다. 좀 더 자세히 보면, 이때 여기에는 [382] 정신적 의미내용이 조각을 통해 신체성 속에 표현되지만 순수한 이상의 경우 그것은 외적인 것에 과도하게 치중해서는 —만일 그리되면 외적인 것의 매력과 우미가 그것만으로도 이미, 혹은 압도적일 정도로, 관람자의 만족을 사로잡을 수도 있을 것이다— 안 된다는 측면이 결부되어 있다. 반대로 비교적 엄격하고 순정한 이상은 필히 정신성을 체현해야 하고, 또한 오로지 형상과 그 표현을 통해 그것을 현재하는 것으로 만들어야 하지만, 그럼에도 형상은 언제나 이 정신적 내용이 완전히 삼투되어 있는 것으로서, 또한 그것에 의해 결속, 지탱되는 것으로서 나타나야 한다. 개별적 정신성이 이미 관람자의 고유한 특칭성과 보다 일맥상통하는 주관적 요소의 표현으로 발전해서는 안 되듯이, 이에 못지않게 생명의 팽창,[138] 육체적 기관의 부드러움, 사랑스러움 혹은 감각적 내실과 아름다움도 그 자체로서 표현의 목적을 제공해서는 안 되는 것이다.

138 역주: 『미학 강의』 제1권, 201쪽 참조.

2. 이상적 조각형상 자체의 한층 특수한 측면들

이제 이상적 조각형상에서 문제시되는 주요 계기들을 좀 더 규정적으로 고찰해 보자. 여기서 우리는 본질적으로 빈켈만을 따르고자 하는바, 매우 위대한 감각과 행운을 소유한 그는 특수한 형식들 및 그리스 예술가들이 이것들을 조각의 이상으로서 취급, 발전시킨 방법을 거론했다. 생명성, 즉 이 융합적 요소가 오성의 규정들을 벗어나는 것이 ―건축과는 달리 조각에서는 오성이 특수성을 한결같이 유지할 수 없다― 사실이지만, 그럼에도 그것은, 이미 살펴보았듯이, 전체적으로 자유로운 정신성과 육체적 형식들의 관계를 말해 줄 수 있다.

이 관점에서 우리는 우선 [383] 조각작품 일반의 규정, 즉 인간형상을 정신적인 것으로 표현하기 위한 규정을 전반적으로 구분할 수 있다. 정신적 표현이 모든 신체현상들 위에 주조되어 있음은 사실이지만, 그럼에도 그것은 얼굴 모습Gesichtsbildung에 가장 집약되며, 반면 그 밖의 지절들은 다만 자세, 그것도 내적으로 자유로운 정신에서 유래하는 자세를 통해, 정신적 요소를 자신 안에 반영할 뿐이다.

우리는 두상의 이상적 형식들에 관한 고찰에서 시작할 것이며, 다음으로 신체의 자세에 관해 언급할 것이며, 의복의 원칙이 이를 뒤이을 것이다.

a. 그리스적 옆얼굴

인간의 두상을 이상적으로 형태화함에 있어서 우리는 무엇보다 소위 그리스적 옆얼굴Profil[프로필]이라는 문제와 마주한다.

α) 이 옆얼굴은 이마와 코의 특수한 결합에 본질을 둔다. 즉 이마는 직선에 가깝게, 혹은 부드러운 곡선을 그리며 중단 없이 코로 이어지며, 좀 더 자세히 보면 이 수직 방향의 선에서 코의 뿌리와 귓구멍을 잇는 두 번째 선

이 시작하는데, 이것은 이마와 코를 잇는 첫 번째 선과 직각을 이룬다. 이 상적 미의 조각에서는 이마와 코가 철저하게 그러한 선으로 상관하는 까닭에, 이것이 단순 민족적, 예술적 우연성인가 아니면 인상학적 필연성인가 하는 문제가 나타난다.

네덜란드의 저명한 인상학자 캄퍼[139]는 이 선에서 인간의 얼굴 모습과 동물 옆얼굴의 주요 차이점을 발견하고 또 그런 관계로 이 선의 변양들을 여러 인종들을 통해서도 추적함으로써, 이것을 좀 더 자세하게 특징지어 특히 얼굴의 미선美線이라고 불렀다. 물론 블루멘바흐는(De varietate nativa, § 60)[140] 이 점에서 그와 대립한다. 그러나 일반적으로 [384] 이 선은 사실상 인간과 동물의 모습을 매우 특징적으로 구분한다. 동물들에서도 주둥이와 코뼈가 다소 직선을 이루지만, 말하자면 대상물들에 가장 가깝게 다가가기 위해 앞으로 튀어나온 듯한 동물 주둥이의 특수한 돌출은 본질적으로 두개골에 대한 관계, 즉 귀가 훨씬 위쪽이나 아래쪽에 위치하여 코의 아랫부분이나 위턱에서 ─이빨이 들어선 곳에서─ 귀로 이어지는 선이 두개골과 예각을 이룰 뿐 인간처럼 직각을 이루지 않는 관계를 통해 규정된다. 누구나 일반적으로 이러한 차이를 느끼는데, 이것은 물론 좀 더 특정한 사상으로 소급될 수 있다.

αα) 동물의 머리형태에서 특기할 점은 위턱과 아래턱, 이빨과 씹는 근육으로 이루어진 먹는 도구로서의 주둥이이다. 다른 기관들은 다만 이 주 기관에 봉사하는 조력자로서, 특히 코는 냄새로 먹이를 찾기 위해, 그보다 등급이 낮은 눈은 먹이를 알아채기 위해 부수할 뿐이다. 전적으로 자연필요

---

139 Petrus Camper(1722~1789), 네덜란드의 해부학자.
140 Johann Friedrich Blumenbach, 『인간 종의 자연적 다양성(De generis humani varietate nativa)』, Göttingen 1775.

성과 그 만족에 바쳐진 이 형태들의 분명한 돌출은 동물의 머리에서 자연 기능들을 위한 단순 합목적성을 표현할 뿐, 정신적 관념성은 전혀 표현하지 않는다. 그러므로 우리는 또한 동물의 전체 기관을 먹는 도구라는 관점에서 이해할 수 있다. 즉 특정 종류의 먹이는 특정 구조의 주둥이, 특수한 종류의 이빨을 요구하며, 또 이것들과 재차 턱뼈, 씹는 근육, 광대뼈, 나아가 등뼈, 정강이뼈, 발톱 등의 구조가 매우 밀접하게 연관된다. 동물의 신체는 단순한 자연목적들에 봉사하며, 또한 영양 섭취라는 단순 감각적 요소에 이렇듯 의존함으로써 비정신성의 표현을 지닌다. ― 이제 인간의 용모는 이미 신체적 형상의 면에서 [385] 정신적인 특색을 지닐진대, 동물의 경우 가장 중요한 것으로 나타났던 기관들은 인간에게서 퇴보할 수밖에 없으며, 또한 실천적 관계가 아닌, 이론적, 추상관념적 관계를 지시하는 기관들을 위해 자리를 비워야 한다.

ββ) 그러므로 인간의 얼굴에는 사물들에 대한 영혼적, 정신적 관계를 드러내는 제2의 중심점이 있다. 여기에 해당하는 것은 얼굴의 윗부분, 즉 사려 깊은 이마와 그 아래 놓인, 영혼이 투과하는 눈과 그 주변이다. 다시 말해 사념, 반성 그리고 정신의 내면화는 이마와 관계하며, 눈을 통해서는 맑게 모인 정신의 내면이 비쳐 난다. 인간의 얼굴은 입과 광대뼈가 들어가고 이마가 나옴으로써 정신적 특성을 얻는다. 이를 통해 앞으로 나온 이마는 필연적으로 두개골의 전체 구조를 규정하는 요소가 되는바, 이제 두개골은 더 이상 뒤로 기울어져 예각의 한 변을 이루지도 않고, 주둥이는 예각의 끝 부분으로서 돌출하지도 않으며, 오히려 이마에서 코를 지나 턱밑까지 하나의 선이 그어지고 이 선은 뒷머리에서 이마의 정점으로 이어지는 두 번째의 선과 직각을, 혹은 직각에 가까운 각을 형성한다.

γγ) 얼굴의 상부와 하부는, 즉 순전히 이론적인 정신적 이마와 영양 섭취를 위한 실천적 기관은 코를 통해 상통하고 결합되니, 코는 냄새 맡는 기관

으로서의 그 자연적 기능의 면에서도 외부세계에 대한 실천적 관계와 이론적 관계의 중간에 서 있다. 냄새 맡기는 본질적으로 맛과 연관하며, 그럴진대 코는 동물에게서 주둥이와 영양 섭취에 봉사한다. 그런 까닭에 코는 이 중간적 위치 속에서도 여전히 동물적 필요에 속하는 것이 사실이지만, 냄새 맡기 자체는 대상의 현실적, 실천적인 먹어 치움, 즉 먹기나 우적거림과 같은 것이 아직 아니며 오히려 [386] 대상들이 공기와 섞여 눈에 안 보이도록 은밀하게 기화氣化되는 과정의 결과를 수용할 뿐이다. 그런데 이마가 자체로는 앞으로 나오다가 코로 다가갈수록 들어가고 반면 코는 그 편에서 보면 이마에 가까이 갈수록 들어가고 연후 비로소 다시 앞으로 나오는 식으로 양자가 서로 이행을 이룬다면, 얼굴의 이 두 부분들, 즉 이마라는 이론적 부분과 코 내지 입이라는 실천적 부분은 하나의 현저한 대립을 이루며, 이

그리스 여신의 두상(벨기에 왕립마리몽 박물관)

를 통해 말하자면 두 체계에 모두 속하는 코는 이마에서 움푹 들어가 입의 체계로 이어진다. 이 경우 이마의 고립된 위치는 달변을 통한 입의 소통과는 대조적으로 엄격함 및 정신의 외골수적 자기집중을 표현하며, 입은 영양 섭취의 기관이 되고 즉각 코의 시중을 받으며 ―이때 코는 욕구의 출발을 위한, 그리고 냄새 맡기의 목적을 위한 도구이다― 또 코를 물리적 욕구에 맞춰진 것으로 보여 준다. 더욱이 여기에는 형식의 우연성도 결부되어 있으니, 코와 이마는 정의할 수 없는 변양들로 나아갈 수 있다. 이마의 둥그스름함, 튀어나옴, 들어감의 종류에 대해서는 확정된 규정성이 있을 수 없으며, 또한 코는 납작하거나 뾰족할 수도, 마귀할멈 코이거나 매부리코일수도, 사자코이거나 들창코일 수도 있다.

반면 그리스의 옆얼굴은 정신적 이마, 얼굴 상부와 하부 사이에 있는 코의 부드럽고 중단 없는 관계 속에서 아름다운 조화를 산출한다. 이러한 조화, 이러한 대립의 완화 및 균형이 이루어진다면, 코는 바로 이 관계를 통해 오히려 이마에 적합한 것으로 현상하며, 또한 정신적인 것의 체계로 이어짐을 통해 스스로 하나의 정신적 표현과 특성을 얻는다. 냄새 맡기는 말하자면 하나의 이론적 냄새 맡기, 정신적인 것을 위한 하나의 섬세한 코가 되며, 그럴진대 코가 실제로는 제아무리 쿵쿵대기 등의 움직임을 통한다고 해도, 이 움직임들이 제아무리 무의미하다고 해도, 그럼에도 코는 정신적 판정과 감응방식의 표현을 위한 지름길이다. [387] 그러므로 우리는 예컨대 자부심 있는 사람에 대해 그는 콧대가 높다고 말하거나 어린 소녀가 코를 세우고 다니면 새침하다고 말한다.

입에 관해서도 비슷한 것이 통용된다. 입은 한편으로 배고픔과 목마름을 만족시키기 위한 도구로서 규정되지만, 다른 한편으로는 정신적 상태, 사념 그리고 열정들을 표현한다. 이 관계에서 보면 입은 이미 동물에게서도 울부짖음에 소용되지만, 인간에게는 말하기, 웃기, 한숨짓기 등에 소용되는

바, 이 경우에는 이미 입의 표정들 자체가 달변의 소통이나 기쁨, 고통 등의 정신적 상태들과 특징적으로 연관한다.

물론 사람들은 말하기를, 그러한 얼굴조형은 오직 그리스인들에게만 진정 아름답게 보였을 것이며 반면 중국인, 유대인, 이집트인들은 완전히 다른, 심지어 반대되는 조형을 마찬가지로 아름답다고, 혹은 훨씬 아름답다고 간주하였다고들 하니, 이것도 평결이고 저것도 평결이라고 친다면, 아직은 그리스적 옆얼굴이 진정한 미의 전형으로 증명되었다고 볼 수는 없다 말한다면 이는 얄팍한 소리에 불과하다. 그리스적 옆얼굴은 단지 외적, 우연적일 뿐인 형식으로 간주되어서는 안 되며 오히려 미의 이상에 즉자대자적으로 속하는 것이니, 까닭인즉 그것은 첫째, 정신적인 것의 표현에 의해 단순 자연적인 요소가 완전히 뒤로 물러난 얼굴형상이기 때문이며, 둘째, 형식의 우연성에서 가장 벗어나 있으면서도 단순한 합법칙성을 드러내거나 각양각색의 개별성을 금하는 일이 없기 때문이다.

β) 나아가 개별 형식들을 좀 더 자세히 살펴봄에 있어, 나는 여기서 언급될 만한 광범위한 세목들 중 아래의 몇 가지만을 부각하고자 한다. 이와 관련하여 우리는 첫째, 이마, 눈 그리고 귀를 이론적, 정신적 요소와 연관된 얼굴의 부분으로서 언급할 수 있으며, 이어서 둘째, 코, 입 그리고 턱을 비교적 실천적 요소에 더욱 속하는 형상으로서 언급할 수 있다. 셋째, 우리는 [388] 머리를 아름다운 타원으로 둥글리는 외적 환경으로서의 두발에 관해 언급해야 한다.

αα) 고전적 조각형상의 이상들에서는 이마가 튀어나와 있지도, 마냥 높지도 않다. 왜냐하면 얼굴조형에서 정신적 요소가 드러나야 하는 것은 맞지만, 그럼에도 조각이 묘사해야 하는 것은 정신성 자체가 아니라 아직은 전적으로 육체적 요소 속에서 표현되는 개별성이기 때문이다. 예컨대 헤라클레스의 두상에서는 이마가 특히 낮은데, 까닭인즉 헤라클레스는 내면

헤라클레스 두상(로마 국립박물관)

의 정신적 강력함보다는 오히려 근육을 통한 외면의 육체적 강력함을 지니기 때문이다. 그 밖에도 이마는 여러 변형된 모습으로, 즉 여성적 형상들과 젊고 매력적인 형상들에서는 한층 낮게, 위엄 있고 정신적으로 비교적 사려 깊은 형상들에서는 한층 높게 나타난다. 이마는 관자놀이 쪽으로 예각을 이루며 낮아지지도, 관자놀이쯤에서 가라앉지도 않으며 오히려 달걀 형태의 부드러운 활 모양으로 둥글려 머리카락으로 덮인다. 왜냐하면 머리카락 없는 예각과 관자놀이쯤에서의 깊은 낮아짐은 노령의 노쇠함에 속할 뿐, 이상적 신들과 영웅들의 영원히 꽃피는 청춘에는 속하지 않기 때문이다.

　눈과 관련하여 즉각 단언해야 할 점은 이상적 조각형상에는 회화에 적격인 색채가 없음은 물론 시선도 결여되어 있다는 사실이다. 몇몇 조상들에서 여전히 색채의 흔적이 발견되는 까닭에 사람들은 고대인들이 미네르바를 비롯한 여러 신들의 몇몇 신전형상들에서 눈을 색칠하였다는 사실을 역사적으로 증명하려 들 수도 있을 테지만, 예술가들은 성상聖像의 경우에는 종종 훌륭한 취미를 외면한 채 가능한 한 전통적인 것을 고수하였다. 또 다른 성상들에서는 그것들에 보석으로 된 눈이 박혀 있었음이 보인다. 이것은 이미 위에서 시사했던 욕구, 즉 신상들을 가능한 한 풍부하고 호사스럽게 치장하려는 욕구에서 발원한 것이다. 그런데 전체적으로 보면 이것은 초기이거나, 종교적 전통이거나 혹은 예외이며, 게다가 채색은 눈에 [389] 내적으로 집중된 시선을 ―이것이 처음으로 눈에 완벽한 표현을 부여함에도 불구하고― 결코 제공하지 않는다. 그러므로 여기서 우리는 고대로부터 전해 온 진정 고전적이며 자유로운 조상들 및 반신상들에는 눈동자와 시선의 정신적 표현이 결여되어 있음을 이론의 여지가 없는 사실로 간주할 수 있다. 왜냐하면 눈동자가 종종 안구에 묘사되기도 하고 혹은 원추형으로 패인 깊이와 방향을 ―이것은 홍채의 광점光點을, 또한 이를 통해 일종의 시선을 표현한다― 통해 암시되기도 하지만, 그럼에도 이것도 다시 눈의 완전히 외적인 모습일 뿐 생명이 깃든 눈, 시선 그 자체, 내적 영혼의 시선이 아니기 때문이다.

여기서 이 단순한 정령인 눈을 희생시키는 것이 예술가에게는 대단히 애석했을 것으로 짐작된다. 여하튼 우리는 모든 사람들에게서 그의 전체 현상을 설명할 수 있는 거점, 지점 그리고 근거를 찾기 위해 가장 먼저 눈을 들여다보지 않는가? 그의 전체 현상이 시선의 통일점으로부터 가장 단적으로 파악되지 않는가? 시선은 영혼적인 것이자, 깊은 감정 및 감응하는 주관성의 정수이니, 사람과 사람은 악수를 통해서도 하나가 되지만, 더욱 빠르게는 눈빛을 통해 하나가 된다. 그런데 조각은 영혼으로 가득 찬 이 요소를 포기해야 하는 것이다. 이에 반해 회화에서는 주관적 요소가 그 전체적 깊은 감정 속에서, 혹은 외부 사물들 및 이것들이 야기하는 특수한 관심, 감응 그리고 열정들과의 다양한 접촉 속에서 채색의 뉘앙스들을 통해 표현된다. 그러나 조각의 경우 예술가의 국면은 영혼 내면의 깊은 감정, 전체 인간의 단순한 자아로의 —이것은 시선 속에서, 즉 이 궁극의 광점 속에서 현상한다— 집약이 아니며, 또한 외부세계와 얽힌 산만한 주관성도 아니다. 조각은 외적 형상의 총체를 목적으로 삼는다. 조각은 영혼을 외적 형상에 고루 분산시켜야 하고 또 이 다양성을 통해 영혼을 표현해야 하는바, 조각에는 유일의 단순한 [390] 영혼점으로의 환원 및 순간적인 눈빛이 허락되지 않는다. 내면성 그 자체는, 다른 신체 부분들과 대조적으로, 이러한 추상관념적 시선으로서 독자적으로 드러날 수도 있고 또 그리하여 눈과 신체의 대립을 낳을 수도 있다. 그러나 조각작품은 내면성 그 자체를 갖는 것이 아니다. 오히려 내적, 정신적 존재로서의 개인의 본질은 완전히 형상의 총체 속에 분산되어 있으니, 그 집약은 오직 관조하는 정신, 즉 감상자의 몫일 뿐이다. 그뿐만 아니라 둘째, 눈은 외부세계를 내다본다. 그것은 본질적으로 무언가를 응시하며, 또 이를 통해 인간을 다양한 외면성 속에서, 그를 둘러싸고 있는 것, 그의 주위에서 벌어지는 것의 감응 속에서 보여 준다. 그러나 순정한 조각상은 바로 이러한 외부 사물들과의 결합에서 벗어나 있으며, 또한 산만해지거나 얽혀 드는 일 없이 그 정신적 의미내용의 실체성 속에 잠겨 독자적으로 자신 안에 존재한다. 셋째, 눈의 시선은 신체의 기타 부분들의 표현을 통해 동작과 대화 속에서 발전된 의미를 얻는다. 비록 시선이 주관성의 형식적 점에 불과하며, 또 그런 까닭에 —형상과 그 환경의 모든 다양성이 아무리 이 점으로 수렴되더라도— 이러한 발전과 대립적인 것으로서 구분되지만 말이다. 그런데 그런 특수한 외연은 조형예술에 이질적이며 또한 시선을 통한 한층 특수한 표현은, 이것이 동시에 형상의 전체 속에서 더 이상 그에 상응하는 전개를 발견하지 못한다면, 조각상이 자신으로부터 멀리해야 할 우연적 특수성에 지나지 않을 것이다. 이러한 이유들에서 조각은 그 형상들의 시선 부재를 통해 아무것도 잃지 않을뿐더러, 그 전체적 입장에 비추어 보면 이러한 종류의 영혼표현을 필히 없애야 한다. 그러므로 고대인들이 조각의 한계와 범위를 확실히 인식하고 이러한 추상에 엄격히 충실하였던 점은 다시 그들의 위대한 감각이었다. 이것은 그들 이성의 충만함과 그들 직관의 총체성에 깃든 그들의 높은 오성이다. — 이미 누차 언급했듯, 고대의 조각에서도 어린 바쿠스를 쳐다보는 사티로스의 입상과 같은 것에서는, 눈이 특정 지점을 바라보는 사례들이 있다. [391] 이 미소는 영적으로 표현되어 있지만, 여기서도 눈은 응시하지 않으며, 또한 단순한 상황들을 갖는 본격적 신상들은 눈과 시선의 돌림에 관한 특별한 주문 없이 표현된다.

이제 이상적 조각작품들에 나타난 눈의 형상을 좀 더 자세히 살펴보자. 눈은 그 형태의 면에서는 크고 열려 있고 타원형이며, 그 위치의 면에서는 이마와 코의 선에 대해 직각을 이루며 깊이 들어가 있다. — 이미 빈켈만은 (전집, 제4권, 5책, 5장, §20, 198쪽)[141] 큰 빛이 작은 빛보다 한층 아름답다는 것을 근거로 삼아 큰 눈을 아름다운 것으로 간주한다. 그는 계속해서 "그러나 크기는 눈뼈나 눈구멍에 알맞으며, 눈꺼풀들의 째짐과 열림에서 나타나며, 또한 아름다운 눈에서는 깊이 들어갈수록 위 눈꺼풀이 아래 눈꺼풀보다 한층 둥근 곡선을 그린다"고 쓴다. 숭고한 솜씨로 빚은 옆얼굴 두상들에서는 눈동자 자체가 옆얼굴의 일부를 형성하며, 또한 바로 이 눈구멍을 통해 장엄함과 열린 시선을 얻는바, 빈켈만의 언급에 따르면 그 빛은 안구에 찍힌 숭고한 점을 통해 동전들에서도 가시화되어 있다. 하지만 눈들이 크다고 하

---

141 역주: 이것은 C. L. Fernow가 편집한 8권의 빈켈만 전집(Dresden, 1808~1820)이다.

여 모두 아름다운 것은 아니다. 왜냐하면 그것들은 한편으로는 눈꺼풀들의 곡선을 통해, 다른 한편으로는 한층 깊은 위치를 통해 비로소 아름다워지기 때문이다. 즉 눈의 겉모습은 돌출되거나 부릅떠 있어서는 안 되니, 까닭인즉 외부세계에 대한 바로 이러한 관계는 이상을 위해 제거되며, 또한 자신을 향한, 즉 개인의 실체적 내면존재를 향한 자기회귀가 그 자리를 차지하기 때문이다. 그러나 약간 들어간 눈도 좋지 않다. 이것은 때로는 안구가 밀려 나온, 때로는 끌려 들어간 느낌을 환기하며 게다가 특히 퉁방울눈의 경우에는 생각 없이 멍하게 바라보거나 [392] 그 또한 완전히 정신없이 한 감각적 대상의 모습을 탐닉하는 얼빠진 인간이 보일 뿐이다. 고대인들의 조각 이상에서는 눈이 심지어 자연에서보다 한층 깊숙이 놓여 있다(빈켈만, 앞의 인용, §21). 빈켈만은 그 이유를 다음과 같이 설명한다. 즉 관객의 시선에서 비교적 멀리 있는, 보다 큰 조상들의 경우, 안구는 어차피 대개가 매끈하였으므로, 눈이 만일 이러한 깊은 위치를 갖지 않았더라면, 눈뼈의 돌출을 통해 증강된 명암의 유희가 눈을 한층 효과적으로 만들지 않았더라면, 눈은 무의미하게, 말하자면 죽은 것처럼 있었을 것이라고 한다. 하지만 눈을 이렇듯 깊숙이 앉힌 것은 다른 의미도 지닌다. 즉 이를 통해 이마가 자연에서보다 더욱 앞으로 나온다면, 사색과 관계된 얼굴 부위가 우위를 차지하게 되어 정신적 표현이 한층 날카롭게 두드러진다. 그런가 하면 안공의 강화된 그림자도 나름대로 산만하지 않은 내면성과 깊이를, 즉 외부를 외면한 채 본질적 요소로 물러난 개성의 상태를 —이 개성의 깊이가 전체 형상을 덮는다— 감응하도록 유도한다. 가장 훌륭한 시대의 동전들에서도 눈은 깊숙이 앉아 있으며 또한 눈뼈는 높직하게 있다. 이에 반해 눈썹은 비교적 넓은 활 모양으로 짧고 가늘게 표현되지 않고 다만 벨 듯이 예리한 눈뼈를 통해 암시될 뿐이니, 눈썹이 그 색깔과 상대적인 융기를 통해 이마의 계속적인 흐름을 중단시키는 반면, 눈뼈는 그러한 형태를 중단시킴이 없이 눈

주위에 타원형의 화관 모양을 이룬다. 비교적 높은, 이로써 한층 독립적인 눈썹의 곡선은 결코 아름다운 것으로 간주되지 않았다.

셋째, 빈켈만은 귀에 관해 말하기를, 고대인들은 엄청난 노력을 들여 귀를 다듬었으며, 예컨대 조각된 돌에서 귀가 허술하게 제작되었다면 그것은 예술작품의 위조성에 대한 분명한 표시였다고 한다. 특히 초상 조각들은 개인의 독특한 귀의 형상을 종종 재현했다고 한다. 그러므로 우리는 [393] 표현된 인물이 저명하다면 종종 귀의 형태에서 그를 추정할 수 있을 터, 예를 들면 비상하게 큰 귓구멍을 가진 귀에서는 마르쿠스 아우렐리우스와 같은 인물이 추론되는 것이다. 분명 고대인들은 못생긴 귀마저 그대로 보여줬을 것이다. — 빈켈만은 납작하게 눌리고 연골의 날개 부분이 부풀어 오른 귀들을 어떤 이상적 두상들의, 예컨대 몇몇 헤라클레스 두상들의, 고유한 귀라고 내세운다. 그러한 귀들은 레슬링과 격투기 선수들을 가리키는 바, 헤라클레스 역시 엘리스의 펠롭스의 명예를 기리는 경기들에서 격투기 상賞을 받았다(빈켈만, 앞의 인용, §34).[142]

ββ) 자연적 기능의 면에서 볼 때 얼굴 부위 중 코, 입 그리고 턱은 무엇보다 감관의 실천적 부분과 관계하는바, 우리는 둘째, 이것들의 형태를 한층 구체적으로 논해야 한다.

상이한 코의 형태는 얼굴에 매우 다양한 형상, 매우 다면적인 표정의 차이를 부여한다. 우리는 얇은 날개의 예리한 코를 예컨대 날카로운 지성과 같은 것에 결부시키는 반면, 주먹코, 매부리코 혹은 동물과 같은 들창코에서는 감성, 어리석음 그리고 야만성 일반을 떠올린다. 그러나 조각은 형태

---

142 역주: 헤라클레스는 엘리스에서 열리는 올림픽 경기를 축원하였다. (몇몇 사람들은 그가 그것을 설립했다고도 말한다.) 그의 승리에 관해서는 예를 들어 파우사니아스가 남긴 10권의 저작 중 제5권 엘리스 편의 8장 5절을 참조하라. 펠롭스는 올림픽 경기에서 대단히 추앙받았으며, 또한 그 경기 자체가 본래 그의 명예를 기리기 위해 (혹은 그에 의해) 열렸던 것으로 생각되기도 한다.

와 표현의 면에서 그러한 극단들뿐만 아니라 그들의 특수한 중간 단계로부터도 자유롭게 지켜져야 하며, 따라서 이미 그리스적 옆얼굴을 논하면서 보았듯이, 이마로부터의 분리, 위로 굽음과 아래로 굽음, 날카로운 뾰족함과 넓은 둥그스름함, 중간 부분의 돌출과 이마 및 입 쪽으로의 함몰, 한마디로 코의 날카로움과 두툼함을 피해야 하니, 까닭인즉 조각은 이러한 잡다한 변양들을 말하자면 중립적인 형식, 그럼에도 여전히 개별성이 은근히 살아 있는 형식으로 대체하기 때문이다.

입이 먹고 마시는 도구로서의 효용이라는 자연적 합목적성에 준하지 않고 그 정신적 의미성에 준해 형상화될 경우, 입은 눈 다음으로 얼굴의 가장 아름다운 부분에 속한다. [394] 이렇게 보면 입은 표정의 다양성과 풍부함의 면에서 눈에 버금갈 수 없다. 비록 입이 조소, 경멸, 질투의 매우 섬세한 뉘앙스들, 고통과 환희의 모든 단계들을 극히 조용한 운동들 및 그 운동들의 활기찬 유희를 통해 생생하게 표현할 수 있으며, 또한 마찬가지로 그 정지된 형상 속에서도 사랑스러운 매력, 진지함, 감성, 수줍음, 헌신 등을 표시하지만 말이다. 그런데 조각은 정신적 표현의 특수한 뉘앙스들을 위해 입을 그리 사용하지 않으며, 또한 입술들의 형상 및 그 가로줄에서 자연욕구들을 지시하는 단순 감각적 요소는 특히 제거해야만 한다. 그러므로 조각은 입을 너무 두툼하게도, 빈약하게도 다듬지 않으니, 까닭인즉 지나치게 얇은 입술들은 감각의 빈약함 역시 가리키기 때문이다. 아랫입술은 윗입술보다 두툼하게 형성된다. 실러가 그 실례였는데, 그의 입술 모양에서는 예의 의미성과 심정의 충만함이 읽힌다. 이 한층 이상적 입술형태는 동물의 주둥이와는 대조적으로 모종의 무욕구성의 모습을 띠며, 반면 위턱이 돌출된 동물에서는 먹이를 향한 돌진하여 낚아채는 모습이 즉각 떠오른다. 정신적 관계의 면에서 볼 때, 인간에게서 눈이 감응하는 영혼의 표현이듯 입은 특히 말의 거처이며, 의식된 내면의 자유로운 전달을 위한 기관이다. 나아가 조각의 이상들에서는 입술들이 굳게 닫혀 있지 않으며 오히려 예술의 개화기에 제작된 작품들에서 보면(빈켈만, 앞의 인용, §25, 206쪽) 입이 약간 열려 있으되 정신의 표현에 아무것도 기여하지 못하는 치아들은 보이지 않는다. 우리는 이것을 다음의 사실을 통해, 즉 감관들이 활동할 경우, 특히 특정 대상들을 엄밀하게 직시할 경우 입이 닫히며, 반면 시선 없이 자유롭게 무언가에 빠져 있을 경우에는 입이 살짝 열리고 입꼬리가 약간 아래로 기운다는 사실을 통해 설명할 수 있다. [395]

마지막으로 셋째, 턱의 이상적 형상은 입의 정신적 표현을 완성한다. 이 경우 턱은 동물들처럼 완전히 없거나 이집트 조각작품들에서처럼 밀려 들어간 수척한 모습으로 머물지 않고 오히려 심지어 일상에서보다 더욱 아래로 늘어나 있으며, 또한 궁륭형의 둥그스름한 넉넉함을 통해 ―특히 비교적 짧은 아랫입술들의 경우에는― 더욱 크기가 커진다. 즉 넉넉한 턱은 일정한 포만감과 평온의 인상을 야기하는 것이다. 반면 늙고 부산스러운 여인네들은 말라 빠진 턱과 야윈 근육들로 비척거리며, 또한 예를 들어 괴테는 동물의 턱뼈를 집는 용도의 집게에 비유한다. 넉넉한 턱에서는 이 모든 불안정함이 사라지고 없다. 하지만 오늘날 아름다운 것으로 간주되는 보조개는 우연한 매력으로서 미 자체에 본질적으로 속하는 것이 아니다. 그러나 대신 크고 둥그스름한 턱은 고대 두상들의 분명한 표징으로 간주된다. 예를 들어 메디치가의 비너스에서는 턱이 비교적 작은데, 우리는 그것이 훼손되었음을 알아냈다.

YY) 이제 마지막으로 남은 것은 두발에 관한 이야기뿐이다. 무릇 두발은 동물적 형상보다는 식물적 형상의 특징을 더욱 지니며, 또한 유기체의 강력함을 증명하기보다는 오히려 허약함을 표현한다. 야만인들은 두발을 그대로 늘어뜨리거나 둥글게 자를 뿐 물결머리나 곱슬머리를 하지 않는다. 반면 고대인들은 이상적 조각작품들에서 두발을 정교히 다듬는 데 큰 주의를 기울였는데, 현대인들은 이 점에서 덜 노력하며 또한 덜 능숙하다. 물론 고대인들도 지나치게 단단한 돌로 작업할 경우에는 두발을 자유롭게 떨어지는 곱슬머리로 물결치게 하기보다는 짧게 자르고 뒤에 가서 섬세하게 빗질한 듯이 표현하였다(빈켈만, 위의 인용, §37, 218쪽). 그러나 전성기 대리석 입상들에서는 남성 두상의 경우에는 두발이 곱슬곱슬하고 크게 유지되었으며, 위로 빗겨 묶은 머리를 표현하였던 여성 두상의 경우에는, 빈켈만이 말하듯, 우리는 적어도 두발이 [396] 구불구불하게, 그리고 들어간 부분들이 쑥 들어가도록 늘어져 있는 것을 보는데, 이는 명암 이외에도 들어간 부분이 낮다면 나타낼 수 없는 다양성을 이 부분들에 부여하기 위함이다. 그 밖에도 특수한 신들에 따라 두발의 드리워짐과 다듬음은 서로 다르다. 이와 비슷하게 기독교 회화 역시 그리스도를 특정 방식의 가르마와 곱슬머리를 통해 인지할 수 있게 만드는데, 오늘날에는 많은 사람들이 이 모범에 따라 자신을 예수와 같은 모습으로 꾸미기도 한다.

γ) 형식적으로 보면 이 특수한 부분들은 서로 결합하여 하나의 전체로서의 두상을 이루어야 한다. 아름다운 형상의 얼굴은 거의 타원인 선을 통해 규정되며 또한 이리하여 일체의 날카로움, 뾰족함, 모남이 형식의 조화와 흐르는 듯한 부드러운 관계를 위해 해체되지만, 그렇다고 그 형상이 규칙적, 추상-비례적으로 있거나 그 밖의 신체 부위들에서처럼 다양하고 상이한 직선, 둥근 선 및 굽은 선들로 이어지는 것은 아니다. 자신에게로 회귀하는 이러한 타원을 형성하려면, 특히 얼굴의 전면을 위해서는, 턱에서 귀로 향하는 자유로운 미적 곡선과 또한, 이미 언급했듯이, 눈뼈를 따라 이마를 묘사하는 선이 요구되며, 아울러 이마에서 코끝을 지나 턱으로 내려가는 옆얼굴 위의 곡선과 뒷머리에서 목덜미로 향하는 아름다운 볼록함도 마찬가지로 요구된다.

내가 두상의 이상적 형상에 관해 말하려던 것은 여기까지이며, 좀 더 세부적인 사항은 생략하기로 하겠다.

b. 신체의 자세와 운동

이제 그 밖의 지절들, 목, 가슴, 등, 몸통, 팔, 손, 대퇴부와 발에는 또 다른 질서가 관계한다. 이것들은 형태적으로 아름다울 수 있지만 오직 감각적, 생명적으로만 그럴 뿐이며, 또한 얼굴과 달리 이미 그 형상 자체에서 정신적인 것을 언표하지는 않는다. 고대인들은 이 지절들의 형상 및 그 세부 작업에서도 최고의 미감美感을 [397] 증명하였지만, 진정한 조각에서는 이 형태들조차 단순히 생명체의 아름다움만을 보여 주어서는 안 되며 오히려 그것들은 인간적 형상의 지절들로서 육체성 자체를 통해 표현 가능한 최대의 정신적 모습을 동시에 제공해야 한다. 왜냐하면 그렇지 않다면 내면의 표현은 오로지 얼굴에만 집중될 터이지만, 조각의 조형에서는 정신적인 것이 바로 전체 형상에 스민 것으로 현상해야 하며 또한 육체적인 것과 대립적으로 그 자체로서 고립되어서는 안 되기 때문이다.

이제 어떤 수단들을 통해 가슴, 몸통, 등 그리고 사지가 정신의 표현에 동참하는지를, 그리고 이로써 그 자체가 아름다운 생명성 이외에도 정신적 삶의 숨결도 수용할 수 있는지를 물어보자. 이러한 수단으로서는

첫째, 지절들의 상호 관계인 자세가 있다. 이 경우 지절들은 정신의 내면으로부터 출발하고, 또한 내면에 의해 자유롭게 규정되어 있어야 한다.

둘째, 운동이나 정지의 충만한 아름다움 및 형식의 자유이다.

셋째, 이런 종류의 자세와 운동이 특정한 외관으로 표현된다면, 그것은 이상이 ―이것은 단지 추상적이기만 하다면 결코 이상일 수 없다― 포착되는 하나의 특수한 상황을 한층 자세하게 진술한다.

이 점들에 관해서도 나는 몇 가지 일반적 언급들을 덧붙이고자 한다.

α) 자세와 관련하여 피상적으로만 봐도 첫 번째로 눈에 띄는 것은 인간의 직립 자세이다. 동물의 몸은 대지와 평행하며, 주둥이와 눈은 척추와 같은 방향을 따르며, 또한 동물은 중력에 대한 이 관계를 독자적으로 스스로 지양할 수 없다. 인간의 경우에는 이와 반대이니, 정면을 바라보는 눈의 자연적 방향은 중력 및 몸통의 선과 직각을 이룬다. 인간도 동물처럼 네 발로 걸을 수 있고, 또 [398] 어린아이들은 실제로 그렇게 하지만, 의식이 깨기 시작하는 즉시 인간은 땅에 대한 동물의 예속으로부터 벗어나 자유롭게 스스로 직립한다. 이러한 일어서기는 하나의 의지이며, 만일 우리가 일어서려는 의지를 포기한다면 우리의 신체는 주저앉아 땅바닥으로 넘어질 것이다. 바닥으로부터 몸을 일으키는 것은 의지와, 그리하여 정신적, 내면적 요소와 연관하며, 또한 이미 이로써 직립 자세는 하나의 정신적 표현이 된다. 그러니 하물며 우리는 타인에게 의존함이 없이 자신의 사념, 견해, 좌우명 그리고 목적 등을 만드는 인간, 이 내적으로 자유롭고 독자적인 인간을 가리켜 그는 제 발로 서 있다고 흔히 말하는 것 아니겠는가.

그런데 직립 자세는 아직 자체로서 아름다운 것이 아니며, 그 형태의 자유를 통해 비로소 아름답게 된다. 즉 인간이 추상적으로 똑바로만 서서 양손을 몸에서 떼지 않고 완전히 대칭적으로 몸통에 붙여 늘어뜨리며 마찬가지로 양다리도 서로 나란히 붙인 채 있다면, 이것은 ―그 안에서 우선은 어떠한 강제도 보이지 않는다고 해도― 경직성이라는 거슬리는 인상을 준다. 한편으로 보면, 뻣뻣함은 여기서 추상적인, 말하자면 건축술적인 규칙성을 형성하며, 지절들은 서로 같은 위치를 통해 이 규칙성을 고수한다. 다른 한편 여기서는 내면에서 비롯하는 정신적 규정이 하등 보이지 않는데, 까닭인즉 팔, 다리, 가슴, 몸통 및 사지가 원래부터 인간에게 생겨난 모습 그대로 있을 뿐, 그들의 관계가 정신과 그 의지 및 감응을 통해 변화되지 않기 때문이다. 앉은 자세의 경우에도 마찬가지이다. 반대로 땅에 구부정하게 웅크린 자세는 예속적, 비독립적, 노예적인 것을 시사하며, 따라서 이 또한 자유를 결하고 있다. 이에 반해 자유로운 자세는 일면 추상적 규칙성과 모남을 피하고 또 지절들의 자세를 유기체의 형식에 가까운 선들로 가져가며, 일면 정신적 규정들을 비쳐 나게 하여 [399] 자세로부터 내면의 상태와 열정이 인식되게끔 만든다. 이 경우 비로소 자세는 정신의 표정으로 간주될 수 있다.

하지만 조각은 표정으로서의 자세를 적용함에 있어서 매우 조심스러운 태도를 취해야 하며 많은 난관을 극복해야 한다. 즉 이 경우 한편으로 지절들의 상호 관계가 정신의 내면에서 유래하는 것은 사실이지만, 다른 한편 내면에 따르는 이 규정이 개별 부분들의 위치를 정하되, 혹여 그 방식이 신체의 구조와 그 구조의 법칙들에 역행하는, 그리하여 지절들에 가해진 강제의 모습만을 보여 주거나 무거운 질료와 ─조각은 예술가의 구상들을 무거운 질료 속에 상술해야 하는 과제를 갖는다─ 대립에 빠지는 식이어서는 안 된다. 셋째, 자세는 모름지기 강요당하지 않은 모습으로 나타나야 한다. 즉 우리는 마치 신체가 자신의 뜻에 따라 자세를 취하고 있는 듯한 인상을 받아야만 할 터, 까닭인즉 그렇지 않다면 신체와 정신은 무언가 상이한 것, 서로 어울리지 않는 것으로 나타날 것이며, 또한 한 측면은 단순히 명령을 내리고 다른 한 측면은 추상적으로 복종하는 관계를 지닐 것이나, 실상 조각에서는 양자가 직접 화합하는 하나의 같은 전체를 형성해야 하기 때문이다. 이렇게 보면 비강요성은 하나의 주요 요구사항이다. 내면으로서의 정신은 지절들을 완전히 관류해야 하며 또한 지절들도 마찬가지로 정신과 그 규정들을 그들 영혼의 고유한 내용으로서 수용해야 한다. 마지막으로 이상적 조각에서 자세의 표현을 위임받을 수 있는 몸짓의 종류를 좀 더 자세히 살펴보자면, 그것은 마냥 가변적이고 순간적일 뿐인 몸짓이어서는 안 된다는 사실이 이미 위에서 상론했던 것에서 드러난다. 휘온의 뿔피리[143]를 들으면 한창 움직여 활동하던 인간이 돌처럼 굳거나 얼어붙는데, 조각은 인간을 그런 식으로 표현해서는 안 된다. 이와는 반대로, 비록 몸짓이 경우에 따라 하나의 특징적 행위를 암시할 수 있다고 해도, 그것은 그 시작과 [400] 준비, 즉 하나의 의도를 표현해야 하거나 행위의 중지 및 행위에서 고요로 되돌아감을 표시해야 한다. 전체 세계의 가능성을 자신 안에 포함하는 정신의 고요와 독립성은 조각형상에 가장 적합한 요소이다.

  β) 둘째, 운동도 자세와 마찬가지의 관계를 갖는다. 조각이 자신으로부터 벗어나 더 나아간 예술에 접근하는 표현방식으로 발전하지 않는 한, 본격적 운동으로서의 운동은 조각 자체에서 거의 자리를 차지하지 못한다. 조각의 주 과제는 지복에 잠겨 내적으로 아무런 투쟁을 겪지 않는 고요한 신상을 제시하는 것이다. 조각에서는 물론 다양한 운동들이 나타나지 않으며, 오히려 서 있거나 누운 채로 자신 안에 침잠한 모습이 표현된다. 이것은 내적으로 응축된 것으로서 특정 행위로 나아가지 않으며, 이로써 자신의 모든 힘을 하나의 순간으로 환원시키지 않으며, 또한 이 순간보다는 고요하고 균일한 지속을 주 사안으로 삼는다. 우리는 신상이 같은 자세로 변함없이 그렇게 서 있을 것이라고 생각할 수 있어야 한다. 외부에 대한 자신의 투사, 갈등으로 가득 찬 특정 행위의 한가운데로 자신을 들이는 행동, 그대로 지속될 수도 없고, 지속되고자 하지도 않는 순간의 긴장은 조각의 고요한 이상성과 대립하며, 또한 이것들은 차라리 한 행위의 특수한 순간들을 표현하는 군상과 부조들에서 등장할 뿐인데, 여기서는 이미 회화의 원칙

---

143 역주: 헤겔이 여기서 말하는 휘온의 뿔피리(Hüons Horn)는 빌란트의 『오베른(Oberon)』에서 따온 듯하다. 이 마술 뿔피리는 그것을 듣는 사람으로 하여금 춤을 추게 만드는데, 휘온은 위험한 순간에 그 덕을 많이 보았다.

이 연상되고 있다. 폭력적인 감정과 그 일시적 폭발의 효과는 즉각적으로 작용할 테지만, 아무리 그랬다 한들 연후 우리는 그리로 돌아가기를 꺼린다. 왜냐하면 여기서 생각되는 돌발 효과는 순간의 사안, 즉 우리가 순간 속에서도 보고 인식하는 사안인 반면, 정작 우리가 지속적으로 침잠할 수 있는 내면의 충족과 자유, 무한하고 영원한 것은 그 뒤에 감추어져 있기 때문이다.

γ) 그렇다고 하여 조각이 [401] 그 엄격한 원칙을 견지하고, 또 그 정점에 서 있을 경우, 운동 자세가 조각에서 완전히 배제된다고 이야기되어서는 안 된다. 만일 그렇다면 조각은 신적인 것을 그저 비규정적이며 무차별적으로 표상하게 만들 뿐이다. 이와 반대로 조각이 실체적인 것을 개성으로서 포착하고 또 신체적 형상으로 가시화해야 하는 한, 조각이 내용과 그 형식을 각인하는 내적, 외적 상태 역시 개별적이어야 한다. 특정 상황을 갖는 이러한 개성은 바로 신체의 자세와 운동을 통해 주로 표현된다. 하지만 조각에서는 실체적인 것이 주 사안이며, 또한 개성은 그로부터 벗어나 아직 특칭적 독립성을 쟁취하지 못했던바, 상황의 특수한 규정성도 예의 실체적인 것의 단순한 견실성을 흐리거나 지양하는 종류의 것이어서는 안 되며 ―이를 위해 조각은 이 견실성을 충돌들이 내보이는 투쟁의 일면성 속으로 끌어들여서도, 혹은 무릇 특수하고 다양한 것을 완전히 압도적으로 중시해서도 안 된다―, 오히려 그것은 차라리 그 자체로서는 비교적 비본질적인 규정성이거나 개성의 표면 위에서 벌어지는 무해한 생명성의 명랑한 유희에 머물러야만 하니, 이를 통해 개성의 실체성은 깊이와 독자성과 고요함을 하등 상실하지 않는다. 하지만 나는 이 점을 앞에서 이미 언급하였다(제1권, 267~272쪽). 즉 나는 조각의 이상을 끊임없이 참작하면서 이상의 규정성이 표현될 수 있는 상황을 논하였으므로, 여기서는 이 점에 관한 논의를 생략할 것이다.

c. 의복

이제 조각에서 마지막으로 고찰해야 할 중요한 점은 의복에 관한 문제이다. 첫눈에는 벗은 형상의 신체, 정신이 스민 그 자세와 운동의 감각적 아름다움이 조각의 [402] 이상에 가장 적합하며, 또한 의복은 결함에 그치는 것으로 보일 수 있다. 오늘날에도 특히 이러한 의미의 불평, 즉 어떠한 의복도 인간의 유기적 형태들이 갖는 아름다움에는 미치지 못할 것임에도 현대 조각은 그 형상들에 옷을 입힐 것을 너무 자주 강요받는다고 하는 불평이 거듭 들린다. 여기에 직결된 또 하나의 유감이 있으니, 고대인들은 나체를 늘 목도하였던 반면 우리의 예술가들에게는 나체를 탐구할 기회가 없다는 점이 그것이다. 이와 연관하여 우리는 다만 다음의 사실을 일반적으로 말할 수 있다. 즉 감각적 미의 측면에서는 물론 나체에 우선순위가 주어져야 하겠으나 감각적 미 자체가 조각의 궁극목적은 아니며, 그런고로 그리스인들이 대부분의 남성상들을 나체로 표현했지만 과반이 훨씬 넘는 여성상들은 옷을 입혀 표현했다고 하여 그들이 잘못을 범했다고 말할 수는 없는 것이다.

α) 의복 일반은, 예술적 목적들을 별개로 친다면, 험한 날씨의 영향으로부터 자신을 보호하려는 필요성에서 그 근거를 발견하니, 말하자면 자연은 가죽, 깃털, 털, 비늘 등을 덮어 주면서 동물들의 걱정을 덜어 준 반면에 인간에게는 그 걱정을 짊어지게 하였다. 다른 한편으로는 수치의 감정이 인간에게 자신을 옷으로 가릴 것을 촉구한다. 아주 일반적으로 보자면, 수치는 있어서는 안 될 것이 있게 된 데 대한 분노의 출발점이다. 이제 정신으로 존재한다는 자신의 한층 높은 규정을 의식하는 인간은 단순 동물적인 것을 하나의 부적합성으로 간주해야 하며, 특히 단순 동물적 기능들에 소용되거나 외적인 것 자체를 지시할 뿐, 직접 정신적인 규정과 정신적 표현을 갖지 않는 신체의 부분들, 즉 몸통, 가슴, 등 그리고 다리를 한층 높은 내면에 대

립하는 부적합성으로서 감추고자 노력한다. 그러므로 우리는 반성이 시작된 모든 민족들에서 강하든 약하든 간에 수치감과 [403] 의복의 필요성 역시 발견한다. 이러한 이행은 이미 창세기의 이야기에서 의미심장하게 언표되어 있다. 아담과 이브는 인식의 나무의 열매를 먹기 전에는 거리낌 없이 벌거벗은 채 천국을 돌아다니지만, 정신적 의식이 그들에게서 각성되자마자 그들은 자신들이 벌거벗었음을 보며, 그들의 나신裸身에 수치를 느낀다. 그 같은 감정은 그 밖의 아시아 민족들에서도 지배적이다. 예를 들어 헤로도토스는(『역사』 I, 10) 기게스가 어떻게 왕좌에 올랐는가를 이야기하는 기회에 리디아인들 및 거의 모든 야만인들에게서는 벌거벗은 모습을 보이는 것이 심지어 남성에게도 대단히 큰 치욕으로 간주되었다고 말하는데, 리디아의 칸다울레스왕의 왕비 이야기가 이에 관한 증빙이다.[144] 즉 칸다울레스는 그의 부인이 가장 아름다운 여인임을 그의 근위병이자 벗인 기게스에게 확신시키기 위해 벌거벗은 그녀를 그가 마음대로 보도록 한다. 그녀에게는 이것이 비밀에 부쳐지도록 되었지만 그럼에도 그녀는 침실에 숨어 있던 기게스가 문밖으로 슬그머니 나가는 것을 보고 치욕을 경험한다. 그녀는 흥분해서 다음 날 기게스를 오게 한다. 그리고는 왕이 그녀에게 이런 짓을 했으며 기게스는 보아서 안 될 것을 보았기 때문에 그에게 왕을 그 벌로 죽이고 그녀와 왕국을 소유하거나 아니면 스스로 죽으라는 양자택일만을 허락한다. 기게스는 전자를 선택하며 왕을 살해한 후 왕좌와 미망인의 침대에 오

---

144 역주: 기게스(?~B.C. 648?)는 리디아의 왕 칸다울레스를 죽이고 그의 왕비와 결혼하여 메름나다이 왕조를 열었던 인물이다. 칸다울레스는 그의 친구 기게스가 투명 인간이 되는 신비의 반지를 선물하자 그와 동행하여 밤마다 그의 부인 로도페의 침실로 가서 그녀의 아름다움을 보여 준다. 칸다울레스는 여자가 벗은 모습을 아버지와 남편에게만 보일 수 있다는 신성한 관습을 어긴 것이다. 그러나 기게스가 반지를 빼서 자신을 드러내자 로도페는 명예를 지키기 위해 기게스에게 남편을 죽일 것을 요구한다. 칸다울레스는 살해되고 기게스는 리디아의 왕이 된다. 두 사람은 결혼을 하지만 로도페는 곧이어 자살한다.

른다. 이에 반해 이집트인들은 종종 혹은 대개 그들의 신상들을 벌거벗은 모습으로 표현하였으며, 남성상들은 단지 앞치마를 걸쳤을 뿐이고, 이시스의 상에서는 의복이 단지 다리 주위의 섬세한, 거의 눈에 띄지 않는 옷자락을 통해 표현되었을 뿐이다. 하지만 이것은 수치의 결핍이나 유기적 형태들의 미감에서 나타난 것이 아니다. 왜냐하면, 다음과 같이 말할 수 있을진대, 그들의 상징적 입장에서 중요한 것은 정신에 적합한 형상들이 아니라 의미, 본질 그리고 형상을 통해 의식화되어야 할 것의 표상이기 때문이며, 그리하여 그들은 [404] 정신에 대한 적합성의 많고 적음을 반성함이 없이 인간 형상을 자연적 형태 그대로 두었으며, 심지어 이것을 많은 점에서 충실하게 모사했기 때문이다.

β) 마지막으로 우리는 그리스인들에게서 벗은 조각상들과 입은 조각상들을 모두 발견한다. 또한 그들은 현실에서도 옷을 입었는가 하면 그에 못지않게 다른 한편 최초로 벌거벗고 싸웠다는 것을 명예로 치기도 하였다. 특히 스파르타인들이 처음 옷을 벗고 격투기를 벌였다. 하지만 이들의 경우 이것은 가령 미감과 같은 것 때문에 나타났던 것이 아니라 문약文弱함을 수치로 여기면서 이를 가벼이 여겼기 때문에 나타났다. 그리스의 민족성에서는 직접 현존하는, 그리고 자신의 현존에 정신과 영혼으로 깃든 개인적 개성의 감정이 자유롭고 아름다운 형식들에 대한 감각만큼이나 높이 고양되었다. 그리하여 그 감정은 직접적인 인간적 요소, 즉 정신이 스민 인간의 육체성을 그 자체로 발전시키고, 또한 인간형상을 ―이것이 가장 자유롭고 가장 아름다운 형상인 까닭에― 다른 모든 것을 능가하는 형상으로서 존중하는 쪽으로도 나아가야만 했다. 이러한 의미에서 그들은 무엇보다 아름다움을 위해, 정신적인 것에 대한 냉담 때문이 아니라 단순 감각적인 욕구에 대한 냉담으로 인해, 인간에게서 단순 신체적인 것이 보이지 않게 하려는 수치감을 던져 버렸으며, 이에 따라 그들의 많은 표현들은 완전히 의도적

으로 나신이 되었다.

그러나 못지않게 의복의 완전한 결여도 철저히 적용될 수는 없었다. 왜 냐하면 방금 내가 두상과 그 밖의 지절들의 차이에 관해 언급했듯이, 형상에서 나타나는 정신적 표현은 사실상 얼굴, 전체의 자세와 운동, 그리고 태도에 한정되며, 또한 이 태도는 주로 팔, 손 그리고 다리의 자세를 통해 표현됨을 부정할 수 없기 때문이다. 외부를 향해 활동하는 이 기관들이 바로 그 자세와 운동방식을 통해 정신의 외화를 가장 많이 표현하는 것이다. 이에 반해 기타 지절들은 [405] 단순 감각적 아름다움에만 해당할 뿐이며, 또한 그것들에서 가시화되는 차이들은 단지 신체적 강함과 단련된 근육 혹은 약함과 부드러움의 차이들, 성별, 연령, 청춘, 아동기 등의 차이들일 뿐이다. 그러므로 형상 속에 정신적인 것을 표현하는 것이 문제시될 경우, 미감의 면에서조차 이러한 지절들의 벌거벗음 여부는 차이가 없으며, 게다가 예의 바름을 위해서는, 즉 인간에게서 정신적 요소가 압도하는 표현이 포기될 경우에는, 그러한 신체 부분들을 감추는 것이 적절하다. 이상적 예술 일반이 각 개별 부위에 행하는 일을 ―즉 작은 혈관들, 주름살, 피부의 잔털들 등과 같은 동물적 생명의 세세한 조직들이 갖는 결함을 제거하고 형태의 정신적 이해만을 그 생생한 윤곽 속에서 부각하는 일을― 여기서는 의복이 행한다. 의복은 기관들의 과잉을, 즉 육체의 자기보존, 소화 등을 위해서는 물론 필수적이지만 그 밖에 정신적인 것의 표현을 위해서는 잉여적인 기관들을 감춘다. 그러므로 조각형상들의 나체성이 보다 높은 미감, 보다 위대한 인륜적 자유, 그리고 무구無垢함을 일관되게 공중한다고 이야기하는 것은 무분별한 일일 수 있다. 그리스인들은 이 점에서도 정당한 정신적 의식에 의해 인도되었다.

그러므로 고대인들은 예컨대 에로스와 같은 어린아이들 ―이들에게서는 신체적 현상이 매우 솔직하며, 또한 바로 이 전적인 솔직함과 천진난만함에서 정신적 아름다움이 성립한다—, 나아가 페르세우스, 헤라클레스, 테세우스, 이아손과 같은 청년들, 청년신들, 영웅들, 영웅신들 —이들에게서는 영웅적 용기, 강하고 지구력 있는 신체의 사용과 단련이 주가 된다—, 전국 격투대회의 선수들 —이 대회에서 흥미를 끄는 것은 행위의 내용, 정신과 성격의 개성이 아니라 오로지 행동의 육체성, 힘, 유연성, 아름다움, 근육과 지절의 자유자재한 놀림일 뿐이었다—, 마찬가지로 파운과 사티로스, 광란의 춤을 추는 바쿠스의 여사제들, [406] 그리고 아프로디테를 —감각적, 여성적 사랑스러움이 그녀의 주요 계기를 이루는 한— 나체로 묘사한다. 이에 반해 의복이 나타나는 곳은 한층 높은 지적 의미성, 정신적인 것의 내적 진지함이 현저하게 발현하는 곳, 한마디로 자연성이 지배적 인자로 있어서는 안 될 곳이다. 예컨대 이미 빈켈만은 10점의 여인상들 중에 겨우 하나 정도가 옷을 입지 않은 것이라는 사실을 인용한다.[145] 여신들 중에서는 특히 팔라스, 주노, 베스타, 디아나, 케레스 그리고 뮤즈들이 의복으로 감싸여 있으며, 남신들 중에서는 주로 주피터, 수염을 기른 인도풍의 바쿠스 등등이 그러하다.

γ) 마지막으로 의복의 원칙에 관해 살펴보자. 이것은 많이 이야기되어 어느 정도는 이미 진부하게 된 단골 대상이다. 그런 까닭에 나는 이에 관해 다음의 점만을 간략히 언급할 것이다.

우리의 예절 감정이 전라형상들을 세우기 꺼려 한다는 점을 우리는 대체로 유감스럽게 생각할 필요가 없다. 왜냐하면 의복이 자세를 감추는 대신 완전히 드러내기만 한다면 손해 볼 일은 아무것도 없을 것이며, 반대로, 의복이 단순 감각적이며 무의미한 것의 직접적 모습을 우리로부터 탈취하고

---

145 역주: 빈켈만은 『고대 미술사(Geschichte der Kunst des Altertums)』 §33에서 50점의 여인상들 중 오직 하나만이 누드였다고 말한다.

또 상황과 —이것은 자세와 운동을 통해 표현된다— 관련된 것만을 보여 준다면, 의복은 자세를 그야말로 제대로 부각하며, 또한 이 점에서 심지어 하나의 장점으로까지 간주될 수 있기 때문이다.

αα) 이 원칙이 타당하다면, 예술적 취급을 위해서는 지절들의 형상을, 이로써 또한 자세를 가능한 한 가장 덜 감추는 복장이 일단 가장 장점이 많은 것인 양 보일 수도 있겠다. 몸에 딱 붙는 우리의 현대적 복장이 이 경우이다. 우리들의 밀착된 소매와 바지는 형상의 윤곽들에 맞추어지며, 또한 지절들의 전체 형태가 보이도록 만듦으로써 걸음걸이와 자세가 드러남을 가장 덜 방해한다. 이에 반해 동방인들의 길고 넓은 겉옷과 헐렁한 바지는 우리의 활달함과 바쁜 사무에는 [407] 전혀 맞지 않으며, 터키인들처럼 하루 종일 책상다리로 앉아 있거나 느릿하고 매우 엄숙하게 활보하는 사람들에게나 어울릴 뿐이다. 그러나 동시에 우리의 현대적 복장은 대단히 비예술적이라는 사실을 우리는 알고 있으며, 또한 현대적 입상들이나 회화들의 최초, 최고의 모습이 이것을 우리에게 증명한다. 즉 우리가 그 복장에서 정말로 보는 것은, 내가 전에 이미 다른 곳에서 상술했듯이, 섬세하고 자유롭고 생동적인 신체 윤곽의 부드럽고 흐르는 듯한 마무리가 아니라 빳빳한 주름의 통짜 자루들이다. 왜냐하면 신체형태의 가장 일반적인 특징은 그대로 있더라도 아름다운 유기적 굴곡은 사라지고 없기 때문이며, 또한 좀 더 자세히 말해 우리가 보는 것은 무언가 외적 합목적성에 의해 산출된 것, 재단된 것 —이것은 어떤 곳은 꿰매지고, 어떤 곳은 접히고, 또 어떤 곳은 그대로 있다—, 한마디로 모름지기 부자연스러운 형태들, 솔기와 단춧구멍과 단추들에 따라 여기저기 넣은 주름들 및 면들에 불과하기 때문이다. 그러므로 그러한 복장은 사실상 자신의 고유형태가 완전히 결여된 단순한 덮개이자 싸개이다. 이 덮개는 일반적으로 지절들에 준거하는 것이지만 다른 한편 지절들을 유기적으로 형상화함에 있어 정작 감각적인 아름다움, 생동적

인 동글림과 부풀림은 은폐시키며, 그 대신 다만 기계적으로 작업된 소재들의 감각적 모습만을 제공할 뿐이다. 이것이 현대 의복의 매우 비예술적인 면이다.

ββ) 예술적 옷 주름은 원칙적으로 하나의 건축작품처럼 취급된다. 건축작품은 인간이 그 안에서 자유롭게 활동할 수 있는 하나의 환경일 뿐이다. 또한 동시에 이 환경도 나름대로는 자신을 둘러싼 것으로부터 분리된 것으로서 자신의 형상화 방식을 위한 고유 규정을 자신 안에 가지며 또한 그것을 보여 주어야 한다. 나아가 지탱하는 것과 지탱되는 것이라는 건축술적 요소는 그 고유한 기계적 본성에 따라 독자적으로 형성되었다. 고대인들의 이상적 조각에서 준수되는 의복양식은 [408] 그러한 원칙을 따르는 것으로 보인다. 특히 망토는 그 안에서 우리가 자유롭게 활동하는 집과 같은 것이다. 망토는 일면 입는 것이긴 하지만, 오직 한 점에만, 예컨대 어깨에만 고정되는 것이다. 그러나 그 밖의 점에서 그것은 그 고유한 무게규정들에 따라 특수한 형태를 전개하며, 자유롭게 독자적으로 걸리고, 떨어지고, 주름들을 던지며, 또한 오직 자세를 통해서만 이 자유로운 형상화의 특수한 변양들을 얻을 뿐이다. 그와 동일한 떨어짐의 자유는 여하튼 고대 복장의 다른 부분들에서도 본질적으로 훼손되지 않으며, 또한 정녕 예술에 적합한 요소를 형성하는바, 까닭인즉 오직 이 경우에만 우리는 억눌리거나 인위적인 것을 —이것의 형태가 보여 주는 것은 단순 외적인 폭력과 강요이다— 보는 대신 무언가 독자적으로 형태화된 것, 그럼에도 정신에서 기원하며 인물의 자세에서 출발하는 것을 보기 때문이다. 그러므로 고대인들의 망토들은 아래로 떨어지지 않도록 필요한 만큼만 신체에 걸쳐지고, 신체의 자세를 통해 규정되지만 보통은 자유롭게 펄럭이며, 또 신체의 운동을 통해 움직일 경우에도 이 원칙은 항상 통용된다. 이것은 모름지기 필연적이니, 까닭인즉 신체와 의복은 각기 다른 것이며 따라서 의복은 그 자체

로서 정당해야 하고 자유롭게 현상해야 하기 때문이다. 반면 현대의 복장은 철저히 신체에 입혀지고 단지 효율적이기만 한 것이어서 자세의 표현에 너무 치중하여 지절들의 형태를 왜곡하거나, 어쩌다 그것이 옷 주름 등에서 독립적인 형상을 얻을 수 있다손 쳐도, 거기에는 다시 재단사가 있으며 그가 이 형태를 유행의 우연성에 따라 만들 뿐이다. 옷감은 일면 상이한 지절들과 그 운동에 의해, 일면 그 고유한 솔기에 의해 이리저리 왜곡된다. — 이러한 이유들로 인해 고대의 복장은 조각작품을 위해 이상적인 규준이며, 또한 현대의 복장에 비해 훨씬 선호될 수 있다. 고대 복장양식의 형태와 개별 사항에 관해서는 고품古品에 해박한 이들이 [409] 수많은 글을 남겼는데, 까닭인즉 비록 그들이 다른 곳에서는 의복, 옷감의 종류, 가장자리 꾸미기, 재단 및 기타 세부사항 일체의 유행에 관해 떠들 권리를 갖지 못하지만, 이런 사소한 것들 역시 중요하게 취급하고 심지어 부인들이 그들의 분야에서 허락받은 것보다 더욱 장황하게 떠들 만한 그럴싸한 이유가 고품을 통해 주어졌기 때문이다.

γγ) 그런데 현대의 의복은, 혹은 고대의 의복을 제외한 다른 모든 의복들은, 무조건 비난받아야 할 것인가 하는 물음이 제기된다면, 우리는 완전히 다른 관점을 설정해야 한다. 이 물음은 특히 초상 조각들에서 중요하며 또한 그 주된 관심은 예술의 현재에 관한 원칙과 맞닿아 있는 까닭에 우리는 그것을 이 자리에서 비교적 상세하게 다루고자 한다.

그 자신의 시대에 속하는 개인의 초상이 오늘날 제작될 경우, 의복과 외적 환경 역시 그가 살았던 개별적 현실로부터 취해져야 한다는 점이 필수조건이다. 왜냐하면 여기서 예술작품의 대상을 제공하는 것은 현실적 개인이며, 바로 그런 까닭에 이 외적인 요소도 —의복은 본질적으로 여기에 속한다— 반드시 그 현실에 충실하게 그려져야 하기 때문이다. 이 요구는 한 특수한 국면에서 위대하고 영향력 있게 존재했던 특정 성격들의 개성을 가시화하는 것이 문제시될 경우 특히 준수되어야 한다. 그림이나 대리석 속에서는 개인이 신체의 모습으로, 즉 외적인 것에 제약된 모습으로 직접 가시화된다. 초상이 이 제약성을 넘어서려는 것은 모순적이며, 개인이 혹여 무언가 자체적으로 전혀 참되지 않은 것을 갖기라도 한다면, 그것은 더더욱 모순적일 것이다. 왜냐하면 현실적 인간의 공로, 고유성 그리고 탁월함은 바로 현실적인 것에 대한 그의 활동, 특정 직업 영역들에서의 그의 삶과 작용에서 성립하기 때문이다. 이러한 개인적 활동을 가시화함에 있어 환경은 [41] 이질적이거나 방해적인 것이어서는 안 된다. 직접적 환경의 면에서 보면 이를테면 유명한 장군은 대포, 소총, 포연砲煙과 더불어 장군으로서 존재하며, 또 그의 행동을 표상하고자 원한다면 우리는 그가 어떻게 그의 부관들에게 명령을 시달하고, 전선들을 정렬하고, 적을 공격하는지 등등을 생각해야 한다. 게다가 좀 더 자세히 보면, 그러한 장군은 장군 일반이 아니라 한 특정 종류의 무기에 탁월한 장군이다. 말하자면 그는 보병 사령관 혹은 유능한 경기병 등등인 것이다. 이제 이 모든 것에는 바로 이 조건들에 알맞은 고유한 의복도 속한다. 나아가 유명한 장군은 유명한 장군이며, 그런 까닭에 입법자나 시인이 아니며, 아마도 종교적 인물은 더욱 아닐 것이며, 다스리는 등의 일도 하지 않았을 것이다. 간단히 말해 이상적, 신적인 것은 오직 총체성으로 존재할 뿐인데, 그는 총체성이 아니다. 왜냐하면 이상적 조각형상들의 신성은 그들의 성격과 개성이 행동의 특수한 관계들이나 분파들에 속하는 대신 오히려 이 분리된 상태에서 벗어날 경우, 혹은 그러한 관계들의 표상이 일더라도 이 개인들이 무엇이든 성취할 수 있으리라는 우리의 불가피한 믿음이 표현되어 있을 경우 비로소 찾아지기 때문이다.

　그러므로 오늘날의, 혹은 갓 지난 과거의 영웅들의 영웅성이 비교적 제한적일 경우, 그들을 이상적 의복으로 표현하라고 요구하는 것은 대단히 피상적이다. 이 요구가 예술미에 대한 열망을 보여 주긴 하지만, 이것은 무분별한 열망이며 또한 동시에 고대에 대한 사랑 때문에 고대인들의 위대함이 본질적으로 그들이 행했던 일체의 것에 대한 높은 이해에서 기인한다는 사실을 간과하는 열망이다. 즉 고대인들은 그 자체가 이상적인 것을 표현하였을 뿐, 이상적이지 않은 것에는 그러한 형태를 강요할 의사가 없었던 것이다. 개인들의 전체 의미내용이 이상적이지 않다면, 의복도 이상적이어서는 안 된다. 한 장군이 강인하고, 단호하고, 결연하다는 그 이유만으로 [411] 마르스의 모습을 가장한 얼굴을 가져서는 안 되는 것처럼, 오늘날의 영웅들에게 그리스 신들의 망토를 입힌다면 그것은 마치 수염 난 남자를 소녀의 의복 속에 구겨 넣는 것과 같은 쓸데없는 짓이 될 것이다.

그렇긴 하나 다시 현대적 의복이라는 것도 녹록한 문제는 아니다. 왜냐하면 현대적 의복은 유행을 따르고 변화무쌍하기 ―유행은 그 합리성에 따라 한시적인 것을 끊임없이 새롭게 바꾸는 권리를 행사한다― 때문이다. 한 형태로 재단된 치마는 머지않아 다시 유행을 벗어나며, 또한 마음에 드는 치마는 한창 유행하는 것이어야 한다. 그러나 유행이 지나면 익숙함 역시 끝나며 몇 해 전에는 마음에 들던 것이 즉시 우스꽝스러운 것으로 된다. 그러므로 또한 입상들의 의복양식으로 유지될 수 있는 것은 한 시대 특유의 성격을 보다 지속적인 유형으로 표현하는 것들뿐이다. 그러나 일반적으로 추천할 만한 것은, 오늘날의 예술가들이 그리하듯, 하나의 중도를 발견하는 것이다. 그럼에도 초상 조각들의 크기가 작지 않거나 그것들에서 단지 친숙한 표현만을 의도한다면, 현대적 의복들을 입히는 것은 전체적으로 늘 실패에 머문다. 그러므로 최선은 단순한 흉상들을 만드는 것이다. 여기서는 머리와 인상人相이 주요 사안이며 그 밖의 것은 말하자면 의미 없는 곁다리인 까닭에, 흉상들은 비교적 쉽게 이상적 표현을 간직할 수 있다. 이에 반해 커다란 입상들의 경우, 특히 그것들이 고요하게 서 있을 경우, 고요하게 있다는 바로 그 이유에서 우리는 즉각 그것들이 무엇을 입고 있는지를 보게 되는데, 현대적 복장의 모든 남성상들은, 심지어 초상화에서마저도, 무의미성을 넘기가 지극히 어려울 따름이다. 노老 티슈바인[146]은 예컨대 헤르더와 빌란트의 앉은 전신상을 그렸으며, 또한 훌륭한 예술가들은 그들을 동판에 새겼다. 하지만 우리는 그들의 바지, 양말, 신발을 보는 일이, 또한 양손을 편안하게 배에 포갠 채 소파에 파묻혀 있는 그들의 여유롭고 자족적인 태도를 보는 일이 매우 따분하고 무의미한 사족임을 즉시 느낀다. [412]

그러나 활약 시기가 우리로부터 멀리 떨어진 개인들이나 무릇 내면 자체에서 이상적 위대함을 지니는 개인들의 초상 조각들은 사정이 다르다. 왜냐하면 오래된 것은 말하자면 시간에 구애되지 않는 것이며, 또한 다소 비규정적인 일반적 표상으로 물러간 것이니, 특칭적 현실로부터의 이러한 해방의 경우에는 의복의 면에서도 이상적 표현이 가능하기 때문이다. 개인들이 독립성과 내적 충실함을 통해 특수한 직업의 단순한 제약 및 한 특정 시대에 국한된 유효성에서 면제된다면, 그들이 독자적으로 자유로운 총체성을 —관계들 및 행위들의 세계를— 형성하며, 따라서 의복의 면에서도 통상적, 시대적 외면성에 갇힌 일상의 익숙함을 넘어선 것으로 현상해야 한다면, 그들에게는 이 같은 사실이 더욱 적용된다. 이미 그리스인들의 경우에도 이러한 것이 발견된다. 아킬레우스와 알렉산더의 입상에는 한층 개별적인 초상화적 특징들이 거의 없으며, 그리하여 그 형상들은 인간보다는 어린 신들이라고 믿길 정도이다. 천품이 뛰어나고 관대한 소년 알렉산더의 입상은 완벽하게 신의 형상으로 보인다. 그런데 이를테면 나폴레옹 역시 이와 유사하게 높은 곳에 위치하며 또 포용적 정신으로 존재하니, 그를

---

146 역주: 티슈바인(Tischbein)이란 이름의 화가는 세 사람이 있다. 가장 연장자는 J. H. 티슈바인(1722~1789)이며, 나머지 두 사람은 그의 친척들로서 J. F. A. 티슈바인(1750~1812)과 J. H. W. 티슈바인(1751~1829)이다. 여기서 헤겔이 어느 티슈바인을 가리키는지는 불분명하다. J. F. A. 티슈바인은 헤르더의 초상을 그렸는데, 아마도 헤겔은 그를 염두에 둔 듯하다.

앵발리드의 나폴레옹 동상(ⓒ gadgetdude)　샤를로텐부르크성의 프리드리히 2세 동상(ⓒ Blende22)

이상적 의복으로 표현함에 있어 거리낄 것은 아무것도 없다. 심지어 프리
드리히 대제에게도, 그의 모든 위대함의 찬양이 문제시될 경우라면, 이상적
의복이 어색하지 않을 것이다. 여기서도 본질적으로 입상들의 크기에 따
라 변화가 고려되기는 한다. 무언가 친숙한 점을 갖는 소小입상들에서는 나
폴레옹의 작은 삼각형 모자, 유명한 제복, 팔짱 낀 팔들이 결코 방해 요인이
아니며, 또한 '프리츠 영감'[147]으로서의 프리드리히 대제를 보고 싶다면, 우
리는 담배 깡통 위에 그려진 것처럼 모자와 지팡이를 들고 있는 그를 생각

---

147 역주: der olle Fritz. 나이 들어 노인이 되면서 점점 더 주변 사람을 의심하고 옷도 군복만 입고 잘
　갈아입지 않아서 몸에 냄새가 났다고 알려진, 프로이센의 프리드리히 2세(1712~1786)를 속되게 부른
　'der Alte Fritz'의 다른 표현.

할 수 있는 것이다. [413]

3. 이상적 조각형상들의 개별성

우리는 지금까지 조각이상의 일반적 특성을, 그리고 그 특수한 차별성들의 보다 세부적인 형태들을 고찰했다. 이제 셋째, 마지막으로 짚어야 할 사항은 조각의 이상들이 구분 가능한 특수한 현상들로도 발전해야 하며, 또 그리하여 일군의 특수한 개인들을 —우리는 이미 고전적 예술형식의 고찰을 통해 이것이 그리스 신들의 권역임을 알고 있다— 형성해야 한다는 점이다. 왜냐하면 그것들은 내용적으로는 실체적, 내적 개별성들을, 형상적으로는 인간의 육체형태를 표현해야 하기 때문이다. 우리는 혹 최고의 미와 완전성은 단 하나이며 또한 이것이 하나의 조상影像에 극히 완벽하게 집중될 수 있을 것으로 생각할지도 모르겠으나, 이상 자체에 관한 이러한 생각은 몰취미하고 어리석기 짝이 없다. 왜냐하면 이상의 미는 그것이 단순 보편적인 규준이 아니라는 점, 오히려 본질적으로 개성을, 따라서 또한 특수성과 특성을 갖는다는 바로 그 점에서 성립하기 때문이다. 오로지 이를 통해 비로소 생명성이 조각작품에 깃들며 또한 하나의 추상적 미가 내적으로 규정된 여러 형상들의 총체성으로 확장된다. 우리의 기독교적 관점에서 인간적이면서도 신적인 속성들을 표현할 경우, 우리는 익히 다수의 범주들을 사용한다. 하지만 조각 본연의 이상에서는 그러한 범주들이 결여되어 있는 까닭에, 전체적으로 이 권역은 의미내용의 면에서 제한적이다. 중세와 현대 세계는 예컨대 도덕적 사념들과 덕목들을 각 시대마다 다시 개정되는 일군의 의무들로 총괄하지만, 이상적 신들의 조각에서는 이것들이 아무 의미도 갖지 않으며, 또한 이 신들에게 현전하지도 않는다. 그러므로 우리는 여기서 희생, 이기심의 정복, 감각적인 것에 대한 투쟁, 순결의 승리

등의 표현을 기대할 수 없으며, [414] 또한 마찬가지로 깊은 사랑의 감정, 변함없는 충성, 남성적인 혹은 여성적인 명예로움 및 신실함, 종교적 순종, 신안에서의 복종과 지복의 표현도 기대할 수 없다. 왜냐하면 이 모든 덕목들, 속성들 그리고 상태들은 일면 정신과 육체의 단절에서 기인하기 때문이며, 일면 육체적인 것을 넘어 심정의 단순한 깊은 감정으로 회귀하거나 개별적 주관성을 즉자대자적으로 존재하는 실체와의 분리 및 재결합을 위한 노력 속에서 보여 주기 때문이다. 나아가 조각에서 나타나는 이 본격적 신들의 권역이 하나의 총체성으로 존재하는 것은 맞지만, 조각은, 이미 고전적 예술형식에서 살펴본 바와 같이,[148] 개념차별성들이 엄밀하게 나뉠 수 없는 [즉 체계적으로 분류될 수 없는] 전체로 있다. 그럼에도 개개의 형상들은 내적으로 완결된 특정한 개인들로서 다른 것들과 구분될 수 있다. 비록 추상적으로 각인된 성격특징들을 통해 이들을 구분하는 것은 불가능하며 반대로 이상성과 신성의 면에서 보면 이들 사이에 공통점이 많긴 하지만 말이다.

우리는 좀 더 상세한 차이들을 다음의 관점에서 답사할 수 있다.

첫 번째로 고찰할 것은 단순 외적인 특징들, 부수적인 속성들, 의복, 무기 등등의 종류인데, 특히 빈켈만은 이에 관해 광범위한 언급을 하였다.

그러나 둘째로 주된 차이는 외적 표징이나 특징들뿐만 아니라 전체 형상의 개별적 구조와 자세에서도 나타난다. 이 면에서 가장 본질적인 것은 연령, 성별의 차이 및 조각작품이 그 내용과 형태를 얻는 상이한 권역들의 ─조각작품은 신들로부터 영웅들, 사티로스들, 파운들, 초상 조각들로 이어지며 또한 종국에는 표현이 동물적 형태의 제작으로도 빠진다─ 차이이다.

조각은 다소 일반적인 앞의 차이들을 개별적 형태들로 제작하는바, 마

---

148 역주: 이 책 94~95쪽 참조.

지막으로 셋째, 우리는 개별적 형상들을 주시할 것이다. 특히 여기서는 [415] 매우 광범위한 세목들이 밀어닥치며 더구나 그 낱낱은 여러 가지로 경험적인 것에 그치는 까닭에, 우리는 그것들을 다분히 범례적으로만 열거할 수 있을 뿐이다.

a. 부속물, 무기, 장식 등

첫째, 부속물과 기타 외적인 부수물, 즉 장식의 종류, 무기, 도구, 용기用器, 한마디로 주위와의 관계에 속하는 사물들에 관해 보자. 고상한 조각작품들에서는 이 외적 요소들이 대단히 단순, 질박하고 제한적이어서 암시와 이해에 속하는 것 이상은 현전하지 않는다. 왜냐하면 정신적 의미와 그 직관을 제공하는 것은 형상 자체이자 그 표현이지 외적인 부수물이 아니기 때문이다. 그러나 역으로 그러한 표시물들은 특정한 신들이 재인식되기 위해 자못 필수적이기도 하다. 모든 개별 신들에게 표현의 실체성을 제공하는 것은 보편적 신성인데, 이것은 이 동일한 근거 탓에 매우 비슷한 표현과 형상들을 야기하는바, 이리되면 각 신들은 또다시 자신의 특수성에서 벗어나고, 또 보통은 그들에게 고유하지 않은 다른 표현방식들이나 상태들과 더불어 나타날 수 있다. 무릇 이 경우에는 그들에게서 특수한 성격특징이 빠짐없이 충분히 진지하게 발현하지 않을 터이니, 그들을 인식 가능하게 만들기 위해 남는 것은 종종 앞의 외적 요소들에 국한된다. 이 표시물들에 관해 나는 다만 다음의 것들을 언급하고자 한다.

α) 나는 이미 고전적 예술형식 및 그 신들을 다루면서 본격적인 부속물들에 관해 언급했었다. 이것들은 특정 신들의 한 측면과 긴밀하게 연관된 외적 표시물로서 조각에서는 그 독립적, 상징적 특성을 더욱 상실하며, 또한 오직 자기 자신만을 표현하는 형상들에 부착되거나 그 옆에서 나타날 권리만을 유지할 뿐이다. 그것들은 여러모로 동물들에서 얻어지니, [416] 예

컨대 제우스는 독수리와 함께 표현되고, 주노는 공작과 함께, 바쿠스는 수레를 끄는 호랑이 및 표범과 함께 ―이 동물은 빈켈만이 말하듯(위의 책, 제2권, 503쪽) 항상 목말라하며 포도주를 갈구한다―, 그리고 비너스는 토끼나 비둘기와 함께 표현된다. ― 다른 부속물들로서는 각 신들의 특정한 개별성에 속하는 행동 및 행위와 관련된 용구 내지 도구들이 있다. 예컨대 디오니소스는 담쟁이 잎사귀와 넝쿨로 휘감긴 지팡이, 그를 인도 정벌의 승리자로 표시하기 위한 월계관, 혹은 케레스[데메테르]에게 길을 비춰 주었던 횃불과 더불어 표현된다.

나는 물론 이러한 연상물들 중에서 가장 유명한 것들만을 열거했는데, 이것들은 특히 골동품상들의 예민한 감각과 지식을 활성화하여 그들을 잡동사니 장사로, 분명 종종 너무 지나쳐서 의미성이 전혀 없는 물건들 속에서도 의미성을 보는 장사로 몰고 간다. 예컨대 바티칸과 메디치가 저택에 소장된, 잠자며 누워 있는 두 점의 유명한 여인상들은 독사의 모습을 한 팔찌를 착용하였으며 또한 고고학자들은 뱀의 모습에서 ―마치 한 경건한 신부에게 천국에서 이브를 유혹했던 최초의 뱀과 같은 것이 생각나듯― 클레오파트라의 죽음을 즉각 떠올렸는데, 사람들은 단지 이를 이유로 그것들이 클레오파트라의 표현이라고 간주했었다. 그런데 똬리를 튼 뱀의 모습을 한 팔찌를 착용하는 것은 일반적으로 그리스 여인들의 관습이었으며 또한 팔찌 자체가 뱀이라고 불렸다. 그런즉슨 이미 빈켈만의 올바른 감각 역시(제5권, 제6책, 2장, §56; 제6권, 제2책, 2장, §222) 이 형상들을 더 이상 클레오파트라로 간주하지 않았으며 또한 마침내 비스콘티(*Museo Pio-Clementino*, 제2권, §89~92)[149]는 그녀들을 테세우스가 떠나는 것에 대한 [417] 고통에 시달리다가

---

149 역주: Ennio Quirino Visconti, *Museo Pio-Clementino*, 전 7권, 1782~1807.

종국에는 잠에 **빠져든** 아리아드네로 분명하게 인식했다. — 그러한 연관
성들이 우리를 아무리 끝없이 오도하였을지라도, 그런 유의 무의미한 외면
성들에서 출발하는 예민한 감각이 아무리 편협할지라도, 그럼에도 어떤 형
상의 보다 자세한 규정성은 종종 그 방식으로만 밝혀질 수 있는 까닭에 그
러한 연구방식과 비평은 필수적이다. 하지만 이 경우에도 형상뿐만 아니
라 부속물들도 언제나 한 신으로 귀결되지 않으며 오히려 다수의 신들에게
공통적이라는 어려움이 다시 나타난다. 예를 들어 잔은 제우스, 아폴로, 헤
르메스, 아스클레피오스 이외에 케레스와 히게에이아에게서도 보인다. 마
찬가지로 다수의 여신들은 곡식이삭을 갖고 있다. 백합은 헤라, 아프로디
테 그리고 스페스[엘피스]¹⁵⁰의 손에서 발견되며, 또한 심지어 번개마저도 제
우스와 팔라스[아테네]에게서 나타난다. 다시 팔라스의 입장에서 보면 방패
는 그녀만이 지니는 것이 아니라 제우스, 헤라 그리고 아폴로도 마찬가지
로 지닌다(빈켈만, 제2권, §491). 개별적 신들은 그 근원을 공통적이며 다소 비
규정적이며 일반적인 의미에 두었는데, 이 근원은 이러한 보다 일반적인,
또한 이로써 신들의 공통적인 본성에 속하였던 다수의 옛 상징물들도 수반
한다.

β) 무기, 용기, 말 등과 같은 그 밖의 부수물은 인물들의 행위, 집단, 행렬
의 표현을 위해 신들의 단순한 고요에서 이미 벗어나는 작품들, 그리하여
또한 외적으로 다양한 표시와 암시들을 광범위하게 사용할 수 있는 작품들
에서 많이 발견된다. 이러한 사례로는 부조[돋을새김]가 있다. 이 경우 그리
스적 감수성의 풍부하고 창조적인 위트는 각종 예술작품들로, 무엇보다 입

---

150 역주: 제우스의 손자이자 아폴로의 아들인 아스클레피오스는 그리스, 로마 신화의 의술의 신, 케레스
는 대지의 여신, 히게에이아는 아스클레피오스의 딸로서 건강, 청결, 위생의 여신, 스페스는 희망의
여신이다.

상들로 이루어진 봉헌물奉獻物 위에, 올림픽 승자들의 입상들 위에, 그러나 특히 화폐나 세공된 보석들 위에 —도시의 지역적 특색에 관한— 상징적인 혹은 그 밖의 연관성들을 표시하는 커다란 유희공간을 두었다. [418]

γ) 그러한 표시들은 이미 외면성에서 벗어나 신들의 개성 속에 한층 깊숙이 수용되었으며, 특정한 형상 자체에 속하며, 또 그것의 불가결한 일부를 이룬다. 여기에 산정될 수 있는 것으로는 특수한 종류의 의복, 무장, 머리장식, 장신구 등이 있는데, 빈켈만은 그 차이들을 대단히 날카롭게 파악하였다. 나는 그에게서 발췌한 몇 안 되는 언급들로써 이에 관한 자세한 설명을 대신할 것이다. 특수한 신들 중에서 제우스는 특히 머리 모양새를 통해 알수 있다. 빈켈만은(제4권, 5책, 1장, §29) 어떤 두상은, 그 밖의 특이점이 전혀 없을 경우라도, 이마를 덮은 두발이나 턱수염만으로도 제우스의 두상으로 규정될 수 있다고 주장한다. 즉 빈켈만에 따르면(앞의 책, §31) "머리카락들은 이마 위에서 위쪽으로 올라가며 또한 그 여러 부분들은 좁은 곡선을 그리며 다시 아래로 떨어진다." 이 방식의 두발표현은 매우 결정적이어서 제우스의 아들들과 손자들에게서도 유지되었다. 예를 들자면 이 점에서는 제우스의 두상이 아스클레피오스의 두상과 거의 구분되지 않는다. 그러나 대신 "제우스에게서는 수염이 단번에 입꼬리를 돌아 턱수염과 합쳐지는" 반면, 아스클레피오스는 특히 윗입술을 다분히 곱슬곱슬하게 덮는 다른 수염을 갖고 있다. 빈켈만은(앞의 책, §36과 주석) 메디치 저택에 소장되었던, 후일 피렌체로 옮겨진 포세이돈 입상의 아름다운 머리 부분도 윗입술을 덮은 북슬북슬한 고수수염과 고수머리를 통해 제우스의 두상들과 구분된다. 팔라스는 디아나[아르테미스]와 완전히 다르다. 그녀는 긴 머리카락을 머리 아래에서 묶어 머리끈 아래로 구불하고 가지런하게 늘어뜨리는 반면, 디아나는 사방을 빗어 올려 정수리에서 매듭으로 묶는다. 케레스의 머리는 뒷부분까지 장옷으로 덮여 있으며, 또한 그녀는 [419] 곡식이삭 이외에도 주노[헤라]처

럼 관冠을 쓰고 다니는데, 빙켈만의 언급에 따르면(제4권, 제5책, 2장, §10) "관 앞쪽으로는 매력적으로 뒤엉킨 머리카락들이 산발散髮로 날리니, 이것이 암시하는 바는 아마도 그녀의 딸 페르세포네의 납치에 대한 그녀의 비탄일 것이다." — 이 같은 개성은, 예컨대 팔라스가 투구, 투구의 특정 형상, 의복의 종류 등에서도 인식될 수 있듯이, 다른 외적 부속물들을 통해서도 표현된다.

b. 연령과 성별의 차이 및 신들, 영웅들, 인간들, 동물들의 차이

그런데 조각에서는 진정한 생동적 개성이 자유롭고 아름다운 신체형상을 통해 드러나야 할 것이며, 그런 한에서 그것은 단순히 상징물, 머리 모양, 무기 및 기타 도구들, 곤봉, 삼지창, 말박[151] 등과 같은 부수물들을 통해 드러나서는 안 되고, 오히려 형상 자체 및 그 표현 속에 스며야 한다. 신들의 형상은 정녕 근본적으로 균일한 실체적 기초를 가지며, 이 기초로부터, 그리고 이 기초와 분리됨이 없이 특성 있는 개성이 작품으로 완성되며, 그리하여 작품 속에서 이 기초는 모름지기 생동적, 현재적인 것으로 남는 만큼, 그리스 예술가들은 그러한 개별화를 기함에 있어 그만큼 더 섬세하고 창조적이었다. 무엇보다 놀라운 것은 최고의 고대 조각작품들에 깃든 섬세한 주의력이다. 예술가들은 이와 더불어 극히 세세한 형상과 표현의 특징들을 빠짐없이 전체와 조화시키고자 숙고하였으며, 또한 오직 그럴 때에만 이러한 조화가 주의력으로부터 산출된다.

나아가 신체형태들과 그 표현을 다소 규정적으로 특수화할 수 있는 일차적 근거가 무엇인지, 그 일반적 주요 차이들이 무엇인지를 묻는다면,

---

151 역주: 이것은 Scheffel의 번역어로서 약 두 말 정도 부피의 용기를 가리킨다.

α) 첫째는 유년기와 청년기의 형상들이 그 이후 연령대의 형상들에 대해 갖는 차이이다. [420] 이미 앞서 언급했듯이, 순정한 이상에서는 형상의 모든 특색들, 극히 개별적인 모든 부분들이 표현되며, 마찬가지로 직진하는 직선, 추상적으로 평평한 평면이나 둥근 원형, 오성적 원형은 철저히 회피되며, 이에 반해 여러 선들 및 형태들의 생동적 다양성은 그 이행들을 잇는 뉘앙스들 속에서 매우 아름답고 철저하게 다듬어진다. 유년기와 청년기에는 형태의 경계들이 오히려 눈에 띄지 않게 서로 간에 흘러들어 부드러운 선을 이루며, 그리하여 빈켈만이 말하듯(제7권, §78) 바람들에 동요되지 않는, 끊임없이 움직이지만 그럼에도 고요하다고 이야기되는 바다의 표면과 비교될 수 있다. 이에 반해 좀 더 나이가 들면 형태들의 구분이 한층 현저해지며, 또한 한층 규정된 특징을 가질 수밖에 없다. 그러므로 탁월한 성인 남성상들에서는 모든 것이 한층 뚜렷하여 우리들은 예술가의 지식, 지혜 그리고 솜씨에 그만큼 더 빨리 찬탄할 수 있으며, 그런 까닭에 그것들은 대하는 즉시 더욱 만족스럽게 보인다. 왜냐하면 청년의 형상들은 부드러우며, 구분이 그다지 현저하지 않으며, 또 그런 까닭에 비교적 수월하게 보이기 때문이다. 하지만 실은 이와 반대이다. 즉 "그 부분들의 형성은 성장과 성숙 사이에서 규정되지 않은 채 머물며"(빈켈만, 제7권, §80), 그런 한도에서 관절, 뼈대, 힘줄, 근육은 다소 부드럽고 연약하게, 그러면서도 자못 은근하게 드러나야 한다. 극히 부드러운 형상들에서는 들어감과 나옴의 뉘앙스들이 눈에 잘 띄지 않지만, 고대의 예술은 여기서도 모든 부분들 및 그 특정한 구성이 매번 인지되도록 만들며 또 바로 그 점에서 승리를 구가한다. 그러나 예술가의 이러한 지식과 완벽한 기교는 엄밀히 연구하는 세심한 관찰자에게만 알려진다. 예를 들어 청년 아폴로상과 같은 부드러운 남성상에서 남성 신체의 전체 구조가 완벽한 통찰과 더불어 —비록 이 통찰이 반은 숨어 있더라도— 현실적이며 철저하게 제시되어 있지 않다면, [421] 지절들은 곡

선적이고 충만하게 나타나긴 하겠으나 동시에 느슨하고 비표현적이고 다양하지 않게 될 것이며, 따라서 전체 작품은 기쁨을 주기 어려울 것이다. — 후세에 청년 남성 신체의 차이들을 가장 눈에 띄게 표현한 사례로서는 라오콘 군상의 소년들과 아버지를 꼽을 수 있다.

그러나 전체적으로 그리스인들은 신들의 이상을 조각작품으로 표현함에 있어 청년의 연령을 선호하며 또한 주피터[제우스]나 넵툰[포세이돈]의 두상과 입상들에서조차 노령을 드러내지 않는다.

β) 더욱 중요한 두 번째 차이는 형상이 표현하는 성별, 남성과 여성의 형태상의 차이에 관한 것이다. 일반적으로 여성적 형태에 관해서는 내가 이미 앞에서 후기의 연령과 대비하여 초기의 청년기 연령에 관해 언급했던 것과 같은 것을 말할 수 있다. 여성적 형태들은 한층 연약하고 부드러우며, 힘줄과 근육은 없어서는 안 될 터이지만 덜 드러나며, 연결 부위들은 한층 흐르듯 유연하며, 그러면서도 많은 뉘앙스와 다양성을 —이것은 정적인 진지함, 한층 엄격한 권위, 숭고함의 표현에서 극히 부드러운 매력과 우미를 갖는 사랑스러움의 표현에 이르기까지 다양하다— 갖는다. 형태의 그와 같은 풍부함은 남성형상들에서도 나타나는데, 이 경우에는 그 밖에도 잘 조탁된 신체적 강인함과 용기의 표현이 추가된다. 그러나 향유의 유쾌함은 이들 모두에게 공통이며, 또한 모든 특수자들 너머에 있는 축복받은 무심함과 기쁨은 동시에 고요한 특징의 슬픔, 웃음도 눈물도 아닌 예의 눈물 속의 웃음과 연결된다.

그러나 비교적 어린 바쿠스와 아폴로의 신상들은 종종 여성적 형태의 연약함과 부드러움, 여성적 구조의 개별적 특징들로까지 나아가며, 그런 까닭에 여기서 남성적 특징과 여성적 특징 사이에 엄격한 경계를 철저히 긋는 것은 불가능하다. 심지어 헤라클레스의 여러 표현들도 처녀처럼 보이는 관계로, 사람들은 [422] 그를 그의 연인 이올레로 오인하였다. 고대인들은 이러한 이행들은 물론이거니와 자웅동체상들을 통해 남성적 형태와 여성적 형태의 결합까지도 명시적으로 표현하였다.

γ) 조각에 적합한 이상적 세계관의 의미내용을 형성하는 권역은 여럿이며 조각상은 이 특정 권역들 중 하나에 속하는 까닭에 조각상에는 몇몇 주요 차이들이 도입되는데, 마지막으로 셋째, 우리는 이 차이들에 관해 물을 것이다.

조각이 조형성을 위해 일반적으로 사용하는 유기적 형태에는 인간의 형태와 동물의 형태가 있다. 우리는 이미 보다 엄격한 예술의 정점에서는 동물적인 것이 단지 상징물로서 신상의 곁에 나타날 뿐임을 살펴보았던바, 사냥하는 디아나 곁에 암사슴이, 제우스 곁에 독수리가 발견되는 것이 그 사례이다. 표범, 그리핀[152] 그리고 그와 유사한 형상들도 여기에 속한다. 그런데 동물의 형태들은 고유의 속성들 말고도 때로는 인간의 속성들과 혼합되기도 하며, 또 때로는 독립적 가치를 얻기도 한다. 하지만 그러한 표현의 범위는 제한적이다. 염소형태들 이외에도 특히 말의 아름다움과 불같은 생명력은, 인간의 모습과 결합되어 있든 혹은 자유롭고 완벽한 형상을 갖든 간에, 조형예술로 유입되기에 적격이었다. 즉 무릇 말은 이미 인간적 영웅성의 용기, 용맹함, 민첩함 및 영웅의 아름다움과 가까이 관계하는 반면, 예컨대 헤라클레스가 죽였던 사자, 멜레아그로스가 죽였던 멧돼지와 같은 다른 동물들은 이 영웅적 행동들 자체의 대상이며, 그런 까닭에 이것들은 부조에서 보다 역동적인 상황들과 행위들이 집합적으로 표현될 때 함께 표현될 권리를 갖는다.

인간적인 것이 순수한 이상으로 형태화되고 표현되는 한, 그것은 나름대

---

152 역주: 독수리의 머리와 날개에 사자 몸통을 지닌 그리스 신화의 괴수.

로 신적인 것에 적합한 형상을 제공하지만, 감각적 요소에 여전히 매여 있는 [423] 이 신적인 것은 유일신의 단순한 통일성으로 집약될 수 없으며 다만 일군의 신적 형상들로 펼쳐질 뿐이다. 그러나 역으로 인간적인 것의 의미내용과 표현도 자못 인간적 개별성 자체의 영역 속에 ─비록 이 개별성이 때로는 신적인 것과, 때로는 동물적인 것과 친화적이거나 합일되기도 하지만─ 머무른다.

이를 통해 조각은 그 내용의 형상화를 끌어낼 수 있는 영역들로서 다음의 것들을 갖는다. 나는 이미 일군의 특수한 신들이 본질적 중심점임을 누차 거론했다. 표현의 면에서 보면, 그들은 근심과 해로운 열정의 유한성을 넘어 내적으로 집성된 지복의 고요함과 영원한 젊음으로 현상하는바, 그들의 신체형태도 인간적 요소의 유한한 특칭성을 일소─歸하며, 또한 생명성을 상실하지는 않지만 그럼에도 감각적 생명체의 욕구와 궁핍을 암시하는 일체의 것을 배제하니, 그들과 인간의 차이는 각별히 이 점에서 성립한다. 예컨대 어머니가 아이를 수유하는 것은 흥미로운 표현대상이지만, 그리스 여신들은 항상 아이가 없이 표현된다. 신화에 따르면 주노는 그녀의 아이인 어린 헤라클레스를 스스로 내던지며 그 결과로 은하수가 생긴다. 제우스의 정실부인인 그녀를 아이와 묶는 것은 고대의 관점에서는 지나치게 격이 낮은 것이었다. 심지어 아프로디테도 조각에서 어머니로서 나타나지 않는다. 그녀의 주위에 아모르가 있더라도 모자관계로 있는 것은 아니다. 이와 비슷하게 주피터[제우스]에게도 염소가 유모로 주어지며, 로물루스와 레무스는 암컷 늑대가 수유한다. 이에 반해 이집트와 인도의 그림들 중에는 여신들이 신들을 수유하는 장면이 많다. 그리스 여신들의 경우에는 여성의 자연규정을 최소한도로 부각하는 처녀형상이 주가 된다. [424]

이 점에서 고전적 예술은 모성애가 주요 대상을 제공하는 낭만적 예술과 중대한 대립을 이룬다. 다음으로 조각은 신들 자체로부터 영웅들 및 켄타우로스, 파운, 사티로스 등과 같은 인간과 동물의 혼종형상들로 나아간다.

영웅들은 지극히 섬세한 차이를 통해 신들과 구분될 뿐만 아니라 또한 마찬가지로 단순 인간적인 일상적 현존재를 넘어서기도 한다. 예컨대 빈켈만은(제4권, §105) 키레네의 동전들에 있는 한 바투스에[153] 관해 그의 독특한 정겨운 즐거움의 눈빛은 바쿠스를, 그리고 신적 위대성의 특징은 아폴로를 빼닮았다고 말한다. 그런데 여기서는 의지와 신체능력의 위력을 표현하는 것이 중요한 일이어서 인간형태의 일정 부분이 각별히 확대된다. 예술가는 근육에 민첩한 효과와 운동성을 부여하며, 또한 격렬한 행위의 표현을 위해 모든 자연적 탄력들을 가동시킨다. 하지만 한 동일한 영웅에게서 서로 구분되는, 심지어 대립되는 온갖 상태들이 나타나기도 하며, 그런 관계로 남성적 형태들은 여기서 다시 여성적 형태들에 종종 근접하기도 한다. 예컨대 아킬레우스가 리코메데스의 딸들 사이에서 처음 현신했던 경우가 그렇다.[154] 여기서 그는 트로이성城 앞에서처럼 강력한 영웅으로 등장하지 않고 오히려 여성복을 입은, 성별이 의문시되는 매력적 모습으로 등장한다. 헤라클레스 역시 그가 행했던 힘든 일들에 대해 항상 진지하고 강하게만 묘사되는 것은 아니며, 옴팔레에게 시중드는 모습으로,[155] 신격화의 고요함 속에서, 한마디로 매우 다양한 상황들 속에서 묘사되기도 한다. 다른 면에서 보면, 예컨대 아킬레우스와 마르스[아레스]가 그렇듯, 영웅들의 형상은 종종 다시 신들 자신의 형상과 매우 흡사하며, 그런고로 기타 부수물들을 완

---

153 역주: 바투스는 키레네 지방을 다스리던 바티아드 왕조의 왕들을 가리킨다.
154 역주: 아킬레우스의 어머니 테티스는 그가 트로이 전쟁에서 죽을 것이라는 예언을 듣고 그를 전쟁에서 떼어 놓기 위해 리코메데스의 궁으로 데려가 소녀로 분장시킨다. 그러나 그는 리코메데스를 찾아온 오디세우스에 의해 발각된다.
155 역주: 헤라클레스는 헤라의 저주를 받아 이따금 정신착란을 일으키며, 이피토스를 죽인 죄를 씻기 위해 헤르메스의 노예로 팔려간다. 리디아의 여왕 옴팔레는 그를 사서 여장을 시키고 곁에 두었다.

전히 배제한 채 한 입상의 특정한 의미를 성격특징으로부터 곧바로 인식하는 것은 최고도의 근본적 연구에서나 가능한 일이다. 그럼에도 [425] 능숙한 예술전문가들은 낱개의 편린들에서도 전체 형상의 특징과 형태를 즉시 추론하여 없어진 것을 보충할 수 있으며, 또한 이로부터도 우리는 그리스 예술에서 개별화의 섬세한 감각과 결과들에 다시 경탄하게 되는바, 그 장인들은 극히 작은 부분들까지도 전체의 성격에 맞게 제작할 줄 알았던 것이다.

신들의 높은 이상으로부터 배제된 것, 즉 인간적 욕구, 인생의 환희, 감각적 향유, 욕망 등의 충족 따위는 사티로스와 파운의 권역으로 이전된다. 하지만 고대인들은 특히 어린 사티로스와 파운들을 대개 대단히 아름다운 형상으로 묘사하였던바, 빈켈만의 주장에 따르면(제4권, §78), "그들 각각의 모습은 머리를 차치한다면 아폴로와, 특히 사우록토노스[도마뱀 도살자]라고 불리며 또한 파운들과 같은 다리 자세를 갖는 아폴로와 혼동될 정도였다"고

헥토르를 죽이려는 아킬레우스, 그들 사이에 서 있는 아테네(메트로폴리탄 미술관)

한다. 파운과 사티로스는 머리 부분의 뾰족한 귀, 흐트러진 머리카락, 그리고 작은 뿔들을 통해 식별된다.

제2의 권역은 인간적인 것 자체를 포용한다. 특히 여기에는 단련된 힘과 격투경기의 솜씨 속에서 드러나는 인간적 아름다움의 형상이 속한다. 그러므로 여기서는 레슬러와 원반 선수 등이 주 대상이다. 이 경우 이미 조각은 그러한 산물들에서 오히려 초상기법에 접근하지만, 우리가 이미 알고 있듯이, 고대인들은 현실의 개인들을 묘사할 경우에도 언제나 조각의 원칙을 고수할 줄 알았다.

끝으로 조각이 포용하는 마지막 영역은 동물형상들 자체의, 특히 사자나 개 등의 표현이다. 이 분야에서도 고대인들은 형상의 실체성을 파악하고 거기에 개별적 삶을 부여하는 조각의 원칙을 역설할 줄 알았으며 [426] 또한 그 속에서 완전성을, 예컨대 미론의 암소를 그의 다른 작품들보다도 더 유명하게 만든 완전성을 달성하였다.[156] 괴테는 『예술과 고대』(제2권, 제1책)[157] 에서 미론의 암소를 매우 우아하게 묘사하며, 또한 이미 위에서 보았듯, 그리스 조각에서는 수유와 같은 동물적 기능이 오직 동물의 분야에서만 나타난다는 사실에 주목하도록 만든다. 그는 고대의 경구들에 있는 시인들의 온갖 착상들을 도외시하며, 매우 친숙한 이미지를 낳는 순수한 구상만을 의미 있는 것으로 고찰한다.

---

156 역주: Myron. 기원전 5세기경의 그리스 조각가. 대표작으로는 생동적 운동미를 표현하는 〈원반 던지는 사람〉, 〈아테네와 마르시아스〉가 있다. 이 외에도 올림포스 장거리 경주의 승리자인 〈라다스〉와 아테네 아크로폴리스에 세워진 청동상인 〈암소〉와 같은 걸작이 문헌상 전해진다. 특히 동물 조각으로 이름이 높았다.
157 「미론의 암소」(1818).

c. 개별적 신들의 표현

방금 언급한 차이들은 개별적 개인들의 성격 및 생동성으로 드러나는데, 이제 이 장을 마치면서 우리는 이들에 관한, 특히 여러 신들의 묘사에 관한 몇몇 세부사항을 거론할 것이다.

α) 일반적으로 그렇지만, 조각의 정신적 신들과 관계해서도 정신성이란 본디 개별성으로부터의 해방일 것이라는 의견이, 그리하여 이상적 형상들 역시, 그것이 이상적이며 훌륭할수록, 그만큼 개인들로서 서로 구분되어서는 안 될 것이라는 점이 역설될 수도 있을 것이다. 그러나 이 점에서 그리스인들은 달리 생각한다. 물론 몇몇 특정 국면들에서는 고착된 경계를 지양하여 특수한 형태들 간의 이행도 표현하려는 노력이 꽤나 엿보인다. 하지만 그들이 경이롭게 해결한 조각의 과제는 신들의 보편성과 이상성에도 불구하고 그들에게 개별성과 구분 가능성을 보존해 주었다는 바로 그 점에 본질을 둔다. 나아가 우리는 어떤 신성에는 특정한 특징들이 말하자면 초상화의 특징들처럼 고유하게 속한다는 식의 개별성을 취하는데, 이는 얼핏한 고착된 유형이 생동적 생산의 자리를 대신하는 것으로, 또한 예술에 해가 되는 것으로 보인다. [427] 그러나 이것도 마찬가지로 사실이 아니다. 오히려 하나의 실체적 유형이 개별화와 생동성의 근거가 될수록, 그 개별화와 생동성에 깃든 생각이 그만큼 더 섬세해진다.

β) 나아가 개개의 신들 자체에 관해 보자. 이 모든 이상들 위에 그들의 지배자인 개별신 하나가 있으리란 생각이 그럴듯해 보인다. 누구보다 피디아스는 제우스의 형상과 표현에 이러한 존엄과 위엄을 부여했다. 하지만 동시에 이 신들과 인간들의 아버지는 명랑하고 자애로운 시선과 더불어, 제왕다운 너그러움 속에서, 젊음으로 가득 찬 뺨을 갖지는 않지만 그렇다고 거꾸로 거친 형태와 허약과 노쇠를 암시하지도 않는 장년의 모습으로 제시된다. 형상과 표현의 면에서 주피터[제우스]에 가장 가까운 것은 그의 형제들

인 넵튠과 플루토인데, 예컨대 드레스덴에 있는 이들의 흥미로운 입상들에는[158] 제우스의 특징들이 많이 있지만 그럼에도 불구하고 그들의 상이성이 지켜지고 있다. 제우스는 위엄의 온화함 속에서, 넵튠은 보다 야성적으로, 이집트의 세라피스 신에 해당하는 플루토는 보다 어둡고 음울하게 표현되어 있다.

바쿠스와 아폴로, 마르스와 머큐리는 제우스와 한층 더 본질적으로 구분된다. 바쿠스는 청년의 아름다움과 형태의 부드러움 속에서, 아폴로는 비록 수염은 없지만 한층 남성적으로, 머큐리는 얼굴 표정의 각별한 섬세함과 더불어 보다 강건하고 날렵하게, 마르스는 가령 헤라클레스처럼 근육과 그 밖의 형태들의 힘을 갖지는 않지만 이상적 형태의 젊고 아름다운 영웅으로 표현된다.

여신들 중에서는 주노, 팔라스, 디아나 그리고 비너스만을 언급할 것이다.

남성적 신성들 중에서는 제우스가 그렇듯이 여성적 신성들 중에서는 주노가 가장 위엄 있는 형상으로 표현된다. 커다랗고 둥근 눈은 당당하고 도도하며, 특히 옆면에서 볼 때 그녀를 즉시 식별하게 만드는 입도 마찬가지로 그렇다. 그녀의 인상은 전체적인 면에서 "지배를 원하는, 존경받아야 하고 사랑을 촉구하는 여왕의" 인상이다(빈켈만, 제4권, §116). [428]

반면 팔라스의 표현은 한층 엄격한 처녀성과 정숙함을 지닌다. 부드러움, 사랑 그리고 일체의 여성적 연약함은 그녀와 거리가 멀며, 눈은 주노의 눈보다 덜 치켜뜨고, 적당히 구형이다. 또한 약간은 고요한 사념 속에 잠겨 있으며, 머리는 투구로 무장을 하고 있지만 제우스 부인의 경우와 달리 거

---

158 역주: 헤겔은 이 입상들을 1824년 9월에 보았다.

만스럽게 꼿꼿하지 않다.

디아나는 같은 처녀성의 형상을 모사하며, 또한 비록 자신의 우아함에 대한 자신감과 기쁨은 표현되지 않지만 더욱 커다란 매력이 부여되며, 더욱 경쾌하고 날씬하다. 그녀는 고요하게 관조하지 않으며, 대개는 거니는 모습, 뒤쫓는 모습으로 표상되며, 똑바로 멀리 내다보는 눈을 갖고 있다.

마지막으로 미 자체의 여신인 비너스는 카리테스와 호라이[159]를 제외하면 그리스인들에 의해 유일하게 나신裸身으로 —모든 예술가들이 그렇게 하지는 않았지만— 표현되었다. 나신은 그녀의 경우 매우 중요한 이유를 갖는바, 까닭인즉 그녀는 감각적 아름다움과 그 승리를, 한마디로 정신을 통해 절제되고 고양된 우아함, 단아함, 상냥함을 주로 표현하기 때문이다. 보다 진지하고 보다 고상한 자리에서조차 그녀의 눈은 팔라스나 주노의 경우보다 작으며, 가로로 길지 않으며, 살짝 올라간 아래 눈꺼풀로 인해 비교적 가느다란데, 이것은 애간장 녹이는 눈매를 매우 아름답게 표현하고 있다. 하지만 그녀는 여러 형상으로, 즉 때로는 비교적 진지하고 강력하게, 때로는 비교적 우아하고 상냥하게, 때로는 비교적 성숙한, 또 때로는 비교적 젊은 연령으로 표현된다. 그리하여 예컨대 빈켈만은(제4권, §112) 메디치가의 비너스를 아침의 아름다운 여명이 지난 후 태양의 부상과 더불어 꽃망울을 터뜨리는 장미에 비유한다. 이에 반해 천상의 비너스는 왕관과 더불어 표시되었는데, 이 왕관은 주노의 것과 같으며, 또한 승리의 여신 비너스Venus Victrix도 그것을 쓰고 있다.

γ) 이러한 조형적 개별성은 단순한 형식의 추상을 통해 전체적으로 완벽

---

159 역주: 그리스 신화의 카리테스는 미의 세 여신으로서, 단수형은 카리스이고 복수형은 카리테스이다. 계절의 여신들인 호라이는 제우스와 테미스의 딸들로서 보통은 3인(봄·여름·겨울)이나, 때로는 2인 혹은 4인이 되기도 한다.

하게 표현되며, 또한 오직 그리스인들만이 [429] 종교 자체에 근거를 두고 그 것을 그렇듯 범접 불가능할 정도로 완전하게 고안하였다. 비교적 정신적인 어떤 종교는 내적 관조와 예배에 만족할 수 있으며, 거기서는 조각작품들이 오히려 그저 사치와 낭비로 간주된다. 그러나 그리스 종교와 같이 감각적으로 관조하는 종교에서는 이러한 예술적 창조와 창안이 종교적 활동 및 종교적 만족 자체이며, 또한 민족에게는 그러한 작품들의 관조가 단순한 관조가 아니라 종교와 삶에도 속하는 까닭에, 그러한 종교는 끊임없이 [예술을] 생산해 가야만 한다. 무릇 그리스인들은 모든 것을 공공과 일반을 위해 행하였으며, 모두가 공공과 일반 속에서 자신의 즐거움, 자부심 그리고 명예를 발견하였다. 이러한 공공성으로 인해 그리스인들의 예술은, 전성기의 베네치아인들에게 회화가 그런 것처럼, 단순히 장식이 아니라 필히 충족되어야 할 살아 있는 욕구이다. 오로지 이로부터 우리는 조각의 어려움에도 불구하고 왜 무수한 양의 조각상들이, 각종 입상들의 숲이 세워졌는지를 스스로에게 설명할 수 있다. 이 숲들은 하나의 도시, 즉 엘리스,[160] 아테네, 코린트 등에, 심지어 비교적 작은 규모의 모든 도시들, 또한 대大그리스와 섬들에 대량으로 있었다.

---

160 역주: 펠로폰네소스 반도에 있었던 고대 도시. 올림픽의 개최지였다.

제3장
상이한 종류의 표현과 질료, 그리고 조각의 역사적 발전 단계들

지금까지 우리는 우선 조각에 가장 적합한 내용과 이에 상응하는 형식이 전개될 수 있는 보편적 규정들을 둘러보고, 또한 고전적 이상을 이러한 내용으로서 발견했으며, 둘째로 예술 장르들 중에서 조각이 이상을 형상화하는 최적의 방식임을 단언했었다. 그런데 이상은 근본적으로 [430] 개별성으로서만 포착 가능한 까닭에, 내적인 예술적 직관이 이상적 형상들의 권역으로 펼쳐질 뿐만 아니라, 존재하는 예술작품들에서의 외적 표현과 제작에 따라서도 조각은 특수한 종류로 나뉜다. 이와 관련하여 이제 우리는 다음의 관점들을 언급해야 한다.

첫째, 실제 제작과 연계되어 개별 입상들이나 군상群像을 만드는 표현방식인데, 그 끝에는 이미 회화의 원칙으로 이행하는 부조가 있다.

둘째, 이러한 차이들을 현실화하는 외적 질료이다.

셋째, 상이한 종류들 및 질료들 속에서 실현된 예술작품 내부의 역사적 발전 단계들이다.

1. 표현방식들

건축이 본질적으로 독자적 건축과 봉사적 건축으로 구분되는 바와 같이, 조각작품도 독자적으로 그 자체로 존재하는 것과 그보다는 건축의 공간 치장에만 봉사하는 것으로 구분될 수 있다. 전자의 경우 조각을 에워싸는 것 [신전]이 예술을 통해 마련되었으되 그저 하나의 장소에 불과하지만, 후자의 경우 조각은 건물을 장식하는 까닭에 건물과 본질적 관계를 가지며, 또한 이 관계가 조각의 형식은 물론 대개는 그 내용까지 규정한다. 이와 관련하여 우리는 전반적으로 말할 수 있을진대, 개별 입상들은 그 자체가 목적인 반면 군상들이나 더더욱 부조들은 이러한 독자성을 떠나기 시작하며, 또한 건축에 의해, 건축의 목적들을 위해 사용된다. [431]

a. 개별적 입상

개별적 입상에 관해 보자면, 그 본래 과제는 신전 조상彫像들의 ―이것들은 사원의 회당에 세워졌으며, 또한 주변의 모든 것들은 그에 연관되었다― 제작이며, 또한 이것이 조각 일반의 진정한 과제이기도 하다.

α) 조각은 개별적 입상에서 자신에게 가장 어울리는 순수성을 갖는다. 왜냐하면 조각은 신들의 형상을 무상황적으로, 아름답고 단순하고 비활동적인 고요 속에서 제작하거나, 이미 누차 서술했듯이, 하여간 편중되지 않은 상황들 속에서, 자유롭게, 무사히 특정한 행위와 분규 없이, 제작하기 때문이다.

β) 이러한 보다 엄격한 고상함이나 열락의 침잠에서 최초로 출현하는 형상은 전체 자세에서 한 행위의 시작이나 그 끝을 암시하지만, 그렇다고 하여 신적 고요가 방해받거나 형상이 갈등과 투쟁 속에서 묘사되는 것은 아니다. 이러한 종류로는 유명한 메디치가의 비너스와 벨베데레의 아폴로가

있다. 레싱과 빈켈만의 시대에는 이 형상들이 예술 최고의 이상들로 간주되었으며 무한히 경탄되었다. 우리가 표현의 면에서 한층 더 심오하고 형식의 면에서 한층 더 생동적, 근본적인 작품들을 알게 된 이후로 그 작품들의 가치는 현재 다소 낮아졌으며, 또한 사람들은 그것들을 한참 후대의 것으로, 즉 이미 유쾌함과 쾌적함을 안중에 두고 매끄럽게 제작하는, 그리고 엄격하고 순정한 양식을 더 이상 고수하지 않는 시대의 것으로 보았다. 심지어 어떤 영국 여행가는(*Morning Chronicle*, 1825년 7월 26일 자) 아폴로를 직설적으로 겉멋 든 작품이라고 부르며, 또한 저 비너스에 대해서는 대단한 부드러움, 달콤함, 균제 그리고 겸손한 우아미를 인정하면서도 그것은 결점 없는 비정신성, 부정적 완전성, 그럴듯한 평범함에 불과하다고 보았다.[161] 우리는 보다 엄격한 고요와 신성함에서 멀어지는 저러한 진행을 일반적으로 이렇게 이해할 수 있다. 조각은 물론 [432] 고도로 진지한 예술이지만, 신들은 추상들이 아니라 개별적 형상들이며 그런 까닭에 그들의 이 고도의 진지함은 절대적 명랑성과 또 이로써 현실의 유한성에 대한 반영도 마찬가지로 수반하는바, 이 반영 속에서 신들의 명랑성이 표현하는 것은 그러한 유한한 형상에 잠긴 감정이 아니라 화해의 감정, 정신적 자유의 감정, 자신 곁의 존재Beisichsein의 감정이다.

γ) 그러므로 그리스 예술은 그리스 정신이 갖는 전반적 명랑성의 발로이며, 또한 무수히 많은 최상의 즐거운 상황들에서 만족, 즐거움 그리고 과제를 발견했다. 왜냐하면 그리스 예술은 먼저 비교적 경직된 추상적 표현에서 벗어나 모든 것을 자신 안에서 통합하는 생동적 개성을 존중하기 위해 분투하였으며, 그 후로 그것은 생동적이며 명랑한 것을 애호하였고, 또

---

161 역주: 이것은 "Notes of a Journey through France and Italy"라는 기사에서 추출한 부분이지만, 필자가 누구인지를 신문은 알려 주지 않는다.

도리포로스상(미니애폴리스 미술관)

한 예술가들은 다양한 표현들 속을 거닐었으되, 이것들은 고통스럽고 끔찍하고 기괴하고 괴로운 것으로 엇나가지 않고 천진난만한 인간성의 경계 내에 머물렀기 때문이다. 고대인들은 이 면에서 가장 탁월한 조각작품을 많이 전해 주었다. 장난스러우면서도 매우 순수하고 명랑한 성격을 갖는 많은 신화적 대상들에서 그 예를 찾자면, 여기서는 일상적 인간성에 이미 한층 가까이 다가서 있는 아모르의 장난들을 살펴보는 것으로 족할 것이다. 또 다른 예들에서는 표현의 생동성이 주된 관심이며, 또한 그러한 소재를 포착하고 작업한다는 것은 그 자체가 명랑성과 순진성이다. 이러한 국면에 속하는 것으로는 예컨대 폴리클레이토스[162]의 주사위 놀이를 하는 사람과 도리포로스의 상이 있는데, 이것은 아르고스에 있는 그의 헤라만큼이나 높이 평가되었다. 미론의 원반 던지는 사람과 달리기하는 사람도 같은 명성을 누렸다. 그 밖에도 우리는 앉아서 발꿈치의 가시를 뽑는 소년상[163]을 비롯한 비슷한 내용의 표현들이 얼마나 사랑스럽고 상찬되었는지를 알고 있는데, 그중 다수는 부분적으로 이름만 전해 온다. 이것은 자연에서 엿들은, 순간적으로 지나가는 계기들이지만, 조각가는 여기서 그것들을 고정된 모습으로 나타낸다. [433]

b. 군상

조각은 외향성을 지니는 그러한 출발들로부터 이제 운동성이 더욱 가미된 상황들, 갈등들 그리고 행위들의 표현으로, 또 이를 통해 군상으로 나아간다. 왜냐하면 한층 규정된 행위에 의해 한층 구체적인 생동성이 나타나며, 이 생동성은 여러 대립들과 반작용들로 펼쳐지며, 또한 이로써 인물들의 본질적 관계들 및 그들 간의 착종으로 벌어 가기 때문이다.

α) 하지만 여기서도 최초의 것은 단순하고 고요한 구성을 갖는바, 그 예로는 로마 근교의 몬테 카발로에 있는 두 점의 말 조런사 거상이 ―이것은 각각 카스토르와 폴룩스[폴리데우케스]를[164] 가리킨다― 있다. 사람들은 하나

---

162 역주: 폴리클레이토스는 고대 그리스의 조각가이다. 그는 『카논』의 저자로서 인체의 이상적 아름다움에 관한 표준을(예컨대 팔등신과 같은 것을) 처음 정한 인물로 알려져 있다. 그러나 『카논』은 현재 전해오지 않으며, 우리는 그의 도리포로스의 상에서(원작은 청동상인데 현재는 로마 시대의 모조품만이 전한다) 그 내용을 얼마간 짐작할 뿐이다.

163 역주: 이 작품은 현재 대영박물관에 소장되어 있다.

164 역주: 카스토르와 폴리데우케스는 레다와 백조로 변신한 제우스 사이에서 태어난 쌍둥이 아들이다. 레다는 알을 하나 낳았는데 이 알에서 형제가 태어났다. 후일 트로이 전쟁의 발단이 된 아름다운 헬레네는 이 형제의 누이동생이다. 카스토르는 거친 말을 길들이는 솜씨가 좋았으며, 폴리데우케스는 권투를 잘했다. 이 둘은 어찌나 우애가 좋았던지 무슨 일을 하건 꼭 함께했다. 한 전투에서 카스토르가 죽자 폴리데우케스는 제우스에게 자기가 죽을 터인즉 카스토르를 살려 달라고 간청했다. 제우스는 이 소원을 듣고, 형제가 생명을 번갈아 누리게 했다. 다른 설에 따르면, 제우스는 이들의 우애를 높이 사서 쌍둥이 별자리를 만들었다고 한다. 이 둘은 신으로 예우받았다. 후일 형제는 백마를 타고 전장에

는 피디아스의 작품으로, 다른 하나는 프락시텔레스의 작품으로 보는데, 고도의 탁월한 구상과 우아하며 철저한 제작을 볼 때 그런 비중 있는 이름들이 옳을 것 같긴 해도 확실한 증거는 없다. 이것은 아직 본격적 행위나 그 귀결을 표현하지 않는 유유자적한 군상들인데, 조각적 표현과 공공전시의 면을 참작할 때 파르테논 신전 앞에 있는 것이 가장 적합하며, 또한 원래 그곳에 있었던 것으로 짐작된다.

β) 그런데 나아가 둘째, 조각은 군상을 통해 갈등, 불화하는 행위, 고통 등을 내용으로 삼는 상황들을 표현하기도 한다. 조각은 군상들에서 자신의 고유한 독자적 영역으로부터 탈피하기 시작하며, 그런 까닭에 여기서 우리는 그러한 군상들을 자체로서 독립적으로 세우는 대신 건축과 밀접하게 연관시켜 건축적 공간의 장식에 쓰이도록 만든 그리스인들의 진정한 예술감각을 새삼 상찬하게 된다. 개별적 입상으로서의 신전상은 그 입상을 위해 만들어진 내실內室에 투쟁 없이, 고요하고 신성하게 서 있었다. 이에 반해 외부 박공의 삼각벽면은 군상들로 장식되었는데, 이 군상들은 신의 특정한 행위들을 묘사했으며 [434] 따라서 보다 활동적인 생명성을 갖는 제작이 허용되었다. 이러한 종류로는 니오베와 그녀의 아이들을 표현한 유명한 군상이 있다. 배열의 일반적 형식은 여기서 그것이 있도록 규정된 공간을 통해 주어진다. 중심인물은 중간에 서 있었으며, 가장 크고 눈에 띄는 형상일 경우가 많았다. 그 밖의 인물들은 박공의 측면 예각으로 다가갈수록 다른 자세를 필요로 하였으며, 급기야 누운 자세를 취하기도 했다.

그 밖의 유명한 작품들 중에서는 라오콘 군상만을 언급하고자 한다. 이

더러 나타나 어느 한쪽 군사를 편들었는데, 고대 로마사는 이 형제가 레길루스 호숫가에서 벌어진 전투(B.C. 96)에서 로마군을 편들었으며, 또한 이 전투가 로마군의 승리로 끝난 뒤 로마인들은 이 두 형제의 신전을 세웠다고 전한다.

대상은 40~50년 전쯤 많이 연구되고 널리 언급되었다. 특히 중요한 요소로 간주되었던 것은 베르길리우스가 조각작품을 보고서 이 장면을 서술하였는가, 아니면 예술가가 베르길리우스의 묘사에 따라 그의 작품을 제작하였는가, 나아가 라오콘이 비명을 지르고 있는가, 그리고 조각에서 비명을 표현하려는 것이 대체 가당키나 한 일인가 등등의 것이다. 한때는 그러한 심리적 중요성들을 위주로 의견이 분분했었다. 왜냐하면 빈켈만의 제안과 순정한 예술감각에 대해 아직 충분한 이해가 없었기 때문이며, 그렇지 않아도 책상물림들은 종종 실제 작품들을 볼 기회가 없을뿐더러, 또 본다 한들 이해할 능력도 없는 까닭에 그러한 설명들에 더욱 혹하기 때문이다. 이 군상에서 고찰되는 가장 본질적인 요소는 고도의 고통, 고도의 진실성, 경련

라오콘 군상(바티칸 미술관)

하는 듯한 신체의 뒤틀림, 옥조임을 당하는 모든 근육들에도 불구하고 미의 품격이 보존된다는 점, 또한 그렇게 멀리 떨어진 방식이 아니어도 일그러진 얼굴, 찡그림, 사지의 뒤틀림이 표현된다는 점이다. 하지만 전체 작품은 소재의 정신, 배열의 인위성, 자세에 대한 이해, 작업하는 방식 등에서 의심할 여지없이 후대에 속하는바, [435] 이 시대는 이미 인간 신체의 구조와 근육조직에 관한 지식들을 의도적으로 드러냄으로써 단순한 아름다움과 생동성을 넘어서고자 노력하며, 또한 지나치게 정교하고 우아한 손질을 통해 만족을 얻고자 애쓴다. 여기서는 이미 예술의 순진함과 위대함으로부터 기법으로의 이행이 일어나고 있었다.

γ) 이제 조각작품들은 열주회랑의 현관들 앞, 앞마당들, 층계참들, 벽감들 등의 ―이러한 건축학적 규정들은 나름대로 다시 인간적 상태와 관계들에 다중적으로 관계한다― 극히 다양한 장소에 세워진다. 그리고 장소 및 건축적 규정들의 바로 이 다양함과 더불어 예술작품들의 내용과 대상은 무한히 변화하며, 또한 군상들을 통해 인간적 측면에 한층 가까이 다가간다. 하지만 군상들이 갈등을 전혀 소재로 삼지 않을 경우라도, 운동성이 한층 가미된 다양한 형상의 그러한 군상들을 아무 배경 없이 건물 꼭대기의 허공에 세우는 것은 언제나 잘못된 처사이다. 왜냐하면 하늘은 인물들의 윤곽이 정확히 보이지 않을 정도로 때로는 잿빛이고, 때로는 눈이 멀 만큼 밝고 푸르기 때문이다. 그러나 이 윤곽들, 이 실루엣은 무엇보다 중요한 것이니, 까닭인즉 우리는 그것들을 유일한 본격적 주 요소로 인식하며 또 여타의 것을 이를 통해 이해하기 때문이다. 왜냐하면 군상에서는 인물들의 많은 부분들이 하나가 다른 하나 앞에, 예를 들면 팔들이 신체 앞에, 마찬가지로 한 인물의 다리가 다른 다리 앞에 있으며, 또한 이미 이로써 멀리서는 그러한 부분들의 윤곽이 불명확하고 이해할 수 없게 되거나 거칠 것이 전무한 부분들의 윤곽보다는 덜 분명해지기 때문이다. 한 인물에서 몇몇 지절

브란덴부르크문 위의 빅토리아상(© Aleph)

들은 강하고 분명하게 드러나는 반면 다른 지절들은 그저 흐릿하고 불분명하게 암시된다면, 그것은 종이에 그려진 군상과 다를 바가 없을 것이다. 입상도 같은 효과를 내며, 허공 말고는 아무 다른 배경도 갖지 않는 군상들은 더더욱 그렇다. 즉 이 경우 우리는 날카롭게 잘린 실루엣을 볼 뿐이며, 또한 거기서는 비교적 약한 암시들만이 인식될 뿐이다.

바로 이 점이 예를 들어 [436] 베를린의 브란덴부르크문 위의 빅토리아[니케]상像이 아름다운 효과를 지니는 이유이다. 즉 그것은 단순성과 고요함을 가질 뿐만 아니라 개별 형상들을 정확하게 인식할 수 있도록 해 주는 것이다. 말들은 서로 겹침이 없이 널찍이 떨어져 있으며, 빅토리아의 형상도 그 말들 위로 드높이 솟아 있다. 이에 반해 그리핀이 끄는 전차를 탄, 티크[165]의 작품인 아폴로는 그 전체 구상과 작업이 아무리 예술적으로 합당하더라도 극장 건물 위에 세우기에는 그리 잘 어울리지 않는다. 나는 한 친구의 호의로 그 형상들을 제작실에서 보았는데, 사람들은 굉장한 효과를 장담했다. 그러나 이제 그것들이 공중에 세워진 모습을 볼 때, 한 형상의 윤곽은 그 배경을 이루는 다른 형상과 지나치게 겹치며, 또한 이 다른 형상들은 전체적으로 단순성을 결여하고 있을 뿐만 아니라 더욱 심한 것은 그 윤곽이 자유롭고 분명한 실루엣을 갖지 못한다는 점이다. 그렇지 않아도 짧은 다리들때문에 [빅토리아상의] 말들만큼 그렇게 높고 자유롭게 서 있지 못한 그리핀들은 게다가 날개까지 달고 있으며, 아폴로는 틀어 올린 머리를 하고 수금을 팔에 안고 있다. 이 모든 것은 그 좌대座臺에 비해 지나치게 과하며, 불분명한 윤곽들을 낳을 뿐이다.

c. 부조

끝으로 부조는 —일차로 고高부조Hautrelief, 다음으로 저低부조Basrelief는— 조각의 마지막 표현방식인데, 이를 통해 조각은 이미 회화의 원칙을 향해의미 있는 발걸음을 뗀다. 여기서는 평면이 조건이며, 형상들은 하나의 같은 표면 위에 있으며, 조각의 출발점인 형상의 공간적 총체성은 점차 사라지기 시작한다. 그런데 고대의 부조는 아직 회화와 그렇게 가깝지 않으며, 전경과 후경의 원근법적 차이들로 발전할 정도는 아니며, 감쇄 제작의 기술을 통해 [437] 상이한 대상들에 공간적인 차이를 두어 그것들이 앞으로 나오거나 뒤로 물러가게 만들지 않으며, 오히려 평면 자체를 중시한다. 그러므로 그것은 형상들의 옆얼굴을 가장 애호하며, 또한 그것들을 동일 평면위에 병렬한다. 그런즉슨 이 단순성으로 인해 그것이 내용으로 취하는 것은 그리 복잡한 행위들이 아니며, 그보다는 이미 현실에서 동일선상에서

165　Christian Friedrich Tieck(1776~1851), 조각가.

벌어지는 행위들, 즉 행군들, 제물행렬들, 올림픽 승자들의 행진들 등이다.

그럼에도 불구하고 부조는 지극히 다양한 종류가 있다. 그것은 사원의 소벽과 벽들을 채우고 장식할 뿐만 아니라, 가재도구들, 제기祭器, 공양물, 접시, 물그릇, 항아리, 램프 등을 두르고, 안락의자, 세 발의 청동제단을 장식하며, 또한 유관한 수공예 기술들과 결연을 맺기도 한다. 특히 여기에는 각양각색의 형상들과 결합들을 낳는, 그리고 독자적 조각의 고유 목적을 더 이상 견지 불가능하게 만드는 창안의 재치가 있다.

2. 조각의 질료

우리는 조각의 기본 원칙을 제공하는 개별성을 통해 조형예술의 대상이 되는 권역들을 무릇 신적인 것, 인간적인 것, 그리고 자연으로 특수화하였고, 표현방식 역시 개별 입상들, 군상들 그리고 부조로 특수화하였던바, 이제는 예술가가 표현을 위해 사용할 수 있는 질료의 면에서도 이 같은 다양한 특수화를 검토해야 한다. 왜냐하면 한 종류의 내용과 이해방식은 한 종류의 감각적 질료에, 다른 종류는 다른 종류에 가까이 있으며, 또한 그것을 알게 모르게 애호하고 또 그것과 조화하기 때문이다.

나는 여기서 창안의 면에서는 고대인들을 능가할 자가 없었다는 점, 또한 그들은 [438] 기술적 제작의 놀라운 육성과 숙련을 통해 우리 역시 경탄케 한다는 점을 다만 일반적인 언급으로서 보고자 한다. 조각에서는 이 두 측면이 똑같이 어렵다. 왜냐하면 다른 예술들은 내적 다면성을 마음껏 표현할 수 있지만 조각의 수단들은 그렇지 못하기 때문이다. 이 점에서는 건축이 더욱 딱한 처지이지만, 자체로서 비유기적인 질료들에서 정신 자체나 자연의 생동성을 실현하는 것이 건축의 과제는 아니다. 하지만 이상理想은 감각적인 것으로의 완전한 진입, 내면과 그 외적 현존재의 융합을 원리로 삼으며, 그런 까닭에 그 개념 자체에는 질료를 신들린듯 취급하는 훈련된 숙련성이 내재한다. 그러므로 이상이 실행되고 현실화되는 곳이라면, 어디서나 같은 원칙이 주장된다. 이 점을 참작하면 위대한 예술적 숙련의 시대를 살았던 예술가들은 그들의 대리석 작품들을 점토로 된 모델 없이 작업했다는 점, 혹은 그러한 것이 있을 경우라도 "엄격히 보면 사전에 점토로 제작된 원본들[모델들]에 따라 그 대리석 복사본들만을 제공하는 우리 시대의 실상에 비해"(빈켈만, 제5권, §389, 각주) 훨씬 더 자유롭고 구속받음이 없이 작품에 임했다는 점이 주장된다고 해도, 이는 놀랄 일이 아니다. 이를 통해 고대의 예술가들은 생동적인 영활을 얻었지만, 모작과 복제품들에서는 이것이 많든 적든 점차 사라지고 있다. 비록 유명한 예술작품들에서도 때로는 잘못된 부분들이 ―예컨대 크기가 같지 않은 눈들, 하나는 낮고 하나는 높이 달린 귀들, 길이가 같지 않은 발들 등등이― 나타남을 부인할 수 없지만 말이다. 이 작품들은 그러한 것들에서 매번 고도로 엄격한 정확성을 지키지는 않았는데, 일상적인, 그러나 나름대로는 대단히 철저하게 생각하는 평범한 생산과 예술 판정은 이것을 늘 지키지만 그것 말고는 아무것도 볼 게 없다. [439]

a. 목재

목재는 조각가가 신상을 제작하는 각종 재료들 가운데서 가장 오래된 것에 속한다. 두상을 이고 있는 나무둥치나 기둥이 시작이었다. 아주 초기의 신전상들 중에서는 많은 것이 목상이었으며, 피디아스 시대에 즈음해서도 이 재료는 여전히 사용되고 있었다. 예컨대 플라타이아이[166]에 있는 피디아

---

166 역주: Plataea. 그리스 보에오티아 지방의 고대 도시로서 전통적으로 아테네와 동맹관계에 있었다. 페르시아 전쟁에서는(B.C. 479) 10만여 명의 그리스 연합군이 이곳과 마라톤에서 30만의 페르시아군

스의 거대한 미네르바[아테네]상은 머리와 손은 황금을 입힌 목재로, 발은 대리석으로 제작되었다,[167] 또한 미론도 단 하나의 얼굴과 몸통을 갖는 헤카테 여신[168]의 목재입상을, 그것도 그녀를 가장 숭앙하여 해마다 그녀에게 축제를 올렸던 아이기나 지방에서 제작하였는데,[169] 아이기나 사람들의 주장에 따르면 트라키아의 오르페우스가 이 축제를 주재하였다고 한다.

그러나 전반적으로 목재는 황금 등으로 덧씌워지지 않는다면 그 자체의 목질과 목심으로 인해 커다란 규모에는 맞지 않는 것으로, 오히려 비교적 소규모의 작업들에 적합한 것으로 보이는데, 중세에는 목재가 이 용도로 종종 이용되었으며 오늘날도 여전히 사용되고 있다.

b. 상아, 금, 청동, 대리석

그 밖에도 각별히 주요한 재료로서는 황금이 덧붙은 상아, 녹인 청동 그리고 대리석을 들 수 있다.

α) 주지하듯 피디아스는 자신의 걸작들에 상아와 황금을 사용하였다. 예컨대 올림포스에 있는 제우스 신상, 아테네의 아크로폴리스에 있는 유명한 아테네의 거상이 그것인데, 후자는 심지어 실물보다 큰 빅토리아를 손바닥에 얹고 있었다. 신체의 벗은 부분들은 상아판들로, 의복과 망토는 황금판으로 되었는데, 후자는 탈착할 수가 있었다. 누런빛의 상아와 황금으로 작업하는 이 표현방식은 [440] 입상들이 채색되던 시대로부터 유래하였으

을 크게 격파했다.

167 Meyer, 『그리스인들의 조형예술사(*Geschichte der bildenden Künste bei den Griechen*)』 제1권, 60쪽 이하.

168 역주: 천상, 지상 및 지하를 다스리는 여신. 후일에는 이에 따라 세 개의 머리와 세 개의 몸통을 갖는 것으로 표현되었다.

169 Pausanias, 『그리스지(誌)(*Beschreibung Griechenlands*)』 II, 30쪽.

며, 또한 점차 청동과 대리석의 단색조로 지양되었다. 상아는 매우 정결한 재료이며, 매끈하고, 대리석의 오톨도톨함이 없는 대신 가격이 비싼데, 아테네인들에게는 신상들이 고가인 것도 마찬가지로 중요했다. 플라타이아이에 있는 아테네 여신상은 표면만 금으로 덧씌워졌는데, 이것이 아테네로 오면 단단한 금판으로 만들어진다. 신상들은 거대하면서도 동시에 고가의 것이어야 했다. 카트르메르 드 캥시는 이 작품들과 고대의 금속세공술에 관해 명저를 저술했다.[170] 금속세공술 ―τορεύειν[toreýein], τόρευμα[tóreyma]― 은 본래 금속 위에 선을 새기고, 홈을 파고, 깊이 있는 형태들을 깎아 내는 기술인데, 예컨대 잘린 돌들에서 그런 형태들을 깎을 때도 이 기술이 사용된다. 그런데 금속세공술은 새기거나 파는 대신 틀을 만들고 부어 넣는 작업을 통해 완성되는 전각이나 반각 금속 작업들의 표현을 위해, 다음으로 본격적이지는 않지만 도자기 그릇들 위의 양각형상들의 표현을 위해, 끝으로 보다 일반적으로는 청동 조각 일반의 표현을 위해 사용된다. 카트르메르는 특히 제작의 기술적 측면도 탐구하여, 상아들에서 얼마나 큰 판들을 자를 수 있는지, 그리고 형태들의 거대한 차원들에 비추어 얼마나 많은 판들이 거기에 사용되는지 등을 계산했다. 그러나 다른 한편 그는 마찬가지의 노력을 기울여 주피터 좌상과 특히 예술적 저부조로 풍부하게 장식된 거대한 의자의 스케치를 고대인들의 언급에 따라 다시 제작하였으며, 또한 모든 면에서 작품의 화려함과 완성도에 관한 표상을 제공하였다.

중세에는 상아가 [441] 사냥 등의 장면을 표현한 잔들은 ―여기서 상아는 매끈함과 단단함으로 인해 목재보다 많은 장점들을 갖는다― 물론이거니와 다양하기 그지없는 비교적 작은 작품들, 즉 십자가의 그리스도, 마리아

---

170 Antoine Chrysostome Quatremère de Quincy(1755~1849)[프랑스 대혁명 당시의 정치가이자 고고학자], *Le Jupiter Olympien, ou l'Art de la sculpture antique*(1815).

등에 주로 사용되었다.

β) 그러나 고대인들에게 가장 널리 애용된 재료는 청동이었는데, 그들은 그것을 최상의 솜씨로 주조할 능력이 있었다. 청동은 무엇보다 미론과 폴리클레이토스의 시대에 신상 및 기타 종류의 조각작품들을 위해 보편적으로 사용되었다. 청동 일반의 비교적 어둡고 희미한 색채, 광택, 매끈함은 흰색 대리석의 추상을 갖기보다는 말하자면 비교적 따듯한 느낌을 준다. 고대인들이 사용한 청동은 때로는 금이나 은과, 때로는 구리와 다양하게 혼합되었다. 예컨대 이른바 코린토스의 청동은 코린토스가 화재를 당했을 때 더없이 풍부한 이 도시의 입상과 집기들이 녹아서 생긴 합금이다. 무미우스[171]는 많은 입상들을 배로 나르도록 했다. 이 보물을 대단히 중히 여겼던 이 우직한 인물은 그것을 뱃사람들에게 맡기는데, 로마로의 안전한 이송을 근심했던 그는 만일 입상들이 사라진다면 그들이 같은 입상들을 다시 만들어 내야 할 것이라고 겁박한다.[172]

고대인들은 청동 주조에도 믿기지 않는 솜씨를 발휘했는데, 이를 통해 단단하면서도 얇은 주조가 가능하게 되었다. 우리는 이것을 본연의 예술성과 하등 관계없는 단순 기술적 사안으로서 간주할 수도 있겠으나, 모든 예술가들은 감각적 소재를 이용하여 작업하며, 또한 이 소재를 능수능란하게 다루는 것은 천재의 고유한 능력이므로, 기술적, 수공업적 측면에서의

---

171 역주: L. Mummius, 로마의 집정관(B.C. 154). 후일 그는 아케아를 정복하며, 또한 B.C. 146년에 있었던 코린토스 화재의 책임자이다.

172 역주: Velleius Paterculus는(i. 13) '창조하다' 대신 다만 '다시 가져오다'라는 말을 쓴다. 그러나 그 함의는 무미우스가 B.C. 146년에 코린토스의 청동도 함께 실어 보냈다는 것인데, 헤겔은 단지 코린토스의 청동이 그해에 있었던 화재의 결과물이었다고 말할 뿐이다. 이 헤겔의 언급은 Pliny(N.H. xxxiv. 3)에 의거하고 있다. 그는 "예전에 유명했던 청동 중에서는 코린토스의 청동이 가장 찬양되었는데, 이것은 코린토스가 불탔을 때 우연히 만들어진 합성물이다"라고 쓴다. Strabo는 이 청동이 황금과 은의 합금이라고 말하며(17. xii) 또한 화재가 지난 100년 후 코린토스가 재건될 당시(B.C. 44) 무덤에서 발견된 청동용기들이 로마에서 고가에 거래되었다고(8. vi. 23) 말한다.

솜씨와 숙련은 천재 자신의 한 측면을 형성하는 것이다. 이러한 숙련된 주조기술이 갖춰짐으로써 그러한 조각작품은 대리석을 끌질하는 것보다 한층 수월하게 세워졌으며 또 비교적 빨리 퍼질 수 있었다. 고대인들이 숙련된 주조기술을 통해 얻을 수 있었던 두 번째의 이점은 주조의 순정함이다. [442] 그들은 청동조상들에 끌을 댈 필요가 전혀 없을 정도로, 그리하여 비교적 섬세한 얼굴 표정들에서도 상실되는 것이 전무할 정도로 ―끌질을 해서는 보통 이러한 상실을 완전히 면하기 어렵다― 이 순정함을 발전시켜 나갔다. 이제 이러한 기술적 용이성과 숙련으로부터 나타났던 무진장한 예술작품들을 두루 고찰해 볼 때, 우리는 이루 말할 수 없는 놀라움에 빠질 수밖에 없으며, 또한 바로 그러한 기술적 척도와 그러한 확산을 이룬 예술적 조각감각은 오직 한 시대에, 하나의 민족하에서만 존재할 수 있었던 정신의 고유한 충동이자 본능이라는 점을 인정할 수밖에 없다. 예컨대 프러시아를 통틀어 경탄할 만한 청동상은 오늘날에도 여전히 손꼽을 정도이니, 그네센[그니에즈노]에 있는 독특한 청동교회문, 베를린과 브레슬라우[브로츠와프]에 있는 블뤼허[173]의 입상들, 비텐베르크에 있는 루터상, 그 밖에도 쾨니히스베르크와 뒤셀도르프에 있는 극소수의 청동상들이 그것이다.

이 질료는 각종 표현들에 쓰일 수 있으며, 또한 대단히 다양한 그 색조와 무한한 조형 가능성 및 유동성은 조각이 극히 다종다양한 생산으로 넘어가는 것을, 그래서 쓰임새가 많은 그 감각적 소재를 다량의 착상들, 단정함들, 그릇들, 장신구들, 우아한 소품들을 위해 적절하게 사용하는 것을 가능하게 한다. 이에 반해 대리석은 대상들을 표현함에 있어 일정한 사용 한계를 갖는바, 예컨대 일정한 치수가 되어야 저부조의 항아리와 꽃병들을 제공할

---

173 역주: Gebhard Leberecht von Blücher(1742~1819), 프로이센의 육군 원수.

수 있으며, 그보다 작은 대상들에 대해서는 무용지물이다. 반면 주형으로 주조될 뿐만 아니라 두드려 펴기와 파내기도 가능한 청동은 종류와 크기를 막론하고 거의 모든 표현을 거부하지 않는다.

여기서는 이에 비교적 가까운 예로서 동전 주조기술을 언급하는 것이 적당하다. 이 점에서도 고대인들은, 비록 형판型版 가공이라는 기술적 부분에서는 기계로 찍어 내는 오늘날의 발전에 비해 한참 뒤처지지만, 완성된 아름다운 걸작들을 제공하였다. 그들은 본래 동전들을 찍어 내었던 것이 아니라 거의 [443] 구형인 쇳조각을 두드려서 만들었다. 이 기술 분야는 알렉산더 시대에 절정에 도달했다. 로마 황제를 새긴 동전들은 벌써 조악해진다. 우리 시대에는 특히 나폴레옹이 그의 동전과 메달들에서 고대인들의 아름다움을 갱신하기 위해 노력했으며, 또한 그것들은 매우 탁월하다. 그러나 다른 국가들은 동전을 찍어 냄에 있어 대개 금속의 가치와 정확성을 주된 고려사항으로 삼고 있다.

γ) 끝으로 조각에 각별히 호응하는 마지막 재료는 이미 그 자체가 객관적으로 존립, 지속하는 석재이다. 벌써 이집트인들은 매우 단단한 화강암, 섬장암, 현무암 등으로 된 그들의 거상들을 각고의 노동을 들여 끌질하였다. 그러나 조각의 목적에 가장 직접적으로 부합하는 것은 부드러운 순수함, 흰빛 내지 무색, 부드러운 광채를 갖는 대리석인데, 이것은 오톨도톨하며 빛을 부드럽게 투과시키는 까닭에 석고의 백묵 같은 죽은 흰색에 비해 훨씬 선호되었다. 석고는 너무 밝아서 보다 섬세한 뉘앙스들이 자칫 덮이기 쉽다. 고대인들의 경우 대리석의 탁월한 사용은 비교적 후기에, 즉 대리석 입상의 분야에서 가장 거장으로 인정받았던 프락시텔레스와 스코파스의 시대에 비로소 발견된다. 피디아스 역시 대리석으로 작업하였지만 대개 두상, 발, 손에 그쳤다. 미론과 폴리클레이토스는 주로 청동을 사용했다. 이에 반해 프락시텔레스와 스코파스는 색채를, 즉 추상적 조각에 이질적인

이 요소를 제거하고자 노력했다. 조각이상의 순수한 미가 대리석뿐만 아니라 청동으로도 완벽하게 실현될 수 있음은 물론이다. 그러나 프락시텔레스와 스코파스의 경우가 그렇듯이 만일 예술이 형상의 부드러운 우아함과 사랑스러움으로 다가가기 시작한다면, 대리석이 더욱 적합한 재료인 것으로 보인다. 왜냐하면 대리석은 "그 투과성으로 인해 윤곽의 부드러움, [444] 잔잔한 흐름, 유연한 접합을 촉진하기"[174] 때문이다. "그러한 것은 섬세하고 인공적인 완성을 돌의 온화한 흰색에서 분명하게, 심지어 가장 고상한 청동에서 나타날 수 있는 것보다 훨씬 더 분명하게 현상하는바, 청동은 푸르게 변하여 아름다워질수록 그만큼 더 고요를 해치는 번쩍임과 반사를 유발한다." 이 시대에는 조각에서도 명암이 ―대리석은 그 뉘앙스들과 섬세한 차이들을 청동보다 한층 더 가시화한다― 조심스럽게 고려되었는데, 이 점도 마찬가지로 대리석을 금속의 사용보다 선호하는 하나의 새로운 이유였다.

c. 보석과 유리

끝으로 우리는 이 뛰어난 종류의 재료들에 보석과 유리를 추가해야 한다.

고대의 보석, 카메오,[175] 납유리의 가치는 평가할 수 없을 만큼 귀하다. 왜냐하면 그것들은 비록 크기는 매우 작지만 단순한 신상에서 극히 다양한 종류의 군상들을 거쳐 모든 가능한 명랑하고 단아한 착상들에 이르는 조각의 전 영역을 최고의 완성도와 더불어 재현하기 때문이다. 그런데 빈켈만은 스토슈[176]의 수집품과 관련하여 다음과 같이 언급한다(제3권, 서문, XXVII).

---

174 Meyer, 『그리스인들의 조형예술사』 1권, 279쪽.
175 역주: 양각을 한 보석·돌·조가비 등을 뜻함.
176 역주: P. von Stosch 남작(1691~1757). 빈켈만, 『고 스토슈 남작의 석재조각 수집품 논고』, 1766 참조.

"나는 이곳에서 후일 난해한 기념비적 작품들의 해명에 크게 쓰였던 한 진리의 흔적과 처음 마주쳤다. 이 해명은 다음의 명제, 즉 잘린 석재 위에서든 고귀한 작업들에서든 트로이 전쟁 이후나 오디세우스의 이타카 귀향 이후에 발생한 사건들로부터는 이미지들이 거의 취해지지 않았다는 명제에 기반을 둔다. 헤라클레스의 후손이나 후예들 등에 관한 이야기는 예술가의 고유 주제인 전설과 접경하는 까닭에 예외이다. 그럼에도 불구하고 내가 알기로는 헤라클레스 후손들의 이야기에 관한 이미지는 단 하나뿐이었다."

첫째, 보석에 관해 보자면, 비교적 완전한 실물 같은 인물들이 [445] 자연의 유기적 작품들처럼 대단한 아름다움을 보여 주며, 또한 확대경을 통해 볼 때도 그 순수한 특징은 망실亡失되지 않는다. 내가 이 사실을 거론하는 유일한 이유는 예술의 기교가 여기서는 거의 느낌의 기술로 되다시피 하기 때문이다. 즉 예술가는 조각가처럼 그의 행동을 눈으로 보면서 제어할 수 있는 것이 아니라, 그것을 거의 느껴야만 한다. 왜냐하면 그는 왁스 위에 접착된 돌을 속도조절 바퀴를 통해 도는 작고 날카로운 물레에 대고서 형태들을 긁어야 하기 때문이다. 촉각은 이런 식으로 선과 밑그림의 의도와 구상을 장악하고 완벽하게 지휘하는바, 이 돌들을 빛을 통해 본다면 우리는 하나의 부조작품이 앞에 있는 듯한 환상에 빠진다.

둘째, 잘라 낸 돌에서 양각의 형상들을 표현하는 카메오들은 이와 반대이다. 여기서는 특히 오닉스[마뇌]가 재료로 사용되었는데, 고대인들은 여러 층의 색들, 특히 흰색과 황갈색의 층들을 감각적 취향과 더불어 독창적으로 도드라지게 만들 줄 알았다. 에밀리우스 파울루스[177]는 다량의 그러한 돌들과 작은 용기들을 로마로 가져갔다.

---

177 역주: 플루타르코스는 마케도니아 전투의 영웅인 L. Aemilius Paullus Macedonicus(B.C. 160년 사망)의 승전 기념식에는 크고 단단한 양각의 술잔 등이 다량 전시되었다고 언급한다.

이런 다양한 종류의 재료들을 사용한 표현들에서 그리스의 예술가들은 조작된 상황들을 바탕으로 삼지 않았다. 바쿠스 축제와 무도회를 제외하면 그들은 자신들의 소재를 신화들과 전설들에서 따왔으며, 또한 심지어 유골 단지의 경우든, 장례식들을 묘사하는 경우든 이 장례를 통해 존숭되어야 할 개인과 연관된 특정한 사실관계들에 유념하였다. 이에 반해 명시적인 알레고리는 진정한 이상에 속하기보다는 오히려 비교적 근대적인 예술에서 비로소 나타난다. [446]

3. 역사적 발전의 여러 단계들

두말할 나위 없이 지금까지 우리는 조각을 고전적 이상에 최적인 표현으로 간주했다. 그런데 이상은 자체 내에서 지속적으로 발전하며, 이를 통해 자신을 벗어나 개념에 따라 존재하는 것으로 되며, 또한 자신의 고유한 본질적 본성과의 이러한 조화를 넘어서기 시작한다. 그뿐만 아니라, 이미 제2부에서 특수한 예술형식들의 흐름을 고찰하면서 보았듯이, 이상의 양옆에는 무릇 이상으로 존재하려면 반드시 극복되어야 하는 전제인 상징적 표현방식과 이상 자체를 극복하는 후대의 예술로서의 낭만적 예술이 있다.

상징적 예술형식과 낭만적 예술형식은 모두 인간의 형상을 표현의 요소로서 취하며, 그 공간적 형태를 견지하고, 그런고로 그것을 조각의 방식으로 가시화한다. 그런 까닭에 조각의 역사적 발전에 관한 언급을 문제로 삼을 경우, 우리는 그리스와 로마의 조각뿐만 아니라 동방과 기독교의 조각도 함께 논의해야 한다. 하지만 상징성을 예술생산의 기본 전형으로 삼았던 민족들 중에서는 특히 이집트인들만이 인간의 형상을, 그것도 순전한 자연현존재에서 벗어나려고 애쓰는 형상을 그들의 신들에 적용하기 시작했으나, 그들이 무릇 그들의 직관들에 부여했던 예술현존재는 물질적인 것 자체 속에 있는 까닭에, 우리는 주로 이집트인들에게서 조각을 만나게 되는 것이다. 이에 반해 기독교 조각은 한층 광범위하면서도 풍부한 발전을 보인다. 그것은 로마와 중세 본연의 특징을 지니기도 하며, 더 나아간 발전 속에서 고전적 이상의 원칙에 다시 좀 더 가까이 접맥하고 이로써 조각 특유의 것을 산출하고자 노력하기도 한다.

이러한 관점에 의거하여 나는 이 전체 단락의 끝맺음으로 [447] 첫째, 순정한 이상의 전 단계인 이집트 조각에 관한 몇몇 사항들을 그리스 조각과 구분되는 관점에서 언급하고자 한다.

다음으로 두 번째 국면을 형성하는 것은 그리스 조각의 고유한 발전인데, 로마의 조각은 여기에 접맥하고 있다. 하지만 우리는 이미 제2장에서 이상적 조각에 관해 자세히 고찰하였으므로, 여기서는 주로 본연의 이상적 표현방식에 선행하는 단계가 조망되어야 할 것이다.

그다음으로 셋째, 우리에게는 기독교 조각의 원칙에 대한 간략한 언급만이 남는다. 하지만 이와 관련하여 대저 나는 극히 일반적인 사항만을 논할 것이다.

a. 이집트 조각

우리가 고전적 예술로서의 그리스 조각을 역사적으로 탐색할 경우, 우리에게는 이 목표의 도달에 앞서 곧바로 이집트 예술이 다가서는데, 여기에는 조각도 속한다. 이집트 조각은 최고의 기교와 작품 활동에 의해 매우 독특한 예술양식으로 생산된 거작巨作들일 뿐만 아니라 그리스 조형예술의 형식들을 위한 출발점이자 원천이기도 하다. 이는 그리스 예술가들이 실제 역사적으로도 이집트인들과 외적으로 접촉하고, 그들을 받아들이고, 그들로부터 배웠다는 점에서 사실일 것이다. 그리고 묘사된 신상들의 의미를 감안한다면, 이 모든 것은 신화의 분야에서, 예술적 취급방식의 관점에서 이루어졌으며, 또한 예술사를 통해 확실시되었다. 신에 관한 그리스적 표상과 이집트적 표상의 관계는 헤로도토스에 의해 고민되고 증명되었으며, 또한 크로이처는 특히 동전들에서 예술의 외적 관계가 가장 가시적으로 드러난다고 믿었기에 무엇보다 고대 아티카의 동전들을 중히 여겼다. 하이델베르크에서(1821) 그는 자신이 소유한 동전 한 닢을 내게 보여 주었는데, 실로 거기에는 얼굴과 옆얼굴이 완전히 이집트 회화들의 용태를 지니고 있었다. [448] 하지만 이 단순 역사적인 사실은 여기서 더 이상 논할 바가 아니며, 그 대신 우리는 내적, 필연적 연관성이 밝혀질 수 있는가를 살펴보는 것으로 족하다. 나는 이미 위에서 이 필연성을 다루었다. 완전한 예술로서의 이상에는 불완전한 예술이 필히 선행하며, 또한 이상은 그 부정을 통해, 그와 유착된 결함들의 제거를 통해 비로소 이상이 된다. 그러므로 고전적 예술은 필경 그 이전에 독자적으로 현존하는 하나의 형성을 거친다. 왜냐하면 그것은 고전적 예술인 관계로 일체의 결함과 일체의 형성을 배후에 두며, 또 내적으로 완성되어 있기 때문이다. 이러한 형성 자체는 표현의 의미내용이 비로소 이상에 다가서기 시작하되 여전히 상징적 직관에 —이 직관은 의미의 보편적 요소와 개별적으로 가시화되는 형상을 아직 하나로 형성할 능력이 없다— 속하는 관계로 이상적 이해에 못 미친다는 점에서 성립한다. 여기서는 이집트 조각이 그런 유의 기본 특징을 갖는다는 사실만을 간략히 언급할 것이다.

α) 우선적으로 언급될 직한 것은 기교의 대단한 완성에도 불구하고 창조적인 내적 자유가 없다는 점이다. 그리스의 조각작품들은 생동적이며 자유로운 판타지로부터 출현하는바, 이것은 현전하는 종교적 표상들을 개별적 형상들로 재창조하고 또한 이러한 개별적 생산 속에서 그 고유의 관념적 직관과 고전적 완성을 객관화한다. 이에 반해 이집트의 신상들은, 이미 플라톤이 말하듯이(법률, ii. 656), 정체된 전형을 유지하고 있다. "신들의 표현

은 예로부터 사제司祭들에 의해 규정되었으며, 또한 화가들을 비롯한 기타 형상 제작자들에게는 새로운 것의 제작이나 토속적인 것 내지 태고의 것과 다른 어떤 무엇의 창안이 허락되지 않았으며 또 않고 있는 실정이다. 그러므로 너희는 일만 년 전부터 (그것도 사람들이 흔히 말하는 의미에서의 일만 년이 아니라 정말 일만 년 전부터) [449] 제작 내지 형성되어 온 것이 오늘날 제작된 것보다 더 아름답지도, 더 추하지도 않음을 발견할 것이다." 헤로도토스가 밝히듯이(II. 167), 이러한 정체적 엄정성은 이집트에서는 예술가가 거의 존경을 받지 못했으며, 그의 아이들도 예술직종에 종사하지 않는 모든 다른 시민들에 비해 천시를 면치 못했다는 정황과 결부되어 있다. 그 밖에도 이곳에서는 예술이 자발적으로 시행되지 않고 오히려 신분제의 지배하에서 아들은 무릇 신분의 면에서뿐만 아니라 직업과 예술을 행하는 방식에서도 아버지를 뒤따랐으며, 한 사람은 다른 사람의 전철을 답습했던바, 이미 빈켈만은 "어느 누구에게도 자신 고유의 것으로 불릴 수 있는 족적이 허락되지 않았던 것으로 보인다"(제3권, 제2책, 1장, §74)고 표현한다. 이를 통해 예술은 정신이 이렇듯 엄히 구속당하는 가운데 지속되었으며, 이와 더불어 자유롭고 예술적인 천재의 활약, 외적 명예와 보수를 탐하지 않는, 예술가로서 존재하려는 한층 높은 충동이 불허되었다 ― 즉 완성된 현전의 형식들 및 규칙들에 따라 추상적으로 일반화된 기계적 방식으로 작업하려는 수공업자의 충동이 아닌, 자신의 특유한 창조로서의 그의 작품 속에서 고유의 개별성을 간취하려는 충동이 금지되었다.

β) 이제 둘째로 예술작품 자체에 관해 보자면, 여기서도 빈켈만의 서술들은 대단히 섬세한 관찰과 구분을 재차 증명하고 있는데, 그는 이집트 조각의 성격을 주된 특징의 면에서 다음과 같이 거론한다(제3권, 제2책, 2장, 77~84쪽).

일반적으로 전체 형상과 형식들에는 그야말로 유기적인 선들의 약동을 통해 나타나는 우아함과 생동성이 빠져 있다. 윤곽들은 거의 굽음이 없는 직선이며, 자세는 억지스럽고 경직되어 있으며, 발들은 바짝 붙어 있으며, 심지어 입상들에서 한 발이 다른 발 앞에 놓일 경우에도 [450] 같은 방향을 취하고, 또 바깥쪽을 향하지 않으며, 남성형상들의 팔들도 마찬가지로 신체에 바짝 붙어 곧게 내려뜨려져 있다. 나아가 빈켈만은 말하기를(§8), 손들은 일정 부류의 사람들에게서, 즉 원래는 못생기지 않은 손들을 가졌지만 그 것들을 상하게 했거나 팽개쳐 두었던 사람들에서 보이는 바의 형태를 가지며, 발들은 평평하고 볼이 넓으며, 발가락들은 길이가 같으며, 새끼발가락 은 굽거나 안쪽으로 휘지 않았으며, 그 밖에도 비록 손가락과 발가락에서 관절이 암시되지는 않지만 손들, 손톱들 그리고 발가락들은 역겹지 않은 형상을 하고 있다. 그럴진대 하물며 그 밖의 모든 벗은 부분들에서도 근육 과 골격은 거의, 그리고 힘줄과 혈관은 전혀 표시되지 않으며, 그리하여 숙 련된 각고의 제작에도 불구하고 형상에 본격적인 영활과 생동성을 처음으 로 부여하는 방식의 마무리는 결여되어 있다. 반면 무릎, 발목 관절 그리고 팔꿈치는 자연에 있는 바처럼 볼록하게 보인다. 남성상들에서는 엉덩이 위 의 비정상적으로 작은 몸통이 특히 눈에 띈다. 입상들은 기둥에 기대어 있 으며 또한 기둥과 하나의 석괴로 제작된 까닭에 등은 보이지 않는다.

이러한 부동성은 이른바 예술가의 단순한 미숙의 소치가 아니라 오히 려 신상들과 그 비밀스러운 고요함에 관한 근원적 직관으로 간주될 수 있 으며, 또한 무상황성 내지 각종 행위의 결여는 이 부동성과 불가분 결부되 어 있다. 조각에서는 행위가 자세와 손들의 움직임, 몸짓과 표정의 표현을 통해 표출된다. 이집트인들이 동적인 인물들을 오벨리스크나 벽에 다수 표 현한 것을 우리는 발견하였지만, 그것들은 부조일 뿐이며 대개는 채색되어 있다.

보다 자세한 사항들을 몇 가지 보자면, 눈들은 가령 그리스의 이상에서와는 달리 깊숙이 들어가 있는 대신 반대로 이마와 거의 같은 높이로 평평하고 비스듬히 찢어져 있으며, 눈썹, 눈꺼풀 그리고 입가는 대개 파인 선들로 표현되며, [451] 간혹 눈썹은 관자놀이에 이르는, 그리고 거기에서 모나게 잘리는 비교적 두드러진 가는 선을 통해 표시되었다. 그런고로 여기서는 무엇보다 이마의 돌출과 광대뼈의 함몰이 없다. 동시에 이마로 인해 귀들은 비정상적으로 높이 걸려 있고, 코는 보통의 자연에서처럼 이마와 궁형을 이룬다. 광대뼈는 보통의 자연에서와는 반대로 강하게 표현되고 또 튀어나와 있다. 반면 굳게 닫힌 입은 아래쪽보다 위쪽으로 각을 이루며, 입술들은 간단한 절개 자국을 통해 서로 분리될 뿐이다. 따라서 전반적으로 볼 때 형상들에는 자유와 생명성이 결여되어 있다. 그뿐만 아니라 동물적 요소가 우위를 차지하고, 또한 정신에게는 독자적 현상이 아직 허락되지 않는 관계로 두상에는 무엇보다 정신의 표현이 결여되어 있다.

반면 빈켈만의 보고에 의하면 동물들은 매우 지성적인 모습으로, 그리고 유연하게 휘는 윤곽들 및 흐르는 듯 구분되는 신체 부위들의 우아한 다양함을 통해 처리되었다. 인간의 형상들에서는 정신적 삶이 아직 동물적 전형에서 해방되지 못하고, 또한 이상을 위해 감각적, 자연적 요소와 새롭고 자유로운 방식으로 녹아들지 않았다면, 인간적이면서도 동물적이기도 한 형상들의 특수한 상징적 의미는 인간적 형태와 동물적 형태를 수수께끼처럼 결합하는 형상물들에서 분명하게 나타나며, 또한 조각을 통해서도 표현되었다.

γ) 그러므로 이러한 특징을 여전히 즉자적으로 지니는 예술작품들은 의미와 형상의 단절을 아직 극복하지 못한 단계에 머무는바, 까닭인즉 그것들에서는 의미가 여전히 가장 중요한 사안이며, 그리하여 개별적 형상에 대한 적응과 예술적 직관의 향유보다는 의미의 보편성에 관한 표상이 더욱 중요시되기 때문이다.

여기서 조각을 산출하는 민족의 정신은 표상, 그것도 종교적 표상 속에 내포된 것이 예술작품에서 암시되고 있음을 발견하는 것으로 만족해 하는 정신이니, [452] 한편으로 그 민족은 겨우 표상의 필요성에 도달하였다고 이야기될 수 있다. 자유로운 예술작품에 영혼이 깃들게 하는 것은 진리, 생명성 그리고 아름다움인데, 이집트인들은 그들의 형상들을 위해 이것들을 아직 요구하지 않았으며, 그런 한에서 그들은 많은 노력을 기울여 기교적 제작방법을 완성하였으되 조각의 면에서는 아직 미발전의 상태에 있었다고 이야기되어도 좋다. 하지만 다른 한편 이집트인들은 단순한 표상과 그 필요성에 머물지 않고 인간적이면서도 동물적인 형상들의 직관과 그 가시화로 발전하기도 한다. 아니, 심지어 그들은 자신들이 재현하는 형태들을 왜곡 없이, 분명하게, 올바른 비례로 이해하고 제시할 줄 안다. 그러나 그들은 그것들에 인간의 형상이 보통 이미 현실적으로 갖는 생명성을, 그리고 한층 높은 삶을 ─이것이 있었다면, 정신에 알맞도록 제작된 이 형태들 속에서 정신의 작용과 활동이 표현되었을지도 모른다─ 불어넣지 않는다. 이와 반대로 그 작품들은 단지 비교적 생명 없는 진지함, 숨겨진 비밀을 보여줄 뿐이며, 그리하여 형상이 예감케 해 주는 것은 그의 고유한 개인적 내면이 아니라 그에게는 여전히 이질적인 그 이상의 의미이다. 여러 차례 언급한 사례를 들자면, 호루스를 무릎 위에 앉힌 이시스의 형상이 있다. 기독교 예술에서 마리아가 아이를 안고 있듯이, 겉으로 보면 여기서의 대상도 그와 동일하다. 그러나 이집트의 대칭적, 직선적, 부동적 자세에서는, 최근 이야기되듯이(라울 로셰트의 『고고학 강연』, i-xii. 파리 1828; 『교양 신분들을 위한 조간』(1829)에 실린 예술칼럼 8호), "어머니도 아이도 보이지 않는다. 애정, 웃음 내지 보살핌의 흔적도, 한 마디로 무엇이든 간에 최소의 표현도 보이지 않는다. 이 신모神母는 그녀의 신자神子에게 수유하지만, 고요하고 무감각하고 요지부동이니 [453] 차라리 여신도 어머니도 자식도 신도 없다는 편이 옳다. 있는

호루스에게 수유하는 이시스상(대영박물관)

것은 단지 어떤 한 사상의 감각적 표시일 뿐으로, 이것은 애정과 열정을 모르며, 현실적 행위의 참된 서술이 아니며, 자연적 감정의 올바른 표현은 더더욱 아니다."

바로 이것이 이집트인들에게서는 의미와 현존재의 파열, 예술적 직관의 발전의 상실을 야기한다. 그들의 내면적, 정신적 감각은 아직 무딘 상태여서 참되고 생동적인, 세부에 이르기까지 실행된 표현의 정확성을 필요로 하지 않는바, 직관하는 주관은 여기에 아무것도 덧붙일 필요가 없으며 또한, 예술가에 의해 주어진 것이 전부인 까닭에, 단지 수용적이고 재생산적인 태도를 취하는 것으로 족하다. 예술을 보면서 비규정적인 저 위의 것에 만족하는 대신, 오성, 이성원리, 운동, 표현, 영혼 그리고 아름다움이 예술작품에서 통용되어야 함을 주장하려면, 자신의 고유한 개성에 대한 자기감정이 이미 이집트인들보다 한층 높이 각성되어 있어야 한다.

b. 그리스와 로마의 조각

조각에 관한 한, 우리는 이 자기감정이 그리스에서 최초로 생동적으로 완성됨을 보며 또한 이를 통해 전 단계의 이집트적 결함들이 모두 제거되어 있음을 발견한다. 하지만 우리는 상징적 조각의 불완전성에서 고전적 이상의 완전성으로 나아가는 발전의 도상에 폭력적 비약과 같은 것이 있었다고 보아서는 안 된다. 누차 언급했듯이, 이상은 처음에는 자신의 고유 영역 속에, 비록 한 단계 높은 것이긴 하지만, 그 완성을 저해하는 결함을 가지며 따라서 그 결함을 제거해야만 했다.

α) 나는 여기서 고전적 조각 자체에 속하는 그러한 초기형태들로서 이른바 에기나인들과 고대 에트루리아인들의 예술작품을 소략하게 언급할 것이다. [454]

위의 두 단계들 내지 양식들은 이집트인들이라면 만족했을 입장을 이미 상회한다. 이집트인들은 다른 민족들로부터 받아들인, 반자연적이지는 않더라도 생동성 없는 형식들을 곧이곧대로 반복한다. 이러한 입장은 표상에 대해 하나의 형상을 제시하는 일에 만족하며, 또한 표상은 이 형상에서 자신의 고유한 종교적 내용을 추출하고 또 그것을 상기할 수도 있을 것이다. 하지만 그것은 작품이 예술가 자신의 고유한 구상과 생동성으로서 제시되지 않는 가시화 방식에 만족한다.

그러나 이상적 예술의 이 특별한 전 단계 역시 진정한 고전적 예술에 이르지는 못했으니, 까닭인즉 그것은 여전히 전형적인, 이로써 생동적이지 않은 요소에 얽매인 모습을 보이기 때문이며, 또한 생동성과 운동에 다가간다고 해도 우선은 단지 자연적인 것 자체의 생동성에 도달할 뿐, 정신적 영혼이 깃든 아름다움에는 도달할 능력이 없기 때문이다. 그러한 아름다움은 정신의 삶과 그 자연형상의 생동성을 분리되지 않은 모습으로 표현하며 또한 이 완전무결한 합일의 개별적 형태들을 현전하는 것의 모습과 천재의 자유로운 창조로부터 고루 취하는 것이다.

사람들은 최근 비로소 에기나 예술작품들을 알게 되었는데, 이것들이 그리스 예술에 속하는가 아닌가에 관해 다툼이 있어 왔다. 예술적 표현의 면에서 이 작품들을 볼 때, 사람들은 즉각 두상頭像과 그 밖의 지절들을 근본적으로 구분해야만 한다. 즉 두상을 뺀 전체 신체는 자연에 매우 충실한 이해와 모방을 증언하고 있다. 심지어 피부의 우연성들마저도 모방되고 또한 대리석의 놀라운 취급에 의해 탁월하게 완성되었으며, 근육들은 강하게 부각되었으며, 신체의 골격들이 자세히 묘사되었으며, 형상들이 강한 선으로 터질 듯이 표현되었으며, 더욱이 인간 유기체의 그러한 지식과 더불어 인물들의 모습은 살아 있는 듯한 환영을 일으킬 정도로, [455] 심지어 바그너[178]의 보고에 따르면(『에기나 조각품들에 관한 보고: 보록 — 셸링의 예술사적 주해들』, 튀빙겐 1817) 사람들이 그 앞에서 화들짝 놀라 손을 대기가 두려울 정도로 재현되었다.

이에 반해 두상의 제작에서는 자연에 충실한 표현이 완전히 포기된다. 얼굴들은 행동, 성격, 상황들의 온갖 차이에도 불구하고 하나 같이 동일한 두형頭形을 지니니, 코들은 뾰족하고, 이마들은 직선으로 자유롭게 솟는 대신 여전히 뒤로 누워 있으며, 귀들은 높이 걸려 있으며, 길게 찢어진 눈들은 평면적이고 비스듬하게 위치하며, 다문 입은 입꼬리가 위로 올라 있으며,

---

178 Johann Martin von Wagner(1777~1858), 조각가.

뺨들은 평평하되, 턱은 강하고 각이 져 있다. 헤어스타일이라든가 의복 주름도 동일하게 반복되는데, 여기서는 대칭과 —이것은 자세뿐만 아니라 특히 인물들의 군집에서도 통용된다— 독특한 종류의 우아함이 지배적이다. 사람들은 이러한 동형同形성을 민족적 특징들에 대한 비미적 이해의 탓으로 돌리거나 아직은 불완전한 예술인 옛 유산에 대한 경외가 예술가들의 손을 묶어 두었기 때문이라고 보았다. 그러나 살아 있는 예술가는 자기 자신을 대함에 있어서, 자신의 생산에 임해서 그의 손들이 정녕 그런 식으로 묶여 있게 두어서는 안 되며, 따라서 그 밖의 솜씨들이 아무리 위대할지라도, 이러한 전형성은 모름지기 자신의 예술적 창조에 임해 자신을 아직 자유롭고 독자적인 존재로 알지 못하는 정신의 구속성을 가리키는 것일 수밖에 없다.

마지막으로 자세들도 마찬가지로 천편일률적이다. 그러나 그것들은 경직되어 있기보다는 오히려 무뚝뚝하고 차가운 편이며, 또한 부분적으로 전사들의 경우에는 자세들이 장인들이 일할 때 취하는 자세들, 예컨대 목수가 대패질을 할 때 취하곤 하는 자세들과 닮아 있다.

앞선 서술들로부터 하나의 일반적인 결과가 도출되는바, [456] 예술사에서 매우 흥미를 끄는 이러한 조각작품들은 전통과 자연모방 사이의 불화를 내보이며, 또한 거기에는 무엇보다 정신적 영활이 결여되어 있다. 이미 제2장 '조각의 이상'에서 상론했듯이, 정신적인 것은 오직 용모와 자세에서 표현된다. 그 밖의 지절들은 정신, 성별, 연령 등의 자연적 차이들을 재현하지만 본연의 정신적 요소는 오직 자세에 의해 재현될 수 있다. 그러나 얼굴 표정들과 자세는 에기나인들에게는 정녕 비교적 비정신적인 것으로 존재한다.

이제 비명碑銘들을 통해 진품으로 검증된 에트루리아의 예술작품들은 바로 이러한 자연의 모방을 한층 높은 정도로 보여 주지만, 그것들은 자세와 얼굴 표정들에 있어서 한층 자유로우며 또한 그중 몇몇은 거의 초상화적인 것에 근접한다. 예컨대 빈켈만은 완전히 초상화처럼 보이는, 그러나 비교적 후기의 예술에서 유래한 것으로 보이는 한 남성 입상에 관해 언급한다 (제3권, 제2절, §10, 188쪽, 또한 도표 VI A). 그것은 실물 크기의 남성으로서 일종의 웅변가, 관료적이고 위엄 있는 인물을 묘사하며, 또한 표정과 자세의 면에서 억지스럽지 않은 대단한 자연성과 규정성을 지닌다. 만일 그것이 로마를 토대로 삼았더라면, 즉 애초부터 이상이 아니라 현실적이고 산문적인 본성을 본향으로 삼았더라면, 그것은 주목받는 의미심장한 작품이 되었을 것이다.

β) 둘째, 본연의 이상적 조각은 고전적 예술의 정점에 도달하기 위해 무엇보다 단순 전형적인 요소와 전통에 대한 경외를 버려야 하며, 또한 자유로운 예술적 생산을 위한 여지를 마련해야 한다. 이러한 자유가 성공하려면, 한편으로는 의미의 보편성이 형상의 개별성 속에 완전히 투입되어야 하며, 다른 한편으로는 감각적 형식들이 정신적 의미의 순정한 표현의 정점으로 올라서야 한다. 그러나 우리는 전대前代 예술의 출발기에는 경직성과 구속성이 내재해 있음을, 아울러 [457] 의미가 내용을 표현하는 개별성 너머로 돌출함을 본다. 그러나 이러한 것들은 자유로운 예술적 생산을 통해 생동성으로 해방된다. 그리고 이 속에서 신체적 형태들은 그 편에서 보면 전대의 특징인 추상적 동형성과 기만적 자연성을 상실하며 대신 고전적 개별성을 향해 나아가는바, 이 개별성은 형태의 보편성을 특수성으로 소생시킬 뿐만 아니라 자신의 감각성과 실제성을 철저히 정신적 표현으로 만든다. 이러한 종류의 생동성은 형상 및 자세, 운동, 의상, 인물들의 군집에 ―나는 위에서 이 모든 측면들을 비교적 자세하게 나누어 서술했다― 널리 적용된다.

여기서는 보편성과 개별성이 통일을 이루며 또한 서로 불가분하게 결합하여 진정한 고전적 예술로 존재하려면, 이것들은 사전에 정신적 의미내용 자체의 관점에서뿐만 아니라 감각적 형태의 면에서도 조화를 이루어야 한다. 그러나 이 동일성 자체는 나름대로 다시 여러 단계를 갖는다. 즉 한편으로 이상은 여전히 고상함과 엄격함으로 기우는바, 이것은 개별자에게 생생한 자극과 운동이 속하는 것을 시샘하지는 않지만 그럼에도 아직 보편자의 지배를 비교적 굳게 준수한다. 반면 다른 한편으로 보편자는 점점 더 개별자 속으로 흡수되어 사라지며, 이를 통해 자신의 깊이를 상실하며, 그런 관계로 상실된 것을 오로지 개별적, 감각적인 것의 육성育成을 통해 대체할 줄 알며, 또한 그리하여 고상함으로부터 만족스러움, 사랑스러움, 명랑함 그리고 사근사근한 우아함으로 건너간다. 두 번째 단계는 그 중간에 놓여 있는바, 이것은 첫 번째 단계의 엄격함을 다음 단계의 개별성으로 이끌되, 아직 단순한 우아함에 머물러 그 주된 목적에 도달하지는 못한다.

γ) 셋째, 로마 예술에서는 이미 고전적 조각의 초기적 해체가 나타난다. 즉 여기서는 본연의 이상이 더 이상 전체적 구상과 실현의 운반자로 존재하지 않는다. [458] 정신의 생명이 깃든 시詩, 자기 완결적 현상 내면의 숨결과 품격, 그러니까 그리스 조형예술 본연의 이런 특징들이 사라지며, 또한 전체적으로 오히려 초상화적인 것에 대한 편애가 자리를 잡는다. 예술의 이러한 자연충실성은 다방면으로 발전해 간다. 그럼에도 불구하고 로마 조각은 이 자신의 고유한 권역 속에서 언제나 하나의 높은 단계가 있음을, 즉 자신이 그리스 조각에 본질적으로 뒤처짐을 주장한다. 왜냐하면 거기에는 문자 그대로 이상의 시라는 예술작품 본연의 완성태가 없기 때문이다.

c. 기독교 조각

그리스적 판타지와 예술에서는, 즉 고전적 이상에서는 이해와 표현방식의 원칙이 조각의 질료 및 형식들과 직접적으로 합치하는 반면, 기독교 조각은 애초부터 그러한 합치를 원칙으로 삼지 않는다. 왜냐하면 낭만적 예술은, 제2부에서 살펴보았듯이, 외면성에서 벗어나 자신 안으로 진입하는 내면성, 정신적이며 자기연관적인 주관성을 본질적으로 중시하며, 또한 이러한 주관성은 비록 외적인 것 속에서 현상하지만, 그것을 그 특칭성에 따라 독자적인 것으로 둘 뿐, 조각의 이상이 요구하는 것처럼 그것과 내적, 정신적 요소와의 융합을 강요하지 않기 때문이다. 종교적, 낭만적 판타지의 고유한 내용을 이루는 것은 육체적, 정신적 고통과 고뇌, 가책과 참회, 죽음과 부활, 정신적이며 주관적인 인격, 깊은 감정, 사랑, 가슴과 심정 등이다. 이러한 대상들에 대해 공간적 총체성의 [즉 3차원의] 추상적 외형 자체는 꼭 맞는 형식을 제공할 수 없을 것이며, 또한 추상관념적으로 정립되지 않은, 즉 감각적 현존재로서의 질료 역시 합당한 질료가 아닐 것이다. 그러므로 그리스의 경우와는 달리 낭만적 예술에서는 조각이 기타 예술들 및 전체 현존재를 위한 기본 특징을 제공하지 않는다. 오히려 조각은 [459] 회화와 음악에게 자리를 내어 주는바, 까닭인즉 이것들은 내면성 및 내면이 삼투된 외적 대상의 자유로운 특칭성에 한층 적합한 예술들이기 때문이다. 우리는 기독교 시대에도 조각이 목재, 대리석, 청동, 금은으로 다양하게 제작되었음을, 그리고 종종 대단한 수준에 이르렀음을 발견하지만, 그것은 그리스 조각과 달리 진정 적합한 신의 이미지를 제시하는 예술이 아니다. 이와 반대로 종교적, 낭만적 조각은 그리스 조각에 비해 한층 더 건축의 장식물로 남는다. 성자들은 대개 탑들과 내력벽들의 벽감壁龕 속이나 현관문들에 서 있는 반면, 예수의 탄생, 세례, 고난과 부활의 역사, 예수 생애의 많은 다른 사건들, 최후의 심판 등의 위대한 광경들은 그 내적 다양성으로 인해 즉시 교회 정문이나 교회의 벽들, 성수반, 합창대석 등등에서 부조로 표현되었으며, 또한 아라베스크적인 문양으로 쉬이 넘어갔다. 무릇 여기서는 정신적 내면성이 모든 조각들의 표현을 지배하며, 이를 위해 조각은 이상적 조형예술보다 한층 높은 정도로 회화의 원칙을 받아들인다. 다른 한

편 조각은 오히려 일상적인 삶을, 또한 이로써 초상화적인 대상을 택하는
데, 회화의 경우도 그렇지만 조각도 이 초상화적 대상을 종교적 표현들과
거리가 먼 것으로 간주하지 않는다. 예컨대 뉘른베르크 시장의 거위상인[179]
은 양팔에 팔려는 거위를 안은 농사꾼을 청동으로 (대리석으로는 이것이 불가
능했을 것이다) 매우 생생하게 표현하고 있는데, 이 작품은 괴테와 마이어에
의해 극찬되었다. 성 제발트 교회를 비롯한 많은 다른 ─특히 페터 피셔[180]
이전 시대의─ 교회들 및 건물들에서 발견되는, 그리고 예컨대 수난사에서
발췌한 종교적 대상들을 표현하는 많은 조각들 역시 형상, 표현, 표정, 몸
짓, 특히 고통의 점증이란 면에서 이런 종류의 특칭성을 분명하게 보여 준
다. [460]

　그러므로 낭만적 조각은 대부분 고대로부터 크게 벗어난다. 그러나 그리
스인들에게 보다 긴밀하게 접맥할 경우, 즉 고대의 소재들을 고대인들 자
신의 의미에서 다루거나 영웅들, 왕들 그리고 초상들의 입상을 조각적으로
취급함으로써 고대에 접근하고자 노력할 경우, 낭만적 조각은 조형예술 본
연의 원칙을 충실히 따른다. 특히 요즈음이 그렇다. 하지만 조각은 종교적
대상들의 분야에서도 탁월한 성과를 이루었다. 이 면에서는 미켈란젤로를
떠올리는 것으로 충분하다. 그의 피에타상은 ─이곳 베를린의 왕립 수장
고에는 그 석고 주형이 있다─ 놀랍기 그지없다. 몇몇 인사는 브루게 소재
성 마리아 성당의 마리아상을 진품이 아닌 것으로 치부하려 들지만, 그것
은 걸출한 작품이다. 그러나 무엇보다 나를 매혹시킨 것은 브레다 소재 나
소 백작의 능묘이다. 백작은 실물 크기의 흰 석고상으로 그의 부인과 함께

179　역주: 16세기경에 청동으로 주조된 〈거위상인 분수(Gänsemännchenbrunnen)〉를 가리킨다.
180　역주: Peter Vischer(1460~1529), 독일의 조각가, 금속공예가. 피셔 일가는 독일 조각사에서 중요한
　　　위치를 차지하며, 뉘른베르크에 있는 공방은 르네상스 미술의 중심지였다. 마그데부르크 성당의 〈에
　　　른스트 대주교의 묘비〉 등의 작품이 있다.

나소 백작(엥겔브레히트 2세)의 능묘(흐로터 케르크 교회)

검은 대리석판 위에 누워 있다. 석판의 모서리에는 레굴루스, 한니발, 카이사르 그리고 한 로마 전사가 몸을 굽힌 자세로 서 있으며, 또한 위에는 밑판과 비슷한 검은 석판을 이고 있다. 미켈란젤로의 카이사르를 생각나게 하는 그 인물을 보는 것보다 더 흥미로운 것은 없을 것이다. 하지만 종교적 대상들의 경우에는 고대인들의 조형예술 원칙과 낭만적 예술의 영활방식이 생산적 독창성으로 결합되어야 하는바, 이를 위해서는 그러한 거장의 정신, 판타지의 힘, 능력, 철저함, 대담성과 유능함이 요구된다. 왜냐하면 이미 말했듯이 기독교적 심성은 종교적 직관과 표상의 정점에 서 있으며, 또한 그 전체 방향은 조각의 최초이자 최고의 규정을 형성하는 고전적 형식의 이상을 지향하지 않기 때문이다.

여기에서 우리는 조각에서 벗어나 예술적 이해와 표현의 또 다른 원칙으로 이행할 수 있는바, 이제 이 원칙은 그 실현을 위해 또 다른 감각적 질료를 요구한다. [461] 고전적 조각에서는 인간적 개별성으로서의 객관적, 실체적 개별성이 중심점을 제공하였다. 이 개별성은 인간의 형상 그 자체를 존중하였으며, 또한 그것을 추상적으로, 즉 형상의 단순한 미로서 견지하고 또 신적인 것의 표현을 위해 유보하였다. 하지만 그런 까닭에 여기서 내용과 형식의 면에서 묘사되는 인간은 온전한 인간, 즉 모든 것이 구비된 구체적 인간이 아니다. 예술을 통한 신인동형론은 고대의 조각에서 미완으로 남아 있다. 왜냐하면 온전한 개성이, 주관의 전 영역이 현실의 무한한 권역 속에서 내용과 표현방식의 원칙으로서 현상하려면, 그는 절대적 인격의 원칙과 동일시되는 객관적 보편성으로서의 인간성뿐만 아니라 통상 인간적인 것으로 불리는 것, 즉 주관적 개체성, 인간적 약점, 특수성, 우연성, 자의, 직접적 개별성, 열정 등등의 계기 역시 구비해야 하며, 또한 이 계기가 앞의 보편성 속에 수용되어 있어야 하는데, 그에게는 이러한 것이 결여되어 있기 때문이다.

고전적 조각에서는 이러한 계기들 중 하나인 인간적 계기가 한편으로는 다만 동물, 반인반수, 파운 등을 통해 직접적이며 자연적인 면에서 현상할 뿐, 주관성으로 소급되거나 그 속에서 부정적으로 정립되는 일이 없다. 다른 한편 이 조각은 스스로가 특수성 및 외향적 방향의 계기로 이행하여 즐거운 양식, 수많은 명랑성 및 착상이 될 뿐인데, 심지어 고대의 조형예술들마저도 여기에 탐닉한다. 하지만 여기에는 철저히 주관의 깊이와 무한성, 정신과 절대자의 내적 화해, 신과 인간 내지 인간성의 추상관념적 합일이라는 원칙이 빠져 있다. 기독교 조각은 예술로 인입되는 내용을 이러한 원칙에 따라 가시화하지만, 바로 이 예술표현은 조각이 이러한 내용의 실현에 충분치 않음을, [462] 그리하여 조각으로서 도달 불가능한 것을 작품화하기 위해서는 또 다른 예술들이 등장할 수밖에 없음을 보여 준다. 이러한 새로운 예술들은 낭만적 예술형식에 가장 부합하며, 그런 까닭에 우리는 그것들을 낭만적 예술들이라는 제목으로 묶을 수 있을 것이다.

미학 강의 2

−고전적·낭만적 예술형식, 건축·조각